suhrkamp taschenbuch 424

Joseph Campbell, 1904 in New York geboren, studierte an der Columbia University und an den Universitäten von Paris und München Literaturgeschichte, Orientalistik und Psychologie. Heute ist er Professor für Psychologie am Sarah Lawrence College, Bronxville/N. Y. Er ist Herausgeber der posthum veröffentlichten Werke des Indologen Heinrich Zimmer. Zu seinen wichtigsten Büchern zählt *The Masks of God.* Als Co-Autor ist er an dem Buch *A Skeleton Key to Finnegans Wake* beteiligt.

Bei aller Mannigfaltigkeit in der äußeren Gestalt, in Auftreten und Hintergrund geben die Mythen der Welt nur begrenzt Antwort auf das Rätsel des Lebens. Joseph Campbell zeigt in seinem Buch den vielschichtigen Helden. Apollo, der Froschkönig aus dem Märchen, Wotan, Buddha und zahlreiche andere Protagonisten aus Volkssage und Religion stellen gleichzeitig verschiedene Aspekte der ihnen allen gemeinsamen Geschichte dar. Der Zusammenhang ihrer zeitlosen Symbole mit denen, die die psychoanalytische Traumdeutung entdeckte, wird zum Ausgangspunkt seiner Interpretation. Campbell vergleicht den psychologischen Aspekt mit Aussprüchen geistiger Wortführer wie Moses, Jesus, Mohammed, Laotse und den »Old Men« australischer Ureinwohner. Hinter den tausend Gestalten tritt der eine Heros hervor, der Archetyp aller Mythen.

»Campbells große Leistung besteht vor allem in der anthologischen Zusammenfassung und Durcharbeitung eines unendlichen Materials; aus einer unerschöpflich scheinenden Kenntnis der Mythen der ganzen Welt entwickelt er im vergleichenden Verfahren eine großartige und umfassende Monographie und Analyse des Heldenmythos.«

Frankfurter Allgemeine Zeitung

Joseph Campbell

Der Heros in tausend Gestalten

Suhrkamp

Titel der amerikanischen Originalausgabe:
The Hero with a Thousand Faces. Bollingen Series Band XVII
Deutsche Übertragung von Karl Koehne

suhrkamp taschenbuch 424
Erste Auflage 1978

Suhrkamp Taschenbuch Verlag
Druck: Nomos Verlagsgesellschaft, Baden-Baden
Printed in Germany
Umschlag nach Entwürfen von
Willy Fleckhaus und Rolf Staudt

4 5 6 7 8 – 94 93 92 91

Inhalt

Vorwort 9

Prolog
Der Monomythos

1. Mythos und Traum 13
2. Tragödie und Komödie 31
3. Der Heros und der Gott 36
4. Der Weltnabel 44

Erster Teil
Das Abenteuer des Heros

Erstes Kapitel: Aufbruch
1. Berufung 55
2. Weigerung 63
3. Übernatürliche Hilfe 72
4. Das Überschreiten der ersten Schwelle 79
5. Der Bauch des Walfischs 91

Zweites Kapitel: Initiation
1. Der Weg der Prüfungen 97
2. Die Begegnung mit der Göttin 106
3. Das Weib als Verführerin 116
4. Versöhnung mit dem Vater 124
5. Apotheose 145
6. Die endgültige Segnung 164

Drittes Kapitel: Rückkehr
1. Verweigerung der Rückkehr 188
2. Die magische Flucht 190
3. Rettung von außen 200
4. Rückkehr über die Schwelle 208
5. Herr der zwei Welten 221
6. Freiheit zum Leben 229

Viertes Kapitel: Die Schlüssel 237

Zweiter Teil
Der kosmogonische Zyklus

Erstes Kapitel: Emanationen
1. Von Psychologie zu Metaphysik 247
2. Der kosmische Kreis 254
3. Aus der Leere: Raum 261
4. Im Raum: Leben 264
5. Der Zerfall des Einen ins Viele 272
6. Volkslegenden von der Schöpfung 279

Zweites Kapitel: Die Geburt von der Jungfrau
1. Das All als Mutter 285
2. Der Schoß des Schicksals 289
3. Der Schoß der Erlösung 293
4. Volkslegenden von jungfräulicher Mutterschaft 296

Drittes Kapitel: Die Verwandlungen des Heros
1. Der Urheld und der menschliche Heros 300
2. Kindheit des menschlichen Heros 303
3. Der Krieger 319
4. Der Liebende 326
5. Der Herrscher und Tyrann 329
6. Der Welterlöser 333
7. Der Heilige 339
8. Der Tod des Heros 341

Viertes Kapitel: Die Auflösung
1. Das Ende des Mikrokosmos 350
2. Das Ende des Makrokosmos 357

Epilog
Der Mythos und die Gesellschaft

1. Die Vieldeutigkeit der Mythen 365
2. Die Funktion von Mythos, Kultus und Meditation 366
3. Der Heros heute 370

Anhang

Anmerkungen 379
Illustrationen im Text 429
Verzeichnis der Tafeln 433
Index 437
Bibliographischer Hinweis 450

Meinem Vater
und meiner Mutter

Vorwort

»Die Wahrheiten, welche die religiösen Lehren enthalten, sind doch so entstellt und systematisch verkleidet«, schreibt Sigmund Freud, »daß die Masse der Menschen sie nicht als Wahrheit erkennen kann. Es ist ein ähnlicher Fall, wie wenn wir dem Kind erzählen, daß der Storch die Neugeborenen bringt. Auch damit sagen wir die Wahrheit in symbolischer Verhüllung, denn wir wissen, was der große Vogel bedeutet. Aber das Kind weiß es nicht, es hört nur den Anteil der Entstellung heraus, hält sich für betrogen, und wir wissen, wie oft sein Mißtrauen gegen die Erwachsenen und seine Widersetzlichkeit gerade an diesen Eindruck anknüpft. Wir sind zur Überzeugung gekommen, daß es besser ist, die Mitteilung solcher symbolischer Verschleierungen der Wahrheit zu unterlassen und dem Kind die Kenntnis der realen Verhältnisse in Anpassung an seine intellektuelle Stufe nicht zu versagen.«[1]

Es ist der Zweck des vorliegenden Buches, einige von den Wahrheiten, die, für uns unkenntlich, unter den Gestalten von Religion und Mythos verborgen sind, wieder aufzuschließen, und zwar dadurch, daß eine Vielzahl nicht zu schwieriger Beispiele zusammengebracht wird, aus denen dann der verschollene Sinn von selbst hervortritt. Die alten Lehrer haben wohl gewußt, was sie sagten, und haben wir einmal gelernt, ihre Symbolsprache wieder zu lesen, bedarf es nur mehr der Gaben des Anthologisten, um ihre Lehre vernehmlich zu machen. Zuerst aber müssen wir die Grammatik der Symbole erlernen, und zur Entschlüsselung dieses Geheimnisses weiß ich kein besseres modernes Rüstzeug als die Tiefenpsychologie. Ohne daß man sie als das letzte Wort in dieser Sache anzusehen hätte, kann man sie doch als einen ersten Zugang benutzen. Der zweite Schritt wird dann sein, Mythen und Volkssagen aus allen Gegenden der Erde zusammenzutragen und die Symbole für sich selbst sprechen zu lassen. Die Analogien werden unmittelbar zum Vorschein kommen und sich zu einer umfassenden und erstaunlich konstanten Feststellung der grundlegenden Wahrheiten entwickeln, mit denen der Mensch durch die Jahrtausende, seit er diesen Planeten bewohnt, gelebt hat.

Vielleicht wird man einwenden, daß ich über der Beschäftigung mit dem, was allerorten wiederkehrt, die Unterschiede zwischen den verschiedenen morgenländischen und abendländischen, modernen, antiken und primitiven Überlieferungen vernachlässigt habe. Der gleiche Einwand könnte jedoch gegen jedes Lehrbuch und jedes bildliche Schema der Anatomie des Menschen vorgebracht werden, das die Unterschiede zwischen den Menschenrassen im Interesse eines grundlegenden allgemeinen Verständnisses der menschlichen Physis außer acht läßt. Ohne Zweifel gibt es Unterschiede zwischen den zahlreichen Mythologien und Religionen der Menschheit, aber dies soll ein Buch über ihre Ähnlichkeiten sein; und wenn diese einmal erfaßt sind, wird es sich herausstellen, daß die Unterschiede gar nicht so groß sind, wie es im allgemeinen, nicht zuletzt mit politischen Hintergedanken, angenommen wird. Meine Hoffnung ist, daß eine vergleichende Durchdringung des Stoffes zu dem vielleicht nicht ganz verzweifelten Anliegen der Kräfte beitragen könnte, die in der Welt von heute auf eine Einigung hinarbeiten – nicht im Namen irgendeines kirchlichen oder politischen Imperiums, sondern im Sinne gegenseitigen Verstehens der Menschen. So wird uns in den Veden gesagt: »Die Wahrheit ist eine, die Weisen sprechen von ihr in vielen Namen.«

Für wertvolle Hilfe bei der langwierigen Aufgabe, mein Material in lesbare Form zu bringen, möchte ich danken: Mr. Henry Morton Robinson, dessen Rat mir bei den ersten und den abschließenden Schritten der Arbeit sehr geholfen hat, Mrs. Peter Geiger, Mrs. Margaret Wing und Mrs. Helen McMaster, die die Manuskripte vielfach durchgingen und unschätzbare Vorschläge machten, und meiner Frau, die vom Anfang bis zum Ende meine Arbeit geteilt hat, zuhörend, lesend und verbessernd.

New York City, 10. Juni 1948 J. C.

Prolog

Der Monomythos

1. Mythos und Traum

Ob wir dem traumartigen Hokuspokus eines rotäugigen Hexendoktors vom Kongo mit überlegenem Wohlwollen zuhören oder uns mit kultivierter Geste dünnen Übersetzungen der mystischen Sonette des Lao-tse überlassen, ob es einer der gepanzerten Beweisgänge des Aquinaten ist, deren Schale wir hin und wieder einmal aufbrechen, oder ein bizarres Eskimomärchen, dessen Sinn uns jäh aufleuchtet: immer wird es ein und dieselbe, bei allem Wechsel merkwürdig konstante Geschichte sein, auf die wir treffen, und immer ist sie begleitet vom Bewußtsein eines Überschusses, dessen wir noch nicht habhaft geworden sind und der nie erschöpfend erkannt oder ausgesprochen werden wird.

So weit die bewohnte Welt reicht, zu allen Zeiten und unter den verschiedensten Umständen haben die Mythen der Menschheit geblüht und mit ihrem Leben inspiriert, was sonst noch aus den körperlichen und seelischen Tätigkeiten des Menschen hervorgegangen ist. Ohne Übertreibung läßt sich sagen, daß der Mythos der geheime Zufluß ist, durch den die unerschöpflichen Energien des Kosmos in die Erscheinungen der menschlichen Kultur einströmen. Religionen, Philosophien, Künste, primitive und zivilisierte Gesellschaftsformen, die Urentdeckungen der Wissenschaft und Technik, selbst die Träume, die den Schlaf erfüllen, all das gärt empor aus dem magischen Grundklang des Mythos.

Das Seltsame ist, daß das charakteristische Vermögen, tiefliegende schöpferische Zentren zu berühren und zu wecken, auch dem geringsten Kindermärchen eigen ist, nicht anders, als der Geruch des Ozeans in einem winzigen Tropfen oder das ganze Geheimnis des Lebens in einem Fliegenei enthalten ist. Denn die mythischen Symbole sind nicht gemacht und können weder bestellt, erfunden noch dauernd unterdrückt werden. Sie sind spontane Hervorbringungen der Psyche, und jedes trägt in sich, als unbeschädigten Keim, die Kraft seines Ursprungs.

Was ist das Geheimnis der zeitlosen Vision? Von welchen Tiefen des Geistes leitet sie sich her? Warum ist der Mythos allerorten sich gleich, mag auch sein Gewand wechseln? Und was ist seine Lehre?

Heutzutage gibt es viele Wissenschaften, die zur Lösung des Rätsels beitragen. Es gibt Archäologen, die den Ruinen im Irak, in Honan, auf Kreta und Yucatan nachforschen, es gibt Ethnologen, die die Ostiaks am Ob oder die Boobies von Fernando Po befragen. Jüngst hat eine Generation von Orientalisten uns die heiligen Schriften des Ostens und die vorhebräischen Quellen unserer eigenen Heiligen Schrift eröffnet, während zugleich eine andere Gruppe von Gelehrten Forschungen vorangetrieben hat, die im vorigen Jahrhundert auf dem Gebiet der Völkerpsychologie aufgenommen worden waren, um dem psychologischen Ursprung von Sprache, Mythos, Religion, Kunstentwicklung und Moralsystemen auf den Grund zu kommen.

Am bemerkenswertesten von all dem sind jedoch die Aufschlüsse, welche die Psychopathologie geliefert hat. Die kühnen und wahrhaft epochemachenden Schriften der Psychoanalytiker sind für den, der den Mythen nachgeht, ganz unerläßlich, denn Freud, Jung und ihre Schüler haben, wie immer die detaillierte und manchmal widerspruchsvolle Deutung bestimmter Einzelfälle und Probleme zu beurteilen ist, zwingend dargetan, daß die Logik, die Helden und die Taten des Mythos im modernen Zeitalter noch lebendig fortbestehen. Eine wirksame gemeinschaftliche Mythologie fehlt, aber jeder von uns hat sein privates, unerkanntes, verkümmertes und doch insgeheim machtvolles Traumpantheon. Die letzte Inkarnation des Oedipus mag diesen Nachmittag an der Ecke der Fifth Avenue und der zweiundvierzigsten Straße stehen und auf das Verkehrslicht warten, das ihm den Übergang freigibt.

So berichtet ein junger Amerikaner von folgendem Traum:

»Ich träumte, daß ich dabei war, unser Dach mit neuen Schindeln zu versehen. Plötzlich hörte ich die Stimme meines Vaters von unten nach mir rufen. Ich drehte mich jäh um, um ihn besser zu hören, und dabei glitt mir der Hammer aus der Hand, rutschte das Dach hinab und verschwand über die

Kante. Ich hörte ein schweres Plumpsen, wie von einem fallenden Körper.

Furchtbar erschrocken, kletterte ich die Leiter zur Erde hinab. Da lag mein Vater tot am Boden, mit blutendem Kopf. Ich war verzweifelt und fing an, schluchzend nach meiner Mutter zu rufen. Sie kam aus dem Haus und nahm mich in ihre Arme. ›Reg dich nicht auf, Junge, es war eben ein Unfall‹, sagte sie. ›Ich weiß, daß du dich um mich kümmern wirst, auch wenn er nicht mehr da ist.‹ Als sie mich küßte, wachte ich auf.

Ich bin das älteste Kind in unserer Familie und dreiundzwanzig Jahre alt. Seit einem Jahr bin ich von meiner Frau getrennt; irgendwie konnten wir nicht miteinander auskommen. Ich liebe meine beiden Eltern sehr und habe mit meinem Vater nie Schwierigkeiten gehabt, ausgenommen nur, daß er darauf bestand, daß ich zurückgehen und mit meiner Frau leben sollte, und ich mit ihr nicht glücklich sein konnte. Und ich werde es nie sein.«[1]

Was der unglückliche Ehemann hier mit wahrhaft rührender Naivität berichtet, ist nichts anderes, als daß er, anstatt seine geistigen Energien der Liebe und den Problemen der Ehe zuzuwenden, in den geheimen Rückwendungen seiner Phantasie bei der nun lächerlich anachronistisch gewordenen Situation seiner ersten und einzigen emotionellen Erfahrung stehengeblieben ist, der des tragikomischen Dreiecks des Säuglingsstadiums, in dem der Sohn gegen den Vater ist, weil er die Liebe der Mutter will. Die dauerhaftesten Anlagen der menschlichen Seele sind offenbar die, die sich von der Tatsache herleiten, daß wir von allen Tieren am längsten bei der Mutterbrust verweilen. Die Menschen werden zu früh geboren, sie sind noch nicht fertig und bereit, es mit der Welt aufzunehmen. So ist die Mutter ihr einziger Schutz vor einem Universum von Gefahren, und dieser Schutz bedeutet eine Verlängerung des Embryostadiums.[2] Deshalb bilden das hilflose Kind und die Mutter noch Monate nach der Geburtskatastrophe eine Doppeleinheit, nicht nur körperlich, sondern auch seelisch.[3] Jede längere Abwesenheit der Mutter erzeugt im Kind eine Spannung, die zu aggressiven Impulsen führt, und ähnlich ist es, wenn sie ihm etwas verbieten muß. So ist das erste Objekt der Liebe identisch mit dem ersten Objekt des Hasses, und das erste Ideal, das auch allen späteren Vorstellungen von Segen, Wahrheit, Schönheit und Vollkommenheit noch unbewußt zugrunde liegt, ist das der Doppeleinheit von Madonna und Jesusknabe.[4]

Der erste radikale Einbruch einer anderen Realitätsordnung in diese Fortsetzung des glücklichen Zustandes im Mutterschoß geht von dem unglückseligen Vater aus, der deshalb vor allem als Feind erfahren wird. Auf ihn wird die Aggressionsladung übertragen, die ursprünglich an der »schlechten«, der abwesenden Mutter haftete, während der Wunsch nach der »guten«, der gegenwärtigen, nährenden und schützenden Mutter bei dieser selbst, wenigstens im normalen Fall, verbleibt. Diese verhängnisvolle Verteilung der infantilen Todes- und Sexualtriebe bildet die Grundlage für den heutzutage allgemein bekannten Ödipuskomplex, von dem Freud vor fünfzig Jahren gezeigt hat, daß er die eigentliche Ursache ist, wenn im erwachsenen Leben das rationale Verhalten seelisch gestört ist. Bei Freud heißt es: »König Ödipus, der seinen Vater Laios erschlagen und seine Mutter Jokaste geheiratet hat, ist nur die Wunscherfüllung unserer Kindheit. Aber, glücklicher als er, ist es uns seitdem, sofern wir nicht Psychoneurotiker geworden sind, gelungen, unsere sexuellen Regungen von unseren Müttern abzulösen, unsere Eifersucht gegen unsere Väter zu vergessen.«[5]

Und an einer anderen Stelle: »Alle krankhaften Störungen des Geschlechtslebens sind mit gutem Rechte als Entwicklungshemmungen zu betrachten.«[6]

> Denn viele Menschen sahen auch in Träumen schon
> Sich zugesellt der Mutter: Doch wer alles dies
> Für nichtig achtet, trägt die Last des Lebens leicht.[7]

Die schwierige Lage der Frau eines Mannes, dessen Gefühle in der Erinnerung an die Säuglingssituation befangen bleiben, anstatt zu reifen, mag aus dem in seiner manifesten Gestalt unsinnigen Inhalt eines anderen modernen Traums ersichtlich werden, und dabei beginnen wir in der Tat zu spüren, daß wir, mit einer seltsamen Wendung, in den Bereich des archaischen Mythos eintreten.

»Ich träumte«, schrieb eine Frau, die derartige Sorgen

hatte, »daß ein großes weißes Pferd mir überallhin nachfolgte. Ich fürchtete mich vor ihm und stieß es weg. Als ich mich umblickte, um zu sehen, ob es mir immer noch folgte, war es zu einem Mann geworden. Ich sagte ihm, er solle in einen Friseurladen gehen und seine Mähne abrasieren lassen, was er auch tat. Als er herauskam, sah er genau wie ein Mann aus, nur hatte er Pferdehufe und einen Pferdekopf, und folgte mir überallhin. Er näherte sich mir, und ich erwachte.

Ich bin eine verheiratete Frau von fünfunddreißig Jahren und habe zwei Kinder. Ich bin jetzt seit vierzehn Jahren verheiratet und weiß, daß mein Mann mir treu ist.«[8]

Das Unbewußte sendet alle möglichen Dünste, Fratzenwesen, Schrecken und beirrenden Bilder ins Bewußtsein, im Traum, am lichten Tag oder in den Geisteskrankheiten, denn der menschliche Bereich erstreckt sich unter dem Boden der vergleichsweise heimeligen kleinen Zuflucht, die wir unser Bewußtsein nennen, in ungekannte Schächte und Höhlen, wie Aladdin eine betrat. Dort sind nicht nur Juwelen, sondern auch böse Geister verborgen, nämlich die unbequemen und verdrängten seelischen Impulse, die wir, sei's aus Gedankenlosigkeit, sei's aus Furcht, von unserem Leben abgesperrt haben. Sie bleiben uns unbekannt, wenn nicht ein Zufall – ein Wort, der Geruch einer Landschaft, der Geschmack einer Schale Tee, ein Augenaufschlag – eine magische Quelle aufspringen läßt, die bedrohliche Boten ins Gehirn entsendet. Bedrohlich sind sie deshalb, weil sie die Sekurität, in die wir uns und unsere Familie eingesponnen haben, ins Wanken bringen. Zugleich aber erstrahlen sie auch in verführerischer Faszination, weil sie Schlüssel bringen, die den Weg öffnen zu dem ersehnten und gefürchteten Abenteuer der Selbstentdeckung. Zerstörung der Welt, die wir uns erbaut haben und in der wir leben, und damit auch unseres Selbst; dann aber ein wunderbares Wiedererstehen in einem kühneren, reineren, weiteren und ganz menschlichen Leben – das ist die Lockung, das Versprechen und die Drohung dieser verstörenden Boten aus dem nächtigen Reich des Mythologischen in uns.

Die Psychoanalyse, die zur Wissenschaft gewordene Traumdeutung, hat uns die Bewältigung dieser unwirklichen Bilder gelehrt. Zugleich hat sie einen Weg gefunden, der es ihnen erlaubt, ihr Werk zu tun. Man läßt die gefährlichen Entwicklungskrisen unter dem schützenden Auge eines Führers, der im Reich der Träume und in ihrer Sprache bewandert ist, zum Vorschein kommen. Der Arzt, der in unserer Welt das Mythische zu meistern hat und um all seine Schliche und Formeln weiß, übernimmt dann die Rolle und den Charakter des alten Mystagogen, des Seelenführers und des Medizinmannes der Waldheiligtümer, in denen bei den Primitiven Prüfung und Initiation sich abspielten. Seine Funktion ist genau die des weisen Alten der Mythen und Märchen, dessen Worte dem Helden in den Prüfungen und Schrecken seiner unheimlichen Fahrt beistehen, der ihm erscheint und ihm das strahlende Zauberschwert zeigt, das den Terror des Drachens brechen wird, ihm von der wartenden Braut erzählt und dem mit Schätzen angefüllten Schloß, ihm heilenden Balsam in die gefährlichen Wunden gießt und

Abb. 1. Silene und Mänaden

schließlich den Sieger in das gewöhnliche Leben entläßt, immer die Fahrt in die lockende Nacht begleitend.

Wenn wir uns nun, von dieser Vorstellung geleitet, den zahlreichen, fremdartigen Riten zuwenden, die von den primitiven Stämmen und den alten Hochkulturen berichtet werden, so zeigt es sich, daß deren Zweck und tatsächliche Wirkung die ist, den Menschen über jene schwierigen Lebensschwellen hinwegzuhelfen, bei deren Passieren eine Strukturänderung nicht nur des bewußten, sondern auch des unbewußten Lebens zu vollziehen ist. Die Übergangsriten – die Zeremonien bei der Geburt, Namensgebung, Pubertät, Hochzeit, Bestattung –, die im Leben der primitiven Gruppen eine so wichtige Rolle spielen, zeichnen sich aus durch förmliche und meist sehr harte Trennungsexerzitien, die den Geist mit der Wurzel von den Attitüden, Bindungen und Lebensgewohnheiten des beendeten Stadiums losreißen.[9] Ihnen folgt eine kürzere oder längere Spanne der Zurückgezogenheit, ausgefüllt mit Riten, die den Kandidaten in den Formen und Gefühlen einüben sollen, die seiner neuen Rolle angemessen sind, so daß er, wenn schließlich die Zeit zur Rückkehr ins profane Leben herangereift ist, so gut wie neugeboren in dieses eintritt.[10]

Erstaunlich ist die Tatsache, daß viele jener rituellen Prüfungen und Bilder denen entsprechen, die sich automatisch im Traum einstellen, wenn der analysierte Patient sich von seinen infantilen Fixierungen zu lösen und in die Zukunft einzutreten beginnt. Bei den australischen Eingeborenen bildet die Beschneidung einen wesentlichen Bestandteil der Initiationsriten, die den Jüngling in der Pubertät von der Mutter losreißen und in die Geheimnisse des Männerbundes aufnehmen. »Wenn ein Jüngling vom Stamm der Murngin beschnitten werden soll, wird ihm von seinem Vater und von den alten Männern gesagt: ›Die Große Vaterschlange riecht deine Vorhaut und verlangt sie.‹ Die Knaben halten das für buchstäblich wahr und bekommen große Angst. Meist flüchten sie sich zu ihrer Mutter oder zu deren Mutter oder zu sonst einer bevorzugten weiblichen Verwandten, weil sie wissen, daß die Männer sich zusammengetan haben, sie zu ihrem Versammlungsplatz zu holen, wo die große Schlange brüllt. Die Frauen stimmen über die Knaben ein rituelles

Geheul an, das die große Schlange davon abhalten soll, sie zu verschlingen.«[11] – Man vergleiche das Gegenstück im modernen Unbewußten: »So fand ich in einem Traum bei einem Patienten folgendes Bild: ›Eine Schlange schießt aus einer feuchten Höhlung hervor und beißt den Träumer in die Genitalgegend.‹ Dieser Traum fand statt in dem Moment, wo sich der Patient von der Richtigkeit der Analyse überzeugte und anfing, sich aus dem Banne seines Mutterkomplexes zu befreien.«[12]

Immer hatten Mythen und Riten vor allem die Funktion, die Symbole zu liefern, die den Menschen vorwärtstragen, und den anderen, ebenso konstanten Phantasiebildern entgegenzuwirken, die ihn an die Vergangenheit ketten wollen. Es ist durchaus möglich, daß die große Häufigkeit der Neurosen in unserer Kultur ihren Grund im Verfall jener mythologischen Instanzen hat, die dem Individuum wirksam den Rücken stärkten. Wir bleiben an den unbewältigten Fixierungen der Kindheit hängen und sträuben uns deshalb gegen die Verwandlungen, die das Heranwachsen notwendig macht. In den Vereinigten Staaten hat diese Verkehrung sogar ihr Pathos gefunden: das Ziel ist nicht, alt zu werden, sondern jung zu bleiben, nicht der Mutter zu entwachsen, sondern sich an sie zu klammern. So kommt es, daß Ehemänner, wenn sie sich bemühen, die Rechtsanwälte, Geschäftsleute und selbständigen Köpfe zu sein, als die ihre Eltern sie sehen wollten, nur die Altäre ihrer Jugend beweihräuchern, während ihre Frauen auch nach vierzehnjähriger Ehe, mit zwei wohlgeratenen Kindern, die schon heranwachsen, noch nach der Liebe suchen, die sie nur von Kentauren, Silenen, Satyrn und anderen lüsternen Inkubi aus der Rotte des Pan noch zu erwarten haben, sei es im Moment von Träumen wie den oben zitierten, sei es in unseren öffentlichen, vanillefarbenen Tempeln der Liebesgöttin, unter dem Make-up der jüngsten Leinwandhelden. Der Psychoanalytiker muß kommen, um endlich wieder das erprobte Wissen in den alten, der Zukunft zugewandten Lehren der maskierten Schamanen und Hexendoktoren zu bestätigen, wobei sich herausstellt, wie etwa in jenem Traum vom Schlangenbiß, daß im Augenblick der Lösung die zeitlose Initiationssymbolik vom Patienten selber produziert wird. Offenbar enthalten die

Initiationsbilder etwas der Seele so Notwendiges, daß sie in einer Welt, die sie nicht von außen, durch Mythos und Ritual, heranträgt, wieder von innen, durch den Traum, bemerkbar gemacht werden müssen, wenn nicht unsere Energien in einem banalen, längst überholten Spielzeugarsenal wie auf dem Meeresgrund versenkt bleiben sollen.

Sigmund Freud betont in seinen Schriften die Umstellungen und Konflikte der ersten Hälfte des menschlichen Lebenszyklus, die der Kindheit und Jugend, wenn unsere Sonne zum Zenith steigt. C. G. Jung dagegen hat mehr die Krisen der zweiten Hälfte betont, wenn die leuchtende Kugel, um fortzuschreiten, sich zu Niedergang und schließlich Verschwinden im nächtlichen Grabesschoß anschicken muß. Die normalen Symbole unserer Wünsche und Ängste kehren sich während dieses Nachmittags der Lebensgeschichte um. Nicht mehr Leben, sondern Tod ist die Forderung. Schwer aufzugeben ist dann nicht mehr der Schoß, sondern der Phallus, wenn nicht schon Lebensmüdigkeit das Herz ergriffen hat und der Tod mit dem Versprechen des Segens ruft, der früher die Lockung der Liebe war. Wir gehen den vollen Kreis, indem wir vom Grab des Schoßes zum Schoß des Grabes kommen, durch eine vieldeutige und rätselhafte Einkehr in eine Welt fester Materie, die bald wieder von uns schmelzen soll wie der Stoff eines Traums. Und wenn wir zurücksehen auf das, was versprochen hatte, unser ureigenes, unbestimmbares und gefährliches Abenteuer zu werden, so finden wir schließlich eine Reihe fast standardisierter Verwandlungen, wie sie Männer und Frauen in jedem Winkel der Erde, in allen geschichtlichen Jahrhunderten, unter der dünnen Verkleidung aller besonderen Kulturen durchgemacht haben.

Erzählt wird etwa die Geschichte von dem großen Minos, König des kretischen Inselreichs zur Zeit seiner händlerischen Vorherrschaft: wie er den berühmten, kunstreichen Ingenieur Daedalus anstellte, ihm ein Labyrinth zu entwerfen und zu erbauen, um darin etwas verbergen zu können, das den Palast in Scham und zugleich Schrecken versetzte. Denn es lebte ein Ungeheuer dort, das geboren worden war von Pasiphaë, der Königin. Es heißt, Minos sei mit wichtigen Kriegen zum Schutz der Handelswege beschäftigt gewesen und indessen sei Pasiphaë von einem riesigen, schneeweißen, meergeborenen Stier verführt worden. Es war eigentlich nicht schlimmer als das, was Minos' eigene Mutter hatte geschehen lassen: Europa, von der man weiß, daß ein Stier sie nach Kreta trug. Der Stier war der Gott Zeus, und der Sohn dieser heiligen Verbindung war Minos selbst, den man jetzt überall respektierte, verehrte und dem man willig diente. Wie konnte da Pasiphaë ahnen, daß die Frucht ihres eigenen Fehltritts ein Ungeheuer sein würde, dieser kleine Sohn mit menschlichem Rumpf, aber mit Stierkopf und Stierschwanz?

In der Öffentlichkeit wurde die Königin ob ihres Mißgeschicks verurteilt, aber der König konnte sich nicht ganz verhehlen, daß ein Teil der Schuld auf ihn fiel. Der fragliche Stier nämlich war lange vorher von dem Gott Poseidon geschickt worden, als Minos mit seinen Brüdern um den Thron kämpfte. Minos hatte sein göttliches Recht auf den Thron geltend gemacht und den Gott beschworen, als Zeichen einen Stier aus dem Meer zu senden; und besiegelt hatte er sein Gebet mit dem Gelübde, das Tier sofort zu opfern, als Symbol seiner Verehrung. Der Stier war erschienen, und Minos hatte den Thron eingenommen. Als er aber der Majestät des Tiers gewahr wurde, das gesandt worden war, und bedachte, welcher Vorteil es sein würde, ein solches Exemplar zu besitzen, entschloß er sich, einen Krämertausch zu wagen, im Glauben, der Gott würde sich hinters Licht führen lassen. So brachte er auf Poseidons Altar den schönsten weißen Stier aus seinem Besitz dar und nahm den anderen zu seiner Herde.

Das kretische Reich hatte geblüht unter der sinnreichen Rechtsprechung dieses berühmten Gesetzgebers und vorbildlichen Staatsmanns. Die Hauptstadt Knossos wurde zum luxuriösen und eleganten Zentrum der führenden Handelsmacht der zivilisierten Welt. Die kretischen Flotten liefen nach jeder Insel und jedem Hafen des Mittelmeers aus, und kretische Ware war in Babylonien und Ägypten geschätzt. Die kühnen kleinen Schiffe wagten sich sogar durch die Säulen des Herakles in den offenen Ozean, um, an der Küste entlangfahrend, das Gold Irlands und das Zinn Cornwalls zu holen[13], und im Süden, nach Umschiffung von Senegal, das ferne Yorubaland und die Elfenbein-, Gold- und Sklavenmärkte aufzusuchen.[14]

Zu Hause aber war die Königin durch Poseidon mit hemmungsloser Leidenschaft für den Stier erfüllt worden, und von ihr getrieben, ließ sie sich von Daedalus, dem unvergleichlichen Baumeister ihres Mannes, eine hölzerne Kuh zimmern, die den Stier täuschen sollte. Da schlüpfte sie hinein, und der Stier ließ sich täuschen. Sie gebar ihr Ungeheuer, das bald schon zur Gefahr wurde. Und so wurde Daedalus wiederum, diesmal vom König, aufgeboten, um ein riesiges labyrinthisches Gefängnis mit vielen Sackgassen zu bauen, in dem das Ding zu verbergen wäre. So verschlungen geriet seine Erfindung, daß Daedalus selbst kaum zum Ausgang zurückfinden konnte. Darin wurde der Minotaurus untergebracht und mit lebenden Jünglingen und Jungfrauen gefüttert, die die unterworfenen Nationen des kretischen Herrschaftsbereichs als Tribut liefern mußten.[15]

So lag der eigentliche Fehler nach der alten Legende nicht bei der Königin, sondern beim König, und weil er sich dessen bewußt war, konnte er sie nicht wirklich beschuldigen. Er hatte aus einer öffentlichen Angelegenheit privaten Nutzen geschlagen, während der ganze Sinn seiner Investitur als König eben der war, daß er sich nicht länger als Privatperson betrachten konnte. Die Rückgabe des Stiers an den Gott wäre das Symbol seiner unbedingten Unterwerfung unter die Notwendigkeiten seiner Rolle gewesen. Ihre Verweigerung bedeutete daher, daß er statt dessen sein Ich zum Götzen erhob, und aus dem König von Gottes Gnaden wurde der egoistische Tyrann Talos. Geradeso wie die traditionellen *rites de passage* das Individuum lehrten, der Vergangenheit abzusterben und der Zukunft neu geboren zu werden, so entkleideten die Investitur-Riten ihn seines privaten Wesens und hüllten ihn in den Mantel seiner Berufung. Das war das Ideal, ob der Mann nun Handwerker war oder König. Durch die sakrilegische Verweigerung des Ritus aber schnitt das Individuum sich als besondere Einheit aus der größeren Einheit der ganzen Gruppe heraus, und so zersplitterte das Eine in die Vielen, die sich bekämpften, jeder auf sein Selbst bedacht, und nur durch Gewalt zu regieren waren.

Die Figur des tyrannischen Ungeheuers ist allen Mythen,

Sagen, Legenden und selbst Angstträumen der Welt geläufig, und im wesentlichen sind ihre Züge überall gleich. Der Tyrann ist der, der den Reichtum des Ganzen an sich rafft, der gierig auf Besitzrechte aus ist. Die Verheerung, die er anrichtet, ist nach den Mythen und Märchen absolut, soweit seine Macht reicht, handle es sich nun nur um seinen Haushalt, seine eigene gequälte Seele, die Menschen, die er durch Berührung, Freundschaft oder Hilfeleistung ansteckt, oder um eine ganze Kultur. Das aufgeblähte Ich des Tyrannen ist Fluch für ihn selbst und die Welt, gleichgültig, wie seine Geschäfte zu gedeihen scheinen. Terrorisiert von sich selber, gehetzt von Furcht und immer auf dem Sprung, erwartete Aggressionen zurückzuschlagen, die doch nur Spiegelungen seiner eigenen unkontrollierbaren Raffsucht sind, ist der Gigant in seiner usurpierten Unabhängigkeit Sendbote des Weltunheils auch dann, wenn er glaubt, nur humane Absichten zu verfolgen. Wohin er auch seine Hand ausstreckt, schreit es auf, wenn nicht in den Straßen, dann, schlimmer noch, in jedem Herzen, und der Schrei gilt dem erlösenden Helden, dem Träger des leuchtenden Schwertes, dessen Hieb, Berührung oder Existenz das Land befreien soll.

> Hier kann man nicht stehen nicht liegen nicht sitzen
> Nicht einmal Schweigen ist in den Bergen
> Nur trockner Donner unfruchtbarer ohne Regen
> Nicht einmal Einsamkeit ist in den Bergen
> Nur rote Gesichter verdrossene grinsen und drohen
> Aus Türen von rissigen Lehmhäusern.[16]

Der Held ist der, der in Freiheit sich beugt. Worunter aber, das ist gerade die Rätselfrage, die wir heute uns zu stellen haben und die gelöst zu haben zu jeder Zeit und überall eben die historische Tat und das eigentliche Verdienst des Helden war. Wie Arnold J. Toynbee in seinem sechsbändigen Werk über die Gesetze, nach denen Zivilisationen entstehen und zerfallen[17], entwickelt hat, kann Zerrissenheit in Seele und Gesellschaft weder durch restaurative noch durch utopistische Programme noch auch durch dickköpfig-realistische Arbeit, um die zerfallenen Elemente wieder zusammenzuschweißen, geheilt werden. Nur Geburt kann den Tod überwinden – Geburt freilich nicht nochmals der alten Verhältnisse, sondern eines Neuen. In der Seele so gut wie in der Gesellschaft kann nur eine unaufhörliche Kette von Wiedergeburten des unablässig wiederkehrenden Todes Herr werden. Denn ohne Wiedergeburt sind es die Siege selber, durch welche die Nemesis vollstreckt wird. Vernichtung kann gerade aus dem sich ergeben, was unsere eigentliche Kraft ausmacht. Gleicherweise zur Falle werden dann Frieden und Krieg, Wechsel und Beharrung. Wenn unser Tag gekommen ist für den Sieg des Todes, kehrt der Tod ein, und wir können nichts tun als uns kreuzigen lassen, um wiederaufzuerstehen, uns zerstückeln lassen, um wiedergeboren zu werden.

Theseus, der Held, der den Minotaurus erschlug, betrat Kreta von außen, als Symbol und Arm der aufsteigenden Zivilisation der Griechen. Sie war das Neue und Lebendige. Aber ebenso kann das Prinzip der Regeneration auch innerhalb der Mauern des Tyrannenreichs gesucht und gefunden werden. Toynbee gebraucht die Begriffe »Ablösung« und »Transfiguration«, um die Krise zu beschreiben, durch welche die höhere geistige Dimension erreicht wird, in der es möglich ist, das Werk der Schöpfung wiederaufzunehmen. Der erste Schritt, Ablösung oder Abkehr, besteht in einer vorbehaltlosen Verschiebung des Interesses von der äußeren auf die innere Welt, vom Makrokosmos zum Mikrokosmos, in einem Rückzug aus den Verzweiflungen der Wüste draußen in den inneren Bereich ewigen Friedens. Aber dieser Bereich ist, wie wir aus der Psychoanalyse wissen, eben das infantile Unbewußte, der Bereich, in den wir im Schlaf eintauchen und den wir immer in uns tragen. Alle Ungeheuer und geheimen Helfer unserer Kindheit, deren ganze Magie, sind darin zu Hause und außerdem, was noch wichtiger ist, alle die Lebenskräfte, die wir nie zur Verwirklichung im erwachsenen Leben haben bringen können, jene anderen Teile unseres Selbst; denn diese goldene Saat stirbt nicht ab. Wenn nur ein Zipfel der verlorenen Totalität ans Licht des Tages gehoben werden könnte, würden wir eine wunderbare Ausweitung unserer Kräfte und frische Erneuerung des Lebens erfahren, und unsere innere Statur würde riesenhaft. Und wenn wir etwas heraufholen könnten, was nicht nur von uns selbst, sondern von unserer ganzen Generation oder

Kultur vergessen ist, könnten wir in der Tat zum Heilbringer und Helden der heutigen Zivilisation werden, eine Person von nicht bloß örtlicher, sondern weltgeschichtlicher Bedeutung. Mit einem Wort: die erste Tat des Helden ist es, sich vom Schauplatz der Erscheinungen, der offen zutage liegenden Wirkungen zurückzuziehen und die ursächlichen Zonen der Seele aufzusuchen, wo die wahren Schwierigkeiten liegen, um dort die Hemmnisse aufzuklären und bei sich selbst, durch Bekämpfung der Ammendämonen seiner lokalen Kultur, zu überwinden und schließlich zur unentstellten, direkten Erfahrung und Aneignung dessen durchzubrechen, was C. G. Jung die Archetypen genannt hat.[18] Dies ist der Prozeß, den die Philosophie des Hinduismus und Buddhismus als *viveka,* Unterscheidung, kennt.

Die Archetypen, die so zu entdecken und assimilieren sind, sind genau die gleichen, die durch die Annalen der menschlichen Kultur hindurch die fundamentalen Bilder in Ritual, Mythos und Vision inspiriert haben. Diese »Ewigen des Traums«[19] sind nicht zu verwechseln mit den je nach der Person modifizierten symbolischen Figuren, die in Albträumen oder im Wahnsinn dem Individuum erscheinen, das noch nicht zu den Archetypen vorgedrungen ist. Der Traum ist verpersönlichter Mythos, der Mythos entpersönlichter Traum, und beide sind auf die gleiche Weise symbolisch für die Dynamik der Psyche. Aber während im Traum die besonderen Konflikte und Schwierigkeiten des Träumenden die Formen verzerren, sind die Probleme und Lösungen, die der Mythos zeigt, für die ganze Menschheit unmittelbar gültig.

Der Held ist deshalb der Mensch, ob Mann oder Frau, der fähig war, sich über seine persönlichen und örtlich-historischen Grenzen hinauszukämpfen zu den allgemein gültigen, eigentlich menschlichen Formen. Seine Visionen, Ideen und Eingebungen kommen unverdorben von den Urquellen menschlichen Lebens und Denkens. Daher sind sie beredt, und zwar nicht von der gegenwärtigen, sich auflösenden Gesellschaft und Seele, sondern von der unberührten Quelle, aus der die Gesellschaft wiedergeboren wird. Als Mensch der Gegenwart ist der Held gestorben, als Mensch des Ewigen, als vollkommen gewordener, nicht auf Partikularitäten festgelegter, universaler Mensch wird er wiedergeboren. Seine zweite heilige Aufgabe ist deshalb – wie Toynbee sagt und alle Mythen der Menschheit es anzeigen –, verwandelt zu uns zurückzukehren und die Lehre vom erneuerten Leben, die er gelernt hat, weiterzugeben.[20]

Eine Frau unserer Tage hat zu einem Traum, den sie erlebte, das Folgende aufgezeichnet:

»Ich ging allein durch das obere Ende einer großen Stadt, durch verkommene, schmutzige Straßen, an hart und verschlossen aussehenden kleinen Häusern entlang. Ich wußte nicht, wo ich war, aber das Herumspüren gefiel mir. Ich wählte eine Straße, die fürchterlich schmutzig war und über eine Art von unverdecktem Abflußkanal führte. Ich folgte ihr durch Barackenreihen, bis ich einen kleinen Fluß entdeckte, dessen jenseitiges Ufer von einem hohen, festen Gelände mit einer gepflasterten Straße gebildet wurde. Der Fluß war sehr hübsch, ganz klar und floß über Gras. Ich konnte sehen, wie das Gras sich unter dem Wasser bewegte. Weil kein Steg hinüberführte, ging ich zu einem kleinen Haus und fragte einen Mann dort nach einem Boot. Der Mann sagte, natürlich könne er mir helfen, brachte eine kleine Holzkiste zum Vorschein und setzte sie am Flußufer ab, und auf einmal wurde mir klar, daß ich mit dieser Kiste ohne weiteres hinübergelangen konnte. Ich wußte, daß alle Gefahr vorüber war, und wollte den Mann reich belohnen.

Wenn ich diesen Traum überdenke, habe ich deutlich das Gefühl, daß ich den Weg dorthin gar nicht notwendig hätte einschlagen müssen. Ebensogut hätte ich einen bequemen Spaziergang über feste Straßen wählen können. In das armselige und schmutzige Viertel war ich nur des Abenteuers wegen gegangen, und nachdem ich mich einmal auf den Weg gemacht hatte, mußte ich weiter ... Wenn ich mir vorstelle, wie hartnäckig ich in dem Traum immer geradeaus weitergegangen bin, dann scheint es mir, als müßte ich um den guten Ausgang, nämlich den lieblichen grünen Fluß und die sichere, feste, hohe Straße auf der anderen Seite, schon gewußt haben. Versteht man den Traum unter diesem Aspekt, dann handelt es sich um den Willen, in einem spirituellen Sinn geboren, genauer gesagt wiedergeboren zu werden. Vielleicht müssen einige von uns dunkle und abseitige Wege gehen, bevor wir den Fluß des Friedens oder die breite Straße zum Bestimmungsort der Seele ausfindig machen können.«[21]

Die Frau, die diesen Traum hatte, ist eine hervorragende ausübende Künstlerin. Wie alle, die, statt sich an die abgesteckten, bequemen Heerstraßen des Tages zu halten, sich für das Wagnis entschieden haben und die kaum vernehmliche Berufung, die nur solche erreicht, die auch nach innen hellhörig sind, mußte sie allein ihren Weg gehen, durch ungewöhnliche Schwierigkeiten und »durch verkommene, schmutzige Straßen«. Sie kannte die finstere Nacht der Seele, den dunklen Wald, der bei Dante »auf halbem Wege unseres Lebens« den Wanderer aufnimmt, und die Qualen der Höllenschluchten:

> Der Eingang bin ich zu der Stadt der Trauer,
> Der Eingang bin ich zu dem ew'gen Schmerze,
> Der Eingang bin ich zum verlornen Volke![22]

Merkwürdig ist an ihrem Traum, daß er das allen Völkern gemeinsame Grundschema der mythischen Abenteuer bis ins einzelne reproduziert. Jene tief bedeutsamen Motive von den Gefahren, Hindernissen und glücklichen Zufällen des Weges werden sich auf den folgenden Seiten in hunderterlei Formen wiederfinden. Die Überquerung des unverdeckten Abflußkanals zu Anfang[23], dann der vollkommen klare Fluß, dessen Grund von Rasen bedeckt ist[24], das Auftauchen des willigen Helfers im kritischen Augenblick[25] und das hohe, feste Gelände jenseits des letzten hindernden Stromes – man erinnert sich an das Irdische Paradies des Taoismus und an die Gefilde jenseits des Jordans der Bibel[26] – sind die immer wiederkehrenden Grundmotive des wunderreichen Liedes von den Abenteuern der Seele. Jeder, der den Mut aufgebracht hat, die geheime Stimme anzuhören und ihr nachzufolgen, kennt diese Fährnisse bei dem bedrohten, einsamen Übergang:

> Eine geschliffene Schneide eines Schermessers, schwer zu beschreiten,
> Ein schwieriger Pfad ist dies – so sagen die Dichter![27]

Der Träumerin wird über das Wasser geholfen durch ein Geschenk, die kleine Holzkiste, die in diesem Traum an die Stelle des häufigeren Boots oder der Brücke tritt. Diese Hilfe ist ein Symbol ihrer besonderen Gaben und Kräfte, durch welche sie die Wasser der Welt zu überqueren vermochte. Da die Träumerin über ihre Assoziationen nichts angibt, wissen wir nicht, was die Kiste enthielt. Aber sicher ist sie eine Abwandlung der Büchse der Pandora, jenes Geschenks der Götter an eine schöne Frau, das gefüllt ist mit der Saat aller Widrigkeiten und Segnungen des Daseins, versehen aber auch mit der erhaltenden Tugend der Hoffnung. Durch dieses Geschenk kann die Träumerin zum anderen Ufer übersetzen. Und durch ein ähnliches Wunder wird jeder, dessen Werk die mühselige und gefährliche Aufgabe der Selbstentdeckung ist, über den Ozean des Lebens getragen werden.

Die Mehrheit der Männer und Frauen hat den weniger abenteuerlichen Weg über die vergleichsweise unbewußten bürgerlichen und Stammesbräuche gewählt. Aber auch diese Suchenden werden gerettet, vermöge der ererbten symbolischen Hilfen der Gesellschaft, der *rites de passage,* der gnadenspendenden Sakramente, die der Menschheit vor Zeiten von den Erlösern gebracht und durch die Jahrtausende weitergereicht worden sind. Nur die, die weder einen inneren Ruf noch eine äußere Doktrin kennen, sind wahrhaft in einer verzweifelten Lage. Das heißt: es ist die der meisten von uns Heutigen, in diesem Labyrinth draußen und drinnen. Wo also ist der Lenker, jene wohlgesinnte Jungfrau, wo ist Ariadne, um uns den einfachen Schlüssel an die Hand zu geben, der uns Mut verleiht, uns dem Minotaurus zu stellen, und das Mittel, das uns den Weg in die Freiheit finden läßt, wenn das Ungeheuer bestanden und getötet ist?

Ariadne, die Tochter des Königs Minos, fiel in Liebe zu dem stattlichen Theseus, als sie ihn das Schiff verlassen sah, das die für den Minotaurus bestimmte traurige Gruppe von athenischen Jünglingen und Jungfrauen gebracht hatte. Sie fand eine Gelegenheit, mit ihm zu sprechen, und sagte, sie wolle ihm ein Mittel geben, das ihm aus dem Labyrinth wieder heraushelfen würde. Nur müsse er versprechen, sie von Kreta mit sich zu nehmen und zu seinem Weibe zu machen. Das Versprechen wurde gegeben, und Ariadne wandte sich um Hilfe an den geschickten Daedalus, durch dessen Kunst das Labyrinth erbaut und Ariadnes Mutter zu der Geburt seines Bewohners verholfen worden war. Daedalus gab ihr einfach ein Fadenknäuel, das der Held am Eingang befestigen und beim Eindringen in die Irrgänge abrollen lassen sollte. Es ist in der Tat nicht viel, wessen wir bedürfen! Aber ohne dieses Wenige ist das Abenteuer im Labyrinth hoffnungslos.

Abb. 2. Minotauromachie

Es ist gleich zur Hand. Und am sonderbarsten ist, daß der gleiche Erfinder, der im Dienst des sündigen Königs das denkende Gehirn hinter den Schrecken des Labyrinths war, ebenso bereitwillig den Zwecken der Freiheit dienen kann. Aber ohne das rechte Herz geht es nicht. Jahrhunderte hindurch hat Daedalus den Typ des erfinderischen Künstlers dargestellt, jene seltsam gleichgültige, beinahe teuflische Menschengestalt, die sich, außerhalb der normalen Maßstäbe gesellschaftlicher Reputation, nicht an die Moral ihrer

Zeit, sondern allein an die ihrer technischen Aufgabe bindet. Er ist der Held des Gedankens – verschlossen, mutig und beseelt von dem Glauben, daß die Wahrheit, wie er sie findet, uns frei machen wird.

Und so können wir uns jetzt, wie Ariadne es tat, an ihn wenden. Den Flachs zu seinem Leinenfaden hat er auf den Feldern der menschlichen Vorstellungskraft eingesammelt. Jahrhunderte der Feldbestellung, Jahrzehnte sorgfältigen Sammelns sind in das Zubereiten, Auswählen und Spinnen dieses fest gedrehten Garns eingegangen. Mehr noch: wir brauchen das Abenteuer nicht allein zu wagen. Denn die Helden aller Zeiten sind uns vorangegangen, das Labyrinth ist durch und durch bekannt, und wir haben nur den Pfad des Helden als leitenden Faden zu nehmen. Wo wir Verabscheuungswürdiges zu finden glaubten, werden wir einen Gott finden; wo wir einen anderen zu erschlagen glaubten, werden wir uns selbst erschlagen; wo wir nach außen zu gehen glaubten, werden wir zur Mitte unseres eigenen Daseins gelangen; wo wir allein zu sein glaubten, werden wir mit der ganzen Welt sein.

2. Tragödie und Komödie

»Alle glücklichen Familien sind einander gleich; jede unglückliche Familie aber ist auf ihre eigene Art unglücklich.« Mit diesen schicksalsvollen Worten hat Tolstoi den Roman von der seelischen Zerstückelung seiner modernen Heldin, Anna Karenina, eröffnet. Während der sieben Jahrzehnte, die vergangen sind, seit diese gehetzte Gattin, Mutter und von blinder Leidenschaft erfüllte Geliebte sich vor die Räder des Zuges warf, so – mit einer Geste, die nur darstellte, was ihrer Seele schon widerfahren war – der Tragödie ihres Irrens ein Ende setzend, ist ohne Unterlaß ein wilder Dithyrambus von Erzählungen, Zeitungsberichten und ungehörten Verzweiflungsschreien zu Ehren des Stierdämons aus dem Labyrinth erklungen, der grimmigen, zerstörerischen, besinnungraubenden Gestalt desselben Gottes, dessen wohlwollende Seite das Lebensprinzip der Welt ist. Der moderne Roman feiert, ebenso wie die griechische Tragödie, das

Mysterium der Zerstückelung, die das Leben in der Zeit ist. Mit Recht begegnet das Happy-End dem Widerwillen, der es als Fälschung durchschaut; die Welt, wie wir sie kennen und wie wir sie gesehen haben, läßt nur ein Ende zu: Tod, Zerfall, Zerstückelung und Kreuzigung unseres Herzens durchs Vergehen der Formen, die wir geliebt haben.

»Mitleid ist das Gefühl, das den Geist angesichts alles dessen gefangennimmt, was schwer und konstant ist am menschlichen Leid, und ihn mit dem leidenden Menschen eins werden läßt. Furcht ist das Gefühl, das den Geist angesichts alles dessen gefangennimmt, was schwer und konstant ist am menschlichen Leid, und ihn mit der verborgenen Ursache eins werden läßt.«[28] Wie Gilbert Murray in seinem Vorwort zu Ingram Bywaters Übersetzung der Poetik des Aristoteles[29] bemerkt hat, entspricht die tragische *katharsis,* die Reinigung der Leidenschaften des Zuschauers der Tragödie durch die Erfahrung von Mitleid und Schrekken, einer früheren rituellen *katharsis* (»einer Reinigung der Gemeinschaft von den Befleckungen und Giften des vergangenen Jahres, der alten Ansteckung von Sünde und Tod«), welche die Aufgabe des Festes und Mysterienspiels des zerstückelten Stiergottes Dionysos war. Im Mysterienspiel wurde der meditierende Geist nicht mit dem Körper, dessen Sterben vorgeführt wird, vereinigt, sondern mit dem Prinzip beständigen Lebens, das ihn für eine Zeit bewohnt hatte und die Realität hinter der Erscheinung war (zugleich der Leidende und die verschwiegene Ursache), das Substrat, in das unser Selbst zergeht, wenn die »Tragödie, die des Menschen Antlitz zerbricht«[30], unsere sterbliche Hülle zerbrochen, verstreut und aufgelöst hat.

> In Stiergestalt,
> als Drache mit hundert Häuptern,
> als feuerschnaubender Leu
> erschein ihm, schwärmender Herr.[31]

Es ist dieser Tod der Logik und Gefühlsbegebenheiten unserer zufälligen Situation in der Welt des Raumes und der Zeit, dieses Erkennen und Anerkennen des universellen Lebens, das im Kuß unserer Selbstvernichtung pulst und seinen Sieg feiert, dieser amor fati, die Liebe zum Schicksal, das unabwendbar Tod ist, was die Erfahrung der tragischen Kunst ausmacht. Darin liegt deren Freude und erlösende Ekstase:

> Mein Leben ist heilig, seit
> ich der Myste des idäischen Zeus ward
> und geweiht in den Gewitterweihen
> des nächtlich schweifenden Zagreus
> und seinen Mahlen rohen Fleisches.
> Der Mutter des Idagebirges hielt ich die Fackeln empor
> und wurde, geweiht, Bacchant der Koureten genannt.[32]

Ein großer Teil der modernen Literatur ist mutiger und unbestechlicher Beobachtung der lähmend entstellten Gebilde gewidmet, welche die Welt vor uns, um uns und in uns bevölkern. Wo der natürliche Trieb, über die Katastrophe zu klagen, die Schande herauszuschreien oder Allheilmittel anzupreisen, unterdrückt worden ist, findet eine Kunst der Tragödie – deren Größe, für uns, bedeutender ist als die der griechischen – ihre Verwirklichung: die realistische, persönliche und aufs verschiedenste interessierende Tragödie der Demokratie, wo die Gotteskreuzigung in den Katastrophen nicht nur der Paläste, sondern auch in denen des bescheidenen Heims, in jedem gehetzten und bedrückten Antlitz wiederkehrt. Diese Kunst kennt kein tröstendes Zureden, das durch Versicherungen über den Himmel, künftigen Segen und Belohnung die bittere Majestät verharmlosen würde, sondern nur äußerste Finsternis, den Abgrund des Versäumten, der die Leben aufnimmt und wieder verschlingt, die nur um zu scheitern aus dem Mutterschoß ausgestoßen zu sein scheinen.

Im Vergleich zu all dem erscheinen unsere kleinen Geschichten vom Erfolg erbärmlich. Wir wissen allzu gut, wieviel Bitterkeit, Versagen, Verlust, Desillusionierung und ironischer Verzicht auch denen das Blut vergiftet, auf die die Welt mit Neid blickt. Deshalb sind wir nicht aufgelegt, der Komödie den gleichen hohen Rang zuzugestehen wie der Tragödie. Als Satire ist sie akzeptabel, als Spaß eine hübsche Zerstreuung, aber das Märchen vom bleibenden Glück ist nicht ernst zu nehmen. Es gehört zum Niemandsland der Kindheit, das noch beschützt ist vor den Realitäten, die bald genug schrecklich erfahren werden – ebenso wie der Mythos vom Himmel, der nicht mehr aufhört, für die Alten ist, die das Leben hinter sich haben und deren Herzen sich für das Durchschreiten der letzten Pforte in die Nacht zu bereiten haben. Das aber ist eine Einstellung, die auf einem völligen Mißverständnis der Wirklichkeiten, welche in den Märchen, Mythen und Göttlichen Komödien von der Erlösung dargestellt sind, durch das nüchterne abendländisch-moderne Urteil beruht. In der Alten Welt wurde ihnen ein höherer Rang zugeschrieben als der Tragödie, eine tiefere Wahrheit, eine schwierigere Verwirklichung, eine gesundere Zusammensetzung und eine vollkommenere Erlösung.

Das glückliche Ende des Märchens, des Mythos und der Göttlichen Komödie der Seele ist nicht als Widerspruch zur universalen Tragödie des Menschen zu verstehen, sondern als deren Überwindung zu deuten. Die objektive Welt bleibt, was sie war, wird aber, durch eine Akzentverschiebung im Subjekt, wahrgenommen, als ob sie verwandelt sei. Wo erst Leben und Tod miteinander kämpften, erscheint nun das dauernde Sein, dem die Begebnisse der Zeit so gleichgültig sein können wie kochendem Wasser das Schicksal einer Blase oder dem Kosmos das Auftauchen und Verschwinden einer Milchstraße. Die Tragödie ist die Erschütterung der Formen und unserer Bindung an die Formen, die Komödie die wilde und unbekümmerte, unerschöpfliche Freude des unbesieglichen Lebens. So sind beide verschiedene Fassungen von ein und demselben mythischen Thema und von ein und derselben Erfahrung, worin beide eingeschlossen sind und die beide einschließen: Niedergang und Aufgang, *kathodos* und *anodos*, die erst zusammen die Totalität der Offenbarung bilden, die das Leben ist und die das Individuum kennen und lieben muß, wenn es von der Ansteckung durch Sünde (Ungehorsam gegen den göttlichen Willen) und Tod (Identifizierung mit der sterblichen Form) gereinigt – *katharsis* heißt dasselbe wie *purgatorio* – werden will.

»Alles wandelt sich, nichts vergeht. Es schweift unser Geist, kommt hierher von dort, von hier dorthin, und dieser und jener Glieder bemächtigt er sich . . . denn, was vorher gewesen, es ist vorbei, und es wird, was niemals gewesen zuvor; und all das Bewegen erneut sich.«[33] »Vergänglich sind diese Leiber, ewig der, welcher den Leib beseelt; unvergänglich ist er und unermeßlich . . .[34]«

Es ist das wahre Geschäft des Mythos und des Märchens, die besonderen Gefahren und Techniken des dunklen inneren Weges von der Tragödie zur Komödie zu offenbaren. Deshalb sind die Begebnisse phantastisch und gleichsam unwirklich: sie bedeuten seelische, nicht körperliche Triumphe. Selbst wenn die Legende von historischen Persönlichkeiten berichtet, erscheinen die Siegestaten nicht auf einer realistischen, sondern auf einer traumhaften Szene. Denn es geht nicht darum, daß dies oder jenes auf Erden getan wurde. Es geht vielmehr darum, daß, bevor dies oder jenes auf Erden getan werden konnte, jenes andere, Wichtigere und Erste in dem Labyrinth, das wir alle kennen und in unseren Träumen aufsuchen, zu geschehen hatte. Die Fahrt des mythischen Heros mag sich auf der Erde abgespielt haben: im Grunde geschah sie drinnen und führte in Tiefen, wo finstere Widerstände überwunden und lang verlorene und vergessene Kräfte wieder belebt werden, damit sie der Verwandlung der Welt dienen können. Sobald diese Tat vollbracht ist, leidet das Leben nicht mehr hoffnungslos unter den schrecklichen Verstümmelungen durch allgegenwärtiges Unglück, wird es nicht mehr von der Zeit gepeitscht, muß es nicht mehr im Raum sich verbergen. Während es seine Schrecken noch sieht, seine Angstschreie noch ausstößt, wird es von einer alldurchdringenden und allerhaltenden Liebe und einem Wissen um seine unbesiegliche Kraft erfaßt. Mit zunehmender Gewalt bricht etwas von dem Licht hervor, das in den Abgründen seiner sonst undurchsichtigen Materie webt. Die fürchterlichen Verkrüppelungen erscheinen dann nur noch als Schatten einer inneren, unzerstörbaren Ewigkeit; die Zeit wird zur Glorie, und die Welt erklingt in der seligen, engelhaften, im Grunde vielleicht gleichförmigen, aber sirenenhaft lockenden Musik der Sphären. Wie glückliche Familien, so sind auch die Mythen und die erlösten Welten einander gleich.

Der Weg, den die mythische Abenteuerfahrt des Helden normalerweise beschreibt, folgt, in vergrößertem Maßstab, der Formel, wie die Abfolge der *rites de passage* sie vorstellt: Trennung – Initiation – Rückkehr, einer Formel, die der einheitliche Kern des Monomythos genannt werden kann.[35]

Der Heros verläßt die Welt des gemeinen Tages und sucht einen Bereich übernatürlicher Wunder auf, besteht dort fabelartige Mächte und erringt einen entscheidenden Sieg, dann kehrt er mit der Kraft, seine Mitmenschen mit Segnungen zu versehen, von seiner geheimniserfüllten Fahrt zurück.

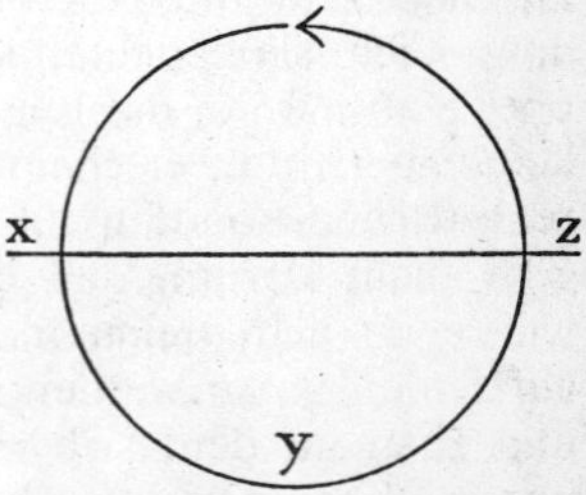

Prometheus erstieg den Himmel, stahl bei den Göttern das Feuer und stieg wieder hinab. Jason durchschiffte die Klippen, die über dem Eindringling zusammenschlugen, geriet in ein Meer voller Wunder, umschlich den Drachen, der das Goldene Vlies bewachte, und kehrte mit dem Vlies und der Kraft, den ihm rechtmäßig zustehenden Thron dem Usurpator abzunehmen, zurück. Aeneas stieg hinab in die Unterwelt, überquerte den schrecklichen Totenfluß, warf dem dreiköpfigen Wachhund Zerberus einen Bissen hin, der ihn beschwichtigte, und sprach schließlich mit dem Schatten seines toten Vaters. Alle Dinge wurden ihm offenbart: das Schicksal der Seelen, das Schicksal Roms »und auf welche Weise er jede Last vermeiden oder ertragen könne[36]«. Durch das Elfenbeintor kehrte er dann zu seiner Aufgabe in der Welt zurück.

Eine großartige Darstellung der Schwierigkeiten, die der Heros zu bewältigen hat, und der hohen Bedeutung, die seine Aufgabe gewinnt, wenn sie tief genug begriffen und ernsthaft unternommen wird, bietet die Legende vom großen Kampf des Buddha. Der junge Prinz Gautama Sakyamuni verließ auf seinem fürstlichen Roß Kanthaka heimlich seines Vaters Palast, passierte wie durch ein Wunder das bewachte Tor, ritt, begleitet von dem Licht von viermal sechzigtausend

Gottheiten, durch die Nacht, setzte mit Leichtigkeit über einen riesigen, elfhundertachtundzwanzig Ellen breiten Fluß hinweg und schor dann mit einem einzigen Schwertstreich seine königlichen Locken, worauf das verbliebene Haar, nur noch zwei Fingerbreit lang, sich nach der rechten Seite drehte und dicht am Kopf anlag. Nachdem er Mönchskleidung angelegt hatte, durchwanderte er als Bettler die Welt, und während dieses scheinbar zwecklosen Wanderns war es, daß er die acht Stadien der Meditation erreichte und überstieg. Dann zog er sich in eine Einsiedelei zurück, widmete weitere sechs Jahre lang seine Kräfte dem großen Kampf, trieb die Genügsamkeit bis zum Äußersten und brach schließlich, scheinbar tot, zusammen, erholte sich aber sofort wieder. Dann nahm er wieder das weniger strenge Leben des wandernden Asketen auf.

Eines Tages saß er unter einem Baum, das östliche Viertel der Welt betrachtend, und der Baum leuchtete von seinem Glanz. Ein junges Mädchen namens Sujata kam und bot ihm Milchreis in einer goldenen Schüssel, und als er die leere Schüssel in einen Fluß warf, schwamm sie stromaufwärts. Das war das Zeichen, daß der Augenblick seines Sieges gekommen war. Er stand auf und ging eine Straße entlang, welche die Götter geschmückt hatten und die elfhundertachtundzwanzig Ellen breit war. Die Schlangen und Vögel und die Gottheiten der Wälder und Felder feierten ihn mit Blumen und himmlischen Düften, von himmlischen Chören ertönte Musik, die zehntausend Welten waren erfüllt von Wohlgerüchen, Girlanden, Wohlklängen und Hochrufen; denn er war auf dem Weg zu dem großen Baum der Erleuchtung, dem Bo-Baum, unter dem er das Universum erlösen sollte. Er nahm, sich fassend, unter dem Bo-Baum Platz, auf der Unbeweglichen Stelle, und sofort näherte sich ihm Kama-Mara, der Gott der Liebe und des Todes.

Der gefährliche Gott thronte auf einem Elefanten und trug Waffen in seinen tausend Händen. Er war umgeben von seinem Heer, das sich vor ihm zwölf Meilen weit erstreckte, zwölf zur Rechten, zwölf zur Linken und hinter ihm bis zu den Grenzen der Welt; es war neun Meilen hoch. Die wohlwollenden Gottheiten des Universums flohen, aber der werdende Buddha verblieb unbeweglich unter dem Baum.

Und dann griff der Gott ihn an, um seine Konzentration zu brechen.

Wirbelwinde, Felsen, Donner und Flammen, rauchende Waffen mit scharfen Schneiden, brennende Kohlen, heiße Asche, kochenden Schlamm, schneidenden Sand und vierfache Finsternis schleuderte der Widersacher auf den Erlöser, aber alle Geschosse wurden durch die Kraft der zehn Vollkommenheiten Buddhas in himmlische Blumen und Spezereien verwandelt. Darauf schickte Mara seine Töchter vor, Begehrlichkeit, Üppigkeit und Wollust, umgeben von üppigen Begleiterinnen, aber der Geist des Buddha ward nicht abgelenkt. Schließlich forderte der Gott sein Recht, auf der Unbeweglichen Stelle zu sitzen, schwang zornig seinen Diskus, der scharf war wie ein Schermesser, und befahl der Masse seines Heeres droben, sich wie ein Bergrutsch auf ihn zu werfen. Der werdende Buddha aber bewegte nur seine Hand, um den Boden mit seinen Fingerspitzen zu berühren und so die Göttin Erde zu bitten, für sein Recht zu zeugen, dort zu sitzen, wo er sich befand. Sie tat es mit hundert, tausend, hunderttausend Donnern, so daß der Elefant des Widersachers in die Knie fiel in Verehrung vor dem werdenden Buddha. Das Heer war im Nu in alle Winde verstreut, und die Götter aller Welten ließen Girlanden regnen.

Nachdem er diesen ersten Sieg vor Sonnenuntergang gewonnen hatte, erlangte der Überwinder in der ersten Nachtwache das Wissen von seinen früheren Existenzen, in der zweiten Wache das göttliche Auge der allwissenden Schau und in der letzten das Wissen von der Kette der Verursachung. Bei Tagesanbruch ward ihm die vollkommene Erleuchtung.[37]

Danach saß Gautama – nun der Buddha, der Erleuchtete – sieben Tage lang unbeweglich in Verzückung; sieben Tage lang stand er neben dem Baum und betrachtete die Stelle, wo ihm die Erleuchtung geworden war; sieben Tage lang schritt er zwischen der Stelle, wo er gesessen, und der Stelle, wo er gestanden; sieben Tage lang zog er sich in einen Pavillon zurück, den die Götter hingestellt hatten, und überschaute noch einmal die ganze Lehre von der Verursachung und Erlösung; sieben Tage lang saß er unter dem Baum, wo das

Mädchen Sujata ihm Milchreis in einer goldenen Schüssel gebracht hatte, und meditierte dort über die Lehre von der Süßigkeit des Nirwana; er ging zu einem anderen Baum, und ein großer Sturm tobte sieben Tage lang, aber der König der Schlangen kroch aus den Wurzeln hervor und schützte den Buddha mit seinem geblähten Hals; schließlich saß der Buddha weitere sieben Tage lang unter einem vierten Baum und erfreute sich noch der Süßigkeit der Befreiung. Dann geriet er in Zweifel, ob seine Botschaft mitgeteilt werden könne, und dachte, seine Weisheit bei sich zu behalten; aber der Gott Brahma stieg vom Zenith herab, um ihn zu bitten, der Lehrer der Götter und Menschen zu werden. So ward der Buddha überredet, den Weg zu verkünden.[38] Und er ging zurück in die Städte der Menschen, wo er sich unter den Bürgern der Welt bewegte und den unschätzbaren Segen des Wissens um den Weg weitergab.[39]

Das Alte Testament berichtet eine ähnliche Tat in der Erzählung von Moses: »Im dritten Monde nach dem Ausgange der Kinder Israels aus Ägyptenland kamen sie dieses Tages in die Wüste Sinai . . . und lagerten sich in der Wüste daselbst, gegen dem Berge. Und Mose stieg hinauf zu Gott. Und der Herr rief ihn vom Berge, und sprach: So sollst du sagen zu dem Hause Jacobs, und verkündigen den Kindern Israels . . .« Und später: »Und da der Herr ausgeredet hatte, mit Mose, auf dem Berge Sinai, gab er ihm zwo Tafeln des Zeugnisses, die waren steinern, und geschrieben mit dem Finger Gottes.«[40]

Nach der jüdischen Volksüberlieferung sollen während des Tags der Verkündung mehrere Donner vom Berge Sinai ertönt sein. »Das Aufzucken von Blitzen, begleitet von unaufhörlich anschwellendem Hörnerton, bewegte die Menschen mit großer Furcht und Zittern. Gott beugte die Himmel, bewegte die Erde und erschütterte die Welt in ihren Vesten, so daß die Tiefen bebten und die Himmel sich fürchteten. Sein Glanz brach durch die vier Pforten von Feuer, Erdbeben, Sturm und Hagel. Die Könige der Erde zitterten in ihren Palästen. Die Erde selbst glaubte, die Auferstehung der Toten sei gekommen und sie hätte Rechenschaft abzulegen für das Blut der Erschlagenen, das sie aufgesogen, und die Leiber der Ermordeten, die sie deckte.

Die Erde kam nicht zur Ruhe, bis sie die ersten Worte der Zehn Gebote vernahm.

Die Himmel taten sich auf, und der Berg Sinai, losgelöst von der Erde, erhob sich in die Lüfte, so daß seine Spitze in die Himmel hineinragte, während eine dichte Wolke seine Flanken bedeckte und den Fuß des Göttlichen Throns berührte. Zur einen Seite Gottes erschienen 22 000 Engel mit Kronen für die Leviten, den einzigen Stamm, der Gott treu geblieben war, als die anderen das goldene Kalb anbeteten. Zur anderen waren sechzig Myriaden und 3550 Engel, deren jeder eine Feuerkrone trug für jeden Israeliten. Das Doppelte dieser Zahl an Engeln war auf der dritten Seite, während es auf der vierten Seite einfach unzählige waren. Denn Gott erschien nicht aus einer Richtung, sondern aus allen zugleich, was aber seine Glorie nicht hinderte, den Himmel und die Erde zu erfüllen. Trotz dieser unzähligen Scharen war kein Gedränge auf dem Berge Sinai, kein Mob, sondern es war Platz für alle.«[41]

Wie wir bald sehen werden, folgt die Abenteuerfahrt des Helden normalerweise – sei sie nun dargestellt in den weiten, fast ozeanischen Bildern des Ostens, in den kraftvollen Sagen der Griechen oder in den majestätischen Legenden der Bibel – dem Schema der oben beschriebenen Kerneinheit: Trennung von der Welt, Durchkämpfen zu einer Quelle übernatürlicher Kräfte und lebenbringende Rückkehr. Das ganze Morgenland ist gesegnet worden durch die Gnade, die Gautama Buddha zurückbrachte, durch seine wunderbare Lehre vom guten Gesetz, und so ist es das Abendland durch den Dekalog des Moses. Die Griechen schrieben die Wohltat des Feuers, der ersten Stütze menschlicher Kultur, der weltübersteigenden Tat ihres Prometheus zu und die Römer die Gründung ihrer weltbestimmenden Stadt dem Aeneas, nachdem er das gefallene Troja verlassen und das unheimliche Totenreich besucht hatte. Überall, gleich in welcher Sphäre, sei es die der Religion, der Politik oder persönlicher Interessen, erscheinen die wirklich schöpferischen Taten als Folge dessen, was man »der Welt absterben« genannt hat. Und was sich in der Spanne des Nichtseins begibt – so daß der Heros als Wiedergeborener, groß gemacht und von schöpferischer Kraft erfüllt, zurückkehrt –, ist der Menschheit unermüdlich zu verkünden. Wir haben, um dessen, was immer schon offenbart war, wieder ansichtig zu werden, nur einer Vielzahl von Heldengestalten durch die klassischen Stadien der Abenteuerfahrt zu folgen. Das wird uns nicht nur zum Verständnis der Bedeutung jener Bilder für das Leben heute verhelfen, sondern auch der Einzigartigkeit des Menschengeistes in seinen Zielsetzungen und Kräften, in seiner Unbeständigkeit und in seiner Weisheit.

Die folgenden Blätter sollen in Form einer Konstruktion der Abenteuerfahrt die Erzählungen von einer Anzahl der symbolischen Träger des Geschicks des Jedermann bringen. Der erste große Abschnitt, die Trennung oder der Aufbruch, wird im ersten Kapitel des ersten Teils behandelt, in fünf Unterabschnitten: 1. »Berufung«, oder die Zeichen, in denen der Ruf sich ankündigt; 2. »Weigerung«, oder die Torheit der Flucht vor Gott; 3. »Übernatürliche Hilfe«, der unerwartete Beistand, den der findet, der das rechte Unternehmen begonnen hat; 4. »Das Überschreiten der ersten Schwelle«; und 5. »Der Bauch des Walfischs«, oder das Eingehen in den Bereich der Nacht. Das Stadium der Prüfungen und Siege der Initiation wird im zweiten Kapitel in sechs Unterabschnitten erscheinen: 1. »Der Weg der Prüfungen«, oder die gefährliche Seite der Götter; 2. »Die Begegnung mit der Göttin«, der Großen Mutter, oder die Seligkeit der wiedergefundenen Kindheit; 3. »Das Weib als Verführerin«, oder die Verwirklichung und der Todeskampf des Ödipus; 4. »Versöhnung mit dem Vater«; 5. »Apotheose«; und 6. »Die endgültige Segnung«.

Die Rückkehr und Wiedervereinigung mit der Gesellschaft, die für den ununterbrochenen Zufluß geistiger Energie in die Welt unerläßlich und, vom Standpunkt der Gemeinschaft, die Rechtfertigung der langen Abkehr ist, dürfte dem Helden selbst als die schwerste Anforderung von allen erscheinen. Denn wenn er sich wie der Buddha zu der tiefen Ruhe der vollkommenen Erleuchtung durchgerungen hat, besteht die Gefahr, daß die Seligkeit dieser Erfahrung alle Erinnerung an die Sorgen der Welt auslöscht, alles Interesse daran oder alle Hoffnung für sie. Oder aber das Problem, wie man den Weg der Erleuchtung den Menschen mitteilen könne, die in wirtschaftlichen Sorgen befangen sind, mag zu groß erscheinen, um Hoffnung auf seine Lösbarkeit aufkommen zu lassen. Und wenn der Heros, anstatt sich allen Initiationsprüfungen zu unterziehen, wie Prometheus geradezu zu seinem Ziel vorgestoßen ist, sei es durch Gewalt, List oder glücklichen Zufall, und den Segen für die Welt, den er haben wollte, erlangt hat, dann können die Kräfte, die er aufgestört hat, so heftig reagieren, daß er von innen und außen zerrissen wird, wie es Prometheus geschah, als er am Felsen seines verletzten Unbewußten gekreuzigt wurde. Möglich ist auch der dritte Fall, daß der Held, wenn er auch sicher und willig zurückkehrt, bei denen, denen zu helfen er kommt, auf solch blanke Verständnislosigkeit und Gleichgültigkeit trifft, daß seine Laufbahn zusammenbricht. Das dritte der folgenden Kapitel wird die Erörterung dieser Aussichten in sechs Unterabschnitten abschließen: 1. »Verweigerung der Rückkehr«, oder die verschmähte Welt; 2. »Die magische Flucht«, oder das Entkommen des Prometheus; 3. »Rettung von außen«; 4. »Rückkehr über die Schwelle«, oder die Rückkehr zur Welt des gemeinen Tages; 5. »Herr der zwei Welten«; 6. »Freiheit zum Leben«, das Wesen und die Funktion der endgültigen Segnung.[42]

Der Heros, wie er im zusammengesetzten Monomythos erscheint, ist eine Gestalt von außergewöhnlichen Gaben. Oft wird er von seiner Gruppe geehrt, oft mißachtet oder verachtet. Er und die Welt, in der er sich befindet, oder nur diese Welt, kranken an einem symbolischen Defekt. Im Märchen kann dieser Mangel so geringfügig sein wie das Fehlen eines bestimmten goldenen Rings, während in apokalyptischen Visionen die gesamte körperliche und geistige Welt als verheert oder der Verheerung bestimmt erscheint.

Bezeichnenderweise ist der Triumph des Märchenhelden ein häuslicher, mikrokosmischer, während der des Mythenhelden ein weltgeschichtlicher, makrokosmischer ist. Während jener – das jüngste oder verachtete Kind, das zum Herrn ungewöhnlicher Kräfte wird – über seine persönlichen Bedrücker triumphiert, bringt dieser von seinem Abenteuer die Mittel zurück, die seine Gesellschaft im ganzen regenerieren. Lokale oder Stammeshelden, so der Kaiser Huang Ti, der Azteke Tezcatlipoca, wenden ihren Segen einem einzelnen Volk zu; universale Helden, Mohammed, Jesus, Gautama Buddha, bringen eine Botschaft für die ganze Welt.

Mag der Heros lächerlich sein oder erhaben, Grieche oder Barbar, Heide oder Jude, der wesentliche Umriß seiner Abenteuer variiert kaum. Volkssagen stellen die Heldentat als körperliche Leistung dar, die höheren Religionen als moralische, aber in der Morphologie des Abenteuers, der beteiligten Personen und errungenen Siege findet man erstaunlich wenige Abwandlungen. Wenn das eine oder andere Element des Archetypus in einem bestimmten Märchen, Bericht, Ritual oder Mythos nicht erscheint, dann sicher implizit oder an anderer Stelle – abgesehen noch davon, daß die Weglassung selber, wie wir sogleich sehen werden, von der Geschichte und Pathologie des Beispiels Bände sprechen kann.

Der zweite Teil, »Der kosmogonische Zyklus«, entrollt die große Vision von der Erschaffung und Zerstörung der Welt, die dem erfolgreichen Helden als Offenbarung anvertraut wird. Das erste Kapitel, »Emanationen«, behandelt das Hervorgehen der Formen des Universums aus der Leere. Das zweite Kapitel, »Die Geburt von der Jungfrau«, ist eine Überschau über die schöpferischen und erlösenden Rollen der weiblichen Kraft, zuerst im Kosmischen als Weltmutter, dann wieder auf der Ebene des Menschlichen als Mutter des Helden. Das dritte Kapitel, »Die Verwandlungen des Heros«, folgt dem Lauf der Legenden von der Geschichte der Menschengattung durch ihre typischen Stadien, wobei der Held in wechselnden Formen, wie sie den wechselnden Bedürfnissen der Gattung entsprechen, auf die Szene tritt. Und das vierte Kapitel, »Auflösungen«, erzählt das geweissagte Ende, zuerst des Heros, dann der Welt der Erscheinungen.

Mit erstaunlicher Einstimmigkeit erscheint der kosmogonische Zyklus in den heiligen Texten aller Kontinente[43] und gibt dem Heldenabenteuer eine neue und interessante Wendung. Denn nun stellt es sich heraus, daß die gefährliche Reise nicht der Erlangung gilt, sondern der Wiedererlangung, nicht der Entdeckung, sondern der Wiederentdeckung – daß die gesuchten und unter Gefahren gewonnenen göttlichen Kräfte im Herzen des Helden immer schon vorhanden waren. Der Held ist der Königssohn, der erfahren hat, wer er ist, und damit zur Ausübung seiner rechtmäßigen Gewalt gelangt ist – der Gottessohn, der erfahren hat, wieviel dieser Titel bedeutet. Von hier aus erscheint der Held als Symbol jenes göttlichen, schöpferischen und erlösenden Bildes, das in uns allen verborgen ist und nur darauf wartet, erkannt und ins Leben geholt zu werden.

»Denn der Eine, der zu Vielen geworden ist, bleibt der ungeteilte Eine, aber jeder Teil ist der ganze Christus«, lesen wir in den Schriften St. Simeons des Jüngeren (949-1022 n. Chr.). Der Heilige fährt fort: »Ich sah Ihn in meinem Hause. Unter all den Dingen des Alltags erschien Er unerwartet und ward mit mir unaussprechlich vereinigt und verschmolzen, und ging in mich über ohne ein Trennendes, wie Feuer in Eisen, wie Licht in Glas. Und Er machte mich wie Feuer und wie Licht. Und ich wurde, was ich vorher sah und aus der Ferne gewahrte. Ich weiß nicht, wie ich dir dieses Wunder mitteilen soll . . . Ich bin von Natur ein Mensch, und Gott durch die Gnade Gottes.«[44]

Eine ähnliche Vision beschreibt das apokryphe Eva-Evangelium. »Ich stand auf einem hohen Berge und sah einen riesigen Menschen und einen anderen, der ein Zwerg war; und ich hörte etwas, das wie die Stimme des Donners war, und ging nahe hinzu, um zu hören; und Er sprach zu mir und sagte: Ich bin du, und du bist Ich; und wo immer du bist, dort bin Ich. In allem bin Ich verstreut, und wann immer du willst, sammelst du Mich; und Mich einsammelnd, sammelst du dich selbst.«[45]

Beide, der Heros und sein schließlicher Gott, der Sucher und der Gefundene, werden so als Außenseite und Innenseite eines einzigen, sich selbst spiegelnden Geheimnisses erkannt, das dasselbe ist wie das Geheimnis der offenbaren Welt. Die große Tat des höchsten Heros ist es, zum Wissen dieser Einheit in der Vielheit zu gelangen und es dann weiterzugeben.

4. Der Weltnabel

Die Wirkung des bestandenen Heldenabenteuers ist die Eröffnung des Lebensstromes und sein Einströmen in den

Körper der Welt. Das Wunder dieses Stromes kann physisch dargestellt werden als die Zirkulation der nährenden Substanz, dynamisch als Energiestrom, spirituell als Manifestation von Gnade. Solche Abwandlungen des Bildes wechseln einander leicht ab, da sie nur drei verschiedene Dichtigkeitsgrade der einen Lebenskraft bezeichnen. Eine reiche Ernte ist Zeichen von Gottes Gnade, und Gottes Gnade ist Speise für die Seele, der Blitzschlag ist Vorbote befruchtenden Regens und zugleich Offenbarung entladener Gottesenergie. Gnade, Speise und Energie: diese drei Dinge strömen in die lebende Welt, und wo immer sie fehlen, zerfällt das Leben und wird zur Beute des Todes.

Der Strom ergießt sich aus einer unsichtbaren Quelle, und der Ort des Einströmens in die Welt ist das Zentrum des symbolischen Erdkreises, die Unbewegliche Stelle der Buddha-Legende[46], von der gesagt werden könnte, daß um sie die Erde sich dreht. Unter dieser Stelle befindet sich der die Erde tragende Kopf der Weltschlange, des Drachens, der die Wasser des Abgrunds bezeichnet, welche die göttliche, lebenschöpfende Kraft und Substanz des Demiurgen sind, der weltzeugende Aspekt des unvergänglichen Seins.[47] Auf dieser Stelle wächst der Baum des Lebens, das heißt, das Universum selber. Er wurzelt in der tragenden Finsternis, auf seinem Wipfel sitzt der goldene Sonnenvogel, und ein Bronnen, die unerschöpfliche Quelle, murmelt zu seinen Füßen. Oder die Stelle ist bezeichnet durch den Weltberg, mit der Götterstadt wie einem Lichtlotos auf der Spitze während in seinen Höhlen, im Schimmer kostbarer Steine, die Städte der Dämonen liegen. Oder es ist der Weltmann oder das Weltweib, etwa der Buddha selbst oder die tanzende Hindugöttin Kali, die auf dieser Stelle sitzen oder stehen oder auch an den Baum geheftet sind wie Attis, Jesus und Wotan. Denn der Held ist als Inkarnation Gottes eigentlich selbst der Weltnabel, der Mittelpunkt, durch den die Energien der Ewigkeit in die Zeit einbrechen. So ist der Weltnabel das Bild der andauernden Schöpfung, des Geheimnisses der Erhaltung der Welt durch das dauernde Wunder der Belebung, die in allen Dingen quillt.

Bei den Pawnees des nördlichen Kansas und südlichen Nebraska zieht der Priester beim Hako-Zeremonial mit seiner Zehe einen Kreis. Ein solcher Priester hat dazu folgendes gesagt: »Der Zirkel bedeutet ein Nest, und er wird mit der Zehe gezogen, weil der Adler sein Nest mit den Klauen baut. Obwohl wir so den Vogel nachmachen, wie er sein Nest baut, hat die Handlung auch noch eine andere Bedeutung; wir denken an Tirawa, der die Welt macht, damit die Menschen darin leben können. Wenn du auf einen hohen Berg gehst und dich umsiehst, wirst du sehen, daß der Himmel in jeder Richtung die Erde berührt, und in diesem kreisförmigen Bereich leben die Menschen. So sind die Kreise, die wir gemacht haben, nicht nur Nester, sondern bedeuten auch den Kreis, den Tirawa-atius als Wohnplatz aller Menschen gemacht hat. Die Kreise stehen auch für die Sippe, den Clan und den Stamm.«[48]

Der Himmelsdom ruht auf den vier Erdsektoren, manchmal getragen von vier karyatidenartigen Königen, Zwergen, Riesen, Elefanten oder Schildkröten. Daher die Bedeutung, die dem mathematischen Problem der Quadratur des Zirkels in der Überlieferung zukommt: in ihm steckt das Geheimnis der Umwandlung himmlischer Formen in irdische. Der Herd im Hause ist wie der Altar im Tempel die Nabe des Erdrades, der Schoß der Weltmutter, und das Feuer darauf das Feuer des Lebens. Und die Öffnung am First der Hütte ist – wie auch die Krone, Spitze oder Rose am Dom – Nabe oder Mittelpunkt des Himmels, die Sonnentür, welche die Seelen passieren, wenn sie aus der Zeit wieder eingehen in die Ewigkeit, und durch welche auch der Duft der Opfergaben zieht, die im Feuer des Lebens verbrannt und auf der Achse des aufsteigenden Rauchs von der Nabe des Erdrades zu der des Himmelsrades getragen werden.[49]

So gefüllt, ist die Sonne die Speiseschale Gottes, ein unerschöpflicher Gral, der überquillt von der Substanz des Opfers, dessen Fleisch die rechte Speise ist und dessen Blut der rechte Trank.[50] Zugleich ist sie die Nährerin der Menschheit. Der Sonnenstrahl, der das Herdfeuer entzündet, ist Symbol der Mitteilung göttlicher Kraft an den Schoß der Erde und wieder auch die Achse, welche die beiden Räder verbindet und in Bewegung hält. Der Energieaustausch durch die Sonnentür geschieht unaufhörlich. Durch sie steigt Gott herab und der Mensch hinan. »Ich bin die Tür; so Jemand durch mich eingehet, der wird selig werden, und wird ein- und ausgehen und Weide finden.«[51] »Wer mein Fleisch isset, und trinket mein Blut, der bleibet in mir, und ich in ihm.«[52]

Für eine Kultur, die noch im Mythos verwurzelt ist, lebt ebenso wie jeder andere Aspekt der menschlichen Existenz die Landschaft von symbolischer Sprache. Die Hügel und Haine haben ihre übernatürlichen Beschützer und werden in den Schöpfungsberichten der Umwohnenden mit einzelnen Episoden der Erschaffung der Welt verknüpft. Außerdem gibt es da und dort besondere Heiligtümer. Wo immer ein Held geboren wurde, kämpfte oder wieder in die Leere einging, wird der Platz bezeichnet und verehrt. Der Tempel, der dort errichtet wird, bedeutet das Wunder der vollkommenen Sammlung in der Mitte, des Durchstoßens in den Überfluß. An dieser Stelle hat einer die Ewigkeit entdeckt. Der Ort kann deshalb zur fruchtbaren Meditation beitragen. In der Regel bezeichnet der Grundriß eines solchen Tempels die vier Richtungen des Welthorizonts, der Schrein oder Altar im Zentrum den unerschöpflichen Punkt. Wer in den Tempelbereich eintritt und sich dem Heiligtum nähert, ahmt die Tat des Helden selber nach. Sein Ziel ist die Übung im Begehen des universalen Wegs, um in sich die Erinnerung an die lebensammelnde und lebenerneuernde Form zu erwecken.

Wie die Tempel sind auch die alten Städte gebaut, mit den Stadttoren nach den vier Himmelsrichtungen und dem größten Tempel, dem des göttlichen Stadtgründers, im Zentrum. Die Bürger leben und arbeiten im Bereich dieses Symbols. Und im gleichen Sinne sind die Bereiche der großen Weltreligionen um eine Mutterstadt wie um eine Nabe zentriert, die westliche Christenheit um Rom, der Islam um Mekka. Die gemeinsamen Verbeugungen, die die mohammedanische Gemeinschaft in der ganzen Welt dreimal am Tage gen Mekka macht, so daß alle wie die Speichen eines weltweiten Rades auf die sie verbindende Kaaba weisen, schafft ein großes lebendes Symbol der »Unterwerfung« *(islam)* eines jeden und aller unter den Willen Allahs. »Denn es ist Er, der dir die Wahrheit von allem zeigen wird, was du tust«[53], heißt es im Koran. Und schließlich kann an jeder beliebigen Stelle ein großer Tempel errichtet werden, da im Grunde das All allerorten ist und jeglicher Ort der Sitz der Kraft werden kann. Im Mythos kann jeder Grashalm die Gestalt des Erlösers annehmen und den suchenden Pilger ins Allerheiligste seines eigenen Herzens führen.

Der Weltnabel ist demnach allgegenwärtig. Und da er die Quelle allen Daseins ist, entstammt ihm die Fülle des Guten in der Welt sowohl wie die des Übels. Häßlichkeit und Schönheit, Sünde und Tugend, Lust und Schmerz sind gleicherweise von ihm hervorgebracht. »Bei Gott ist alles schön und gut und gerecht; die Menschen aber halten einiges für gerecht, anderes für ungerecht«, sagt Heraklit.[54] Deshalb sind die Figuren, die in den Tempeln verehrt werden, keineswegs immer schön, immer gnädig oder auch nur immer tugendhaft. Wie die Gottheit des Buches Hiob ragen sie weit über die Stufenleiter menschlicher Wertschätzungen hinaus. Und ebenso betrachten die Mythen keineswegs den bloß tugendhaften Menschen als den größten Helden. Tugend ist eigentlich nur das didaktische Vorspiel zur höchsten Einsicht, die selber alle Gegensatzpaare transzendiert. Tugend erweitert das autistische Ich und macht die überpersönliche Sammlung möglich. Wenn diese aber erreicht ist, was sind dann noch Lust und Schmerz, Laster und Tugend unseres eigenen oder eines fremden Ich? Durch sie alle wird dann die transzendente Kraft gewahrt, die in ihnen allen lebt, in allen wunderbar und in allen unserer tiefen Ehrfurcht würdig ist.

Denn, wie Heraklit gesagt hat: »Das auseinander Strebende vereinigt sich, und aus den Gegensätzen entsteht die schönste Vereinigung, und alles entsteht durch den Streit.«[55] Oder, wie wir es von dem Dichter Blake haben: »Das Brüllen der Löwen, das Heulen der Wölfe, das Toben der stürmischen See und das zerstörende Schwert sind Teile der Ewigkeit, zu groß für das Auge des Menschen.«[56]

Aus Yorubaland in Westafrika haben wir eine Erzählung von dem listigen Gott Edschu, in der die Unzulänglichkeit menschlicher Maße zu eindringlicher Evidenz gelangt: »Zwei Menschen waren einmal Freunde . . . Edschu sah es. Edschu sagte: ›Diese beiden sind die besten Freunde. Diese beiden werde ich auseinanderbringen, und damit wird ein guter Anfang für ein ganz großes Idja [ein Rechtsfall, ein Palaver] gegeben sein.‹ Die beiden Freunde hatten ihre

Felder nebeneinander. Ein Weg führte zwischen beiden hindurch ... Als Edschu nun den Streit beginnen wollte, machte er sich eine Mütze aus grünem, schwarzem, rotem und weißem Stoff, so daß sie von jeder Seite betrachtet eine besondere Farbe zeigte.[57] Diese Mütze setzte er eines Morgens auf, als er sich auf den Weg durch die Felder machte ... Beide Freunde arbeiteten auf ihren Feldern. Sie sahen einen Augenblick auf. Edschu rief ihnen einen Gruß zu. Die Freunde antworteten und arbeiteten dann sogleich weiter. Nachher gingen die beiden Freunde gemeinsam nach Hause ... Der erste sagte: ›... Er hatte heute nicht eine schwarze, sondern eine weiße Kappe auf.‹ Der andere sagte: ›Du mußt blind sein, oder du hast geschlafen; er hatte eine rote Kappe auf.‹ Der erste sagte: ›Du mußte heute morgen schon Palmwein getrunken haben ...‹ ... Der eine zog sein Messer und schlug auf den anderen ein. Der andere bekam eine Wunde. Er zog sein Messer und schlug es dem einen über den Kopf ... Edschu war inzwischen zum König der Stadt gegangen. Er sagte zum König: ›Frage doch nur einmal die beiden Freunde, was sie haben! Sie haben sich die Köpfe mit Messern blutig geschlagen.‹ Die beiden Freunde wurden gerufen.« Nachdem sie ihre gegenseitigen Anschuldigungen vor dem König wiederholt haben, gibt Edschu sich zu erkennen. »Der König fragte: ›Wer kennt den alten Mann?‹ ... Edschu zog seine Mütze hervor und sagte: ›Ich habe diese Mütze aufgesetzt ... Jeder sah mich auf seiner Seite anders ... Die beiden Freunde mußten sich streiten. Das habe ich getan! Streit verbreiten ist meine größte Freude‹.«[58]

Wo der Moralist sich entrüstet und der tragische Dichter mit Schrecken und Mitleid antworten würde, stellt dem Mythos das Leben sich als eine großartige und furchtbare Göttliche Komödie dar. Sein olympisches Gelächter ist in keiner Weise ein Entkommen, sondern hart, erfüllt von der Härte des Lebens selbst, die wohl nichts anderes ist als die Härte des Schöpfergottes. Am Mythos gemessen, gewinnt deshalb die tragische Attitüde einen Aspekt des Hysterischen, das bloß moralische Urteil einen der Kurzsichtigkeit. Die Härte aber ergänzt er zum Gleichgewicht durch die Gewißheit, daß alles, was wir sehen, nur der Reflex einer bleibenden, von keinem Schmerz versehrten Macht ist. Deshalb sind die Sagen so ohne Schrecken wie ohne Mitleid, durchtränkt von der Seligkeit eines Transzendenten, Namenlosen, das in all den kämpfenden, auf ihrem Selbst bestehenden Individuen, die in der Zeit kommen und gehen, sich selbst erschaut.

Tafel I. Das Ungeheuer Tamer (sumerisch)

Tafel II. Das gefangene Einhorn (Frankreich)

Erster Teil

Das Abenteuer des Heros

Erstes Kapitel

Aufbruch

I. Berufung

»In den alten Zeiten, wo das Wünschen noch geholfen hat, lebte ein König, dessen Töchter waren alle schön, aber die jüngste war so schön, daß die Sonne selber, die doch so vieles gesehen hat, sich verwunderte, sooft sie ihr ins Gesicht schien. Nahe bei dem Schlosse des Königs lag ein großer dunkler Wald, und in dem Walde unter einer alten Linde war ein Brunnen: Wenn nun der Tag sehr heiß war, so ging das Königskind hinaus in den Wald und setzte sich an den Rand des kühlen Brunnens: Und wenn sie Langeweile hatte, so nahm sie eine goldene Kugel, warf sie in die Höhe und fing sie wieder; und das war ihr liebstes Spielwerk.

Nun trug es sich einmal zu, daß die goldene Kugel der Königstochter nicht in ihr Händchen fiel, das sie in die Höhe gehalten hatte, sondern vorbei auf die Erde schlug und geradezu ins Wasser hineinrollte. Die Königstochter folgte ihr mit den Augen nach, aber die Kugel verschwand, und der Brunnen war tief, so tief, daß man keinen Grund sah. Da fing sie an zu weinen und weinte immer lauter und konnte sich gar nicht trösten. Und wie sie so klagte, rief ihr jemand zu: ›Was hast du vor, Königstochter, du schreist ja, daß sich ein Stein erbarmen möchte.‹ Sie sah sich um, woher die Stimme käme, da erblickte sie einen Frosch, der seinen dicken häßlichen Kopf aus dem Wasser streckte. ›Ach, du bist's, alter Wasserpatscher‹, sagte sie, ›ich weine über meine goldene Kugel, die mir in den Brunnen hinabgefallen ist.‹ ›Sei still und weine nicht‹, antwortete der Frosch, ›ich kann wohl Rat schaffen, aber was gibst du mir, wenn ich dein Spielwerk wieder heraufhole?‹ ›Was du haben willst, lieber Frosch‹, sagte sie, ›meine Kleider, meine Perlen und Edelsteine, auch noch die goldene Krone, die ich trage.‹ Der Frosch antwortete: ›Deine Kleider, deine Perlen und Edelsteine und deine goldene Krone, die mag ich nicht: aber wenn du mich liebhaben willst und ich soll dein Geselle und Spielkamerad sein, an deinem Tischlein neben dir sitzen, von deinem goldenen Tellerlein essen, aus deinem Becherlein trinken, in deinem Bettlein schlafen: wenn du mir das versprichst, so will ich hinuntersteigen und dir die goldene Kugel wieder heraufholen.‹ ›Ach ja‹, sagte sie, ›ich verspreche dir alles, was du willst, wenn du mir nur die Kugel wiederbringst.‹ Sie dachte aber: ›Was der einfältige Frosch schwätzt, der sitzt im Wasser bei seinesgleichen und quakt und kann keines Menschen Geselle sein.‹ Der Frosch, als er die Zusage erhalten hatte, tauchte seinen Kopf unter, sank hinab, und über ein Weilchen kam er wieder heraufgerudert, hatte die Kugel im Maul und warf sie ins Gras. Die Königstochter war voll Freude, als sie ihr schönes Spielwerk wieder erblickte, hob es auf und sprang damit fort. ›Warte, warte‹, rief der Frosch, ›nimm mich mit, ich kann nicht so laufen wie du.‹ Aber was half ihm, daß er ihr sein Quak-Quak so laut nachschrie als er konnte! Sie hörte nicht darauf, eilte nach Hause und hatte bald den armen Frosch vergessen, der wieder in seinen Brunnen hinabsteigen mußte.«[1]

So etwa kann das Abenteuer beginnen. Ein Versehen, dem Anschein nach der läppischste Zufall, offenbart eine ungeahnte Welt und verstrickt den Menschen in ein Kräftespiel, dem sein Verständnis nicht gewachsen ist. Freud hat nachgewiesen[2], daß Fehlleistungen nicht rein zufällig sich ergeben, sondern das Resultat verdrängter Wünsche und Konflikte sind. Wie verborgene Zuflüsse die Oberfläche eines Gewässers nur kräuseln, so können die Ursachen einer Fehlleistung so weit hinabreichen wie die Seele selbst. Ein Versehen kann sich zum Schicksal entwickeln. So kündigt das der Königstochter im Märchen sich in mehreren Zeichen an: das erste ist das Verschwinden der Kugel, das zweite der Frosch und das dritte die leichtfertige Zusage.

Den Frosch, in dessen wunderbarem Auftauchen die hereinbrechenden Kräfte sich anmelden, könnte man den Boten nennen und die Krisis, die durch sein Erscheinen markiert ist, die Berufung. Sie kann Berufung sein zum Leben – wie in unserem Fall –, zum Tode, etwa wenn die Erzählung einen späteren Lebensabschnitt darstellt, oder zu einem großen geschichtlichen Unternehmen. Sie kann auch das Heraufdämmern religiöser Erleuchtung bezeichnen. In der Erfahrung des Mystikers bildet sie das Stadium, das man »Erwachen des Selbst« genannt hat.[3] Bei der Königstochter des Märchens steht sie nur für das Ende der Kindheit. Sie kann leise erfolgen oder laut und in jedem Lebensalter. Immer aber entschleiert sie das Geheimnis einer Verwandlung, einen Ritus oder Augenblick geistigen Wechsels, der in seinen vollen Konsequenzen einem Sterben und Wiedergeborenwerden gleichkommt. Eine solche Schwelle ist zu überschreiten, wenn der gewohnte und vertraute Horizont zu eng geworden ist und die alten Begriffe, Ideale und Verhaltensweisen nicht mehr passen wollen.

Charakteristische Umstände der Berufung sind der dunkle Wald, der große Baum, der murmelnde Brunnen und die ekle und mindere Verkleidung des mächtigen Schicksalsboten. In ihnen lassen die Symbole des Weltnabels sich wiedererkennen. Der Frosch vertritt als verkleinerter Drache, im Rahmen des Kindermärchens, die Unterweltschlange, die die lebenzeugende und weltbildende Kraft des Abgrundes darstellt und mit ihrem Kopf die Erde trägt. Er taucht auf mit dem goldenen Sonnenball, den sein dunkles und feuchtes Reich eben verschlungen hatte, und gleicht darin dem großen chinesischen Drachen des Ostens, der in seinen Kiefern die aufgehende Sonne heranträgt, oder auch dem Frosch, auf dessen Kopf jung und stattlich der unsterbliche Han Hsiang reitet, in einem Korb die Pfirsiche der Unsterblichkeit tragend. Freud hat vermutet, daß in Augenblicken der Angst die schmerzhaften Empfindungen wiederkehren, die die erste Trennung von der Mutter, die Geburtskrise, mit sich bringt: Blutandrang, Atemstockungen und ähnliche.[4] Und umgekehrt erzeugt jede Trennung und Neugeburt Angst. Handle es sich nun um die Königstochter, wenn ihr die Loslösung aus der gewohnten glücklichen Einheit mit ihrem königlichen Papa bevorsteht, um Gottes Tochter Eva, wenn sie reif ist, das Idyll des Gartens zu verlassen, oder um den werdenden Buddha, wenn er in höchster Konzentration sich anschickt, die letzten Horizonte der geschaffenen Welt zu sprengen: immer kommen die gleichen archetypischen Bilder ins Spiel, die Gefahr, Beistand, Prüfung, Übergang und die Mysterien der Geburt in ihrer fremden Heiligkeit darstellen.

Der widerwärtige und verschmähte Frosch oder Drache des Märchens bringt in seinem Maul den Sonnenball herauf. Denn der Frosch, die Schlange, das verschmähte Wesen, bedeutet jene unbewußte Tiefe (»so tief, daß man keinen Grund sah«), die alle verschmähten, verdrängten, unbekannten oder gehemmten Antriebe, Gesetze und Elemente der Existenz in sich bewahrt. Diese ins Unbewußte versprengten Elemente des Lebens sind gemeint mit den Perlen der unterseeischen Fabelpaläste der Nixen, Tritonen und Wassergeister, mit den Juwelen, die die Dämonenstädte der Unterwelt beleuchten, mit den Feuersaaten im Ozean der Unsterblichkeit, der die Erde trägt und wie eine Schlange umringt, und mit den Sternen im Busen der ewigen Nacht. Sie sind gemeint auch mit den Goldkörnern des Drachenhorts, mit den gehüteten Äpfeln der Hesperiden und mit den Fäden am Goldenen Vlies. Der Bote, der die Berufung zum Abenteuer bringt, ist deshalb oft dunkel, eklig oder schreckenerregend und gilt der Welt als schlecht. Erst wenn einer ihm mutig zu folgen vermöchte, würde durch die Mauern des Tags der Weg sich öffnen zu den schimmernden Juwelen der Nacht. Manchmal ist der Bote ein Tier, wie in dem angeführten Märchen, und stellt so die unterdrückte Fruchtbarkeit der Instinkte in uns dar, oder eine geheimnisvolle Gestalt mit verdecktem Antlitz: das Unbekannte.

Da wird erzählt etwa von König Arthur, wie er sich mit vielen Rittern zur Jagd rüstete. »Sowie er im Walde war, sah der König einen großen Hirsch vor sich. Diesen Hirsch will ich jagen, sagte König Arthur und spornte sein Roß und ritt lange hinterher, und so war er mit großer Anstrengung oft nahe daran, den Hirsch zu erreichen. Und als der König den Hirsch so lange gejagt hatte, daß sein Pferd den Atem verlor und tot niederfiel, ging ein Knappe ihm ein anderes Pferd holen. So sah der König den Hirsch in den Büschen und sein Pferd tot; er setzte sich aber an einem Quell nieder, und dort sank er in tiefe Gedanken. Und als er so saß, deuchte ihm, er hörte das Bellen von Hunden, wohl dreißig an der Zahl. Und in dem Augenblick sah der König das seltsamste Tier, das er je gesehen oder nennen gehört hatte, auf sich zukommen. Das Tier schritt zum Quell und trank, und der Ton war in dem Bauch des Tieres wie das Bellen einer Koppel von

Abb. 3. Osiris in Gestalt eines Stiers trägt einen Gläubigen in die Unterwelt

dreißig Hunden. Aber solange das Tier trank, war kein Ton in dem Bauch des Tieres; und daraufhin ging es mit großem Gebell ab, worüber der König sehr staunte.«[5]

Oder wir haben – um einmal einen ganz anderen Teil der Erde zu Wort kommen zu lassen – die Erzählung von einem Arapahomädchen aus den Ebenen Nordamerikas. Sie hatte neben einer Pappel ein Stachelschwein entdeckt. Als sie das Tier zu erschlagen versuchte, lief es hinter den Baum und fing an zu klettern. Das Mädchen stieg ihm nach, um es einzuholen, aber es blieb immer gerade außer Reichweite. »Nun«, sagte sie, »ich klettere, um das Stachelschwein zu bekommen, denn ich möchte diese Stacheln haben, und wenn nötig werde ich bis zum Wipfel klettern.« Das Stachelschwein erreichte den Wipfel, aber als sie herankam und gerade ihre Hand ausstreckte, wurde die Pappel höher, und das Stachelschwein kletterte weiter. Als sie hinabschaute, sah sie, wie ihre Freundinnen unten standen, ihr nachschauten und riefen, sie solle heruntersteigen. Aber sie war in den Bann des Stachelschweins geraten, und da sie auch Furcht bekam vor dem großen Abstand von ihr bis zum Boden, stieg sie weiter, wurde in den Augen ihrer Freundinnen immer winziger und erreichte schließlich mit dem Stachelschwein zusammen den Himmel.[6]

Zwei Träume werden hinreichend veranschaulichen, wie die Botenfigur in einer Seele, die reif ist für eine Wandlung, auch spontan auftaucht. Der erste stammt von einem jungen Mann, der auf der Suche nach neuen Orientierungspunkten war:

»Ein grünes Land, wo viele Schafe weiden. Es ist das ›Schafland‹. Im Schafland steht die unbekannte Frau und weist den Weg.«[7]

Der zweite ist von einem jungen Mädchen, das fürchtete, die Schwindsucht zu haben, nachdem kurz vorher eine Freundin an dieser Krankheit gestorben war.

»Ich war in einem blühenden Garten. Die Sonne ging gerade mit blutroten Farben unter. Da erschien mir ein schwarzer hoher Ritter und sprach mit ernster, tiefer, schauerlich klingender Stimme: ›Willst du mit mir gehen?‹ Ohne eine Antwort abzuwarten, nahm er mich bei der Hand und führte mich fort.«[8]

Im Traum ebenso wie im Mythos umgibt eine Aura unwiderstehlicher Faszination die Gestalt, die durch ihr Erscheinen als Führer einen neuen Lebensabschnitt bezeichnet. In ihr gibt sich kund, was ins Auge gefaßt werden muß und, obwohl es der bewußten Persönlichkeit unbekannt und verblüffend, ja erschreckend sein mag, dem Unbewußten schon irgendwie sehr tief vertraut ist. Und was vorher sinnvoll war, kann jäh sich in fremdartige Leere verwandeln, wie die Welt der Königstochter mit dem plötzlichen Verschwinden der goldenen Kugel. Auch wenn der Held zunächst wieder seine gewohnte Beschäftigung aufnimmt, wird er sie fruchtlos finden. Eine Kette von Zeichen wird ihm immer eindringlicher zusetzen, bis er die Botschaft nicht länger zu ignorieren vermag. Als Beispiel dafür diene die folgende Legende, »Die vier Zeichen«, die die berühmteste Darstellung der Berufung in der Weltliteratur ist:

Der junge Prinz Gautama Sakyamuni, der werdende Buddha, wuchs ohne jegliches Wissen um Alter, Krankheit, Tod und Mönchtum auf. Sein Vater hatte es sorgfältig von ihm ferngehalten, um jeden Anlaß zu Gedanken an Abkehr vom Leben auszuschließen, denn bei seiner Geburt war ihm geweissagt worden, er würde entweder zum Beherrscher der Welt oder zum Buddha heranwachsen. Der König, dessen Sinn mehr nach dem ersteren stand, umgab seinen Sohn mit drei Palästen und vierzigtausend Tänzerinnen, um ihn so an die Welt zu binden. Dadurch aber beförderte er nur, was kommen sollte, denn so kostete der Jüngling schon in so ungewöhnlich jungem Alter die fleischlichen Freuden zur Neige aus und wurde reif für die andersartige Erfahrung. Sobald er bereit war, erschienen wie von selbst deren Boten:

»Nun wünschte der werdende Buddha eines Tages den Park aufzusuchen und befahl seinem Kutscher, den Wagen bereitzumachen. Gehorsam holte der Mann eine üppige und elegante Karosse und spannte, nachdem er sie reich geschmückt hatte, vier Staatspferde vom Sindhava-Geblüt vor, so weiß wie die Blüten des weißen Lotos, und meldete dem werdenden Buddha, daß alles bereit sei. Und der werdende Buddha bestieg die Karosse, die einem Palast der Götter glich, und schlug den Weg zum Park ein.

›Die Zeit, da der Prinz Siddharta erleuchtet werden soll, rückt heran‹, dachten die Götter, ›wir müssen ihm ein Zeichen geben.‹ Und sie verwandelten einen aus ihrer Mitte in einen gebrechlichen Alten, zahnlos, grauhaarig, bucklig und gebeugt, und zeigten ihn dem werdenden Buddha, so aber, daß er nur diesem und dem Kutscher sichtbar war.

Da sagte der werdende Buddha zum Kutscher: ›Freund, wer ist nur dieser Mann? Nicht einmal sein Haar ist wie das der anderen Menschen.‹ Und als er die Antwort vernommen hatte, sagte er: ›Verflucht sei die Geburt, da zu jedem Geborenen das Alter kommen muß.‹ Und bewegt in seinem Herzen, kehrte er sogleich um und suchte seinen Palast auf.

›Warum ist mein Sohn so bald zurückgekommen?‹ fragte der König.

›Herr, er hat einen alten Mann gesehen‹, war die Antwort, ›und weil er einen alten Mann gesehen hat, wird er sich von der Welt zurückziehen.‹

›Willst du mich töten, daß du solche Dinge redest? Bereitet geschwind Spiele und führt sie meinem Sohne vor. Wenn wir ihn nur dazu bringen können, sich an der Freude zu freuen, wird er nicht länger daran denken, sich von der Welt zurückzuziehen.‹ Darauf postierte der König die Wachen weiter draußen, so daß eine halbe Meile im Umkreis bewacht war.

Wiederum sah der werdende Buddha, als er zum Park ging, eines Tages einen siechen Mann, den die Götter gebildet hatten; und nachdem er wiederum geforscht hatte, kehrte er um, bewegt in seinem Herzen, und suchte seinen Palast auf.

Und der König stellte die gleiche Frage und gab den gleichen Befehl; und wiederum schob er die Wachen weiter vor, so daß eine dreiviertel Meile im Umkreis bewacht war.

Und wiederum sah der werdende Buddha, als er zum Park ging, eines Tages einen toten Mann, den die Götter gebildet hatten; und nachdem er wiederum geforscht hatte, kehrte er um, bewegt in seinem Herzen, und suchte seinen Palast auf.

Und der König stellte die gleiche Frage und gab die gleichen Befehle; und wiederum schob er die Wachen weiter vor, so daß eine Meile im Umkreis bewacht war.

Und wiederum sah der werdende Buddha, als er zum Park ging, eines Tages einen Mönch, sorgfältig und angenehm gekleidet, den die Götter gebildet hatten; und er fragte seinen Kutscher: ›Wer ist nur dieser Mann?‹ ›Herr, das ist einer, der sich von der Welt zurückgezogen hat‹; und darauf fuhr der Kutscher fort, die Abwendung von der Welt zu preisen. Der Gedanke der Abwendung von der Welt gefiel dem werdenden Buddha.«[9]

Im ersten Stadium der mythischen Fahrt, der Berufung, wie wir sie genannt haben, hat die Bestimmung den Helden erreicht und seinen geistigen Schwerpunkt aus dem Umkreis seiner Gruppe in eine unbekannte Zone verlegt. Diese schicksalsschwere Zone, die so lockend ist wie gefahrvoll, wird auf die verschiedenste Weise vorgestellt: als ein fernes Land, ein Wald, ein unterirdisches Reich, unter den Wogen oder über dem Firmament, als eine verborgene Insel, ein entlegener Berggipfel oder eine tiefe Traumentrückung. Immer aber hausen in ihr seltsam fluide und vielgestaltige Wesen, drohen unvorstellbare Qualen, warten übermenschliche Taten und überirdische Freuden. Der Held kann sich aus eigenem Entschluß aufmachen, das Abenteuer zu bestehen, wie Theseus, als er bei seiner Ankunft in Athen, der Stadt seines Vaters, die grausige Kunde vom Minotaurus vernahm, oder er kann ins Unbekannte entführt werden, von einer guten oder bösen Kraft, wie Odysseus, den die Winde des erzürnten Poseidon über das Mittelmeer trieben. Das Abenteuer kann in Gang kommen durch ein bloßes Versehen, wie das der Prinzessin im Märchen, oder auch durch eine vorüberschwebende Erscheinung, die das gedankenlos schweifende Auge bannt und den Wandelnden von den belebten Wegen der Menschen hinwegführt. Die Beispiele könnten bis ins Unendliche gehäuft werden, durch Variationen aus allen Winkeln der Erde.[10]

2. Weigerung

In der Wirklichkeit oft und in Mythen und Märchen nicht selten kommt es vor, daß der Ruf auf taube Ohren stößt und die Antwort ausbleibt. Denn immer, wie mächtig er auch sei, bieten sich noch Möglichkeiten des Ausweichens und der Flucht in Zerstreuungen. Eben dadurch aber verkehrt Taubheit das Abenteuer, statt es abzuwenden, nur in sein Negativ. Wer betroffen ward und nicht hören will, vergräbt sich in Langeweile, Geschäftigkeit und sogenannte Kultur, und seine Fähigkeit zu irgend bedeutsamen und fruchtbaren Leistungen verkümmert. Selbst wenn es ihm wie dem König Minos gelingt, durch titanische Anstrengungen ein ruhmvolles Reich zu errichten, wird er zu einem Opfer, das der Erlösung bedürfte, sein Dasein sinnlos und seine blühende Welt zu einer ausgedörrten Steinwüste. Immer wird das Haus, das er sich baut, ein Haus des Todes sein, ein Labyrinth, dessen Zyklopenmauern ihn vor seinem Minotaurus verbergen sollen. Ihm bleibt nur, immer neue Probleme sich auszutüfteln und seinen schrittweisen Verfall über sich ergehen zu lassen.

»Weil ich denn rufe, und ihr weigert euch ... so will ich auch lachen in eurem Unfall, und eurer spotten, wenn da kommt, das ihr fürchtet; wenn über euch kommt wie ein Sturm, das ihr fürchtet, und euer Unfall als ein Wetter; wenn über euch Angst und Not kommt!« »Das die Albernen gelüstet, tötet sie, und der Ruchlosen Glück bringet sie um.«[11]

Time Jesum transeuntem et non revertem: »Sei gewärtig und fürchte, daß Jesus vorübergeht und nicht wiederkehrt.«[12]

Die Mythen und Sagen der ganzen Welt legen übereinstimmend Zeugnis ab dafür, daß die Weigerung wesentlich in der Hartnäckigkeit des Individuums besteht, das nicht fahren lassen will, was es für sein eigenes Interesse hält. Die Zukunft erscheint ihm nicht als eine endlose Kette von Tod und Wiedergeburt, sondern als bloße Bedrohung seines gegenwärtigen Systems von Idealen, Tugenden, Absichten und Vorteilen, das um jeden Preis festzuhalten und zu sichern sei. So bestand König Minos auf dem Besitz des göttlichen Stieres, dessen Opferung Gehorsam gegenüber dem Gott seines Volkes bedeutet hätte: er entschied sich für seinen vermeintlichen ökonomischen Vorteil und verfehlte dadurch die wirkliche Erfüllung der Rolle, die er sich angemaßt hatte. Die verheerenden Folgen sind bekannt. Die Göttlichkeit selbst ward zu seinem Alb. Denn wenn man sein eigener Gott ist, dann wird Gott selbst, der göttliche Wille, die Macht also, die das egozentrische System stürzen würde, zu einem Ungeheuer.

> Ihn floh ich hinab die Tage, hinab die Nächte;
> Ihn floh ich hinab die Lauben der Jahre,
> Hinab in meines Herzens labyrinthische Schächte;
> Im Nebel meiner Tränen, daß er nichts gewahre,
> Verbarg ich mich und unter plätscherndem Gelächter.[13]

Tag und Nacht wird man gejagt von dem Gott, der nichts ist als das Bild des lebendigen Selbst in dem versperrten Labyrinth der eigenen Ziellosigkeit. Man ist abgeirrt von den Wegen, die ins Freie führen könnten, und es gibt kein

Entrinnen vor der Wahl, entweder sich fanatisch ans eigene Ich zu klammern wie Satan, und in der Hölle zu sein, oder in Gott zu zerbrechen und schließlich aufzugehen.

Ach Tör'gster, Schwächster, Blindster mein,
Der, den du suchst, bin ich!
Du triebst von dir die Liebe, der du vertriebest mich![14]

Die gleiche geheimnisvoll quälende Stimme ist vernehmlich in den Worten, die der griechische Gott Apollo der fliehenden Daphne, der Tochter des Flusses Peneus, nachrief, als er sie über die Ebenen verfolgte. Seine flehenden Worte sind nicht unähnlich denen, die der Frosch im Märchen an die Königstochter richtet:

Nymphe, ich bitte dich, bleib! Kein Feind ist, der dich verfolgt,
o bleib, Peneide! ...
Rauh ist der Grund, den du trittst. O, eile mäßiger, fleh ich,
hemme die hastige Flucht. Und ich will mäßiger folgen.
Frage einmal doch, wen du entzückst ...
Du weißt nicht, vor wem so blindlings du fliehst, und
weil du's nicht weißt, darum fliehst du ...

Die Sage geht weiter:

Mehr noch hätt er gesprochen, jedoch in Angst und in Eile
floh sie und ließ ihn zurück mit der unvollendeten Rede.
So auch erschien sie schön. Der Wind entblößt ihre Glieder,
flattern läßt ihr Gewand, entgegenströmend, sein Wehen,
spielend erfaßt und wirbelt zurück sein Hauch ihre Haare.
Reizender macht sie die Flucht; nicht weiter duldet der junge
Gott, mit Worten umsonst zu schmeicheln, und wie ihn die Liebe
treibt, so jagt ihren Spuren er nach mit beschleunigten Schritten.
Wie wenn auf freiem Feld der gallische Rüde den Hasen
sieht und der eine nun rennt um die Beute, der andre ums Leben –
Hart auf der Spur ist der Hund; weit vorgereckt seine Schnauze,
rührt er des Flüchtigen Läufe und meint, jetzt, jetzt ihn zu fassen.
Der aber bangt schon: packt er mich wohl? doch entreißt er den
Zähnen
eben sich noch und entrinnt den schnappenden Kiefern – so jagen
eilend dahin in Hoffnung und Furcht der Gott und die Jungfrau.
Schneller jedoch ist er, der verfolgt, beschwingt von der Liebe

Flügeln, gönnt er nicht Rast ihr noch Ruh und bedroht schon der Flüchtgen
Rücken, sein Atem streift die im Nacken flatternden Haare.
Schrecken erfaßt sie da. Erschöpft von der Mühsal des wilden
Jagens versagt ihr die Kraft. Sie blickt auf die Flut des Peneus:
»Vater«, so ruft sie, »hilf! Wenn Macht einem Flußgott gegeben,
wandle, verdirb die Gestalt, durch die zu sehr ich gefalle!«
Kaum hat sie so gefleht, da ergreift eine Starre die Glieder;
zäher Bast umspinnt das Fleisch des geschmeidigen Leibes;
wie als Blätter die Haare, so wachsen die Arme als Zweige;
eben so schnell noch, haften in steifen Wurzeln die Füße;
Wipfel nimmt ein das Gesicht. Ein Glanz nur bleibt über allem.[15]

Das ist wirklich ein leeres und unbefriedigendes Ende. Apollo, die Sonne, der Gott der Zeit und der Reife, machte kurzerhand den Lorbeer zu seinem Lieblingsbaum, und statt seinem Liebesschmerz nachzuhängen, empfahl er das Laub ironisch den Herstellern von Siegerkränzen. Die Jungfrau hatte sich zum Bild ihres Vaters geflüchtet und dort Schutz gefunden, genau wie der lahme Ehemann, den der Traum von Mutterliebe daran hinderte, zu einer Frau zu finden.[16]

Beispiele für solche verstockten Fixierungen liefert uns die psychoanalytische Literatur in Fülle. Ihr Wesen liegt in der Unfähigkeit, das Kindheits-Ich und dessen Gefühlsbindungen und Ideale abzutun. Das Subjekt ist gefangen in den Mauern der Kindheit. Vater und Mutter stehen da als Torhüter, und Angst vor einer Bestrafung – Freuds Kastrationskomplex – verwehrt der zaghaften Seele den Durchbruch in die Welt draußen und die Wiedergeburt in dieser.

Jung hat von einem Traum berichtet, dessen Bilder denen des Daphnemythos außerordentlich eng verwandt sind. Der Träumer ist der gleiche junge Mann, der sich auch im Schafland fand (S. 60) – dem Land also, wo es noch keine Unabhängigkeit gibt. Eine Stimme in ihm sagt: »Ich muß erst weg vom Vater«; dann, ein paar Nächte darauf: »Eine Schlange beschreibt einen Kreis um den Träumer. Er steht wie ein Baum am Boden festgewachsen.«[17] Das ist ein Symbol des magischen Zirkels, in den die Person durch die Drachenmacht der Eltern, auf die sie fixiert ist, gebannt wird.[18] In ganz ähnlicher Weise wurde Brunhild in ihrer Jungfräulichkeit beschützt und für Jahre in ihrer Tochterschaft festgehalten durch den Feuerkreis des Allvaters Wotan. Sie schlief in Zeitlosigkeit, bis Siegfried sie erweckte.

Dornröschen wurde von einer eifersüchtigen Hexe, die offenbar als Symbol für den bösen, verdrängten Aspekt der Mutter zu verstehen ist, in hundertjährigen Schlaf versenkt, und mit Dornröschen fiel ihre ganze Umwelt in tiefen Schlaf, »bis endlich, nach langen, langen Jahren«, ein Königssohn kam, sie zu erlösen. »Der König und die Königin [Symbole für den guten, bewußten Aspekt der Eltern], die eben heimgekommen und in den Saal getreten waren, fingen an einzuschlafen, und der ganze Hofstaat mit ihnen. Da schliefen auch die Pferde im Stall, die Hunde im Hof, die Tauben auf dem Dache, die Fliegen an der Wand, ja, das Feuer, das auf dem Herde flackerte, ward still und schlief ein, und der Braten hörte auf zu brutzeln, und der Koch, der den Küchenjungen, weil er etwas versehen hatte, in den Haaren ziehen wollte, ließ ihn los und schlief. Und der Wind legte sich, und auf den Bäumen vor dem Schloß regte sich kein Blättchen mehr. Rings um das Schloß aber begann eine Dornenhecke zu wachsen, die jedes Jahr höher ward und endlich das ganze Schloß umzog und darüber hinauswuchs, daß gar nichts mehr davon zu sehen war, selbst nicht die Fahne auf dem Dach.«[19]

Eine persische Stadt wurde einst in schwarzen Stein verwandelt – mit König und Königin, Soldaten, Einwohnern und allen Dingen –, weil sie sich dem Ruf Allahs widersetzt hatte.[20] Lots Weib ward in eine Salzsäule verwandelt, weil sie zurückgeblickt hatte, als sie von Jahwe aus ihrer Stadt geführt wurde.[21]

Und dann gibt es die Erzählung vom Ewigen Juden, dessen Fluch es ist, auf Erden bleiben zu müssen bis zum Jüngsten Gericht, weil er, als einer von den Gaffern, Christus unter der Kreuzeslast zugerufen hatte: »Geh schneller! Etwas schneller!« Der unerkannte, geschmähte Erlöser wandte sich um und sagte: »Ich gehe, aber du sollst hier auf mich warten, bis ich wiederkomme.«[22]

Manchmal bleiben die Opfer für immer unter dem Bann – wenigstens soweit uns berichtet wird –, manchmal aber sind sie auch zur Erlösung bestimmt. Brunhild wurde durch den Bann für den Helden bewahrt, der ihr bestimmt war, und Dornröschen wurde von einem Prinzen befreit. Auch jener junge Mann, der sich in einen Baum verwandelt sah, träumte dann von der unbekannten Frau, die ihm als geheimnisvolle Führerin zu unbekannten Pfaden den Weg wies.[23] Nicht immer sind die Zögernden verloren. Fast immer enthält die Seele noch hilfreiche Geheimnisse, die aber nur dann enthüllt werden, wenn sie vonnöten sind. So erweist sich manchmal gerade die Not, die eine hartnäckige Weigerung nach sich zieht, als die Gelegenheit, bei der die Vorsehung eine ungeahnte Möglichkeit der Befreiung offenbart.

In der Tat hat freiwillige Introversion stets schon zum schöpferischen Genius gehört und kann von ihm als Mittel bewußt verwandt werden. Durch sie werden die seelischen Energien in die Tiefendimension gelenkt, in der sie dann die verlorenen Bilder der Kindheit und die Archetypen aus ihrer Bewußtlosigkeit wecken können. Das mag ohne Zweifel zu mehr oder minder vollständigem Zerfall des Bewußtseins führen, zur Neurose oder Psychose, dem Zustand, den der Mythos im Bild der gebannten Daphne ausdrückt. Wenn die Persönlichkeit aber sich den Kräften gewachsen zeigt, die ihr begegnen, und es versteht, sie in sich hineinzunehmen, wird sie erfahren, wie Übersicht und Selbstbewußtsein in fast übermenschlichem Maße wachsen. Auf diesem Prinzip beruht die Disziplin, der die indischen Yogis sich unterziehen. Auch im Westen haben viele schöpferische Geister diesen Weg genommen.[24] Es wäre nicht ganz exakt, wenn man ihn als Antwort auf eine bestimmte Berufung beschreiben wollte. Eher handelt es sich um einen freiwilligen, schweren Verzicht, einem anderen Appell zu respondieren als der tiefsten, höchsten und erfülltesten Antwort auf die selbst noch unbekannte Frage, die durch eine wartende Leere des Innern gestellt ist, um eine Art von totalem Streik also, eine Ablehnung der gegebenen Lebensbedingungen, die als Kraft der Verwandlung das Problem auf eine Ebene hebt, wo mit anderen Größen gerechnet wird und die Lösung sich so jäh wie endgültig einstellt.

Diesen Aspekt des Heros illustriert das wunderbare Abenteuer des Prinzen Kamar ez-Zamân und der Prinzessin Budûr aus den Erzählungen aus Tausendundeiner Nacht. Der junge und schöne Prinz, der einzige Sohn des persischen Königs Schehrimân, widersetzte sich hartnäckig den wiederholten Vorschlägen, Bitten, Forderungen und schließlich Befehlen seines Vaters, das Normale zu tun und sich ein Weib zu nehmen. Beim ersten Male antwortete der Jüngling: »Lieber Vater, wisse, ich trage kein Verlangen danach, mich zu vermählen, und meine Seele neigt sich nicht den Frauen zu; denn ich habe über ihre List und Tücke viel gelesen und gehört, wie ja auch ein Dichter sagt:

Wenn ihr mich nach den Frauen fragt, so wisset:
Ich kenn die Art der Frauen alleweil.
Ergraut des Mannes Haupt und schmilzt sein Geld,
Hat er an ihrer Liebe keinen Teil.

Und ein anderer sagt:

Den Frauen leiste nicht Folge; das ist der schönste Gehorsam.
Ein Mann, der seinen Halfter den Frauen gibt, hat kein Glück.
Wenn er auch tausend Jahre sich um das Wissen bemühet –
Sie halten ihn vor Vollendung des hohen Zieles zurück.

Nach diesen Versen fuhr er fort: ›Lieber Vater, das Heiraten ist etwas, das ich niemals tun werde, auch wenn ich den Becher des Todes trinken müßte!‹ Als aber der Sultan Schehrimân diese Worte aus dem Munde seines Sohnes vernommen hatte, da ward das helle Licht finster vor seinem Angesicht, und er war tiefbetrübt ... Aber in seiner großen Liebe zu ihm wollte er seinen Rat nicht wiederholen, und er zürnte ihm nicht, sondern er trat zu ihm und sprach ihm freundlich und gütig zu mit aller Liebe, die ein Herz gewinnen kann.«

Nach einem Jahr wiederholte der Vater seine Frage, aber der Jüngling beharrte auf seiner Weigerung und bekräftigte sie mit weiteren Dichterstrophen. Der König beriet sich mit seinem Wesir, und der Minister sagte: »Großer König, warte noch ein Jahr mit ihm; und wenn du dann mit ihm darüber reden willst, so sprich nicht heimlich mit ihm, sondern rede zu ihm an einem Regierungstage, wenn alle Emire und Wesire anwesend sind und alle Krieger vor dir stehen. Wenn also alle diese versammelt sind, so schicke alsbald nach deinem Sohne Kamar es-Zamân und laß ihn kommen. Und wenn er dann gekommen ist, so sprich mit ihm über die

Vermählung in Gegenwart der Wesire, der Großen im Lande und der Männer vom Stande. Dann wird er sich vor ihnen schämen und in ihrer Gegenwart dir nicht mehr widersprechen können.«

Als aber der Augenblick da war und König Schehrimân vor dem Hofstaat seinen Befehl gegeben hatte, senkte Kamar ez-Zamân »sein Haupt eine Weile zu Boden. Aber dann ergriff ihn plötzlich die Torheit der Jugend und kindische Unvernunft, und er sprach: ›Niemals werde ich mich vermählen, auch wenn ich den Becher des Todes trinken müßte. Du bist ein Mann von großem Alter, aber von keinem Verstand. Hast du mich nicht früher schon zweimal vor diesem Male über die Ehe befragt, ohne daß ich dir darin willfahrt bin?‹ Darauf löste Kamar ez-Zamân die Arme von seinem Rücken, streifte in seiner Wut die Ärmel vor seinem Vater bis zu den Ellbogen auf und redete viele Worte vor ihm gestörten Geistes. Zuerst war sein Vater beschämt und verlegen, weil dies vor den Großen seines Reiches geschah und vor den Kriegsmannen, die zu der Festversammlung erschienen waren. Dann aber ergriff ihn königlicher Zorn, und er schrie seinen Sohn an, daß er zitterte. Und den Mameluken, die vor ihm standen, rief er zu: ›Packt ihn!‹ Da stürzten sie auf ihn zu, ergriffen ihn und führten ihn vor den Thron. Nun befahl der König ihnen, ihm die Hände auf den Rücken zu fesseln; sie taten es, und so stand er gebunden vor dem König, indem er sein Haupt vor Furcht und Angst senkte, und die Schweißtropfen glänzten wie Perlen auf seiner Stirn und auf seinem Antlitz, und Scham und Verwirrung bedrückte ihn schwer. Sein Vater aber schalt und schmähte ihn, indem er sprach: ›Wehe dir, du Bastardblut, du schändliche Brut! Wie darfst du mir so antworten vor meinen Kriegern und meinem Heere? Freilich, bisher hat dich noch niemand gezüchtigt . . . Weißt du nicht, daß dies, was du getan hast, eine Schande gewesen wäre, wenn einer aus dem gemeinen Volke es getan hätte?‹ Darauf befahl der König den Mameluken, seine Fesseln zu lösen und ihn in einem Turm der Festung einzusperren. Da ergriffen die Mameluken ihn und brachten ihn zu einem alten Turm; dort befand sich ein verfallener Saal und mitten in dem Saale ein alter, bröckliger Brunnen. Doch zuvor fegten sie ihn aus und säuberten den Boden; dann setzten sie für Kamar ez-Zamân eine Lagerstatt hinein, bedeckten sie mit einer Matratze und einer Lederdecke und legten ihm ein Kissen hin. Auch brachten sie ihm eine große Laterne und eine Wachskerze, da jener Ort auch am Tage dunkel war. Nachdem die Mameluken nun den Kamar ez-Zamân dorthin gebracht hatten, stellten sie bei der Türe des Saales einen Eunuchen auf. Und nun legte sich der Prinz auf das Lager, gebrochenen Geistes und betrübten Herzens, und machte sich selbst Vorwürfe; und er bereute, was er seinem Vater angetan hatte . . .«

Unterdessen war im fernen chinesischen Reich die Tochter des Königs el-Ghajûr, des Herrn der Inseln und der Meere und der sieben Schlösser, in die gleiche Lage geraten: »Als nun ihre Schönheit bekannt wurde und ihr Ruhm sich im Lande verbreitete, schickten alle Könige zu ihrem Vater und freiten bei ihm um sie. Da sprach er mit ihr über die Ehe und wollte sie überreden; aber sie hatte eine Abneigung dagegen und sprach zu ihrem Vater: ›Lieber Vater, mich verlangt es ganz und gar nicht danach, vermählt zu werden; sieh, ich bin Herrin und Gebieterin und Prinzessin, ich herrsche über die Menschen, und ich will nicht, daß ein Mann über mich herrscht.‹ Doch jedesmal, wenn sie eine Werbung abwies, ward das Verlangen der Freier nach ihr nur noch größer. So schickten denn schließlich alle Könige der fernen Inseln Chinas Geschenke und Kostbarkeiten an ihren Vater und bewarben sich um sie in ihren Briefen. Da sprach ihr Vater wiederum mit ihr über die Ehe viele Male; aber sie willfahrte ihm nicht. Endlich ward sie seiner sogar überdrüssig und sprach zu ihm in ihrem Zorne: ›Vater, wenn du nur noch einmal mir von der Ehe redest, so gehe ich in den Palast, nehme ein Schwert, stecke es aufrecht in den Boden und setze mir die Spitze auf den Leib; dann werfe ich mich darauf, so daß es mir zum Rücken wieder herausfährt und ich so meinem Leben ein Ende mache.‹ Als der König solche Worte von ihr vernommen hatte, da ward das helle Licht finster vor seinem Angesicht, und sein Herz entbrannte heftig aus Sorge um sie; denn er fürchtete nun, sie würde sich das Leben nehmen, und er war ratlos, was er mit ihr und mit den Königen, die um sie freiten, tun solle. So sprach er zu ihr: ›Wenn es dein fester Wille ist, dich nicht zu vermählen, so gehe weder aus noch ein!‹ Dann führte ihr Vater sie in den Palast, schloß sie darin ein, setzte zehn alte Weiber als Aufseherinnen für sie ein und verbot ihr, in die sieben Schlösser zu gehen; ja, er tat, als sei er zornig wider sie, und schickte Briefe an alle Könige und ließ sie wissen, sie sei mit Umnachtung des Verstandes geschlagen.«[25]

Da der Held und die Heldin der Geschichte sich beide von dem Ruf abwenden und fast der ganze asiatische Kontinent zwischen ihnen liegt, bedarf es eines Wunders, um dieses von Ewigkeit füreinander bestimmte Paar zu vereinigen. Woher kann eine solche Macht kommen, daß sie den lebenverneinenden Bann bricht und den Zorn der beiden Väter verrauchen läßt?

Die Antwort auf diese Frage bleibt die gleiche in allen Mythen der Welt. Denn, wie es so oft in den heiligen Seiten des Koran geschrieben steht: »Es steht in der Macht Allahs, zu retten.« Die einzige Frage bleibt, welcher Mittel sich das Wunder bedienen wird, und das ist ein Geheimnis, das nur die folgenden Abschnitte dieser arabischen Geschichte lüften können.

3. Übernatürliche Hilfe

Wer sich der Berufung nicht verschlossen hat, begegnet auf seiner Fahrt zuerst einer schützenden Figur, oft einem kleinen alten Weiblein oder alten Mann, die ihn mit Amuletten gegen die Kräfte der Drachen, die er zu bestehen haben wird, versieht.

Ein ostafrikanischer Stamm etwa, die in Tanganyika beheimateten Wadschagga, erzählt eine solche Geschichte von Kjasimba. Der »war ein sehr armer Mann. Eines Tages machte er sich auf und ging nach dem Lande, wo die Sonne emporsteigt. Und er sah, wie sich die Sonne erhob; da hörte er Tritte hinter sich, und als er sich umwandte, sah er eine alte Frau kommen, die fragte ihn: ›Was treibt dich hierher?‹ Da verkündigte er ihr seine große Armut; die Frau ergriff ihn und verbarg ihn in ihrem Gewande und flog mit ihm zum Himmel empor, dorthin, wo die Sonne am Mittag steht. Da sah er Männer kommen, und ein Häuptling erschien und schlachtete einen Ochsen, den aßen er und seine Männer, die Alte aber fing an, den Häuptling recht zu bitten und erzählte ihm die ganze Not des Mannes. Der Häuptling segnete ihn und sprach: ›Du wirst viele Söhne haben, und viel Vieh wirst du bekommen und wirst ein Häuptling werden und viel Essen sehen.‹ Dann sagte er: ›Nun gehe nach Hause!‹ Als sich nun Kjasimba noch nach einem Wege umschaute, fand er sich schon zu Hause. Darüber wunderte er sich sehr. Und wie der Häuptling ihm gesagt hatte, so geschah es.«[26]

Bei den amerikanischen Indianern des Südwestens tritt in der Rolle der gütigen Gestalt meist die Spinnenfrau auf, eine großmütterlich kleine Dame, die unter der Erde lebt. Als die beiden Kriegsgötter der Navahos, die der Stamm sich als Zwillinge vorstellt, einer heiligen Spur folgend zum Hause ihres Vaters, der Sonne, reisten, trafen sie gleich nach ihrem Aufbruch auf dieses seltsame kleine Wesen: »Die Jünglinge reisten geschwind auf den heiligen Geleisen, und bald nach Sonnenaufgang, bei Dsilnaotil, sahen sie Rauch von der Erde aufsteigen. Sie gingen zu der Stelle, wo der Rauch aufstieg, und bemerkten, daß er aus dem Abzugloch einer unterirdischen Kammer drang. Eine rauchgeschwärzte Leiter führte hinab. Als sie in die Kammer hinabsahen, erblickten sie eine alte Frau, die Spinnenfrau, die zu ihnen hinaufschaute und sagte: ›Seid willkommen, Kinder. Kommt herein. Wer seid ihr, und von wo hat euer Weg euch hergeführt?‹ Sie gaben keine Antwort, stiegen aber die Leiter hinab. Als sie unten waren, sprach sie wieder zu ihnen und fragte: ›Wo führt euer Weg euch hin?‹ ›Zu keinem bestimmten Ziel‹, gaben sie zur Antwort, ›wir sind hierher gekommen, weil wir nicht wußten, wo wir sonst hingehen sollten.‹ Sie stellte ihre Frage viermal, und jedesmal bekam sie eine ähnliche Antwort. Dann sagte sie: ›Vielleicht wollt ihr euren Vater suchen?‹ ›Ja‹, gaben sie zur Antwort, ›wenn wir nur den Weg zu seiner Wohnung wüßten.‹ ›Ach!‹ sagte die Frau, ›das ist ein weiter und gefährlicher Weg zu der Wohnung eures Vaters, der Sonne. Viele Ungeheuer hausen zwischen hier und dort, und vielleicht, wenn ihr hinkommt, ist euer Vater nicht einmal froh, euch zu sehen, und straft euch dafür, daß ihr gekommen seid. Ihr müßt an vier gefährlichen Orten vorbei: durch die Felsen, die den Wanderer zermalmen, durch das Schilf, das ihn in Stücke schneidet, durch den Rohrkaktus, der ihn in Stücke reißt, und durch den kochenden Sand, der ihn verschlingt. Aber ich werde euch etwas geben, das eure Feinde beschwichtigen und euer Leben erhalten wird.‹ Sie gab ihnen einen Zauber, genannt ›Feder der fremden Götter‹, der aus einem Rahmen bestand, in dem zwei Lebensfedern befestigt waren (das sind Federn von einem lebenden Adler), und aus einer weiteren Lebensfeder, die ihr Leben beschützen sollte. Sie lehrte sie auch die Zauberformel, die, den Feinden entgegengehalten, ihren Zorn beschwichtigen würde: ›Lege deine Füße nieder mit Pollen. Lege deine Hände nieder mit Pollen. Lege deinen Kopf nieder mit Pollen. Dann sind deine Füße Pollen; deine Hände sind Pollen; dein Körper ist Pollen; dein Geist ist Pollen; deine Stimme ist Pollen. Der Weg ist schön. Sei still.‹«[27]

Das hilfreiche Weiblein und die wohlwollende Gottesmutter sind bekannte Gestalten des europäischen Märchens. In den christlichen Heiligenlegenden hat meist die Jungfrau Maria diese Rolle. Ihre Fürsprache kann die Gnade des Vaters herabrufen. Die Spinnenfrau kann mit ihrem Gewebe die Bahn der Sonne bestimmen. Der Held, der unter dem Schutz der Weltmutter steht, ist unverletzlich. Der Faden der Ariadne führte Theseus sicher durch die Gefahren des Labyrinths. Verkörpert in den Frauengestalten Beatrice und Maria, zieht sich die gleiche lenkende Macht durch das Werk Dantes, und in Goethes *Faust* erscheint sie nacheinander als Gretchen, Helena und die Jungfrau. Dante, nachdem er die Gefahren der drei Welten sicher überstanden hat, spricht das Lobgebet:

Für uns, und bei den Sterblichen dort unten
Bist die lebend'ge Quelle du des Hoffens.
Ein Weib bist du so groß, und so viel giltst du,
Daß wer nach Gnade strebt und dich nicht anruft,
Der wünschet sich zu fliegen sonder Schwingen.
Und deine Gütigkeit gewährt dem Hilfe
Allein nicht, der drum bittet, nein, zum öftern
Kommt sie zuvor der Bitt aus freiem Willen.
In dir Barmherzigkeit, in dir ist Mitleid,
In dir großmütges Wesen, in dir eint sich,
Was immer ein Geschöpf an Güte fasset.[28]

Was diese Figuren darstellen, ist die wohlwollende, schützende Macht der Vorsehung. Das Phantasiebild ist eine Bestätigung, ein Versprechen, daß der Friede des Paradieses, der zuerst im Mutterschoß erfahren wurde, nicht verlorengehen soll; daß er die Gegenwart trägt und in der Zukunft nicht anders liegt als in der Vergangenheit, als das Alpha und zugleich das Omega; daß die schützende Macht, wenn auch die Omnipotenz auf jeder Schwelle und bei jedem Erwachen zu neuem Leben bedroht scheint, immer, und für immer, im Heiligtum des Herzens gegenwärtig ist und auch in oder hinter dem unvertrauten Antlitz der Welt. Man braucht nur zu wissen und zu vertrauen, damit die alterslosen Wächter erscheinen. Wenn er auf seinen eigenen Ruf geantwortet hat und ihm unbeirrt, wie seine Konsequenzen sich entfalteten, gefolgt ist, findet der Held alle Mächte des Unbewußten auf seiner Seite. Als Mutter hilft die Natur selbst bei der gewaltigen Aufgabe. Und wenn die Tat des Helden sich trifft mit dem, wofür seine Gruppe bereit ist, scheint er vom großen Rhythmus des Geschichtsprozesses getragen zu werden. Zu Beginn seines Feldzuges nach Rußland sagte Napoleon: »Ich fühle mich gegen ein Ziel getrieben, das ich nicht kenne. Sobald ich es erreicht haben werde, sobald ich nicht mehr notwendig sein werde, wird ein Atom genügen, mich zu zerschmettern. Bis dahin aber werden alle menschlichen Kräfte nichts gegen mich vermögen.«[29]

Nicht selten erscheint der Helfer auch in männlicher Form. Im Märchen ist es oft ein kleiner Waldbewohner, ein Zauberer, Schäfer oder Schmied, der auftaucht, um dem Helden Rat oder Amulette für seine Abenteuer zu bringen. Die höheren Formen des Mythos stellen die gleiche Rolle dar in den Figuren des Führers, des Lehrers oder des Fährmanns, der die Seelen in die andere Welt hinübersetzt. Im klassischen Mythos ist es Hermes oder Merkur, bei den Ägyptern meistens Thot, der ibis- oder affengestaltige Gott, im Christentum der Heilige Geist.[30] Goethe läßt den männlichen Führer im *Faust* als Mephistopheles erscheinen, und überhaupt wird an der Merkurgestalt, die die ahnungslose Seele in versucherische Bereiche lockt, nicht selten ein Zug des Gefährlichen betont. In Dantes Gesichten wird die Rolle von Vergil versehen, der sie an der Schwelle des Paradieses an

Beatrice abgibt. Schützend und gefährlich, mütterlich und väterlich zur gleichen Zeit, vereinigt dieses mystische Prinzip des Wachens und Leitens in sich alle Ambivalenzen des Unbewußten. So ist es ein Symbol dafür, wie die bewußte Person auf jenem anderen, umfänglicheren Bereich ruht, aber auch für die Unerforschlichkeit des Lenkers, dem wir zum Verderben unserer bewußten Ziele uns anheimgeben.[31]

Das Auftauchen eines solchen Helfers ist im Mythos typisch für den Helden, der dem Ruf gefolgt ist. Der Ruf selbst war schon die erste Ankündigung vom Nahen des Initiationspriesters. Aber auch solchen, die anscheinend ihr Herz verhärtet haben, kann der mystische Lenker erscheinen; denn, wie wir sahen: »Es steht in der Macht Allahs, zu retten.«

So geschah es in der Geschichte von Kamar ez-Zamân: »Nun wollten es das Schicksal und das vorherbestimmte Verhängnis, daß dieser Turm und diese Halle alt und seit vielen Jahren verlassen waren, und daß sich in der Halle ein römischer Brunnen befand[32], bewohnt von einer Dämonin, die ihn zum Aufenthalt gewählt hatte; sie war aus dem Geschlechte des Iblîs, des Verfluchten, und sie hieß Maimûna, die Tochter von ed-Dimirjât, einem berühmten Geisterkönig[33] ... Als Kamar ez-Zamân das erste Drittel der Nacht geschlafen hatte, stieg jene Dämonin aus dem römischen Brunnen empor und wollte gen Himmel fliegen, um unbemerkt zu lauschen. Doch wie sie oben im Brunnen war, sah sie, ganz gegen die Gewohnheit, ein Licht im Turme leuchten; sie hatte ja schon eine lange Reihe von Jahren in dem Brunnen gewohnt, und als sie nun den Lichtschein bemerkte, verwunderte sie sich sehr und sprach bei sich: ›So etwas habe ich hier noch nie erlebt.‹ Sie dachte sich, daß dies einen besonderen Grund haben müsse, und so bewegte sie sich in der Richtung des Lichtes weiter. Da sah sie, daß es aus der Halle kam. Dann fand sie den Eunuchen an der Tür schlafend, und wie sie noch weiter in der Halle vorgedrungen war, fand sie ein Lager aufgeschlagen, auf dem eine menschliche Gestalt ruhte, und eine brennende Kerze zu ihren Häupten und eine brennende Laterne zu ihren Füßen. Erstaunt über das Licht schlich die Dämonin Maimûna ganz langsam heran; sie senkte ihre Flügel, blieb vor dem Lager stehen, nahm die Seidendecke vom Antlitze des Kamar ez-Zamân und blickte ihn an. Von seiner Schönheit und seiner Anmut überwältigt, blieb sie eine lange Weile dort stehen ... Wie die Dämonin Maimûna, die Tochter von ed-Dimirjât, ihn sah, pries sie Allah und sprach: ›Gesegnet ist Allah, der herrlichste Schöpfer!‹ Jene Dämonin gehörte nämlich zu den gläubigen Geistern.«

Dann gelobte sie sich, Kamar ez-Zamân nichts anzutun, und es kam ihr die Sorge, er könnte an diesem öden Ort von einem ihrer Verwandten, den Mârids[34], umgebracht werden. »Darauf neigte die Dämonin sich über ihn und küßte ihn auf die Stirn; dann zog sie die Decke wieder über sein Antlitz und verhüllte es, öffnete ihre Flügel und flog gen Himmel empor ... da hörte sie plötzlich Flügelschläge in der Luft. Sie flog jenem Schalle entgegen, und als sie ihm nahe kam, sah sie, daß es ein Dämon war, namens Dahnasch. Nun schoß sie wie ein Sperber auf ihn herab, und als Dahnasch sie bemerkte und erkannte, daß sie Maimûna, die Tochter des Geisterkönigs, war, erschrak er vor ihr, und seine Glieder erbebten. Und so flehte er sie um Gnade an ...« Sie empfand Mitleid mit ihm, wollte ihn aber nicht freilassen, bis er ihr gesagt hätte, woher er um diese nächtliche Stunde komme. Er antwortete: »›Wisse, meine Gebieterin, ich komme heute nacht von den äußersten Inseln des Landes China; das ist des Königs el-Ghajûr Land, und er ist als Herr der Inseln und der Meere und der sieben Schlösser bekannt. Und dort sah ich eine Tochter jenes Königs, so schön, wie Allah keine zu ihrer Zeit erschaffen hat ... Ihre Nase ist wie des gefegten Schwertes Schneide; ihre Wangen sind wie Purpurwein, ja, wie rote Anemonen sind sie beide. Ihre Lippen scheinen Korallen und Karneole zu sein; der Tau ihres Mundes ist lieblicher als alter Wein, und sein Geschmack löscht die Feuerpein. Ihre Zunge bewegt ein reicher Verstand; stets ist ihr eine Antwort zur Hand. Ihr Busen berückt einen jeden, der ihn erblickt – Preis sei Ihm, der ihn geschaffen und gebildet hat! – Und an ihn schließen sich zwei runde Arme an, deren Lob einst der verzückte Dichter kundgetan:

Zwei Arme – hätten sie nicht an Spangen ihren Halt,
So flössen sie aus den Ärmeln mit eines Stromes Gewalt.«

Das Loblied auf ihre Schönheit ging weiter und weiter, und als Maimûna alles gehört hatte, war sie erstaunt. Dahnasch schilderte nun noch den mächtigen König, ihren Vater, seine Schätze und die sieben Schlösser, und ihre Weigerung, sich vermählen zu lassen, und schloß: »Ich aber, hohe Herrin, gehe jede Nacht zu ihr, schaue sie an und habe meine Freude an ihrem Antlitz; und ich küsse sie auf die Stirn, während sie schläft, aber weil ich sie so lieb habe, füge ich ihr keinen Schaden und kein Leid zu, noch auch schlafe ich bei ihr . . . Ich beschwöre dich, Herrin, kehre mit mir zurück, schau ihre Schönheit und Lieblichkeit und ihres Wuchses Ebenmäßigkeit; und dann, wenn du willst, so züchtige mich oder laß mich binden; tu, was du willst, denn du kannst gebieten und verbieten.‹ . . . Die Dämonin Maimûna aber lachte über seine Worte, spie ihm ins Angesicht und sprach: ›Was für ein Ding ist das Mädchen, von dem du sprichst? Das ist doch nur eine Topfscherbe zum Abwischen von Unrat! Pah, pah! . . . Ich habe heute nacht einen jungen Menschen gesehen; wenn du den auch nur im Traume sähest, so würdest du vor Bewunderung gelähmt, und der Speichel würde dir laufen.‹« Und sie schilderte, wie es Kamar ez-Zamân ergangen war. Dahnasch aber gab seinen Zweifel zu erkennen, daß irgend jemand die Prinzessin Budûr an Lieblichkeit übertreffen könne, und schließlich befahl Maimûna ihm, mit ihr hinunterzufliegen und zu sehen. »Dahnasch entgegnete: ›Ich höre und gehorche!‹ Dann schwebten die beiden hinab und kamen in die Halle, die in dem Turme war. Dort ließ Maimûna den Dahnasch neben dem Lager stehen, streckte die Hand aus und zog die seidene Decke von dem Antlitz des Kamar ez-Zamân, des Sohnes des Königs Schehrimân, und sein Antlitz glänzte und gleißte, schien und schimmerte hell. Maimûna blickte es an, wandte sich im selben Augenblick zu Dahnasch und sprach: ›Wohlan, du Verfluchter, dorthin geblickt! Sei doch nicht ganz und gar verrückt! Eine Jungfrau bin ich, und doch bezaubert er mich.‹ Da schaute Dahnasch ihn an und betrachtete ihn eine lange Weile; dann schüttelte er sein Haupt und sprach zu Maimûna: ›Bei Allah, Gebieterin, du bist entschuldbar. Aber du mußt noch etwas anderes erwähnen, nämlich, daß ein Jüngling und ein Mädchen von verschiedener Art sind. Bei Allah, dieser dein Geliebter gleicht am ehesten von aller Kreatur meiner Geliebten an Schönheit und Lieblichkeit, an Anmut und Vollkommenheit; und es ist, als wären sie beide zugleich in derselben Form der Herrlichkeit gegossen.‹ Als Maimûna diese Worte aus dem Munde des Dahnasch vernahm, ward das helle Licht dunkel vor ihrem Angesicht, und sie schlug ihm mit ihrem Flügel so heftig auf den Kopf, daß er fast daran gestorben wäre. Dann sprach sie zu ihm: ›Ich beschwöre dich beim Lichte seines glorreichen Angesichts, eile fort, du Verfluchter, in diesem Augenblick, heb deine Geliebte, die du so sehr liebst, empor und bringe sie rasch hierher, auf daß wir beide nebeneinander legen und sie anschauen können; dann wird sich uns zeigen, wer von beiden herrlicher und schöner ist . . .‹«[35]

Und so, in einer Zone, die ihm ganz unbewußt war, begann die Bestimmung des lebensmüden Kamar ez-Zamân sich zu erfüllen, ohne Mitwirkung seines bewußten Willens.

4. Das Überschreiten der ersten Schwelle

Unter dem Schutz der Gestalten, in denen seine Bestimmung sich verkörpert, und mit ihrer Hilfe gelangt der Held im Verlauf seiner Abenteuer schließlich zu dem Torhüter, der am Eingang zu der Zone wacht, in der größere Kräfte am Werk sind. Solche Wächter, in jeder der vier Himmelsrichtungen am Ende der Welt postiert, oft auch an ihrem oberen und unteren Ende, bezeichnen den jeweiligen Horizont des Helden, die Grenzen seiner gegenwärtigen Lebenssphäre. Genau wie beim Kind jenseits der elterlichen Hut und beim Stammesangehörigen außerhalb des kollektiven Schutzes die Gefahr beginnt, liegt hinter ihnen die Finsternis, das Unbekannte, die Gefahr. Der gewöhnliche Sterbliche ist nicht nur zufrieden, sondern geradezu stolz, daß er innerhalb der etablierten Grenzen bleibt, und die geläufigen Ansichten tun das Ihre, sein Zagen schon vor dem ersten Schritt ins Unerforschte zu bestätigen. So ging es den Seeleuten der unternehmenden Flotte des Kolumbus, die den mittelalterlichen Horizont überwand. Sie glaubten, die Fahrt führe in den grenzenlosen Ozean des ewigen Seins, der den Kosmos umgebe wie eine riesige mythische Schlange, die sich in den

Schwanz beißt[36], und ihre Furcht vor Leviathanen, Meerweibern, Drachenkönigen und anderen Ungetümen der Tiefe war so groß, daß man sie antreiben und nasführen mußte wie Kinder.

Die Volksmythen bevölkern jeden verlassenen Ort, abseits des normalen Verkehrs des Dorfes, mit trügerischen und gefährlichen Wesen. Die Hottentotten zum Beispiel erzählen von einem Oger, auf den man zwischen Busch und Dünen treffen kann. Seine Augen liegen auf dem Fuß vor dem Knöchel, so daß er, wenn er etwas sehen will, sich auf Hände und Knie niederlassen und einen Fuß hochheben muß; in normaler Haltung sieht er immer nur den Himmel. Dieses Ungeheuer jagt nach Menschen, die es mit grausamen Zähnen, die so lang sind wie Finger, in Fetzen reißt. Bei der Jagd sollen diese Oger sich zu Horden vereinigen.[37] Eine andere Fabelgestalt der Hottentotten, der Hai-uri, bewegt sich fort, indem er über Buschinseln steigt, statt sie zu umgehen.[38] In vielen Teilen der Erde erscheint eine gefährliche einbeinige, einarmige und nur aus einem halben Rumpf bestehende Gestalt, der Halb-Mensch, der nur sichtbar ist, wenn er dem Betrachter die äußere Seite zuwendet. In Zentralafrika heißt es, daß ein solcher Halb-Mensch zu dem, der ihm begegnet, sagt: »Da wir uns begegnet sind, wollen wir miteinander kämpfen.« Wenn es gelingt, ihn niederzuwerfen, fleht er: »Töte mich nicht. Ich will dir eine Menge Arzneien zeigen.« Sein glücklicher Gegner wird dann ein reicher Arzt. Wenn der Halb-Mensch (man nennt ihn Chiruwi, »ein geheimnisvolles Ding«) aber siegt, muß sein Opfer sterben.[39]

Unbekannte Stellen und Gegenden, wie Wüste, Dschungel, Meeresgrund und fremde Länder, geben freien Raum für die Projektion unbewußter Inhalte. Von dort wird inzestuöse Libido und vatermörderische Destrudo dem Individuum und der Gruppe zurückgespiegelt in Gestalten, die drohende Gewalt und phantastisch gefahrvolle Lust suggerieren – nicht nur Oger also, sondern auch Sirenen von geheimnisvoll lockender und verführerischer Schönheit. Die russischen Bauern etwa wissen von den »Wilden Frauen« der Wälder, die in Berghöhlen hausen, wo sie wie Menschen ihren Haushalt führen. Es sind stattliche Weiber mit wohlgebildeten eckigen Köpfen, reichen Locken und haarigen Körpern, die ihre Brüste über die Schulter werfen, wenn sie laufen und wenn sie ihre Kinder stillen. Sie gehen in Gruppen zusammen, und mit einer Salbe eingerieben, die sie aus Waldwurzeln bereiten, können sie sich unsichtbar machen. Oft werden Menschen, die allein durch den Wald gehen, von ihnen zu Tode getanzt oder gehetzt, und wer zufällig auf eine ihrer unsichtbaren Tanzorgien trifft, muß sterben. Für Menschen dagegen, die ihnen Nahrung herausstellen, mähen sie das Getreide, spinnen, sorgen für die Kinder und halten das Haus rein, und wenn ein Mädchen für sie Hanf auskämmt zum Spinnen, geben sie ihm Blätter, die sich in Gold verwandeln. Sie erfreuen sich an menschlichen Liebhabern, und oft heiraten sie junge Bauern, denen sie gute Gemahlinnen sein sollen. Wie alle übernatürlichen Bräute aber verschwinden sie spurlos, sobald ihr Mann auch nur die geringste ihrer verzwickten Vorstellungen von ehelicher Aufführung verletzt.[40]

Als weiteres Beispiel kann Dyedushka Vodyanoy, der russische »Wasser-Großvater«, die libidinöse Verquickung des gefährlichen Ogers mit dem Prinzip der Verführung illustrieren. Er kann sich flink verwandeln und soll Menschen ertränken, wenn sie mittags oder um Mitternacht schwimmen. Ertrunkene und auch enterbte Mädchen werden von ihm geheiratet, unglückliche Frauen soll er mit besonderem Geschick durch Schmeicheleien in seinen Dienst locken. In Mondnächten liebt er es, zu tanzen. Wenn eine seiner Frauen ein Kind erwartet, kommt er in die Dörfer, um eine Hebamme zu suchen. Aber an dem Wasser, das vom Saum seiner Kleider tropft, kann man ihn erkennen. Er ist kahl, dickbäuchig und hat geblähte Backen, und er trägt grüne Kleider und eine hohe Kappe aus Schilf, kann aber auch als netter Jüngling erscheinen oder die Gestalt eines bekannten Dorfbewohners annehmen. Auf dem Land ist er schwach, überlegen aber in seinem eigenen Element, dem Wasser. Er bewohnt die Tiefe der Flüsse, Ströme und Teiche, am liebsten in der Nähe einer Mühle. Tagsüber hält er sich versteckt, wie ein alter Hecht oder Lachs, aber nachts kommt er an die Oberfläche, platschend wie ein Fisch, um sein Unterwasservieh, Rinder, Schafe und Pferde, zum Grasen aufs Land zu treiben oder, auf dem Mühlrad hockend, schweigend sein langes grünes Haar und seinen Bart zu kämmen. Wenn er im Frühling von seinem langen Winterschlaf erwacht, zerschmettert er das Eis der Flüsse und türmt es zu hohen Blöcken. Ein besonderes Vergnügen macht es ihm, Mühlräder zu demolieren. Wenn er aber guter Laune ist, treibt er auch seine Fischherden den Fischern ins Netz und warnt die Menschen vor drohendem Hochwasser. Die Hebamme, die mit ihm geht, wird in Gold und Silber reich entlohnt. Seine schönen Töchter, groß, blaß und mit einem Anflug von Traurigkeit, in durchsichtigen grünen Gewändern, quälen und peinigen die Ertrunkenen. Oft suchen sie Bäume auf, auf denen sie dann einen bezaubernden Gesang hören lassen.[41]

Der arkadische Gott Pan ist das bekannteste Beispiel dieses gefährlichen Wesens, das an der Grenze des gefeiten Dorfbereichs lauert, in der klassischen Mythologie. Sylvanus und Faunus sind seine Entsprechungen bei den Römern.[42] Er war der Erfinder der Hirtenflöte, die er zum Reigen der Nymphen spielte. Als männliche Begleiter hatte er die Satyrn.[43] »Panik«, ein jähes, grundloses Entsetzen, war die Gemütsbewegung, die er den Sterblichen einflößte, wenn sie in seinen Bereich gerieten. Selbst der geringfügigste Anlaß, das Knistern eines Zweiges, das Zittern eines Blattes, überschwemmte dann die Einbildung mit Grauen, und in seiner besessenen Anstrengung, seinem eigenen aufgewühlten Unbewußten zu entkommen, hetzte sich das Opfer zu Tode. Jenen aber, die ihm Verehrung zollten, war Pan gnädig und segnete sie mit dem Segen des göttlichen Naturkreislaufs. Überfluß wurde den Bauern, Hirten und Fischern, die ihm die ersten Früchte ihrer Arbeit darbrachten, und Gesundheit all denen, die sich in Ehrfurcht seinen Wunderstätten nahten. Auch Weisheit, die des Omphalos, des Weltnabels, wurde von ihm verliehen, denn die Überschreitung der Schwelle ist der erste Schritt in den geheiligten Bereich der Allquelle. Zu Lykaion war ein Orakel, das von der Nymphe Erato versehen wurde, die von Pan ihre Inspiration bekam wie die Prophetin von Delphi von Apollo. Und Plutarch nennt die Ekstasen bei den orgiastischen Panriten zusammen mit der Ekstase der Cybele, der bacchischen Begeisterung des Dionysos, der poetischen Begeisterung der Musen, der kriegerischen Begeisterung des Gottes Ares oder Mars und der wildesten von allen, der Begeisterung der Liebe, als Beispiele jenes göttlichen Enthusiasmus, der den Verstand überwältigt und die zugleich destruktiven und schöpferischen Kräfte des Dunkels entläßt.

Ein verheirateter Mann in mittleren Jahren berichtet folgenden Traum: »Ich will in einen wunderbaren Garten eindringen. Vor dem Garten steht ein Wächter und läßt mich nicht hinein. Ich sehe, daß sich Fräulein Elsa drinnen befindet. Sie will mir über das Gitter die Hand reichen, aber der Wächter verhindert das, nimmt mich beim Arm und führt mich nach Hause, wobei er sagt: ›Seien Sie doch vernünftig! Sie wissen, daß Sie das nicht dürfen‹.«[44]

In diesem Traum kommt der Sinn des ersten, wehrenden Aspekts des Wächters an der Schwelle zum Vorschein: daß man den Hüter der bestehenden Grenzen besser nicht herausfordern sollte. Und doch bedarf es nur der Überschreitung dieser Grenzen, eben der Herausforderung der destruktiven Seite der gleichen Macht, um das Individuum, sei es lebend oder tot, in einen Bereich neuartiger Erfahrungen gelangen zu lassen. In der Sprache der Zwergvölker auf den Andamanen bezeichnet das Wort *oko-jumu* (»Träumer«, »einer, der von Träumen spricht«) jene hochangesehenen und zugleich gefürchteten Menschen, die sich von ihren Stammesgenossen durch übernatürliche Gaben abheben, wie nur Begegnung mit den Geistern, entweder unmittelbar, im Dschungel, durch ungewöhnliche Träume oder durch Tod und Rückkehr ins Leben, sie verschaffen kann.[45] Immer und überall ist das Abenteuer eine Reise ins Unbekannte, jenseits des Schleiers des Bekannten und Vertrauten, sind die Kräfte, die an der Grenze wachen, bedrohlich, es mit ihnen aufzunehmen ist riskant. Immer und überall aber vergeht auch die Gefahr vor jedem, der Berufung und Mut mitbringt.

Wenn auf den Banks Islands, die zu den Neuen Hebriden gehören, ein junger Mann, der bei Sonnenuntergang vom Fischen auf den Felsen zurückkommt, plötzlich sieht, wie »ein Mädchen mit blumengeschmücktem Kopf von der Böschung der Klippe, auf die sein Pfad ihn führt, ihm zunickt, dann glaubt er in ihr die Gestalt eines Mädchens aus seinem eigenen oder einem benachbarten Dorf zu erkennen; er steht und zögert und denkt, sie müsse eine *mae*[46] sein; er sieht genauer hin und erkennt, daß ihre Ellbogen und Knie verkehrt sitzen; das verrät ihr wahres Wesen, und er flieht. Wenn ein junger Mann die Verführerin mit einem Blatt der Dracaena berühren kann, verwandelt sie sich in ihre wahre Gestalt und kriecht als Schlange davon«. Aber die gleichen Schlangen, die *mae*, die man so sehr fürchtet, sollen die Vertrauten derer werden, die mit ihnen Verkehr haben.[47] Solche Dämonen, die zugleich Gefahr und Spender magischer Kräfte sind, muß jeder bestehen, der auch nur um einen Zoll die Mauern seiner Tradition überschreitet.

Abb. 4. Odysseus und die Sirenen

Zwei lebensvolle orientalische Erzählungen mögen die Zweideutigkeiten dieser verwirrenden Überquerung erhellen und zeigen, wie der allzu kühne Abenteurer, wenn auch die Schrecken vor echter seelischer Bereitschaft zerrinnen, jenseits seiner Tiefe schamlos abgetan werden kann.

Die erste handelt von einem Karawanenführer aus Benares, der kühn genug war, seinen reich beladenen Zug von fünfhundert Wagen in eine wasserlose, von Dämonen bewohnte Wildnis zu führen. Vor den Gefahren des Weges gewarnt, hatte er, um allen unvorhergesehenen Umständen Rechnung

Tafel III. Die Göttermutter (Nigeria)

Tafel IV: Gottheit im Kriegskleid (Bali)

zu tragen, große Gefäße mit Wasser auf die Wagen geladen, so daß er, rational betrachtet, die besten Aussichten hatte, die sechzig Meilen Wüste wohlbehalten hinter sich zu bringen. Aber als er die Hälfte des Weges zurückgelegt hatte, dachte der Dämon, der in jener Wildnis wohnte: »Ich will diese Männer dazu bringen, ihr Wasser fortzuschütten.« So machte er einen Wagen, der das Herz erfreuen konnte, gezogen von ganz weißen jungen Ochsen, die Räder mit Schlamm beschmiert, und kam damit aus der entgegengesetzten Richtung die Straße herab. Davor und dahinter marschierten die Dämonen seines Gefolges, mit feuchten Köpfen und Kleidern, geschmückt mit Kränzen von blauen und weißen Wasserlilien, in den Händen Sträuße von roten und weißen Lotosblumen, im Mund die faserigen Stengel von Wasserlilien, und tropfend von Wasser und Schlamm. Und als die Karawane und die Dämonengesellschaft zur Seite gingen, um einander passieren zu lassen, begrüßte der Oger den Karawanenführer aufs freundlichste. »Wohin führt dein Weg?« fragte er höflich. »Wir, Herr, kommen von Benares. Aber ihr kommt geschmückt mit blauen und weißen Wasserlilien, in den Händen rote und weiße Lotosblumen, im Mund die faserigen Stengel von Wasserlilien, schlammbeschmiert und tropfend von Wasser. Regnet es auf der Straße, die ihr kamt? Sind die Seen bedeckt mit blauen und weißen Wasserlilien, mit roten und weißen Lotosblumen?«

Darauf der Dämon: »Siehst du den dunkelgrünen Waldstreifen dort? Jenseits davon ist der ganze Wald ein See; es regnet dauernd; die Löcher stehen voll Wasser; überall sind Seen, die ganz bedeckt sind mit roten und weißen Lotosblumen.« Und dann, als die Wagen nacheinander vorbeifuhren, fragte er: »Welche Waren hast du in diesem Wagen – und in jenem? Der bewegt sich sehr schwer; welche Waren hast du in dem?« »Wir haben Wasser darin«, antwortete der Karawanenführer. »Ihr habt weise gehandelt, ohne Zweifel, so weit Wasser mit euch zu führen; aber von hier ab habt ihr keinen Grund mehr, euch damit zu schleppen. Zerschlagt die Gefäße, schüttet das Wasser weg, macht euch die Reise bequem.« Damit ging der Dämon seiner Wege, und als er außer Sichtweite war, kehrte er wieder in seine Dämonenstadt zurück.

Nun nahm der törichte Karawanenführer, aus seiner Torheit, den Rat des Dämons an, zerschlug die Gefäße und ließ die Wagen anfahren. Aber keine Spur von Wasser zeigte sich auf dem Wege, und der Durst machte die Männer matt. Sie zogen bis Sonnenuntergang dahin, spannten dann die Wagen aus, stellten sie zu einer Wagenburg auf und banden die Ochsen an die Räder. Sie hatten weder Wasser für die Ochsen noch Brei und gekochten Reis für die Menschen. Geschwächt legten sie sich da und dort zur Ruhe nieder und schliefen ein. Um Mitternacht kamen die Dämonen von der Dämonenstadt, erschlugen die Ochsen und die Männer allesamt, verschlangen ihr Fleisch bis auf die blanken Knochen und verschwanden wieder. Die Knochen von den Händen der Männer und alle ihre anderen Knochen lagen nach den vier Himmelsrichtungen und den vier Zwischenhimmelsrichtungen verstreut, und fünfhundert Wagen standen so voll da wie zuvor.[48]

Die zweite Erzählung hat ein anderes Gepräge. Sie wird von einem jungen Prinzen erzählt, der gerade seine militärische Unterweisung bei einem weltberühmten Lehrer beendet hatte. Nachdem er mit dem Titel Prinz Fünf Waffen ausgezeichnet worden war, nahm er die fünf Waffen entgegen, die sein Lehrer ihm gab, verbeugte sich und begab sich, ausgerüstet mit den neuen Waffen, auf die Straße, die zur Stadt seines Vaters führte. Der Weg führte ihn durch einen bestimmten Wald. Leute am Eingang des Waldes warnten ihn. »Herr Prinz, betretet nicht diesen Wald«, sagten sie, »ein Dämon lebt hier, mit Namen Klebhaar, der tötet jeden Menschen, den er zu sehen bekommt.«

Aber der Prinz war zuversichtlich und furchtlos wie ein Mähnenlöwe. Ohne Zögern drang er in den Wald ein, und als er die Mitte erreicht hatte, zeigte sich der Dämon. Er hatte seine Gestalt so groß gemacht wie ein Palmbaum und sich einen Kopf gemacht so groß wie ein Sommerhäuschen mit glockenförmiger Spitze, Augen so groß wie Almosenschalen, zwei Stoßzähne so groß wie riesige Äste oder Wurzeln; er hatte den Schnabel eines Habichts; sein Bauch war von Beulen bedeckt, und seine Hände und Füße waren dunkelgrün. »Wo willst du hin?« herrschte er den Prinzen an. »Halt! Du bist meine Beute!«

Prinz Fünf Waffen antwortete ohne Furcht, aber mit großem Vertrauen in die Künste und Geschicklichkeiten, die er erlernt hatte. »Oger«, sagte er, »ich wußte wohl, woran ich war, als ich diesen Wald betrat. Du tätest gut, es dir zu überlegen, ob du mich angreifen willst; denn mit einem giftgetränkten Pfeil werde ich dein Fleisch zerreißen und dich auf der Stelle niederstrecken!«

Nachdem er so dem Dämon gedroht hatte, legte er einen giftgetränkten Pfeil auf seinen Bogen und schoß ihn ab. Am Haar des Dämons blieb er kleben. So schoß er nacheinander fünfzig Pfeile ab. Alle blieben am Haar des Dämons kleben, und dieser schüttelte sie ab, so daß sie zu seinen Füßen niederfielen, und ging auf den jungen Prinzen los.

Wieder drohte Prinz Fünf Waffen dem Oger, zog sein Schwert und führte einen meisterhaften Streich. Das Schwert, dreiunddreißig Zoll lang, blieb am Haar des Ogers kleben. Dann warf der Prinz einen Speer. Auch dieser blieb am Haar des Ogers kleben. Als der Prinz sah, daß der Speer klebengeblieben war, schlug er mit der Keule zu. Auch diese blieb am Haar kleben.

Als er sah, daß die Keule klebengeblieben war, sagte er: »Meister Oger, du hast noch nie von mir gehört. Ich bin Prinz Fünf Waffen. Als ich diesen Wald betrat, in dem du dein Wesen treibst, verließ ich mich nicht auf Bogen und dergleichen Waffen; als ich diesen Wald betrat, verließ ich mich nur auf mich selber. Nun werde ich nach dir schlagen und dich zu Staub zermalmen!« Nachdem er so seine Entschlossenheit kundgetan hatte, schlug er mit einem Schrei den Oger mit der rechten Hand. Seine Hand blieb am Haar des Ogers kleben. Er schlug mit der linken Hand, und auch diese blieb kleben. Er trat ihn mit dem rechten Fuß, und auch dieser blieb kleben. Er trat ihn mit dem linken Fuß, und auch dieser blieb kleben. Da dachte er: »Ich werde dich mit dem Kopf stoßen und dich zu Staub zermalmen!« Er stieß ihn mit dem Kopf, und auch dieser blieb am Haar des Ogers kleben.[49]

Fünfmal auf den Leim gegangen, fünffach angeklebt, hing Prinz Fünf Waffen am Körper des Riesen. Aber trotz allem war er ohne Furcht und unverzagt. Der Dämon aber dachte: »Das ist ein Löwe von einem Menschen, ein Mann von vornehmer Geburt – kein bloßer Mensch! Denn obwohl er von einem Dämon wie mir gefangen ist, scheint er weder zu zittern noch zu beben! Solange ich an dieser Straße hause, habe ich noch keinen Menschen zu Gesicht bekommen, der ihm zu vergleichen wäre! Warum nur fürchtet er sich nicht?« Er wagte nicht, ihn zu fressen, und fragte: »Jüngling, warum fürchtest du dich nicht? Warum bist du nicht erschrocken in Todesfurcht?«

»Oger, warum sollte ich mich fürchten? – wo doch in einem Leben ein Tod ganz gewiß ist. Und was mehr ist, ich habe in meinem Bauch als Waffe einen Donnerkeil. Die Waffe wirst du nicht verdauen können, wenn du mich frißt. Sie wird dich von innen in Stücke und Fetzen zerreißen und wird dich töten. In diesem Fall gehen wir beide zugrunde. Das ist's, weshalb ich mich nicht fürchte!«

Der Leser muß wissen, daß Prinz Fünf Waffen von der Waffe des Wissens sprach, das in ihm war. Und er war niemand anders als der werdende Buddha in einer früheren Inkarnation.[50]

»Was dieser Jüngling sagt, ist wahr«, dachte der Dämon, erschrocken in Todesfurcht. »Vom Körper dieses Löwen von einem Menschen würde mein Magen noch nicht ein Stückchen Fleisch von der Größe einer Bohne verdauen können. Ich werde ihn laufen lassen!« Und er ließ Prinz Fünf Waffen los. Der zukünftige Buddha aber verkündete ihm die Lehre, besänftigte ihn, führte ihn zur Selbstverneinung und verwandelte ihn dann in einen Geist, der das Recht hatte, in jenem Wald Opfer zu empfangen. Nachdem er ihn zur Aufmerksamkeit ermahnt hatte, verließ der Jüngling den Wald, und an dessen Ausgang erzählte er seine Geschichte menschlichen Wesen. Dann ging er seiner Wege.[51]

Als ein Symbol der Welt, an die wir durch die fünf Sinne geheftet sind, und die nicht durch die Tätigkeit körperlicher Organe beiseite gedrängt werden kann, wurde Klebhaar erst dadurch besänftigt, daß der werdende Buddha, nachdem die fünf Waffen seines zeitlichen Namens und Charakters versagt hatten, zur namenlosen, unsichtbaren sechsten seine Zuflucht nahm: dem göttlichen Donnerkeil des Wissens von dem transzendenten Prinzip, das jenseits der Scheinwelt der Namen und Formen liegt. Damit wandelte sich die Situation.

Er war nicht mehr gefangen, sondern befreit – denn das, dessen er sich jetzt als seines Selbst erinnerte, ist immer frei. Das Ungetüm des Scheins war gebrochen und gelangte zur Selbstverneinung. Und selbstverneinend wurde es göttlich – ein Geist mit dem Recht, Opfer zu empfangen – wie die Welt, wenn sie erkannt wird als das, was nicht das Letzte ist, sondern bloßer Name und Form dessen, das alle Namen und Formen übersteigt und doch in ihnen gegenwärtig ist.

Die Mauer des Paradieses, die Gott vor dem Auge des Menschen verbirgt, besteht für Nikolaus von Cues im »Zusammenfall der Widersprüche«, und ihre Pforte »bewacht der tiefgründigste Verstandes-Geist. Wird dieser nicht besiegt, öffnet sich der Eingang nicht.«[52] Die Gegensatzpaare von Sein und Nichtsein, Leben und Tod, Schönheit und Häßlichkeit, Gut und Böse und all die anderen Gegensätze, die die Kräfte des Menschen in Furcht und Hoffnung halten und sein Handeln auf Taten der Verteidigung und des Eroberns richten, sind die Symplegaden, die zusammenprallenden Felsen, die den Wanderer zermalmen, zwischen denen der Heros aber heil hindurchgeht. Das Motiv dieser Felsen findet sich in der ganzen Welt. Die Griechen sahen sie in den zwei Felseneilanden im Schwarzen Meer, die im Sturm inmitten der Wellenberge zusammenschlugen. Aber Jason segelte mit der Argo zwischen ihnen hindurch, und seitdem ist die Passage ungefährlich.[53] Die Zwillingshelden der Navaho-Legende wurden von der Spinnenfrau vor dem gleichen Hindernis gewarnt und konnten es unter dem Schutz der Pollensymbole und der Federn von einem lebenden Sonnenvogel passieren.[54]

Wie der aufsteigende Rauch eines Opfers durch die Sonnenpforte, so geht der Heros, von seinem Ich befreit, durch die Mauern der Welt – sein an Klebhaar haftendes Ich zurücklassend und weiterschreitend.

5. Der Bauch des Walfisches

Die Vorstellung, daß die Überquerung der magischen Schwelle in eine Sphäre der Wiedergeburt führt, findet in der ganzen Welt ihre Darstellung im Bild des Walfischbauches, das in der Tat Symbol des Mutterschoßes ist. Anstatt die Mächte der Schwelle zu besiegen oder niederzuschlagen, wird der Held ins Unbekannte geschlungen und scheint getötet zu sein.

> Mishe-Nahma, Herr der Fische,
> Schoß in seinem Zorne aufwärts,
> Blitzend hob er sich ins Taglicht,
> Und ins aufgerißne Riesenmaul
> Schlang er Kanu und Hiawatha.[55]

Die Eskimos der Beringstraße erzählen von dem listigen Helden Rabe, der eines Tages, als er am Strand saß, um seine Kleider zu trocknen, einen mächtigen Walfisch sah, der nahe am Ufer schwamm. »Dem rief er zu: ›Wenn du wieder aus dem Wasser an die Luft kommst, schließe die Augen und öffne dein Maul weit!‹ Mittlerweile schlüpfte er schnell in seinen Rock, zog seine Maske herunter, nahm den Feuerbohrer unter den Arm und flog über das Wasser. Inzwischen kam der Wal wieder empor und tat, wie ihm gesagt war. Kaum sah der Rabe den offenen Rachen, als er auch schon flugs schlankweg durch die Kehle des Walfisches hindurchflog. Der Wal verschloß darauf sein Maul und fuhr wieder in die Tiefe, während der Rabe drinnen stand und um sich schaute.«[56]

Die Zulu kennen eine Geschichte von einer Mutter, die mit ihren beiden Kindern von einem Elefanten verschlungen wurde. Als die Frau im Magen des Tieres angekommen war, »sah sie weite Wälder und große Ströme und viele hohe Landstücke; auf einer Seite waren viele Felsen; und dort waren viele Menschen, die dort ihr Dorf angelegt hatten; und viele Hunde und viel Vieh; all das war im Innern des Elefanten«[57].

Der irische Held Finn MacCool wurde von einem Ungeheuer unbestimmter Form verschlungen, von der Art, die in der keltischen Welt als *peist* bekannt ist; das kleine deutsche Mädchen, Rotkäppchen, von einem Wolf; der polynesische Lieblingsheld Maui von seiner Ururgroßmutter Hine-nui-te-po; und das ganze Pantheon der Griechen, nur Zeus ausgenommen, von dem Göttervater Kronos.

Als der griechische Held Herakles auf seinem Heimweg mit dem Gürtel der Amazonenkönigin zu Troja rastete, fand er die Stadt belagert von einem Ungeheuer, das der Meergott Poseidon gegen sie gesandt hatte. Das Scheusal pflegte ans Ufer zu kommen und die Menschen zu verschlingen, wenn sie sich auf der Ebene aufhielten. Die schöne Tochter des Königs, Hesione, war eben als Besänftigungsopfer an die Küstenfelsen gesfesselt worden, und der Gast erbot sich, sie für einen Preis zu retten. Als das Untier pünktlich an die Wasseroberfläche kam und seinen riesigen Schlund öffnete, stürzte Herakles sich hinein, schnitt sich aus dem Bauch einen Weg ins Freie, und als er herauskam, war das Ungeheuer tot.

Dieses Motiv bezeugt die Lehre, daß die Überschreitung der Schwelle einer Selbstvernichtung gleichkommt. Seine Ähnlichkeit mit dem Abenteuer zwischen den zusammenprallenden Felsen ist offenkundig, nur daß der Held hier nicht nach außen, über die Schranken der sichtbaren Welt hinausgelangt, sondern nach innen, um neu geboren zu werden. Sein Verschwinden entspricht dem Verschwinden des Frommen in einem Tempel, wo er belebt wird durch das Eingedenken, wer und was er ist, nämlich ohne seine Unsterblichkeit Staub und Asche. Das Tempelinnere, der Bauch des Wals und das himmlische Reich jenseits, über und unter den Grenzen der Welt sind ein und dasselbe. Das ist der Grund, warum die Zugänge und Eingänge zu Tempeln von kolossalen Ungetümen flankiert sind: Drachen, Löwen, Teufelbekämpfern mit gezückten Schwertern, boshaften Zwergen und geflügelten Stieren. Es sind Schwellenwächter, die alle abweisen sollen, die für die Stille drinnen nicht taugen, die Vorboten der gefährlichen Seite göttlicher Gegenwart, entsprechend den Ogern, die an den Grenzen des Vertrauten lauern, und den zwei Zahnreihen des Walfisches. Sie versinnlichen den seelischen Tatbestand, daß der Gläubige im Augenblick des Eintritts in einen Tempel eine Verwandlung erfährt. Sein weltlicher Charakter bleibt draußen, er streift ihn ab wie eine Schlange ihre Haut. Drinnen ist er der Zeit abgestorben und zurückgekehrt zum Weltschoß, Weltnabel und irdischen Paradies. Das bloße Faktum, daß man physisch an den Tempelwächtern vorübergehen kann, besagt nichts gegen ihre Bedeutung. Denn der Eindringling, der nicht für das Heiligtum bereit ist, ist in Wahrheit draußen geblieben. Jeder, der es nicht versteht, den Gott als Gott zu sehen, sieht ihn als Teufel und wird dadurch von ihm ferngehalten. Ihrem allegorischen Sinn nach sind deshalb der Eintritt in einen Tempel und der Sprung des Helden durch die Kiefer des Walfisches das gleiche Abenteuer; beide bezeichnen in der Sprache der Bilder den Akt der Verdichtung und Erneuerung des Lebens.

»Keine Kreatur kann einen höheren Grad des Seins erlangen, ohne aufzuhören zu existieren«, schreibt Ananda K. Coomaraswamy.[58] In der Tat kann der physische Körper des Helden getötet, zerstückelt und über Land oder Meer verstreut werden. So geschieht es im ägyptischen Mythos dem Heiland Osiris. Er wurde von seinem Bruder Set in einen Sarkophag geworfen und den Fluten des Nils überlassen[59], und als er von den Toten zurückkehrte, erschlug sein Bruder ihn wieder, zerriß den Leichnam in vierzehn Teile und verstreute sie über das Land. Die Heldenzwillinge der Navahos hatten nicht nur die zusammenprallenden Felsen zu passieren, sondern auch das Schilf, das den Wanderer in Stücke schneidet, den Rohrkaktus, der ihn in Stücke reißt, und den kochenden Sand, der ihn verschlingt. Der Held, dessen Bindung ans Ich schon vernichtet ist, passiert hin und her den Horizont der Welt, geht ins Innere des Drachens und wieder heraus, so mühelos wie ein König durch die Gemächer seines Palastes. Und darin liegt seine rettende Kraft. Denn sein Verschwinden und Wiederkehren bezeugt, daß durch alle Gegensätze der Erscheinungen hindurch das Ungeschaffene und Unvergängliche sich erhält und daß es nichts zu fürchten gibt.

So kommt es, daß in der ganzen Welt die Männer, deren Aufgabe es war, das lebenbefruchtende Mysterium der Drachentötung auf Erden sichtbar werden zu lassen, an ihren eigenen Leibern den symbolischen Akt vollzogen und ihr Fleisch wie Osiris für die Erneuerung der Welt weggeschleudert haben. In Phrygien etwa wurde, zu Ehren des gekreuzigten und wiedererstandenen Heilands Attis, »am zweiundzwanzigsten Tage des März eine Kiefer im Walde gefällt und in das Heiligtum der Cybele gebracht. Der Stamm wurde wie ein Leichnam mit wollenen Bändern umschlungen und mit Veilchenkränzen geschmückt. Das Bildnis eines jungen Mannes wurde an der Mitte des Stammes festgebunden. Am zweiten Tage des Festes scheint die Zeremonie in Trompetenblasen bestanden zu haben. Der dritte Tag, der vierundzwanzigste März, führte den Namen ›Tag des Blutes‹. Der Archigallus oder Hohepriester entnahm Blut aus seinem Arm und opferte es. Angestachelt durch die wilde, barbarische Musik der aufeinanderschlagenden Zimbeln, der rasselnden Trommeln, dröhnenden Hörner und schreienden Flöten wirbelte die niedere Geistlichkeit mit wackelndem Kopfe und fliegenden Haaren im Tanze herum, bis sie im Wahnsinn der Erregung und unempfindlich gegen Schmerz ihre Körper mit Scherben zerschnitten oder mit Messern aufritzten, um den Altar und den heiligen Baum mit ihrem fließenden Blute zu bespritzen. Ferner dürfen wir wohl schließen, wenn es auch nicht ausdrücklich ausgesprochen wird, daß an demselben Tage des Blutes die Novizen ihre Mannheit opferten. Auf der höchsten Stufe religiöser Erregung schleuderten sie die abgetrennten Teile ihres Selbst gegen das Bild der grausamen Göttin.«[60]

Im gleichen Geist errichtete der König der südindischen Provinz Quilicare, wenn das zwölfte Jahr seiner Regierung um war, zu einem festlichen Tag ein hölzernes Gerüst, das mit Seide verkleidet wurde. Nachdem er in einem Zuber ein rituelles Bad genommen hatte, unter umständlichen Zeremonien und Musik, kam er zum Tempel, um vor der Gottheit zu beten. Darauf bestieg er das Gerüst und begann vor dem Volke mit scharfen Messern zuerst seine Nase abzuschneiden, dann seine Ohren, seine Lippen, dann alle Glieder und schließlich so viel Fleisch wie es ihm möglich war. Er schleuderte es weg und umher, bis so viel Blut vergossen war, daß er schwach wurde, worauf er sich zuletzt die Kehle durchschnitt.[61]

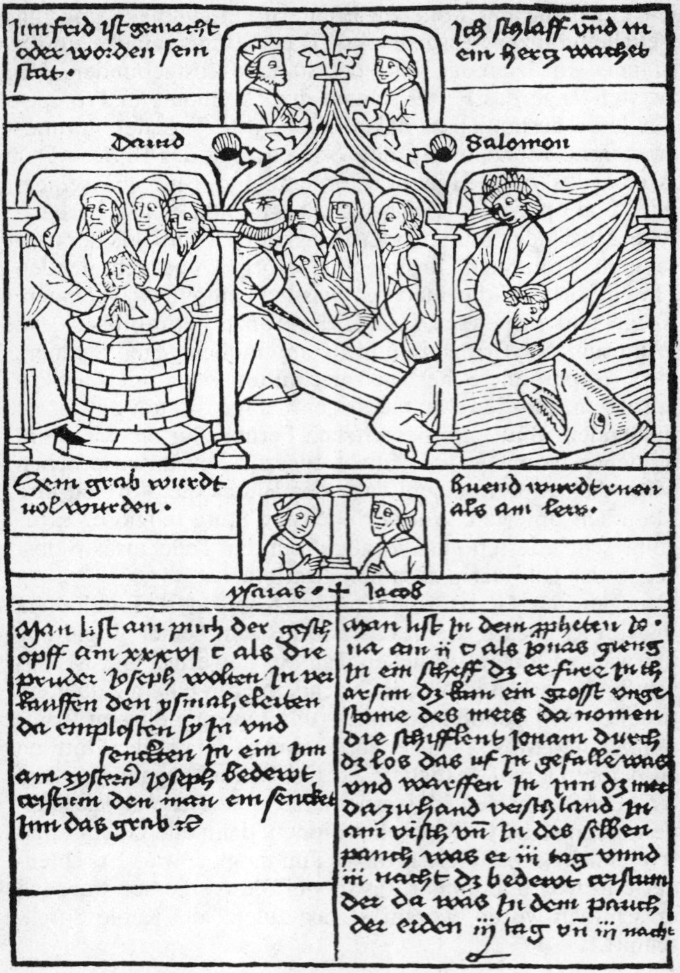

Abb. 5. Die Reise durch die Nachtsee
Joseph in der Zisterne; Grablegung Christi; Jonas und der Wal

Zweites Kapitel

Initiation

1. Der Weg der Prüfungen

Nachdem der Held einmal die Schwelle überquert hat, bewegt er sich in einem Traumland, erfüllt von seltsam fließenden, mehrdeutigen Formen, wo er eine Reihe von Prüfungen zu durchstehen hat. Diese Phase des Abenteuers gehört zu denen, die die Mythenerzählungen besonders bevorzugen, so daß eine Weltliteratur entstanden ist über ihre Prüfungen und Gottesurteile. Der Held wird insgeheim gelenkt von den Ratschlägen, Amuletten und verborgenen Kräften des mystischen Helfers, den er vor seinem Eintritt in diesen Bereich getroffen hatte. Manchmal entdeckt er auch erst hier, daß es eine gnädige Macht gibt, die ihn überall auf seiner Fahrt ins Außermenschliche stützt.

Eins der bekanntesten und bezauberndsten Beispiele für das Motiv der Prüfung ist Psyches Suche nach ihrem verlorenen Geliebten Cupido.[1] Hier sind alle Hauptrollen vertauscht: anstatt daß der Liebende die Braut zu gewinnen trachtet, ist es die Braut, die ihren Liebhaber gewinnen will, und nicht ein grausamer Vater ist es, der seine Tochter dem Bräutigam vorenthält, sondern die eifersüchtige Mutter, Venus, die ihren Sohn Cupido vor der Braut verbirgt. Als Psyche bei Venus bat, packte die Göttin sie heftig bei den Haaren und stieß ihren Kopf gegen den Boden, nahm dann eine große Menge Weizen, Gerste, Hirse, Mohnsamen, Erbsen, Linsen und Bohnen, schüttete alles zusammen und befahl dem Mädchen, es noch vor der Nacht auseinanderzulesen. Ein Heer von Ameisen half Psyche. Dann trug Venus ihr auf, die goldene Wolle von gewissen gefährlichen Schafen mit scharfen Hörnern und giftigem Biß zu sammeln, die in einem unzugänglichen Tal in einem wilden Wald hausten. Aber eine grüne Klette sagte ihr, wie sie von den Kletten ringsumher die goldenen Flocken aufsammeln konnte, welche die Schafe im Vorüberstreifen verloren hatten. Nun wünschte die Göttin eine Flasche von dem Wasser einer gefrierenden Quelle, die sich hoch oben auf einem riesigen, von immer wachen Drachen umlagerten Felsen befand. Aber es näherte sich ein Adler und nahm Psyche diese Aufgabe ab. Schließlich ward Psyche geheißen, eine Schachtel voll übernatürlicher Schönheit aus dem Abgrund der Unterwelt heraufzuholen. Aber ein hoher Turm sagte ihr, wie sie in die Unterwelt gelangen könne, gab ihr Münzen für Charon und Geschenke für Zerberus und schickte sie auf den Weg.

Psyches Reise in die Unterwelt ist nur eine von den unzähligen, die von den Märchen- und Mythenhelden unternommen wurden. Zu den gefährlichsten gehören die der Schamanen der Völker des höchsten Nordens, der Lappen, der sibirischen Völkerschaften, der Eskimos und einiger Indianerstämme, die die verirrten oder entführten Seelen der Kranken suchen und bergen müssen. Der Schamane der sibirischen Völker wird dazu mit einem Zauberkostüm bekleidet, das einen Vogel oder ein Rentier, das Schattenwesen des Schamanen selbst, die Gestalt seiner Seele, darstellt. Seine Trommel ist sein Reittier, sein Adler, Rentier oder Pferd, auf dem er fliegen oder reiten soll. Eine weitere Hilfe ist ihm der Stock, den er in der Hand hält, und eine Schar von unsichtbaren Vertrauten.

Ein Reisender, der im achtzehnten Jahrhundert die Lappen aufsuchte, hat eine lebendige Beschreibung von der unheimlichen Aufführung eines solchen Streifzugs ins Reich der Toten hinterlassen.[2] Da die andere Welt ein Ort der ewigen Nacht ist, muß die Zeremonie nach Einbruch der Dunkelheit stattfinden. Die Freunde und Nachbarn versammeln sich in der nur flackernd und schwach erleuchteten Hütte des Kranken und folgen gespannt den Gebärden des Schamanen. Zuerst ruft er die hilfreichen Geister zusammen, und diese stellen sich ein, sichtbar jedoch nur für ihn. Zwei Frauen in zeremonieller Aufmachung, aber ohne Gürtel und in leinenen Kapuzen, ein Mann ohne Gürtel und Kapuze und ein eben noch nicht erwachsenes Mädchen assistieren ihm. Der Schamane entblößt sein Haupt, löst seinen Gürtel und seine Schuhriemen, bedeckt sein Gesicht mit den Händen und beginnt in verschiedenen Kreisen herumzuwirbeln, bis er plötzlich und mit wilden Gebärden schreit: »Das Rentier fertig! Boot klar!« Eine Axt ergreifend, beginnt er sich mit ihr über die Knie zu schlagen und schwingt sie in die Richtung der drei Frauen. Mit nackten Händen zieht er glühende Kloben aus dem Feuer, wirbelt dreimal um jede der Frauen und bricht schließlich zusammen »wie ein Toter«. Während dieser ganzen Zeit durfte niemand ihn berühren. Solange er nun in Trance erstarrt ist, muß er so gewissenhaft bewacht werden, daß nicht einmal eine Fliege sich auf ihm niederlassen kann. Sein Geist hat ihn verlassen und schaut die heiligen Berge mit ihren Göttern. Die Frauen flüstern einander Vermutungen zu, in welchem Teil der anderen Welt er sich gerade aufhalten mag.[3] Wenn sie den richtigen Berg nennen, bewegt der Schamane eine Hand oder einen Fuß. Schließlich beginnt er zurückzukehren. Mit schwacher, leiser Stimme läßt er die Worte vernehmen, die er in der anderen Welt drunten vernommen hat. Dann beginnen die Frauen zu singen. Langsam wacht der Schamane nun auf, erklärt die Ursache der Krankheit und die Art der Opfer, die zu bringen sind, und bezeichnet den Zeitraum, den die Genesung des Patienten in Anspruch nehmen wird.

»Bei dieser mühevollen Reise«, so wird von einem anderen Beobachter mitgeteilt, »hat der Schamane unterwegs ebenfalls wieder verschiedene Hindernisse (pudak) zu überwinden, von denen nicht jedes leicht zu bewältigen ist. Nachdem er durch dunkle Wälder und über hohe Gebirgszüge gewandert ist, wo er dann und wann die Gebeine von hier umgekommenen Schamanen und ihren Reittieren sieht, kommt er endlich zu einem Erdloch. Die schwierigsten Stadien der Reise beginnen erst dann, wenn sich vor dem Schamanen die Tiefen der Unterwelt mit ihren merkwürdigen Erscheinungen auftun . . . Nachdem er die Wachen des Totenreiches beschwichtigt hat und den Gefahren der Unterwelt entgangen ist, gelingt es dem Schamanen schließlich, zu Ärlik selbst, dem Totenreichfürsten, zu gelangen, der ihn anfangs streng anfährt und heftig brüllt, bis ihn der Schamane, wenn er geschickt ist, durch Versprechen reichlicher Opfer beruhigen kann. Während der Unterredung mit Ärlik erreicht die Zeremonie des Schamanen ihren Höhepunkt, wobei er in Ekstase gerät.«[4]

»In jedem primitiven Stamm«, schreibt Géza Róheim, »finden wir den Medizinmann im Zentrum der Gruppe, und es ist leicht zu zeigen, daß er entweder ein Neurotiker oder Psychotiker ist oder daß seine Kunst doch auf den gleichen Mechanismen beruht wie eine Neurose oder Psychose. Menschliche Gruppen werden von ihren Gruppenidealen bestimmt, und diese beruhen immer auf der Kindheitssituation.«[5] »Die Kindheitssituation wird durch den Prozeß des Reifens modifiziert oder umgewandelt und außerdem modifiziert durch die notwendige Anpassung an die Realität, und doch ist sie da und speist jene unsichtbaren libidinösen Bindungen, ohne die keine menschliche Gruppe existieren könnte.«[6] Die Medizinmänner tun deshalb einfach nichts anderes, als daß sie die Systeme von Symbolphantasien, die in der Psychologie jedes erwachsenen Gruppenmitgliedes gegenwärtig sind, sichtbar und allgemein zugänglich machen. »Sie sind die Anführer bei diesem infantilen Spiel und die Blitzableiter der kollektiven Angst. Sie kämpfen mit den Dämonen, damit andere nach Wild jagen und überhaupt den Kampf mit der Wirklichkeit führen können.«[7]

So geschieht es, daß, wenn irgendjemand aus irgendeiner Gruppe auf eigene Faust die gefährliche Reise ins Dunkel unternimmt und absichtlich oder unabsichtlich in die wirren Gefilde seines eigenen Seelenlabyrinths hinabsteigt, er sich bald in einer Landschaft von Symbolfiguren, von denen jede ihn verschlingen kann, wiederfindet und darin nicht weniger Wunderbares erschaut, als die wilde sibirische Welt der *pudak* und heiligen Berge es bietet. Im Vokabular der Mystiker ist dies die zweite Phase des Weges, die der »Reinigung vom Selbst«, wo die Sinne »gereinigt und erniedrigt« werden und die Energie und Aufmerksamkeit »auf jenseitige Dinge sich konzentriert«[8]; oder, in moderneren Worten, es ist der Prozeß, in dem die infantile Bilderwelt unserer individuellen Vergangenheit aufgelöst, überwunden oder umgewandelt wird. In unseren Träumen treffen wir Nacht für Nacht noch auf die zeitlosen Gefahren, Schlünde, geheimen Helfer und Lehrer, und in ihrer Gestalt können wir nicht nur die Spiegelung unserer gegenwärtigen Gesamtverfassung entdecken, sondern auch den Schlüssel zu dem, was zu unserer Rettung zu tun ist.

»Ich will in eine dunkle Höhle gehen und schaudere bei dem Gedanken, nicht den Rückweg finden zu können . . .«[9], war der Traum eines Patienten beim Beginn der Analyse. »Ich sah ein Tier nach dem anderen«, zeichnet Swedenborg in seinem Traumbuch von der Nacht vom 19. zum 20. Oktober 1744 auf, »und alle breiteten ihre Flügel aus, und es waren Drachen; ich flog über sie hinweg, auf einen aber stützte ich mich.«[10] Und der Dramatiker Friedrich Hebbel notierte hundert Jahre später, am 13. April 1844: »Ich wurde im Traum mit Gewalt durchs Meer gezogen, furchtbare Abgründe, hie und da ein Fels, sich daran zu halten.«[11] Und von Themistokles wird berichtet: »Ihm träumte, daß eine Schlange sich um seinen Leib wände, dann nach dem Halse hinaufkröche und, wie sie das Gesicht berührte, sich in einen Adler verwandelte, der ihn mit den Fittichen umfaßte, ihn emporhob, eine weite Strecke forttrug und endlich auf einen plötzlich erscheinenden goldenen Heroldsstab so sicher hinstellte, daß er auf einmal von seiner großen Furcht und Angst befreit wurde.«[12]

Die besonderen psychologischen Schwierigkeiten des Träumers kommen manchmal mit mächtiger Einfachheit und Gewalt zum Vorschein:

»Ich sollte einen Berg besteigen. Es waren viele Hindernisse da. Ich mußte bald über einen Graben springen, bald einen Zaun überklettern, schließlich stehenbleiben, weil mir der Atem ausging.« Dies war der Traum eines Stotterers.[13]

»Ich stehe vor einem See, der ganz ruhig erscheint. Plötzlich erhebt sich ein Sturm, und hohe Wellen steigen empor, so daß mein Gesicht ganz naß wird« – der Traum eines Mädchens, das an Furcht vor Erröten, Ereuthophobie, litt und dessen Gesicht, wenn es errötete, von Schweiß feucht zu werden pflegte.[14]

»Ich soll einem Mädchen nachlaufen, das sich vor mir auf der dunklen Straße bewegt. Ich sehe sie nur von hinten und bewundere ihre schönen Formen. Mich erfaßt eine mächtige Begierde, ich renne ihr nach. Plötzlich springt wie aus einer Feder ein Schlagbaum über die Straße und versperrt mir den Weg. Ich erwache mit Herzklopfen.« Der Patient war homosexuell, der hinderliche Schlagbaum ein Penissymbol.[15]

»Ich steige in ein Auto, kann aber nicht chauffieren. Ein Mann, der hinter mir sitzt, unterrichtet mich. Am Ende geht es ganz gut, wir kommen auf einen Platz, wo viele Frauen stehen. Die Mutter meiner Braut empfängt mich mit großer Freude.« Dieser Mann war impotent, hatte aber im Psychoanalytiker jemanden gefunden, der ihn »unterrichtete«[16].

»Ein Stein hat meine Windschutzscheibe zerbrochen. Ich bin nun dem Sturm und Regen ausgesetzt. Tränen kommen mir in die Augen. Werde ich mit diesem Wagen an das Ziel kommen?« Die Träumerin war eine junge Frau, die nicht über den Verlust ihrer Jungfräulichkeit hinwegkommen konnte.[17]

»Ich sehe die Hälfte eines Pferdes am Boden liegen. Es hat nur einen Flügel und will sich erheben, was ihm nicht gelingt.« Dieser Patient war ein Schriftsteller, der sich als Journalist seinen Unterhalt verdienen mußte.[18]

»Ich werde von einem kleinen Kind gebissen.« Der Träumer litt an psychosexuellem Infantilismus.[19]

»Ich bin mit meinem Bruder in einem finsteren Raum eingesperrt. Er hat ein großes Messer in der Hand. Ich habe vor ihm Angst. ›Du wirst mich noch um den Verstand oder ins Irrenhaus bringen!‹ sage ich. Er lacht schadenfroh und meint: ›Du wirst immer mit mir gefangenbleiben. Eine Kette hat uns beide umschlungen.‹ Ich blicke auf meine Beine und bemerke erst jetzt die dicke eiserne Kette, die mich mit meinem Bruder verbindet.« Der Bruder des Patienten, so deutet das Stekel, ist seine Krankheit.[20]

»Ich gehe über eine schmale Brücke. Plötzlich stürzt sie ein, und ich falle ins Wasser. Ein Offizier springt mir nach und trägt mich mit starken Armen ans Land. Plötzlich ist es mir, als ob ich eine Leiche wäre. Auch der Offizier sah blaß aus – wie eine Leiche.«[21]

»Er ist vollkommen verlassen und allein in einem tiefen Kellerloche. Die Wände seines Zimmers werden immer enger und enger, so daß er sich nicht rühren kann.« In diesem Bild fließen die Vorstellungen des Mutterleibs, des Gefängnisses, der Zelle und des Grabes zusammen.[22]

»Ich träume, daß ich durch endlose Korridore gehen muß. Dann bleibe ich lange Zeit in einem kleinen Raume, der wie das Schwimmbassin im Zentralbad aussieht. Man zwingt mich, das Bad zu verlassen. Ich muß wieder einen feuchten, glitschigen Schacht passieren, bis ich durch eine kleine vergitterte Türe ins Freie komme. Ich fühle mich wie neugeboren und denke: ›Das bedeutet eine geistige Wiedergeburt durch die Kur‹.«[23]

Es kann keine Frage sein, daß wir heute – insofern wir ungläubig sind oder aber einen Glauben haben, der mit den wirklichen Problemen unserer Gegenwart keinen Kontakt hat – die psychologischen Gefahren, durch welche frühere Generationen von den Bildern und Exerzitien ihres mythischen und religiösen Erbes hindurchgeleitet wurden, allein zu bestehen haben oder bestenfalls unter zögernder, improvisierter und nur selten wirksamer Leitung. Dies ist unser Problem, das der modernen, »aufgeklärten« Individuen, für die alle Götter und Teufel aus der Welt rationalisiert sind.[24] Dennoch können wir in der Vielfalt der Mythen und Legenden, die uns erhalten oder durch die Forschung von allen Enden der Erde zugeflossen sind, einiges von unserem immer noch menschlichen Los abgezeichnet sehen. Um zu hören und davon Gewinn zu haben, muß man sich jedoch in irgendeiner Form der Reinigung und Hingabe unterwerfen. Es ist ein Teil unseres Problems, wie das zu tun sei. »Oder wähnt ihr einzutreten in das Paradies, ohne daß zu euch das gleiche kam wie zu den Früheren?«[25]

Der älteste von den überlieferten Berichten vom Durchgang durch die Tore der Verwandlung ist der sumerische Mythos vom Abstieg der Göttin Inanna in die Unterwelt.

> Von dem ›großen Oben‹ wandte sie ihren Geist dem ›großen Unten‹ zu,
> Die Göttin, von dem ›großen Oben‹ wandte sie ihren Geist dem ›großen Unten‹ zu,
> Inanna, von dem ›großen Oben‹ wandte sie ihren Geist dem ›großen Unten‹ zu.
> Meine Herrin verließ den Himmel, verließ die Erde,
> In die Unterwelt stieg sie hinab,
> Inanna verließ den Himmel, verließ die Erde,
> In die Unterwelt stieg sie hinab,
> Verließ Majestät und verließ Göttlichkeit,
> In die Unterwelt stieg sie hinab.

Sie schmückte sich mit ihren königlichen Gewändern und Kleinodien, sieben göttliche Gebote befestigte sie an ihrem Gürtel, und war bereit, das »Land ohne Wiederkehr« zu betreten, die Unterwelt des Todes und der Finsternis, wo ihre göttliche Feindin und Schwester Ereshkigal herrschte. Da sie fürchtete, ihre Schwester würde sie töten lassen, trug Inanna ihrem Boten Ninshubur auf, zum Himmel zu eilen und die Götter zu Weinen und Wehklagen in die Versammlungshalle zu rufen, wenn sie nach drei Tagen nicht zurückgekehrt sein würde.

Inanna stieg hinab, und als sie zu dem Tempel aus Lapislazuli gelangt war, trat ihr der oberste Torhüter entgegen und fragte, wer sie sei und woher sie komme. »Ich bin die Königin des Himmels, des Ortes, wo die Sonne aufgeht«, gab sie zur Antwort. »Wenn du die Königin des Himmels bist«, sagte er, »des Ortes, wo die Sonne aufgeht, warum nur bist du dann zum Land ohne Wiederkehr gekommen? Auf die Straße, deren Wanderer nicht wiederkehrt, wie hat dein Herz dich geführt?« Inanna erklärte ihm, sie sei gekommen, um den Begräbniszeremonien für den Gemahl ihrer Schwester, den Herrn Gugalanna, beizuwohnen, worauf Neti, der Torhüter, sie bat, zu warten, bis er Ereshkigal berichtet habe. Von ihr erhielt Neti den Auftrag, der Himmelskönigin die sieben Tore zu öffnen, aber den Brauch zu wahren und ihr an jedem Tor ein Stück von ihrer Gewandung abzunehmen.

> Zu der reinen Inanna sagt er:
> »Komm, Inanna, tritt ein.«
> Bei ihrem Eintritt ins erste Tor,
> Ward ihr der Shugurra, die ›Krone der Ebene‹, von ihrem Kopf genommen.
> »Warum, sag an, geschieht dies?«
> »Ungewöhnlich, o Inanna, sind die Gebote der Unterwelt vollkommen,
> O Inanna, frage nicht nach den Bräuchen der Unterwelt.«
> Bei ihrem Eintritt ins zweite Tor,
> Ward ihr der Stab von Lapislazuli genommen.
> »Warum, sag an, geschieht dies?«
> »Ungewöhnlich, o Inanna, sind die Gebote der Unterwelt vollkommen,
> O Inanna, frage nicht nach den Bräuchen der Unterwelt.«
> Bei ihrem Eintritt ins dritte Tor,
> Wurden ihr die kleinen Lapislazulisteine von ihrem Nacken genommen.

»Warum, sag an, geschieht dies?«
»Ungewöhnlich, o Inanna, sind die Gebote der Unterwelt vollkommen,
O Inanna, frage nicht nach den Bräuchen der Unterwelt.«
Bei ihrem Eintritt ins vierte Tor,
Wurden ihr die funkelnden Steine von ihrer Brust genommen.
»Warum, sag an, geschieht dies?«
»Ungewöhnlich, o Inanna, sind die Gebote der Unterwelt vollkommen,
O Inanna, frage nicht nach den Bräuchen der Unterwelt.«
Bei ihrem Eintritt ins fünfte Tor,
Ward ihr der goldene Ring von ihrer Hand genommen.
»Warum, sag an, geschieht dies?«
»Ungewöhnlich, o Inanna, sind die Gebote der Unterwelt vollkommen,
O Inanna, frage nicht nach den Bräuchen der Unterwelt.«
Bei ihrem Eintritt ins sechste Tor,
Ward ihr die Brustplatte von ihrer Brust genommen.
»Warum, sag an, geschieht dies?«
»Ungewöhnlich, o Inanna, sind die Gebote der Unterwelt vollkommen,
O Inanna, frage nicht nach den Bräuchen der Unterwelt.«
Bei ihrem Eintritt ins siebte Tor,
Wurden ihr alle die Gewänder ihrer Majestät von ihrem Leibe genommen.
Warum, sag an, geschieht dies?«
»Ungewöhnlich, o Inanna, sind die Gebote der Unterwelt vollkommen,
O Inanna, frage nicht nach den Bräuchen der Unterwelt.«

Nackt ward sie vor den Thron gebracht. Sie verbeugte sich tief. Die sieben Richter der Unterwelt, die Anunnaki, saßen vor Ereshkigals Thron, und sie hefteten ihre Augen auf Inanna – die Augen des Todes.

Auf ihr Wort, das Wort, das den Geist foltert,
Ward das kranke Weib verwandelt in einen Leichnam,
Der Leichnam ward aufgehängt an einen Pfahl.[26]

Inanna und Ereshkigal, die beiden Schwestern, die eine licht, die andere dunkel, bedeuten zusammen gemäß der antiken Art der Symbolik die eine Göttin in ihren beiden Aspekten, und in ihrer Gegenüberstellung bezeichnen sie den ganzen

Sinn der schwierigen und mühsamen Straße der Prüfungen. Der Heros, ob Gott oder Göttin, Mann oder Frau, Mythengestalt oder Träumender, entdeckt und assimiliert sich seinen Widerpart – das eigene ungekannte Selbst –, indem er es verschlingt oder indem er von ihm verschlungen wird. Schritt um Schritt werden die Widerstände gebrochen. Ablegen muß er seinen Stolz, seine Tüchtigkeit, seine Schönheit, sein Leben und sich dem gänzlich Unerträglichen beugen. Dann findet er, daß er und sein Widerpart nicht verschiedener Natur, sondern ein Fleisch sind.[27]

Das Ordeal vertieft das Problem der ersten Schwelle, und immer noch schwebt die Frage, ob das Ich sich selbst dem Tod überantworten kann. Denn vielköpfig ist diese Hydra ringsumher; ist ein Kopf abgeschlagen, so erscheinen zwei neue, wenn der Stumpf nicht richtig behandelt wird. Der erste Schritt in die Landschaft der Prüfungen stellt nur den Anfang eines langen und im Ernst gefahrvollen Weges von Eroberungen und Augenblicken der Erleuchtung dar. Wieder, wieder und wieder sind nun Drachen zu besiegen und unvermutete Schranken zu überwinden, und indessen wird es eine Unzahl von taktischen Siegen, flüchtigen Ekstasen und Blicken ins Wunderland geben.

2. Die Begegnung mit der Göttin

Das letzte und höchste Abenteuer, nach Überwindung aller Schranken und Ungeheuer, wird meist als eine mystische Hochzeit (ἱερὸς γάμος) der siegreichen Heldenseele mit der göttlichen Weltmutter dargestellt. Sie ist die Krisis im Nadir, im Zenith oder am äußersten Rande der Erde, im Allerheiligsten des Tempels oder im Dunkel der tiefsten Kammer des Herzens.

Im Westen Irlands erzählt man sich noch die Sage von dem Prinzen von der einsamen Insel und der Herrin von Tubber Tintye. In der Hoffnung, der Königin von Erin Heilung bringen zu können, hatte der tapfere Jüngling sich aufgemacht, um drei Flaschen von dem Wasser von Tubber Tintye, der flammenden Feenquelle, zu holen. Gemäß dem Rat einer unirdischen Tante, welche er auf dem Wege traf, und auf dem Rücken eines mit Wunderkräften begabten kleinen, schmutzigen, mageren Kleppers, den sie ihm mitgegeben hatte, überquerte er einen Feuerfluß und entkam der Berührung eines Haines giftiger Bäume. Mit der Eile des Windes schoß das Pferd am Ende des Schlosses von Tubber Tintye vorbei, und der Prinz sprang von seinem Rücken durch ein offenes Fenster ins Innere, wo er heil und sicher landete.

»Dieser ganze Ort, von gewaltiger Ausdehnung, war voll von schlafenden Riesen, See- und Landungeheuern: großen Walen, langen, schlüpfrigen Aalen, Bären und wilden Tieren von jeder Art und Gestalt. Der Prinz kletterte zwischen ihnen hindurch und über sie hinweg, bis er zu einer großen Treppe kam. Oben angelangt, betrat er eine Kammer, wo er die schönste Frau fand, die er je gesehen, auf ein Lager gestreckt und schlafend. ›Ich werde dir nichts zu sagen haben‹, dachte er und ging weiter; und so schaute er in zwölf Kammern hinein. In jeder war eine schönere Frau als in der vorigen. Als er aber die dreizehnte Kammer erreichte und die Türe öffnete, ward er von goldenem Glanz geblendet. Er stand eine Weile, bis seine Augen sich erholt hatten, und trat dann ein. In der großen, hellen Kammer war ein goldenes Lager, das auf goldenen Rädern ruhte. Die Räder drehten sich unablässig; das Lager ging immer im Kreise, Tag und Nacht, ohne aufzuhören. Auf dem Lager lag die Königin von Tubber Tintye, und wenn die zwölf Mädchen schön waren, so würden sie nicht schön sein, wenn man sie neben ihr sähe. Am Fuß des Lagers befand sich Tubber Tintye selbst, die Feuerquelle. Es war ein goldener Deckel über der Quelle, und er ging mit dem Lager der Königin unablässig im Kreise.

›Bei meinem Wort, hier werde ich eine Weile ausruhen‹, sagte der Prinz, und er stieg auf das Lager und verließ es nicht für sechs Tage und Nächte.«[28]

In den Märchen und Mythen ist die Herrin eines schlafenden Hauses keine seltene Figur. In Gestalt der Brunhild und des Dornröschen haben wir sie bereits kennengelernt.[29] Sie ist der Inbegriff aller Schönheit, die Antwort auf alles Begehren, das beseligende Ziel jeder irdischen und unirdischen Heldenfahrt. Sie ist Mutter, Schwester, Geliebte und Braut. Was immer in der Welt gelockt, was immer Freude versprochen hat, war ein Hinweis auf ihre Existenz, sei's in der Tiefe des Schlafes, sei's in den Städten und Wäldern der Erde. Denn sie ist die Inkarnation des Versprechens der Vollkommenheit, die Gewißheit der Seele, daß sie am Schluß ihres Exils in einer Welt kreatürlicher Unvollkommenheit wieder die verlorene Seligkeit schmecken wird: die bei der zärtlichen, nährenden, »guten« Mutter, die jung und schön ist, wie wir sie in der entferntesten Vergangenheit kannten. Die Zeit hat sie verschlossen, aber sie wohnt noch, wie jemand, der in zeitlosem Schlafe liegt, auf dem Grund der zeitlosen See.

Das Erinnerungsbild ist jedoch nicht allein freundlich. Es gibt auch die »böse« Mutter: die abwesende, unerreichbare Mutter, gegen die sich aggressive Phantasien richten und von der eine Gegenaggression befürchtet wird; dann die scheltende, verbietende, strafende Mutter; dann die Mutter, die das heranwachsende Kind, das sich losreißen will, an sich zu ketten versucht; und schließlich die begehrte, aber verbotene Mutter des Ödipuskonfliktes, deren Gegenwart einen gefährlichen Wunsch herausfordert und an den Kastrationskomplex rührt. Und auch sie besteht unter den Kindheitserinnerungen fort, manchmal sogar mit der größeren Gewalt. Auf sie gehen die Vorstellungen von den unerreichbaren großen Göttinnen zurück, etwa der der keuschen und furchtbaren Diana, die den jungen Athleten Actaeon zugrunde richtete. Diese Geschichte macht den Schauer sinnfällig, der solchen Symbolen des verbotenen Begehrens der Seele und des Körpers innewohnt.

Bei Actaeon fügte es sich, daß er die Göttin um Mittag erblickte, jenem schicksalsvollen Augenblick, wo die Sonne in ihrem jugendlichen, kraftvollen Aufstieg erlahmt, innehält und zu ihrem mächtigen Niedertauchen in den Tod übergeht. Nach einem von der Jagd ausgefüllten Morgen hatte er die Gefährten, zusammen mit seinen blutbefleckten Hunden, rasten lassen und war umhergestreift, hatte sich von den vertrauten Jagdgründen mit ihren Waldungen und Feldern entfernt und war in die benachbarten Wälder eingedrungen. Dabei entdeckte er einen Talgrund, dicht mit Föhren und spitzen Zypressen bestanden, und neugierig beschwingten Schrittes drang er darin ein. Es war aber im Wald eine Grotte verborgen, durchrieselt von einer kleinen, sprudelnden Quelle, deren lauteres Wasser sich durch einen Bach in einen von Kräutern umstandenen Tümpel ergoß. Zu diesem schattigen Plätzchen pflegte Diana sich zurückzuziehen, und es traf sich, daß sie gerade badete, ganz nackt, als Actaeon hinzukam:

> Untergetreten schon übergibt sie einer der Nymphen –
> der, die die Waffen ihr trägt – den Köcher, den Speer, den entspannten
> Bogen, es fängt mit dem Arm eine andre das fallende Kleid auf.
> Zweie lösen die Riemen am Fuß. Denn das Kind des Ismenus,
> Crocale, schlägt ihr, gewandter als jene, zum Knoten das frei den Hals umspielende Haar . . .
> Während Titanien hier die gewohnten Güsse umspülen,
> siehe, gerät der Enkel des Cadums, der ziellosen Schrittes,
> nutzend der Jagd Unterbrechung, des fremden Waldes Bezirk durchschweifte, dort in den Hain. Es führte ihn so sein Verhängnis.
> Da, sobald er die quelldurchrieselte Grotte betreten,
> schlagen die Nymphen beim Anblick des Mannes, nackt wie sie waren,
> jäh ihre Brüste, erfüllen mit lauten klagenden Rufen
> plötzlich den ganzen Hain. Mit den eigenen Leibern sie deckend
> drängen sie rings sich eng um Dianen. Doch höheren Wuchses
> ragt über alle hinaus um Haupteslänge die Göttin.

Der Jüngling sah und konnte sich nicht abwenden. Das Verhängnis blieb nicht aus:

> . . . und wie sie verlangt einen Pfeil in Händen zu haben,
> schöpfte sie, was ihr zur Hand, das Naß, besprengte des Mannes
> Antlitz mit ihm, und, sein Haar mit den rächenden Fluten benetzend,
> spricht sie die Worte dazu, die das kommende Unheil ihm künden:
> »Jetzt erzähle, du habest mich ohne Gewand gesehen,
> *wenn* du noch zu erzählen vermagst!« Sie drohte nicht weiter,
> gab dem besprengten Haupt des lange lebenden Hirsches
> Hörner, die Länge dem Hals, macht spitz das Ende der Ohren,
> wandelt zu Läufen um seine Hände, die Arme zu schlanken
> Schenkeln, umhüllt seinen Leib mit dem fleckentragenden Vliese,
> gab auch die Furcht ihm dazu. Es flieht Autonoes tapfrer
> Sohn und wundert sich selbst im Laufe der eigenen Schnelle.
> Als er aber Gesicht und Geweih in den Wellen erblickte,
> wollte er: »Weh mir!« rufen – es folgt keine Stimme, ein Stöhnen
> nur! (Dies ist seine Stimme fortan.) . . .

Ein schreckliches Schicksal nahm nun seinen Lauf. Seine eigenen Hunde bekommen Witterung von dem großen Hirsch und kommen bellend durch den Wald.

> Und er flieht durch Gelände, in dem so oft er verfolgt hat.
> Weh! Seine eigenen Diener flieht er! Er möchte wohl rufen:
> »Ich bin Actaeon! Erkennt den eigenen Herrn!« Doch versagt das
> Wort sich dem Sinn. Von Gebell nur widerhallen die Lüfte.
> Schwarzhaar brachte zuerst im Rücken ihm bei eine Wunde,
> Wildfang die nächste darauf, es hing am Buge ihm Bergwelp.
> . . . Dieweil ihren Herren sie halten,
> kommt die übrige Schar und schlägt in den Leib ihm die Zähne.
> Schon fehlt den Wunden der Platz. Er seufzt – ein Klang wie ein Menschenlaut
> zwar nicht, doch auch nicht so, wie ein Hirsch ihn kann äußern.

Von den Gefährten umstanden, die den Hunden nachgeeilt waren, wird er zerrissen. Und:

> Erst, als in zahllosen Wunden, so sagt man, geendet sein Leben,
> war ersättigt der Zorn der köcherbewehrten Diana.[30]

Die mythische Figur der Weltmutter versieht den Kosmos selber mit den weiblichen Attributen des ersten, nährenden und behütenden Wesens. In erster Linie entspringt das der spontanen Phantasie, denn es besteht eine enge und unübersehbare Beziehung zwischen der Attitüde des kleinen Kindes gegenüber seiner Mutter und der des Erwachsenen gegenüber der Außenwelt.[31] Ebenso aber ist dieses Urbild in vielen religiösen Überlieferungen für die Reinigung des Geistes, seine Befreiung von Einseitigkeit und seine Einweihung in die Natur der sichtbaren Welt bewußt pädagogisch nutzbar gemacht worden. In den Tantrischen Büchern des mittelalterlichen und modernen Indiens heißt die Wohnstatt der Göttin Mani-dvipa, »Das Eiland der Juwelen«.[32] Dort befindet sich ihr Thronlager in einem Hain von wunscherfüllenden Bäumen. Der Strand der Insel ist von goldenem Sande, den der Ozean des Nektars der Unsterblichkeit mit seinen stillen Wassern bespült. Die Göttin selbst ist rot vom Feuer des Lebens; die Erde, das Sonnensystem und die Milchstraßen des weiten Weltraumes dehnen sich in ihrem Schoße aus. Sie ist die Weltgebärerin, immer Mutter und immer Jungfrau. Sie leitet alles Leitende, nährt alles Nährende und ist das Leben alles Lebenden.

Ebenso aber ist sie der Tod alles Sterbenden. Der ganze Kreis des Daseins begibt sich in ihr, von der Geburt über Jugend, Reife und Alter bis zum Grab. Sie ist Schoß und Sarg, das Muttertier, das seine Ferkel verschlingt. So vereinigt sie in sich, und zwar nicht nur auf der Ebene des Individuums, sondern auch auf der des gesamten Kosmos, die gute und die böse Mutter, beide Aspekte der erinnerten Mutter aus der Kindheit zeigend. Der Gläubige soll sich in die Betrachtung beider mit unverändertem Gleichmut versenken. Durch dieses Exerzitium wird sein Geist von den infantilen Sentimentalitäten und Ressentiments gereinigt und der unerforschlichen Gegenwart geöffnet, die in erster Linie nicht als gut oder schlecht nach seinen kindlichen Menschenmaßstäben, als Wohl und Wehe, sondern als Gesetz und Bild der Natur des Seins existiert.

Der große hinduistische Mystiker des vorigen Jahrhunderts, Ramakrishna (1836-1886), war Priester in einem neuerrichteten Tempel der Weltmutter zu Dakshineswar, einem Vorort von Kalkutta. Ihr Bildnis dort zeigte beide Aspekte zugleich, den drohenden und den freundlichen. Ihre vier Arme hielten die Symbole ihrer Allmacht: die obere linke Hand schwingt einen blutigen Säbel, die untere hält einen abgehauenen Menschenkopf bei den Haaren, die obere rechte aber hob sich zur Geste des »Fürchtet euch nicht«, während die untere zum Segen ausgestreckt ist. Als Halsschmuck trug sie einen Kranz von Menschenköpfen, als Rock einen Schurz von Menschenarmen und ihre Zunge war herausgestreckt, um Blut zu lecken. Sie war die kosmische Gewalt, die Ganzheit des Universums, die Harmonie aller Gegensatzpaare als die wunderbare Vereinigung des absolut Zerstörerischen mit unpersönlicher und doch mütterlicher Güte. Als der Wechsel, der Strom der Zeit und der Fluß des Lebens schafft, erhält und vernichtet sie zugleich. Ihr Name ist Kali, die Schwarze, ihr Titel »Die Fähre über den Ozean des Daseins«.[33]

Eines stillen Nachmittags gewahrte Ramakrishna eine wunderschöne Frau, die vom Ganges heraufstieg und sich dem Hain näherte, in dem er meditierte. Er bemerkte, daß sie sich anschickte, ein Kind zu gebären. Im Augenblick war das Kind geboren, und sie nährte es zärtlich. Sofort aber nahm sie ein grausiges Aussehen an, packte das Kind mit ihren nun häßlichen Kiefern und zerquetschte und zermalmte es zwischen den Zähnen. Nachdem sie es verschlungen, ging sie wieder zum Ganges zurück, wo sie verschwand.[34]

Nur Geister, die des höchsten Bewußtseins fähig sind, ertragen die Offenbarung der ganzen Erhabenheit dieser Göttin. Für mindere verringert sie ihren Glanz und erscheint in Formen, die ihren unentwickelten Kräften angemessen sind. Sie ganz zu gewahren wäre für jeden Unvorbereiteten ein gräßliches Unglück, wie es der unglückselige Fall des vorwitzigen jungen Gecken Actaeon bezeugt. Er war kein Heiliger, sondern ein Athlet, der nicht für die Offenbarung der Form vorbereitet war, die ohne die normal-menschlichen, und das heißt infantilen, Ober- und Untertöne von Begierde, Überraschung und Furcht angeschaut werden muß.

In der Bildersprache der Mythen stellt das Weib den Inbegriff des Wißbaren dar. Der Held ist derjenige, der zum Wissen gelangt. Wie er in dem langsamen Initiationsprozeß, der das Leben ist, fortschreitet, erfährt die Göttin für ihn eine Reihe von Verwandlungen, sie kann nie größer sein als er selbst, gleichwohl aber immer mehr versprechen, als er gerade zu fassen imstande ist. Sie lockt, leitet und bittet ihn, seine Fesseln zu sprengen. Und wenn er ihrem Drängen entsprechen kann, können beide, der Wissende und das Gewußte, über alle Grenzen hinauswachsen. Das Weib ist die Führerin auf den höchsten Gipfel des sinnlichen Abenteuers. Durch trübe Augen wird sie auf niedrigere Stufen heruntergebracht, durch das schlechte Auge der Unwissenheit an Banalität und Häßlichkeit gefesselt. Aber erlöst wird sie durch die Augen des Verstehens. Wer sie nehmen kann wie sie ist, ohne unpassende Erregung und mit der Freundlichkeit und Zartheit, die sie braucht, ist potentiell der König und fleischgewordene Gott ihrer geschaffenen Welt.

Ein Beispiel ist die Geschichte, die von den fünf Söhnen des irischen Königs Eochaid erzählt wird, wie sie, als sie eines Tages auf die Jagd gegangen waren, sich verirrt und auf jeder Seite eingeschlossen fanden. Durstig geworden, machten sie sich einer nach dem anderen auf, um nach Wasser zu suchen. Fergus war der erste: »Und er gewahrt einen Brunnen, über dem er eine alte Frau Wache stehen sieht. Das Aussehen der Hexe war so: schwärzer als Kohle war jedes Glied und jeder Teil von ihr, vom Scheitel bis zur Sohle; dem Schwanz eines wilden Rosses vergleichbar die graue, strähnige Haarmasse, die aus dem oberen Teil ihrer Kopfhaut hervorwuchs; mit der Sichel eines grünlich anzusehenden Zahnes, der in ihrem Kopf saß und sich bis zum Ohr herumbog, konnte sie den grünen Zweig einer erwachsenen Eiche herunterziehen; geschwärzte und vom Rauch getrübte Augen hatte sie; die Nase schief und mit weiten Nüstern; einen faltigen und gefleckten Bauch, vielfach unnatürlich; krumme, schiefe Beine, geziert mit massigen Knöcheln und einem Paar gewaltigen Schaufeln daran, knotige Knie hatte sie und aschfarbene Nägel. Das ganze Aussehen der Schönen war in der Tat widerwärtig. ›So ist es, nicht wahr?‹ sagte der Jüngling, und ›das ist wahr‹, antwortete sie. ›Du bewachst die Quelle?‹ fragte er, und sie sagte: ›Das tue ich.‹ ›Erlaubst du mir, etwas Wasser fortzunehmen?‹ ›Ich tue es‹, stimmte sie zu, ›aber nur so, daß ich von dir einen Kuß auf meine Wange bekomme.‹ ›Nicht so‹, sagte er. ›Dann wird von mir kein Wasser hergegeben.‹ ›Mein Wort gebe ich‹, fuhr er fort, ›daß eher als dir einen Kuß zu geben ich vor Durst umkommen würde!‹ Dann ging er wieder zurück zu dem Ort, wo seine Brüder waren, und sagte, er habe kein Wasser gefunden.

Ebenso gingen Olioll, Brian und Fiachra auf die Suche und kamen ebenso zu der gleichen Quelle. Jeder ging das alte Wesen um Wasser an, verweigerte ihr aber den Kuß.

Schließlich war es Niall, der ging, und er kam zu der gleichen Quelle. ›Laß mich Wasser nehmen, Weib!‹ schrie er. ›Ich will es geben‹, sagte sie‹ ›und drücke mir einen Kuß auf.‹ Er antwortete: ›Wenn ich dir schon einen Kuß gebe, will ich dich sogar in meine Arme nehmen!‹ Dann beugt er sich hinab, um sie zu umarmen, und gibt ihr einen Kuß. Diese Operation war zu Ende, und als er sie ansah, war in der ganzen Welt keine junge Frau von anmutigeren Bewegungen, im ganzen Aussehen schöner als sie: dem Neuschnee in Gräben war jeder Teil von ihr zu vergleichen, vom Scheitel bis zur Sohle; volle und königliche Arme hatte sie, Finger lang und blaß, gerade Beine von lieblicher Rundung hatte sie; zwei Sandalen von der weißen Bronze zwischen ihren geschmeidigen und weißen Füßen und der Erde; um sie floß ein weiter Mantel von erlesenstem Lammfell, rein scharlachen, und in den Kleidern eine Brosche von weißem Silber; sie hatte blitzende Zähne aus Perlen, große königliche Augen, den Mund rot wie die Rowanbeere. ›Hier, o Frau, ist eine Milchstraße von Zaubern‹, sagte der Jüngling. ›Das ist wohl wahr.‹ ›Und wer bist du?‹ fragte er weiter. ›Königliche Herrschaft bin ich‹, antwortete sie und sprach so:

›König von Tara! Ich bin Königliche Herrschaft . . .‹

›Gehe nun‹, sagte sie, ›zu deinen Brüdern und nimm Wasser mit dir; außerdem, dein und deiner Kinder wird für immer das Königreich sein, und höchste Kräfte werden sein . . . Und als der erste hast du mich häßlich, tierisch, eklig gesehen – am Ende schön –, genauso ist die königliche Herrschaft: denn ohne Schlachten, ohne wilden Streit kann sie nicht gewonnen werden; aber im Ergebnis er der König ist von allem, was sich hinfort einladend und stattlich zeigt.«[35]

Ist so nur die königliche Herrschaft? So ist das Leben selbst. Die göttliche Wächterin der unerschöpflichen Quelle verlangt – ob nun Fergus, Actaeon oder der Prinz von der einsamen Insel sie entdeckt –, daß dem Helden nicht fehlt, was die Troubadoure und Minnesänger das »edle Herz« nannten. Nicht durch den animalischen Trieb eines Actaeon noch durch einen wählerischen Fergus kann sie erfaßt und kann ihr recht gedient werden, sondern nur durch Sanftheit, *awaré* (»sanftes Mitgefühl«), wie sie in der romantisch-höfischen Dichtung Japans im zehnten, elften und zwölften Jahrhundert genannt wird.

> Zu edel Herzen immer flüchtet Minne
> gleich wie der Vogel in des Waldes Zelt
> und nicht hat edel Herz zu Anbeginne
> noch Minnen ehedem Natur gestellt;
> alsbald entstand die Sonne,
> hub sich ihr Strahlen an mit Lichte zeigen
> und war nicht eh die Sonne;
> so heischet Minne edelen Herzens Hut
> und ist ihm so zu eigen
> als ist der lichte Glanz der hohen Glut.[36]

Die Begegnung mit der Göttin – die in jeder Frau inkarniert ist – ist die entscheidende Prüfung der Gabe des Helden, den Segen der Liebe zu gewinnen (caritas und amor fati), welcher nichts anderes ist als der Genuß des Lebens als des Gefäßes der Ewigkeit.

Wenn es sich aber in diesem Zusammenhang nicht um einen Jüngling handelt, sondern um ein Mädchen, so ist sie die, die durch ihre Vorzüge, ihre Schönheit oder ihr Sehnen zur Geliebten eines Unsterblichen berufen ist. Dann steigt der himmlische Gemahl zu ihr hinab und führt sie auf sein Lager, ob es nun ihr Wille ist oder nicht. Wenn sie sich geweigert hat, fallen ihr dann die Schuppen von den Augen, wenn sie ihn aber gesucht hat, wird nun ihre Sehnsucht gestillt.

Das Arapahomädchen, das dem Stachelschwein auf den sich dehnenden Baum gefolgt war, ward zur Lagerstätte der Himmelsleute gelockt und wurde dort die Frau eines himmlischen Jünglings. Er war es, der sie in Gestalt des lockenden Stachelschweins in sein überirdisches Heim geführt hatte.

Der Königstochter des Märchens hörte am Tage nach dem Begebnis am Brunnen ein Klopfen an ihrer Schloßtüre: der Frosch war gekommen, um die Einlösung ihres Versprechens zu fordern. Und trotz ihres großen Ekels folgte er ihr zu ihrem Stuhl bei Tisch, nahm an ihrem Mahl von ihrem goldenen Tellerchen und Becherlein teil und bestand darauf, mit ihr in ihrem seidenen Bettchen schlafen zu gehen. Zornig nahm sie ihn vom Boden auf und schleuderte ihn gegen die Wand. Als er aber niederfiel, war er nicht mehr ein Frosch, sondern ein Königssohn mit sanften und schönen Augen. Und weiter erfahren wir, daß sie Hochzeit machten und in einer prächtigen Kutsche zurückgefahren wurden ins wartende Königreich des Jünglings, wo sie König und Königin wurden.

Und eine andere Version des gleichen Motivs: Als Psyche alle die schweren Aufgaben bewältigt hatte, gab Jupiter selbst ihr einen Zug vom Elixier der Unsterblichkeit, so daß sie nun und für immer mit Cupido, ihrem Geliebten, im Paradies der vollkommenen Form vereinigt ist.

Das gleiche Geheimnis feiert die griechisch-orthodoxe und

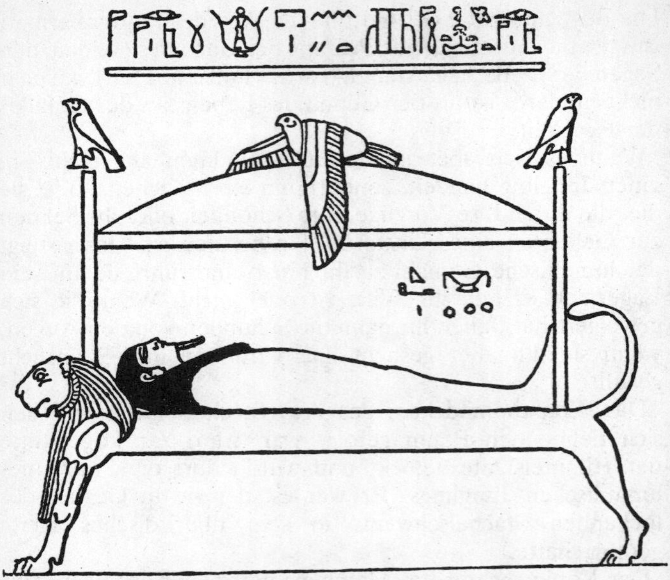

Abb. 6. Isis in Gestalt eines Falken begegnet Osiris in der Unterwelt

die römisch-katholische Kirche beim Fest Mariä Himmelfahrt:

»Die Jungfrau Maria ward aufgenommen in das himmlische Brautgemach, wo der König der Könige auf seinem Sternenthron sitzt.

O klügste Jungfrau, wohin gehst du, strahlend wie die Morgenröte? O Tochter Zions, ganz herrlich und sanft bist du, schön wie der Mond und erwählt wie die Sonne.«[37]

3. Das Weib als Verführerin

Die mystische Vereinigung mit der göttlichen Weltkönigin bedeutet den umfassenden Lebenssieg des Heros: das Weib ist das Leben, der Held der, der es erkennt und meistert. Und die Prüfungen, die seiner höchsten und endgültigen Erfahrung und Tat vorangehen, sind Symbole jener Krisenpunkte der Erkenntnis, durch welche sein Bewußtsein erwei-

Tafel V. Die Göttin Sekhmet (Ägypten)

Tafel VI. Medusa (Rom)

tert und fürs Ertragen des vollen Besitzes der Mutter und Zerstörerin, der ihm unwiderruflich bestimmten Braut, bereit gemacht wird. In diesem Besitz wird ihm das Wissen, daß er und der Vater eins sind: er nimmt den Platz des Vaters ein.

In solchen anspruchsvollen Worten ausgedrückt, scheint das Problem mit den Angelegenheiten normaler menschlicher Wesen wenig zu tun zu haben. Dennoch ist jedes Versagen in der Meisterung einer Lebenssituation letztlich einer Eingeengtheit des Bewußtseins zur Last zu legen. Kriege und die Wallungen der Leidenschaft sind die Folgen der Unwissenheit, Reue ist verspätete Erleuchtung. Es ist der Gesamtsinn des allgegenwärtigen Mythos von der Heldenfahrt, daß er als allgemeiner Leitfaden für alle Menschen, auf welcher Stufe sie immer sich befinden mögen, dienen soll. Darum ist er in den umfassendsten Begriffen ausgedrückt. Das Individuum hat nur seinen eigenen Standpunkt in bezug auf diese allmenschliche Formel zu bestimmen und sich von ihr über seine Schranken hinweghelfen zu lassen. Wer und wo sind seine Oger? Die Reflexe der ungelösten Rätsel in seinem eigenen Menschsein. Was sind seine Ideale? Die Symptome seiner Art, das Leben anzufassen.

Im Sprechzimmer des Psychoanalytikers von heute kommen die Abschnitte der Heldenfahrt in den Träumen und Halluzinationen des Patienten wieder ans Licht. Mit dem Psychoanalytiker in der Rolle des Helfers, des Initiationspriesters, wird Tiefe um Tiefe der Selbstvergessenheit ausgelotet. Und immer wird die Therapie, nach den ersten Schauern des Aufbruchs, zu einer abenteuerlichen Fahrt in Dunkel, Schrecken, Ekel und bildgewordene Ängste.

Der Kern der seltsamen Schwierigkeit liegt in der Tatsache, daß unsere bewußten Ansichten von dem, was das Leben sein sollte, nur selten dem entsprechen, was es wirklich ist. Im allgemeinen wollen wir uns nicht das Ganze jenes treibenden, auf Selbsterhaltung bedachten, übelriechenden, fleischfressenden und zersetzenden Fiebers, das die wahre Natur der lebenden Zelle ist, in uns und unseren Freunden eingestehen. Wir neigen zum Parfümieren, Weißwaschen und Umdeuten, während wir irgendeinen Sündenbock für jedes Haar in der Suppe entgelten lassen.

Wenn es uns aber plötzlich dämmert oder sich aufdrängt, daß alles, was wir denken oder tun, den Geruch des Fleisches an sich hat, dann wird nicht selten eine Abstoßung erfahren: das Leben mit seinen Akten und Organen, das Weib insbesondere als sein großes Symbol, wird der ach so reinen Seele unerträglich.

O schmölze doch dies allzu feste Fleisch,
Zerging' und löst' in einen Tau sich auf!
Oder hätte nicht der Ew'ge sein Gebot
Gerichtet gegen Selbstmord! O Gott! O Gott!

So ruft Hamlet aus, der berühmte Wortführer in diesem Zusammenhang.

Wie ekel, schal und flach und unersprießlich
Scheint mir das ganze Treiben dieser Welt!
Pfui! pfui darüber! 's ist ein wüster Garten,
Der auf in Samen schießt; verworfnes Unkraut
Erfüllt ihn gänzlich. Dazu mußt' es kommen![38]

Die unschuldige Freude des Oedipus beim ersten Besitz der Königin verkehrt sich in Seelenqual, sobald er erfährt, wer sie ist. Wie Hamlet ist er moralisch vom Bild des Vaters besessen. Wie Hamlet wendet er sich vom schönen Antlitz der Welt ab, um im Dunkel nach einem Reich zu suchen, das höher ist als das der von Inzest und Ehebruch befleckten, üppigen und verstockten Mutter. Der nach dem Leben jenseits des Lebens sucht, muß über sie hinausdrängen, der Lockung ihres Rufs sich entziehen und sich in den unbefleckten Äther drüben erheben.

Denn vielmals, von vielen Seiten ruft ihn ein Gott:
»O du, du, Oedipus, warum säumen wir
Uns aufzumachen; komm! zu lang schon
Bleibt aus dein Entschluß.«[39]

Wo dieses Abgestoßensein des Oedipus und Hamlet die Seele nicht losläßt, dort wird die Welt, der Körper und das Weib vor allem zum Symbol nicht mehr des Sieges, sondern der Niederlage. Ein mönchisch-puritanisches, weltverneinendes Sittensystem unterzieht dann die Bilder des Mythos einer radikalen und jähen Umwandlung. Nicht länger kann der Held in Unschuld bei der Göttin des Fleisches ruhen; sie ist zur Königin der Sünde geworden.

»Solange der Mensch irgendeinen Gedanken für diesen leichnamhaften Körper hat«, schreibt der Hindumönch Shankaracharya, »ist er unrein und leidet von seinen Feinden ebenso wie von Geburt, Krankheit und Tod; aber wenn er sich denkt als rein, als das Wesen des Guten und das Unbewegliche, wird er frei ... Wirf weit weg die Begrenzung dieses Körpers, der träge und schmutzig ist von Natur. Denke nicht länger an ihn. Denn ein Ding, das erbrochen ist (wie du deinen Körper aus dir erbrechen solltest), kann nur Ekel erregen, wenn es in den Geist zurückgerufen wird.«[40]

Dem Westen ist diese Einstellung vom Leben der Heiligen her und aus ihren Schriften vertraut:

»Petronella, deren Leben uns Sanct Marcellus hat beschrieben, war Sanct Petri leibliche Tochter. Sie war gar schön von Gestalt, darum hatte ihr Vater ein Fieber auf sie herabgefleht, an dem sie schwer danieder lag. Da nun Petrus einst mit seinen Jüngern bei Tische saß, sprach Titus zu ihm: ›Meister, warum machest du alle andern Kranken gesund und lässest Petronellen siech liegen?‹ Antwortete Petrus: ›Weil es ihr also nütz ist; aber damit ihr nicht vermeinet, daß ihr Heilung unmöglich sei, so sage ich dir, Petronella, stehe bald auf und diene uns zu Tische.‹ Da stund Petronella alsbald auf in ganzer Gesundheit und diente ihnen zu Tische. Und da sie allen Dienst hatte getan, sprach Sanct Peter zu ihr: ›Petronella, nun kehr wieder in dein Bett.‹ Also legte sie sich nieder und war wieder am Fieber krank wie zuvor. Danach aber, als Sanct Peter bedeuchte, daß sie in göttlicher Minne vollkommen sei, machte er sie gänzlich gesund.

Nun geschah es, daß ein Graf, Flaccus mit Namen, zu ihr kam und um ihrer Schönheit willen sie zum Weibe begehrte. Dem antwortete sie: ›Warum kommst du mit gewappneten Rittern zu einer wehrlosen Jungfrau? Begehrst du mein zu einem Gemahl, so sende zu mir über drei Tage ehrsame Frauen und Jungfrauen, mit denen will ich in dein Haus kommen.‹ Aber unter der Zeit, da Flaccus die Jungfrauen bereitete, hub Petronella an zu fasten und zu beten, empfing den Leib des Herrn und legte sich danach auf ihr Bett, und schied da nach drei Tagen von dieser Welt gen Himmel.«[41]

»Da Bernardus noch ein Kind war und einst an schweren Schmerzen seines Hauptes litt, ward ein alt Weib zu ihm gebracht, daß sie den Schmerz durch Beschwörungen lindere; da trieb er sie mit großem Schreien von sich. Da erzeigte ihm Gott seine Barmherzigkeit, und da das Kind aufstund, merkte es, daß es von dem Schmerz erlöst war.

Als der böse Feind so guten Willen und Vorsatz an dem Knaben sah, neidete er ihm und wollte das Gelübde seiner Reinigkeit brechen, und legte ihm mancherlei Schlingen. Zu einer Zeit hatte er seine Augen etliche Weile lang auf ein Weib geworfen, da überkam ihn alsbald große Scham; und wollte das an sich härtiglich strafen. Und warf sich in ein eiskaltes Wasser und lag darin so lange, daß seine Natur die Kälte kaum mochte überwinden; und ward also mit Gottes Gnade von der Hitze seiner leiblichen Begierde erkühlt. Zu derselben Zeit gab der Teufel einer Jungfrau in den Sinn, daß sie sich nackend zu Sanct Bernhard in sein Bett legte, derweil er schlief. Da er dies empfand, da ruckete er viel friedlich an ein ander Ende des Bettes und ließ ihr das Ende, da er gelegen hatte, und kehrte sich auf die andere Seite und schlief weiter. Die Dirne wartete eine Zeit, danach begann sie, ihn zu streicheln und anzugreifen. Aber als er davon nicht bewegt ward, da ward sie voll Scham, so schamlos sie war, und floh in großem Wunder und Schrecken von ihm.

Eines andern Mals kam Sanct Bernhard des Nachts zur Herberge in das Haus einer Frau, die sah den stolzen Jüngling an, daß sie in seiner Minne entzündet ward. Da er sich nun ein Bett gesondert hatte bereiten lassen, stund das schamlose Weib des Nachts in aller Stille auf und ging zu ihm. Als er das empfand, schrie er mit lauter Stimme ›Räuber, Diebe!‹ Da floh das Weib von ihm, und das Gesinde im Haus stund alles auf, und ward Licht gemacht und nach dem Diebe gesucht; da fand man keinen. Da gingen die Leute wieder in ihre Betten und legten sich schlafen. Aber das Weib wachte und stund wiederum auf und kam zu Bernardi Bette; der schrie abermals mit lauter Stimme ›Räuber, Diebe!‹ Wiederum ward nach dem Diebe gesucht; doch der ihn wußte, verriet ihn nicht. Danach versuchte das Weib es zum dritten Male, aber sie wurde auf dieselbe Weise vertrieben und ließ es endlich aus Furcht und Unmut. Des andern Tages, da Bernardus fürbaß reisete, straften ihn seine Gesellen und fragten ihn, warum er so oft von Dieben habe geträumt. Da antwortete Sanct Bernhard und sprach: ›Wahrlich, diese Nacht hat ein Dieb mir nachgestellt, das war die Wirtin, die wollte mir den unwiederbringlichen Schatz meiner Keuschheit rauben.‹

Da merkte er, wie unsicher es wäre, mit dem Teufel zu wohnen, und betrachtete, wie er aus der Welt möchte fliehen, und gedachte von Stund an, zu kommen in der Cistercienser Orden.«[42]

Aber nicht einmal Klostermauern oder die Einsamkeit der Wüste gewähren Schutz vor den Nachstellungen weiblicher Erscheinungen. Solange der Einsiedler noch Fleisch an den Knochen hat und warmes Blut in ihm pulst, lauern die Wunschbilder des Lebens auf eine Gelegenheit, seinen Geist zu überwältigen. Als der heilige Antonius sich in der Wüste von Theben kasteite, wurde er von buhlerischen Halluzinationen gepeinigt, die weibliche Teufel, magnetisch angezogen von seiner Einsamkeit, ihm verursachten. Alle Stätten, an denen im Lauf der Geschichte Einsiedler Zuflucht gesucht haben, haben solche Erscheinungen gesehen, mit unwiderstehlichen Hüften und Brüsten, die nach Berührung lechzen. »Ah! bel ermite! bel ermite! . . . Si tu posais ton doigt sur mon épaule, ce serait comme une trainée de feu dans tes veines. La possession de la moindre place de mon corps t'emplira d'une joie plus véhémente que la conquête d'un empire. Avance tes lèvres . . .«[43]

Cotton Mather von Neuengland schreibt: »Die Wildnis, durch die wir zum gelobten Lande pilgern, ist ganz erfüllt von feurigen fliegenden Schlangen. Aber, gelobt sei Gott, keine von ihnen hat uns bisher so umschlungen, daß sie uns ganz verwirrt hätte! Unser ganzer Weg zum Himmel führt durch Löwenhorden und den Berg der Leoparden; es gibt unglaubliche Scharen von Teufeln auf unserem Weg . . . Wir sind arme Wanderer in einer Welt, die ebenso des Teufels Feld ist wie des Teufels Ziel; eine Welt, in der jede Zuflucht des Teufels besetzt ist mit Räuberbanden, um alle zu ärgern, die ihr Antlitz nach Zion gerichtet haben.«[44]

»Der Bogen von Gottes Grimm ist gespannt, und der Pfeil angelegt auf der Sehne; und Gerechtigkeit lenkt den Pfeil auf dein Herz, und spannt den Bogen; und es ist nichts als das Belieben Gottes, und das eines zornigen Gottes, ohne irgendein Versprechen oder irgendeine Verpflichtung, das den Pfeil einen Augenblick davon abhält, von deinem Blut trunken gemacht zu werden . . .«

Mit diesen Worten, die ungemildert den grimmigen, ogerhaften Aspekt des Vaters aussprechen, versetzt Jonathan Edwards die Herzen seiner Gemeinde in Neuengland in Furcht. Mit Bildern des mythischen Gottesgerichts nagelte er ihre Knie an die Bänke; denn wenn er als Puritaner auch das geschnitzte Bild verpönte, so erlaubte er sich doch das verbale. »Der Grimm«, donnerte er, »der Grimm Gottes ist wie große Wasser, die für eine Weile eingedämmt sind; sie wachsen und wachsen, steigen höher und höher, bis es eine Bresche gibt; und je länger der Strom aufgehalten wird, um so reißender und mächtiger ist sein Lauf, wenn er einmal losgelassen wird. Wohl ist das Gericht über eure bösen Taten bisher noch nicht vollzogen worden; aber in der Zeit inzwischen wächst unaufhörlich eure Schuld, und jeden Tag speichert er mehr Grimm auf; unaufhörlich steigen die Wasser und schwellen mächtiger und mächtiger an; und da ist nichts als das Belieben Gottes, das die Wasser zurückhält, die nicht gehalten sein wollen und gewaltig vorwärtsdrängen; wenn Gott nur seine Hand vom Schleusentor wegnähme, würde es gleich auffliegen, und die feurigen Fluten der Wildheit des Grimmes Gottes würden mit unfaßlichem Zorn hervorbrechen und über euch kommen mit allmächtiger Gewalt; und wenn eure Kraft zehntausendmal größer wäre als sie ist, ja zehntausendmal größer als die Stärke des stämmigsten, stärksten Teufels der Hölle, wäre sie nichts, ihr zu widerstehen oder sie zu ertragen . . .«

Nach der Drohung mit dem einen Element, dem Wasser, wendet sich Pastor Jonathan dem Bild des Feuers zu. »Der Gott, der euch über der Höllengrube hält, gerade so wie einer eine Spinne oder ein ekliges Insekt über das Feuer hält, verabscheut euch und ist fürchterlich beleidigt; sein Grimm gegen euch brennt wie Feuer; er findet euch zu nichts anderem würdig, als ins Feuer geworfen zu werden; er hat zu reine Augen, als daß er euren Anblick ertragen könnte; ihr seid zehntausendmal so verdammungswürdig in seinen Augen wie die verhaßteste giftige Schlange in unseren. Ihr habt ihn unendlich mehr beleidigt als je ein verstockter Rebell seinen Fürsten; und doch ist es nichts als seine Hand, die euch hält, da ihr in jedem Augenblick ins Feuer fallen könntet . . .

O Sünder . . .! Du hängst an einem dünnen Faden, um den die Flammen des göttlichen Grimmes zucken und jeden Augenblick bereit sind, ihn anzusengen und durchzubrennen; und ihr habt kein Interesse an einem Mittler und nichts, nach dem ihr greifen könntet, um euch zu retten, nichts, um die Flammen des Grimmes fernzuhalten, nichts Eigenes, nichts, das ihr je getan habt, nichts, das ihr tun könnt, Gott zu bewegen, euch für einen Augenblick zu verschonen.«

Aber nun schließlich das große erlösende Bild der zweiten Geburt – jedoch nur für einen Augenblick:

»So seid all ihr, die nie einen großen Wandel des Herzens durchgemacht haben durch die große Macht des Geistes Gottes über eure Seelen, all ihr, die nie wiedergeboren worden sind, und zu neuen Kreaturen gemacht wurden, und aufgestanden vom Tod in der Sünde zu einem neuen Zustand, und vor ganz ungeahntem Licht und Leben (mögt ihr auch euer Leben in vielen Dingen gebessert und religiöse Gefühle gehabt haben, und mögt ihr auch eine Form von Religion halten in euren Familien und Kammern und im Hause Gottes und streng darin sein), seid so in der Hand eines zornigen Gottes; es ist nichts als sein bloßes Belieben, das euch davor bewahrt, noch in diesem Augenblick verschlungen zu werden in ewiger Vernichtung.«[45]

»Gottes bloßes Belieben«, das den Pfeil, die Fluten und die Flammen von dem Sünder abhält, heißt im überlieferten Vokabular des Christentums »Erbarmen«, die »mächtige Macht des Geistes Gottes«, durch die das Herz verwandelt wird, »Gnade«. In den meisten Mythologien werden die Bilder des Erbarmens und der Gnade ebenso betont wie die der Gerechtigkeit und des Grimms, so daß ein Gleichgewicht gehalten und das Herz eher verankert als über seinen Weg gepeitscht wird. »Fürchtet euch nicht«! sagt die Geste der Hand des Gottes Shiva, wenn er vor dem Gläubigen den Tanz der Allvernichtung tanzt.[46] »Fürchtet euch nicht, denn alles ruht wohl in Gott. Die Formen, die kommen und gehen und von denen euer Körper nur eine ist, sind das Zucken meiner tanzenden Glieder. Erkenne mich in allem, und wovor sollst du dich fürchten«? Der Zauber der Sakramente, die ihre Kraft aus dem Leiden Christi oder den Meditationen des Buddha ziehen, die schützende Macht primitiver Amulette und die überirdischen Helferfiguren der Mythen und Märchen vergewissern die Menschheit, daß der Pfeil, die Fluten und Flammen nicht so blind wüten wie es scheint.

Der Ogeraspekt des Vaters nämlich ist nichts anderes als ein Reflex des eigenen Ichs seines Opfers, zurückgehend auf die erregende Kindheitsszenerie, die zurückgelassen, aber in die Zukunft projiziert wurde, und die hemmende Idolatrie dieses pädagogischen Undings ist selbst der Fehler, der einen sündigen Sinn verstockt machen kann, indem er dem potentiell erwachsenen Geist eine ausgewogenere, realitätsgerechtere Sicht des Vaters und damit der Welt verwehrt. Die Versöhnung besteht in nichts anderem als darin, daß man sich des selbstgemachten Doppelungetüms, des Drachens, der für Gott gehalten wird, des Überichs[47] also, und des Drachens, der für die Sünde gehalten wird, des unterdrückten Es also, entledigt. Dies aber schließt ein, daß man sich auch der Bindung ans Ich entledigt, und darin liegt die eigentliche Schwierigkeit. Man muß das Vertrauen haben, daß der Vater voll Erbarmen ist, und diesem sich anheimgeben. Damit entwindet sich das Zentrum des Glaubens der Umschlingung des falschen Gottes, und die drohenden Ungetüme sinken vor ihm zusammen.

Es ist bei diesem Ordeal, daß der Held in eine hilfreiche weibliche Figur Hoffnung und Vertrauen setzen kann, wenn ihr Zauber – Pollensegen und helfender Eingriff – ihn durch all die bedrohlichen Erfahrungen der icherschütternden Initiation des Vaters sicher hindurchgeleitet. Denn wenn dem drohenden Vaterantlitz nicht vertraut werden kann, dann muß der Glaube anderswo seine Mitte finden, in der Spinnenfrau oder der gesegneten Mutter. Mit ihrer verläßlichen Unterstützung kann man dann die Krisis ertragen, um schließlich doch zu entdecken, daß der Vater und die Mutter wechselseitige Reflexe sind, die sich im Wesen nicht unterscheiden.

Als die Kriegerzwillinge der Navahos nach ihrem Aufbruch von der Spinnenfrau, die sie mit Rat und schützenden Zaubern versehen hatte, ihren gefahrvollen Weg gemacht hatten, zwischen den Felsen hindurch, die den Wanderer zermalmen, durch das Schilf, das ihn in Stücke schneidet, und den Rohrkaktus, der ihn in Stücke reißt, und über den kochenden Sand, kamen sie schließlich zum Haus der Sonne, die ihr Vater war. Und die Tür war von zwei Bären bewacht, die aufstanden und brüllten. Aber die Worte, welche die Spinnenfrau die Jünglinge gelehrt hatte, ließen die Tiere friedlich sich niederlegen. Nach den Bären wurden sie von einem Schlangenpaar bedroht, dann von einem Windpaar, dann von einem Blitzpaar, den Wächtern der letzten Schwelle.[48]

Das Haus der Sonne, erbaut aus Türkis, war groß und quadratisch und stand am Ufer eines mächtigen Wassers. Die Jünglinge betraten es und gewahrten eine Frau, die im Westen saß, zwei stattliche Jünglinge im Süden und zwei stattliche junge Frauen im Norden. Stumm erhoben sich die jungen Frauen, packten die Ankömmlinge in vier Himmelslaken und legten sie auf ein Gestell, wo sie still liegenblieben. Bald ertönte viermal ein Klopfer, der über der Tür hing, und eine von den jungen Frauen sagte: »Unser Vater kommt.«

Der Träger der Sonne kam in seine Behausung, nahm die Sonne von seinem Rücken und hängte sie an einen Haken an der westlichen Wand des Raumes, wo sie noch eine Zeitlang pendelte und klang, so: »tla, tla, tla, tla.« Er wandte sich an die ältere von den beiden Frauen und erkundigte sich ärgerlich: »Wo sind die zwei, die heute hier hereingekommen sind?« Aber die Frau gab keine Antwort. Die jungen Leute sahen sich an. Der Sonnenträger stellte seine ärgerliche Frage viermal, bis die Frau schließlich zu ihm sagte: »Du tätest gut, nicht zuviel zu reden. Du hast mir gesagt, daß du keine Besuche machst, wenn du fortgehst, und daß du außer mir keine Frau getroffen hast. Wessen Söhne sind dann die hier?« Sie zeigte auf das Bündel auf dem Gestell, und die Kinder lächelten sich bedeutungsvoll an.

Der Sonnenträger nahm das Bündel von dem Gestell, wikkelte die vier Tücher (der Morgendämmerung, des blauen Himmels, des gelben Abendlichts und der Dunkelheit) ab, und die Jünglinge fielen heraus auf den Boden. Sofort packte er sie. Wild schleuderte er sie gegen einige große scharfe Piken aus weißen Muscheln, die im Osten standen. Die Jünglinge hielten fest ihre Lebensfedern und prallten ab. Ebenso warf der Mann sie gegen Piken von Türkis im Süden, von Halotis im Westen und von schwarzen Felssteinen im Norden.[49] Jedesmal aber hielten die Jünglinge ihre Lebensfedern fest und kamen zurückgeprallt. »Ich wollte, es wäre wahr«, sagte die Sonne, »daß sie meine Kinder sind.«

Der schreckliche Vater versuchte dann, die Jünglinge in einer überhitzten Schwitzhütte zu Tode zu kochen. Da halfen ihnen die Winde, die ihnen eine geschützte Zuflucht in einem Winkel der Hütte schufen, in die sie sich zurückziehen konnten. »Ja, sie sind meine Kinder«, sagte die Sonne, als sie herauskamen. Aber das war nur eine List, denn immer noch wollte er sie überführen. Das letzte Ordeal bestand im Rauchen einer mit Gift gefüllten Pfeife. Eine stachelige Raupe warnte die Jünglinge und gab ihnen etwas, das sie in den Mund nehmen konnten. Sie rauchten die Pfeife, ohne Schaden zu nehmen, und reichten sie einander zu, bis sie ausgeraucht war. Sie sagten sogar, sie schmecke süß. Die Sonne war stolz. Sie war ganz zufriedengestellt. »Nun, meine Kinder«, fragte er, »was wollt ihr denn von mir? Warum sucht ihr mich?« Die Zwillingshelden hatten das volle Vertrauen der Sonne, ihres Vaters, gewonnen.[50]

Die Notwendigkeit großer Vorsicht von seiten des Vaters, der in sein Haus nur einlassen kann, wen er auf Herz und Nieren geprüft hat, zeigt der unglückselige Ausgang der berühmten griechischen Geschichte von dem Jüngling Phaëthon. In Äthiopien von einer Jungfrau geboren und durch die Neckerei seiner Gespielen zur Suche nach seinem Vater getrieben, machte er sich auf und durchquerte Persien und Indien, um den Palast der Sonne zu finden; denn seine Mutter hatte ihm gesagt, sein Vater sei Phoebus, der göttliche Lenker des Sonnenwagens.

> Hoch erhob sich der Saal der Sonne auf ragenden Säulen,
> leuchtend von funkelndem Gold und feuerflammenden Erzen.

Schimmernd Elfenbein deckt den erhabenen First seines Giebels,
gleißend in silbernem Licht erstrahlen die Flügel der Pforten.

Und den Stoff übertraf das Werk . . .

Nachdem er den steilen Pfad erklommen hatte, trat Phaëthon unter das Dach und erblickte seinen Vater auf seinem smaragdenen Thron sitzend, umgeben von den Stunden und den Jahreszeiten, von Tag, Monat, Jahr und Jahrhundert. Der kühne Jüngling mußte an der Schwelle einhalten, seine sterblichen Augen vermochten nicht den Glanz zu ertragen. Aber der Vater redete ihn durch die Halle hindurch huldvoll an:

Was ist der Grund deiner Fahrt? Was suchst in der Burg hier,
Phaëthon, du mein Sohn, vom Vater nicht zu verleugnen?
Jener erwidert: »O Licht, dem unendlichen Weltall gemeinsam,
Phoebus, Vater, vergönnst du mir dieses Namens Gebrauch und
hehlt unter trügendem Bild nicht Clymene heimliche Schuld, dann
gib, mein Erzeuger, ein Pfand, das beglaubigt, daß ich dein echter
Nachkomme bin, und nimm aus diesem Herzen den Zweifel!«

Da nimmt der Vater, der große Gott, die Strahlenkrone vom Haupt, heißt ihn nähertreten und umarmt ihn. Dann verspricht er –, und besiegelt das Versprechen mit einem bindenden Eid –, dem Jüngling jedes Pfand zu gewähren, das er sich wünsche.

Was Phaëthon verlangte, war der Wagen seines Vaters und das Recht, einen Tag das flügelfüßige Gespann zu lenken.

Da reute den Vater sein vorschnelles Versprechen, und er versucht, dem Jüngling seine Forderung auszureden:

»Sterblich dein Los. Unsterblichkeit heischt, was hier du dir forderst.
Ja, noch mehr als selbst einem Gott zu erlangen vergönnt ist,
wünschst unwissend du dir . . .
Auch er, der Herr des weiten Olympus,
der mit der schrecklichen Hand die Blitze, die wütenden, sendet,
führe ihn kaum. Und was haben wir Größeres als den Saturnsohn?«
So mahnte Phoebus, aber Phaëthon bestand auf seinem Vorsatz:
Also führte der Vater – er durfte nun weiter nicht zögern –

hin zu der Gabe Vulkans, dem hohen Wagen, den Jüngling.
Golden die Achse, golden die Deichsel, golden der Räder
äußerer Kranz, es strahlt von Silber die Ordnung der Speichen.
Über das Joch hin zu Reihen gesetzt, Chrysolithe und andere Steine . . .
Und er befiehlt den Horen, den flinken, die Rosse zu schirren.
Rasch vollziehn sein Geheiß die Göttinnen, führen die feuer-
speienden Rosse, getränkt mit ambrosischem Saft, von den hohen
Krippen und legen den satten schon an das klirrende Zaumzeug.
Da bestrich der Vater des Sohnes Gesicht mit der heiligen
Salbe und machte es fest, zu ertragen die sehrenden Flammen,
legt ihm die Strahlen ums Haar und spricht, aus bekümmerter, banger,
trauerahnender Brust die Seufzer holend, noch einmal:
»Bist du imstande, noch dieser Ermahnung des Vaters zu folgen,
spare, Knabe, den Stachel und nutze stärker die Leinen,
eilen sie doch von selbst, ihren Eifer gilt es zu zügeln.
Wähle auch nicht den Weg über all die fünf Kreise hinweg, sie
schräg überschneidend verläuft in weitem Bogen die Straße . . .
Du wirst die Radspur deutlich erkennen.
Und, daß Himmel und Erde die gleiche Wärme empfangen,
drücke die Fahrt nicht hinab und hebe sie nicht in den höchsten
Äther; fährst du zu hoch, verbrennst du die Häuser im Himmel,
fährst du zu tief, die Erde: am sichersten hältst du die Mitte . . .
Dem Glück befehl' ich das Weitre.
Es mög' helfen und besser als du für dich selber es sorgen!
Während ich rede, hat die tauende Nacht an des Westens
Ufern die Säulen erreicht, zu säumen steht uns nicht frei: Man
heitscht uns; Aurora erglüht und hat das Dunkel vertrieben.
Nimm die Zügel zur Hand . . .«

Indessen hatte Tethys, die Göttin der See, die Schranken hinweggestoßen, und mit einem jähen Ruck rannten die Rosse los, teilten hemmende Wolken mit ihren Füßen, schlugen die Luft mit ihren Flügeln, überholten die Winde, die sich mit ihnen im Osten erhoben. Bald, da er ohne die gewohnte Schwere zu leicht war, begann der Wagen zu springen und zu schwanken wie ein Schiff ohne den richtigen Ballast auf den Wogen. Von Grauen erfaßt, vergaß der Lenker die Zügel und erkannte, daß er die Straße nicht wußte. Wild emporschießend, ward das Gespann in die Höhen des Himmels entführt und brachte die entferntesten Sternbilder in Aufruhr:

Da empfanden die Ochsen des Nordens erstmals der Strahlen
Hitze und suchten umsonst im verbotenen Naß sich zu kühlen.
Auch die Schlange ward heiß, die zunächst dem eisigen Pole,
träg von der Kälte bisher, noch keinem zum Schrecknis geworden;
und sie gewann in der Glut ein neues, grimmiges Wesen.
Du auch, Boötes, seiest verstört, so erzählt man, geflohen,
da du doch langsam sonst, und obwohl dich dein Wagen behindert.

Und der Skorpion droht mit seinem von Gift triefenden Stachel. Der Wagen saust durch unbekannte Gegenden des Äthers, stößt an die Sterne und jagt wieder abwärts zwischen die Wolken über der Erde:

Wunder nimmt es den Mond, daß tiefer die Rosse des Bruders
rennen als seine, und, rings entzündet, rauchen die Wolken.
Wo sie am höchsten sich hebt, erfassen Flammen die Erde . . .
– auch große ummauerte Städte verderben,
und es verwandelt die Brunst des Feuers in Asche die ganzen
Länder mitsamt ihrem Volk . . .
Damals, so glaubt man, erhielt Aethiopiens Volk seine schwarze
Farbe, da Hitze sein Blut an des Körpers Fläche gerufen . . .
Bis an das Ende der Welt entfloh der Nil und versteckte
angstvoll sein Haupt, das sich heut noch verbirgt.

Mutter Erde jedoch, die verbrannte Braue mit der Hand schützend, von heißem Qualm beinahe erstickt, erhob ihre heilige Stimme und rief Jupiter, Vater aller Dinge, an, seine Welt zu retten:

. . . Blick hin nach den beiden
Polen – ein jeder raucht! Bringt die das Feuer zu Schaden,
stürzen auch euere Hallen. Und sieh, wie Atlas sich quält und
kaum auf der Schulter mehr erträgt die glühende Achse.
Geht die Erde, das Meer, die Burg des Himmels zugrunde,
quirlt's uns ins alte Chaos zurück. Entreiße den Flammen,
was da etwa noch blieb. Schaff Rat, hier geht es um alles!

Jupiter, der allmächtige Vater, versammelt nun in größter Eile die Götter als Zeugen, daß alles verloren sei, wenn nicht rasch Einhalt getan werde. Dann erklimmt er den Zenith, ergreift einen Blitz und schleudert ihn, vom Ohr aus, mit der Rechten auf den Lenker. Der Wagen zerbricht, die Rosse scheuen und reißen sich los; Phaëthon aber, in dessen Haar das Feuer wütet, stürzt herab wie ein fallender Stern, und der Po nimmt sein brennendes Gebein auf.

Die Nymphen dieses Landes übergaben seinen Leib der Erde, und auf den Hügel ward ein Stein gesetzt mit dem Spruch:

> Hier liegt Phaëthon, der seines Vaters Wagen bestiegen.
> Hielt er ihn nicht und fiel, es war doch groß, was er wagte.[51]

Diese Geschichte der Nachgiebigkeit von seiten der Eltern demonstriert die antike Vorstellung, daß Chaos die Folge ist, wenn die Rollen des Lebens von ungenügend Eingeweihten übernommen werden. Wenn das Kind dem friedlichen Dasein an der Mutterbrust entwächst und sich der Welt der spezialisierten Tätigkeiten der Erwachsenen zuwendet, gerät es geistig in die Sphäre des Vaters, der für den Sohn zum Inbegriff der künftigen Aufgabe, für die Tochter zu dem des künftigen Gatten wird. Ob er es weiß oder nicht, und gleichgültig, was seine Stellung in der Gesellschaft ist – der Vater ist der Initiationspriester, der das junge Wesen in eine größere Welt einführt. Und genau wie früher die Mutter das Gute und Böse repräsentierte, so tut es nun der Vater, nur daß nun ein Element von Rivalität das Bild kompliziert: des Sohnes gegen den Vater um die Meisterung der Welt, der Tochter gegen die Mutter, um die gemeisterte Welt zu sein.

Die traditionelle Vorstellung der Initiation vereinigt die Einführung des Kandidaten in die Techniken, Pflichten und Rechte seines Berufs mit einer tiefgreifenden Umstellung der emotionellen Beziehungen zu den Elternfiguren. Der Mystagog, sei es nun der Vater selbst oder irgendein Substitut, darf die Symbole der Pflicht nur einem solchen Sohn anvertrauen, der von allen unangemessenen infantilen Bindungen wirksam befreit ist und bei dem die gerechte, von persönlichen Rücksichten freie Ausübung seines Amtes nicht durch unbewußte oder vielleicht sogar rationalisierte bewußte Motive persönlichen Gewinns, persönlicher Vorlieben oder Abneigungen verhindert wird. Im Idealfall ist der Eingekleidete entkleidet von seiner bloßen Menschlichkeit und steht nur noch für eine unpersönliche kosmische Kraft.

Tafel VII. Der Zauberer
(Steinzeitliche Höhlenmalerei, französische Pyrenäen)

Tafel VIII. Der Weltvater Viracocha, weinend (Argentinien)

Er ist der Doppeltgeborene, ist selber der Vater geworden. Und infolgedessen ist er nun selbst befähigt, die Rolle des Initiierenden, des Führers oder der Sonnenpforte zu spielen, durch die man von den infantilen Trugbildern des Guten und Bösen hinweg zur Erfahrung der Majestät des Weltgesetzes gelangen kann, gereinigt von Hoffnung und Furcht und befriedet im Verstehen der Offenbarung des Seins.

»Einmal träumte ich«, erzählt ein kleiner Junge, »daß ich von Menschenfressern gefangen wurde. Sie alle fingen an zu springen und zu schreien. Ich war überrascht, mich in meinem eigenen Zimmer zu sehen. Da war ein Feuer, und ein Kessel darüber war voll von kochendem Wasser. Da warf man mich hinein, und ab und zu kam der Koch herüber und stach mit einer Gabel in mich, um zu sehen, ob ich gar sei. Dann nahm er mich heraus und gab mich dem Häuptling, der mich gerade anbeißen wollte, als ich aufwachte.«[52]

»Ich träumte, daß ich mit meiner Frau bei Tische saß«, berichtet ein durchaus zivilisierter Herr. »Während der Mahlzeit griff ich hinüber und nahm unser zweites Kind, ein Baby, und legte es dann, als ob das die größte Selbstverständlichkeit wäre, in eine grüne Suppenschüssel, die mit heißem Wasser oder irgendeiner heißen Flüssigkeit gefüllt war; denn es kam ganz gargekocht heraus, wie Hühnerfrikassee.

Ich legte das Fleisch auf dem Tisch auf ein Brotbrett und tranchierte es mit meinem Messer. Als wir alles bis auf ein hühnerkropfähnliches kleines Stück aufgegessen hatten, sah ich etwas verstört zu meiner Frau auf und fragte sie: ›Bist du sicher, daß du mich das tun lassen wolltest? Hattest du die Absicht, ihn zum Abendessen zu haben?‹

Sie antwortete ein wenig ärgerlich: ›Nachdem er so gut gekocht war, blieb nichts anderes übrig.‹ Ich war gerade dabei, das letzte Stück aufzuessen, als ich erwachte.«[53]

Dieser archetypische Albtraum des Ogervaters wird im Ordeal der primitiven Initiationsriten aktualisiert. Die Knaben des australischen Stamms der Murngins werden, wie wir sahen, zuerst erschreckt, so daß sie zu ihren Müttern fliehen. Die Große Vaterschlange ruft nach ihrer Vorhaut.[54] Das bringt die Frauen in die Rolle von Beschützerinnen. Ein gewaltiges, Yurlunggur genanntes Horn wird geblasen, das den Ruf der Großen Vaterschlange darstellen soll, die aus ihrem Loch emporgestiegen ist. Wenn die Männer kommen, um die Knaben zu holen, greifen die Frauen nach Speeren und markieren Verteidigung sowie Heulen und Weinen darüber, daß die kleinen Gesellen weggeholt und »verspeist« werden sollen. Der dreieckige Tanzplatz der Männer ist der Körper der Großen Vaterschlange. Dort werden den Knaben durch viele Nächte hindurch zahlreiche Tänze vorgeführt, die die verschiedenen Totemahnen darstellen, und man lehrt sie die Mythen, die die bestehende Weltordnung erklären. Auch sendet man sie auf eine lange Reise zu benachbarten und entfernten Clans, die die mythischen Wanderungen der phallischen Ahnen wiederholt.[55] Auf diese Weise, »in« der Großen Vaterschlange sozusagen, werden sie in eine faszinierende neue Objektwelt eingeführt, die sie für den Verlust der Mutter entschädigt; zum Zentrum der Imagination *(axis mundi)* wird nun an Stelle der weiblichen Brust der männliche Phallus.

Den Höhepunkt einer langen Kette ritueller Belehrungen bildet dabei die Befreiung des eigenen Penis der Jünglinge aus der schützenden Vorhaut durch den erschreckenden und schmerzhaften Angriff, den der Beschneidende darauf führt.[56] Bei den Aruntas zum Beispiel ertönt von allen Seiten das Geräusch der Schwirrhölzer, wenn der Augenblick für diese entscheidende Lostrennung von der Vergangenheit gekommen ist. Es ist Nacht, und im unheimlichen Licht des Feuers erscheint plötzlich der, der die Beschneidung ausführt, mit seinem Helfer. Das Geräusch ist die Stimme des großen Dämons der Zeremonie, und die beiden, die die Operation ausführen, sind seine Erscheinung. Die Bärte in den Mund gesteckt, Zorn zeigend, die Beine weit gespreizt und die Arme ausgestreckt, stehen die beiden Männer ganz still, vorne der, der die Beschneidung ausführen wird, in der rechten Hand das kleine Feuersteinmesser, das bei der Operation gebraucht wird, und dicht hinter ihm, so daß die beiden Körper sich berühren, sein Helfer. Dann nähert sich im Lichte des Feuers ein Mann, der auf seinem Kopf einen Schild balanciert und gleichzeitig Daumen und Zeigefinger beider Hände schnappen läßt. Die Männer, die das Stiergebrüll ausstoßen, machen einen fürchterlichen Lärm, der bis ins Lager, wo die Frauen und Kinder sich aufhalten, gehört werden kann. Der Mann mit dem Schild auf dem Kopf geht dicht vor dem, der die Beschneidung ausführen soll, auf ein Knie nieder, und nun wird einer der Knaben von seinen Onkeln vom Boden aufgehoben und mit den Füßen voran zu dem Schild getragen, auf den er dann niedergelegt wird, während alle Männer einen in tiefen, lauten Tönen gehaltenen Gesang ausstoßen. Die Operation geht schnell vonstatten; dann ziehen die schrecklichen Gestalten sich sogleich aus dem erleuchteten Umkreis zurück, und der Knabe, der sich in einem mehr oder minder benommenen Zustand befindet, wird gepflegt und beglückwünscht von den Männern, in deren Kreis er nun aufgenommen ist. »Du hast dich brav benommen«, sagen sie, »du hast nicht geschrien.«[57]

Die australischen Eingeborenenmythen berichten, daß bei den ersten Initiationsriten alle jungen Männer getötet wurden[58] – was beweist, daß diese Riten unter anderem auch ein dramatisierter Ausdruck der Ödipusaggression durch die ältere Generation sind, wobei die Beschneidung als eine gemilderte Kastration gelten könnte.[59] Ebenso aber tragen die Riten dem kannibalischen Todeswunsch der jüngeren, heranwachsenden Gruppe von Männern gegenüber dem Vater Rechnung, was verbunden ist mit einer Darstellung des freundlichen, selbstlos opferbereiten Aspekts des Vater-Archetypus. In der langen Unterweisungsperiode nämlich gibt es einen Abschnitt, während dessen die Anwärter gezwungen werden, nur von dem frisch abgenommenen Blut der älteren Männer zu leben. »Die Eingeborenen«, so heißt es, »sind besonders am christlichen Abendmahlsritus interessiert, und als sie durch Missionare davon erfahren hatten, verglichen sie ihn mit ihrem eigenen Ritual des Bluttrinkens.«[60]

»Abends kommen die Männer und nehmen der Stammeshierarchie entsprechend ihre Plätze ein; der Knabe liegt mit dem Kopf auf den Schenkeln seines Vaters. Er darf keine Bewegung machen, oder er würde sterben. Der Vater bedeckt seine Augen mit den Händen, weil man glaubt, daß Vater und Mutter des Knaben beim Anblick der nun folgenden Verrichtungen sterben würden. Der Kessel aus Holz oder Rinde wird in die Nähe eines der Brüder der Mutter des

Knaben gesetzt, der, nachdem er seinen Arm leicht abgebunden hat, den oberen Teil mit einem Nasenbein anritzt und den Arm über den Kessel hält, bis ein gewisses Quantum Blut abgenommen ist. Nun ritzt der nächste Mann seinen Arm und so fort, bis der Kessel voll ist. Er enthält etwa zwei Quarts. Der Knabe nimmt einen tiefen Zug von dem Blut. Wenn sein Magen rebelliert, drückt sein Vater ihm den Hals, um zu verhindern, daß er das Blut wieder von sich gibt, weil sonst sein Vater, seine Mutter, seine Brüder und Schwestern alle sterben würden. Was von dem Blut übrigbleibt, wird über ihn ausgegossen.

Von nun an, manchmal einen ganzen Monat lang, ist dem Knaben nach dem Gesetz Yammingas, des mythischen Ahnen, keine andere Nahrung erlaubt als menschliches Blut . . . Manchmal gerinnt das Blut in dem Kessel; dann schneidet der Wächter es mit einem Nasenbein in Scheiben, die von dem Knaben gegessen werden, wobei die beiden Endscheiben zuerst kommen. Die Scheiben müssen gleichmäßig geteilt sein, oder der Knabe würde sterben.«[61]

Oft sind die Blutspender so erschöpft, daß sie ohnmächtig werden und eine Stunde oder länger in einem komaähnlichen Zustand verbleiben.[62] »In früheren Zeiten«, schreibt ein anderer Beobachter, »wurde dieses Blut von einem Mann gewonnen, der zu diesem Zweck getötet wurde, und Teile seines Körpers wurden verzehrt.«[63] »Hier«, sagt dazu Róheim, »kommen wir so nahe wie nur möglich an eine rituelle Darstellung der Tötung und Verspeisung des Urvaters heran.«[64]

Es ist kein Zweifel, daß, wie unaufgeklärt die halbnackten australischen Wilden uns auch erscheinen mögen, in ihren Zeremonien ein uraltes System geistiger Unterweisung in unsere Zeit hineinragt, dessen weitverstreute Zeugnisse nicht nur in allen Ländern und Inseln zu finden sind, die den Indischen Ozean umgeben, sondern auch in den Überresten der archaischen Zentren unserer Art von Zivilisation.[65] Wieviel die alten Männer in der Tat gewußt haben, ist aus den veröffentlichten Berichten unserer Reisenden schwer zu entnehmen. Aber ein Vergleich der Gestalten des australischen Ritus mit denen, die uns aus höheren Kulturen vertraut sind, zeigt wohl, daß die großen Themen, die zeitlosen

Archetypen und ihre Wirkung auf das Gemüt unverändert sind.

»Komm, Dithyrambos, und birg dich in meinem männlichen Schoße.«[66]

In diesem Schrei des Donnerers Zeus an das Kind Dionysos, seinen Sohn, ertönt das Leitmotiv der griechischen Mysterien der zweiten Geburt in der Initiation. »Und Stierstimmen ertönen dorthin von irgendwo aus dem Unsichtbaren, fürchterliche Gestalten, und von einer Trommel wird ein Bild wie von unterirdischem Donner, schwer von Schrecken, in die Luft getragen.«[67]

Dem Wort Dithyrambos selber, das Epitheton des getöteten und auferstandenen Dionysos, wurde von den Griechen die Bedeutung »der von der doppelten Tür« – der, der das fürchterliche Mysterium der zweiten Geburt überlebt hat – zugeschrieben. Und wir wissen weiter, daß die dithyrambischen Chöre und die finsteren, blutdürstigen Riten des Gottes – die mit der Erneuerung der Vegetation, des Mondes, der Sonne und der Seele in Verbindung gebracht und zur Zeit der Auferstehung des Jahresgottes begangen wurden – die rituellen Anfänge der attischen Tragödie darstellen. Die ganze antike Welt ist übervoll von solchen Mythen und Kulten: jeder, der sich mit vergleichender Religionsgeschichte befaßt, kennt den Tod und die Auferstehung der Tammuz, Adonis, Mithras, Virbius, Attis und Osiris und ihrer verschiedenen heiligen Tiere (Ziegen und Widder, Stiere, Schweine, Pferde, Fische und Vögel); ins Spaßhafte verändert, hat sich in unseren Kalender hinein die Tradition der öffentlichen Karnevalsspiele fortgesetzt, der Whitsuntide Louts, Green Georges, John Barleycorns und Kostrubonkos, der Austreibung des Winters, Einholung des Sommers und der Tötung der Weihnachtslerche[68]; und durch die christliche Kirche werden wir – in der Mythologie von Fall und Erlösung, Kreuzigung und Auferstehung, von zweiter Geburt in der Taufe, dem Initiationsschlag auf die Wange bei der Konfirmation, dem symbolischen Essen des Fleisches und Trinken des Blutes – feierlich und manchmal wirksam mit den unsterblichen Bildern von initiatorischer Gewalt vereinigt, durch deren sakramentale Wirkung der Mensch seit seinem Erscheinen auf der Erde die Schrecken der Erscheinungswelt zerstreut und sich zur allverwandelnden Schau des unsterblichen Seins durchgerungen hat. »Denn so der Ochsen und der Böcke Blut, und die Asche von der Kuh gesprenget, heiliget die Unreinen zu der leiblichen Reinigkeit; wieviel mehr wird das Blut Christi, der sich selbst ohne allen Wandel, durch den Heiligen Geist, Gott geopfert hat, unser Gewissen reinigen von den toten Werken, zu dienen dem lebendigen Gott.«[69]

Die Basumbwas in Ostafrika erzählen die Legende von einem Mann, dem sein verstorbener Vater erschien. Er hütete das Vieh des Todes und führte ihn einen Pfad entlang, der in die Erde führte wie ein riesiger Kaninchengang. Sie gelangten zu einem großen Platz, wo sich einige Leute aufhielten. Der Vater verbarg den Sohn und ging fort, um zu schlafen. Am nächsten Morgen erschien der große Häuptling, der Tod. Auf der einen Seite war er schön, aber die andere war verwest, und Maden fielen davon auf den Boden. Seine Diener lasen die Maden auf. Die Diener wuschen die Geschwüre, und als sie fertig waren, sagte der Tod: »Der heute geboren wird: wenn er auf Handel geht, wird er von Räubern überfallen werden. Die Frau, die heute empfängt: sie wird mit dem empfangenen Kind sterben. Der Mann, der heute seinen Acker bestellt: seine Ernten sind verdorben. Der in den Urwald ging, ist vom Löwen gefressen worden.«

So verkündete der Tod den Weltlauf und ging wieder zur Ruhe. Als er aber am folgenden Morgen wieder erschien, wuschen und parfümierten seine Diener die schöne Seite und rieben sie mit Öl. Als sie fertig waren, verkündete der Tod den Segen: »Der heute geboren wird: möge er reich werden. Möge die Frau, die heute empfängt, ein Kind gebären, das ein hohes Alter erreichen wird. Der heute geboren wird: laßt ihn auf den Markt gehen; möge er gute Gewinne machen; möge er mit Blinden handeln. Der Mann, der sich in den Urwald begibt: möge er Wild erlegen; möge er sogar Elefanten aufspüren. Denn heute verkünde ich den Segen.«

Dann sagte der Vater zum Sohn: »Wenn du heute angekommen wärst, wären viele Dinge in deinen Besitz gekommen. Aber nun ist es klar, daß dir Armut bestimmt worden ist. Morgen wirst du besser wieder gehen.«

Und der Sohn kehrte zu seinem Haus zurück.[70]

Die Sonne in der Unterwelt, der Herr der Toten, ist die Kehrseite des gleichen Strahlenkönigs, der den Tag schenkt und regiert; denn: »Wer versorgt euch vom Himmel und von der Erde her? Oder wer hat Gewalt über Gehör und Gesicht? Und wer bringt das Lebendige aus dem Toten hervor, und bringt hervor das Tote aus dem Lebendigen? Und wer führt den Befehl?«[71] Wir erinnern uns der Erzählung der Wadschagga von dem sehr armen Manne Kjasimba, der von einem Weiblein zum Zenith geführt wurde, wo die Sonne mittags stillsteht[72]; dort wurde ihm vom Reichtum gewährt. Wir erinnern uns weiter der Erzählung von dem listigen Gott Edschu von der anderen Küste des Kontinents[73], dessen größte Freude es war, Streit zu säen. All dies sind verschiedene Aspekte der einen gefürchteten Vorsehung. Die Widersprüche von Gut und Böse, Tod und Leben, Schmerz und Lust, Segen und Fluch gehen von ihr aus und sind in ihr enthalten. Als die Personifikation der Sonnenpforte ist sie der Gipfelpunkt der Gegensatzpaare. »Und bei ihm sind die Schlüssel des Verborgenen ... Alsdann ist zu ihm eure Heimkehr, alsdann verkündet er euch eure Werke.«[74]

Das Geheimnis des in sich widerspruchsvollen Vaters ist in beredter Weise in der Figur einer großen Gottheit des prähistorischen Peru, des Viracocha, enthalten. Seine Tiara ist die Sonne, in jeder Hand hält er einen Donnerkeil, und von seinen Augen tropfen in Form von Tränen die Regen, die das Leben in den Tälern der Welt erneuern. Er ist der Allgott und Schöpfer aller Dinge, und doch zeigen die Legenden von seinen Wanderungen auf Erden ihn als Bettler, in Lumpen, und Beschimpfungen ausgesetzt. Das erinnert an Maria und Joseph vor den Türen der Herbergen zu Bethlehem[75] und an die antike Erzählung, wie Jupiter und Merkur in der Hütte von Philemon und Baucis vorsprechen[76], und weiter an den unerkannten Edschu. Der Sinn dieses häufigen Mythenmotivs ist ausgesprochen im Koran: »wohin ihr euch daher wendet, dort ist Allahs Angesicht.«[77] »Obwohl Er in allen Dingen verborgen ist«, sagen die Hindus, »scheint jene Seele nicht hervor; doch wird er gesehen von subtilen Sehern mit überlegenem, subtilen Intellekt.«[78] »Spalte den Stock«, sagt ein gnostischer Aphorismus, »und da ist Jesus.«

Diese Art, seine Allgegenwart zu offenbaren, teilt Viracocha also mit den höchsten der Allgötter. Auch die Vereinigung von Sonnen- und Sturmgott in ihm ist uns vertraut. Wir kennen sie aus dem hebräischen Jahwemythos, der die Züge der beiden Gottheiten zusammenzieht: Jahwe ist ein Sturmgott, El ein Sonnengott. Ebenso findet sie sich in dem Vater der Zwillingskrieger der Navahogeschichte, bei Zeus und in dem Donnerkeil und Heiligenschein bestimmter Buddhafiguren. Die Bedeutung ist die, daß die Gnade, die durch die Sonnenpforte ins Universum einströmt, identisch ist mit der Energie des Blitzes, der zerstört und selbst unzerstörbar ist: das Licht des Unvergänglichen, das das Gefüge der Täuschungen erschüttert, ist identisch mit dem Schöpferischen. Oder, im Bild eines sekundären Gegensatzpaares der Natur: das Feuer, das in der Sonne brennt, glüht auch im befruchtenden Sturm. Die Energie hinter dem Urgegensatzpaar von Feuer und Wasser ist ein und dieselbe.

Das ungewöhnlichste und rührendste Detail des Viracocha, dieser edlen peruanischen Konzeption des obersten Gottes, ist sein ureigenes, die Tränen. Die lebenden Wasser sind die Tränen Gottes. Darin ist die weltverachtende Einsicht des Mönches, »alles Leben ist voller Schmerz«, verbunden mit der weltzeugenden Bejahung des Vaters »Leben muß sein!« In vollem Bewußtsein der Lebensangst der Kreaturen seiner Hand, der brüllenden Wildnis der Schmerzen, der hirnzerreißenden Gluten der wahnvollen, sich zerfleischenden, lust- und zornerfüllten Totalität seiner Schöpfung, findet dieser Gott seinen Frieden in der Tätigkeit, dem Leben das Leben zu spenden. Die befruchtenden Wasser zurückzuhalten würde Vernichtung bedeuten, ihnen ihren Lauf zu lassen ist die Schöpfung der Welt, die wir kennen. Denn das Wesen der Zeit ist das Fließen, die Auflösung des je Daseienden, und das Wesen des Lebens ist die Zeit. In seinem Erbarmen und seiner Liebe für die vergänglichen Formen der Zeit gießt dieser demiurgische Inbegriff des Menschen Trost in die See der Schmerzen, aber im vollen Bewußtsein dessen, was er tut, sind die befruchtenden Wasser des Lebens, das er spendet, die Tränen seiner Augen.

Das Paradox der Schöpfung, das Hervortreten der zeitlichen Formen aus der Ewigkeit, ist das Urgeheimnis des Vaters. Es kann nie durch und durch erklärt werden. In jedem theologischen System gibt es deshalb einen Umschlagspunkt, eine Achillesferse, die der Finger des mütterlichen Lebens berührt hat, wo die Möglichkeit vollkommenen Wissens verlorengegangen ist. Die Aufgabe des Helden ist es, sich, und damit seine Welt, durch diesen Punkt hindurchzuzwängen und diesen entscheidenden Knoten, der die Fesseln der endlichen Existenz zusammenhält, zu sprengen oder aufzulösen.

Seine Aufgabe, wenn er zum Vater geht, ist es, seine Seele über alle Schrecken hinaus weit zu machen, damit er reif wird für das Wissen, wie die zermürbenden und unverständlichen Tragödien dieses großen und gleichgültigen Kosmos in der Majestät des Seins ihre völlige Begründung haben. Er überwindet das Leben und seinen »blinden Fleck« und erhebt sich für einen Augenblick zur Schau des Urgrunds. Er sieht ins Antlitz des Vaters, versteht, und beide sind versöhnt.

In der Geschichte von Hiob macht Gott keinen Versuch, in menschlichen oder anderen Begriffen das Übel zu rechtfertigen, das seinen gerechten Diener trifft, von welchem es heißt, »derselbe war schlecht und recht, gottesfürchtig und meidete das Böse«. Noch war es wegen eigener Sünden, daß die Knechte von chaldäischen Truppen niedergemacht, seine Söhne und Töchter von einem einstürzenden Haus erschlagen wurden. Als seine Freunde kommen, um ihn zu trösten, sagen sie, in ihrem frommen Glauben an Gottes Gerechtigkeit, daß Hiob gesündigt haben müsse, daß er es verdient habe, so fürchterlich geschlagen zu werden. Aber der gerechte, mutige, weitdenkende Dulder beharrt darauf, daß seine Taten gut waren, und zieht sich dadurch von Eliphas, einem der tröstenden Freunde, den Vorwurf zu, er lästere Gott, da er sich selbst gerechter nenne als Gott.

Als Gott selbst aus dem Wetter Hiob antwortet, macht er keinen Versuch, das Ungemach, das er gesandt hatte, in moralischen Begriffen zu rechtfertigen, sondern vergrößert nur seine Gegenwart und fordert von Hiob, auf Erden das gleiche zu tun, in menschlicher Darstellung der Wege des

Himmels: »Gürte wie ein Mann deine Lenden; ich will dich fragen, lehre mich. Solltest du mein Urteil zunichte machen und mich verdammen, daß du gerecht seiest? Hast du einen Arm wie Gott, und kannst du mit gleicher Stimme donnern, als er tut? Schmücke dich mit Pracht und erhebe dich; ziehe dich löblich und herrlich an. Streue aus den Zorn deines Grimmes, schaue an die Hochmütigen, wo sie sind, und demütige sie. Ja, schaue die Hochmütigen, wo sie sind, und beuge sie und mache die Gottlosen dünne, wo sie sind. Verscharre sie miteinander in der Erde und versenke ihre Pracht in das Verborgene: So will ich dir auch bekennen, daß dir deine rechte Hand helfen kann.«[79]

Da ist kein Wort der Erklärung, und nichts wird erwähnt von dem bedenklichen Handel mit Satan, den das erste Kapitel des Buches beschreibt, nur, in Donner und Blitz, eine Demonstration des Urfaktums, daß der Mensch nicht den Willen Gottes messen kann, der aus einer Mitte jenseits aller menschlichen Kategorien entspringt. Die erschüttert der Allmächtige des Buches Hiob in der Tat, und erschüttert bleiben sie bis zuletzt. Dennoch, Hiob selbst scheint in der Offenbarung einen seelenstillenden Sinn gefunden zu haben. Er war ein Mensch, der, durch seinen Mut im Feuerofen, durch seine Festigkeit, nicht vor einem Allerweltsbegriff vom Wesen des Allerhöchsten niederzufallen und im Staub zu liegen, sich fähig gezeigt hatte, einer größeren Offenbarung ins Auge zu sehen als nur der, mit der seine Freunde sich zufriedengaben. Wir können die Worte, die er im letzten Kapitel spricht, nicht als die eines Mannes deuten, der nur eingeschüchtert ist. Es sind die Worte eines, der etwas *gesehen* hat, das alles übertrifft, was in Form von Rechtfertigungen *gesagt* wurde: »Ich habe dich mit den Ohren gehört, und mein Auge sieht dich auch nun. Darum schuldige ich mich und tue Buße in Staub und Asche.«[80] Die frommen Freunde werden erniedrigt, und Hiob ward mit einem neuen Haus, neuen Knechten und neuen Söhnen und Töchtern gesegnet. »Und Hiob lebte nach diesem hundert und vierzig Jahre, daß er sah Kinder und Kindeskinder, bis in das vierte Glied. Und Hiob starb, alt und lebenssatt.«[81]

Für den Sohn, der wahrhaft dazu herangewachsen ist, den Vater zu erkennen, sind die Qualen der Prüfungen leicht zu tragen. Die Welt ist ihm nicht mehr ein Tal der Tränen, sondern eine segenspendende, dauernde Offenbarung des Ewigen. Man halte gegen den Grimm des zornigen Gottes, wie Jonathan Edwards und seine Gemeinde ihn kannten, die zarte Lyrik aus den armseligen osteuropäischen Gettos des gleichen Jahrhunderts:

O Herr der Welt,
Singen will ich Dir ein Lied.
Wo bist Du zu finden,
Und wo bist Du nicht zu finden?
Wo ich vorübereile – da bist Du.
Wo ich verweile – auch da bist Du.
Du, Du, und nur Du.
Geht es gut – 's ist zu danken Dir.
Geht es schlecht – 's ist auch zu danken Dir.
Du bist, Du warst und Du wirst sein.
Du herrschst, Du hast geherrscht und Du wirst herrschen.
Dein ist der Himmel, Dein ist die Erde.
Du erfüllst die hohen Regionen,
Und Du erfüllst die niederen Regionen.
Wohin ich mich auch wende, Du, o Du bist da.[82]

5. Apotheose

Kaum einer der Bodhisattvas des Mahayana-Buddhismus in Tibet, China und Japan ist so mächtig und steht den Herzen der Gläubigen so nahe wie der Lotosträger Avalokiteshvara, »Der in Erbarmen hinabblickende Herr«, so genannt, weil er alle fühlenden, den Leiden des Daseins ausgesetzten Kreaturen in Mitleid ansieht.[83] Ihm gilt das millionenfache, unablässige *Om mani padme hum,* »Das Kleinod ist im Lotos«, der Gebetsmühlen und Tempelgongs Tibets. Die Menschheit kennt kaum eine andere Einzelgottheit, an welche ebensoviele Gebete sich in jeder Minute richten. Denn in dem Augenblick seiner letzten irdischen Verkörperung, da er selbst die Riegel der äußersten Pforte zerbrochen hatte und die zeitlose Leere hinter den drückenden Rätseln und Trugbildern des Daseins sich vor ihm auftat, hielt er inne und gelobte, allen Kreaturen ohne Ausnahme zur Erleuchtung zu verhelfen, bevor er in die Leere eingehe. Seitdem durchdringt er mit göttlicher Gnade und allgegenwärtigem Beistand das ganze Gewebe des Daseins, so daß auch der letzte Anruf noch, der aus dem weiten Geisterreich des Buddha an ihn ergeht, ein freundliches Ohr findet. Er durchmißt unter wechselnder Gestalt die zehntausend Welten, um in einer Stunde der Not und des Flehens zu erscheinen. Dann zeigt er sich in menschlicher Gestalt, mit zwei Armen, oder in übermenschlicher, mit vier Armen, auch mit sechs, zwölf oder tausend, und hält in einer seiner linken Hände den Weltlotos.

Wie der Buddha selbst gehört dieses gottähnliche Wesen jenem göttlichen Zustand an, den der menschliche Held erlangt, wenn er die letzten Schrecken des Nichtwissens überwunden hat. »Wenn die Umklammerung des Bewußtseins zunichte geworden ist, wird er frei von aller Furcht und dem Zugriff des Wechsels enthoben.«[84] In solcher Überwindung liegt für alle Menschen die Möglichkeit der Erlösung. Allen ist sie erreichbar: »Alle Dinge sind Buddha-Dinge.«[85] Eine andere Formulierung sagt im Grunde dasselbe: »Alle Wesen sind ohne Selbst.«

Der Bodhisattva, »Der, dessen Wesen die Erleuchtung ist«, erfüllt und erleuchtet die Welt, aber diese faßt ihn nicht. Vielmehr ist er es, der die Welt faßt und trägt. Er ist nicht befangen in Qual und Lust, sondern umfängt sie, unendlich abgeklärt und ruhend. Weil er ist, was alle Menschen sein könnten, ist seine Gegenwart hilfreich und schon sein Bild oder die Nennung seines Namens. »Er trägt einen Kranz von achttausend Strahlen, in denen der Stand vollkommener Schönheit erglänzt. Die Farbe seines Körpers ist purpurnes Gold. Seine Handflächen haben die Mischfarbe von fünfhundert Lotosblüten, und jede Fingerspitze trägt achtundvierzigtausend Siegelmale, deren jedes achtundvierzigtausend Farben hat; von jeder Farbe gehen achtundvierzigtausend Strahlen aus, die sanft und mild sind und alle Dinge bescheinen. Mit diesen Juwelenhänden ergreift und umfängt er alle Wesen. Die Aura seines Hauptes ist besetzt mit fünfhundert wunderbar verwandelten Buddhas, jeder umgeben von fünfhundert Bodhisattvas, denen wiederum zahllose Götter gesellt sind. Und wenn er seinen Fuß niedersetzt auf die Erde, regnet es Blumen aus Diamanten und Edelsteinen, daß alles ringsum bedeckt ist. Die Farbe seines Antlitzes ist Gold. In seiner ragenden Krone aus Edelsteinen dagegen steht ein Buddha, zweihundertundfünfzig Meilen hoch.«[86]

In China und Japan hat dieser vornehme und freundliche Bodhisattva neben der männlichen auch eine weibliche Gestalt. Die Madonna des Fernen Ostens, Kwan Yin in China, Kwannon in Japan, ist eben dieses wohlwollend auf die Welt blickende Wesen. In jedem buddhistischen Tempel dieser Länder ist sie zu finden. Sie ist gesegnet in der gleichen Weise, wie es die Einfältigen und die Wissenden sind, denn hinter ihrem Gelübde steht eine tiefe, die Welt erlösende und zugleich erhaltende Einsicht. Jenes Innehalten an der Schwelle Nirwanas, der Entschluß, bis zum Ende der doch endlosen Zeit das Aufgehen in die stillen Wasser der Ewigkeit zu geleiten, ist ein Symbol der Erkenntnis, daß die Unterscheidung von Zeit und Ewigkeit dem Reich der Erscheinungen angehört, daß sie also vom rationalen Verstand willkürlich gesetzt wird, aber zergeht im vollendeten Wissen des Geistes, der sich über die Gegensätze erhoben hat. Worum dieser weiß, ist die Erkenntnis, daß Zeit und Ewigkeit nur zweierlei Aspekte des gleichen, in sich einigen Erfahrungsganzen sind, zwei verschiedene Querschnitte des gleichen Ungeschiedenen und Unsagbaren. Und das heißt, daß das Kleinod der Ewigkeit im Lotos von Geburt und Tod ist: *om mani padme hum.*

Als erstes Moment dieser Lehre haben wir die wunderbare Vereinigung der beiden Geschlechter in diesem Bodhisattva zu erörtern, der als Avalokiteshvara männlicher, als Kwan Yin weiblicher Natur ist. Derartige Götter sind in der Welt des Mythos nicht ungewöhnlich. Immer sind sie in besonderer Weise von Geheimnissen umwittert, weil sie den Geist aus der realistischen Einstellung hinausführen in einen symbolischen Bereich, in dem die Gegensätze überwunden sind. Für Awonawilona, den obersten Gott der Pueblos von Zuni, Schöpfer und Erhalter aller Dinge, wird zwar manchmal das Pronomen »er« verwandt, aber seiner Natur nach ist er beides, »er« und »sie«. Der Große Ursprung der chinesischen Legende, die heilige Frau T'ai Yuan, umfaßt in ihrer Person das männliche Yang und das weibliche Yin.[87] In den kabbalistischen Lehren des mittelalterlichen Judentums ebenso wie in den Schriften der christlichen Gnosis des zweiten Jahrhunderts wird das fleischgewordene Wort als doppelgeschlechtliches Wesen dargestellt, was übrigens auch gilt für Adam, wie er ursprünglich erschaffen wurde, solange also der weibliche Aspekt, Eva, noch nicht losgetrennt und in eine selbständige Form übergeführt worden war. Bei den Griechen schließlich war nicht nur Hermaphroditos, das Kind des Hermes und der Aphrodite[88], sondern auch der Liebesgott Eros, nach Plato der Erste unter den Göttern[89], sowohl männlichen als auch weiblichen Geschlechts.

»Und Gott schuf den Menschen ihm zum Bilde, zum Bilde Gottes schuf er ihn; und er schuf sie ein Männlein und ein Fräulein.«[90] Man mag sich fragen, welche Natur dann das »Bild Gottes« gehabt habe. Die Antwort darauf ist in den Texten schon gegeben, und zwar deutlich genug: »Als der Heilige, gelobt sei Er, den ersten Menschen schuf, schuf Er ihn doppelten Geschlechts.«[91] Die Absonderung des Weiblichen ist zu verstehen als Symbol für den Beginn des Falles aus der Vollkommenheit in die Gegensätze, und als ihre natürlichen Konsequenzen die Entdeckung der Dualität von Gut und Böse, die Vertreibung aus dem Garten, da Gott auf Erden wandelt, und im Zusammenhang damit die Errichtung der Paradiesesmauer, bestehend im »Zusammenfall der Gegensätze«[92], die dem Menschen, der jetzt gespalten ist in Mann und Weib, nicht nur den Anblick des Gottesbildes verwehrt, sondern selbst die Erinnerung daran.

Das ist die biblische Version eines Mythos, der in vielen Ländern verbreitet ist. Er stellt eine der Grundmöglichkeiten dar, das Geheimnis der Schöpfung anschaulich zu fassen: das Werden der Zeit aus der Ewigkeit, den Zerfall des Einen ins Gedoppelte und dann ins Viele und die Zeugung neuen Lebens in der Wiedervereinigung des Getrennten. Das Bild, in dem er das tut, steht am Anfang des kosmogonischen Zyklus[93] und unverändert wieder an seinem Ende, wenn der Held seine Aufgabe gelöst hat, die Paradiesesmauer zerrinnt, die göttliche Form gefunden und wiedergefunden wird und das Wissen sich erneut.[94]

Auch der blinde Seher Tiresias war beides, männlich und weiblich. Die gebrochenen Formen der Welt des Lichtes und

Tafel IX. Der tanzende Shiva (Südindien)

Tafel X. Zweigeschlechtliche Ahnenfigur (Sudan)

der Gegensätze waren seinen Augen verschlossen, in dem Dunkel seines Inneren aber konnte er das Geschick des Oedipus erkennen.[95] In der Shiva-Inkarnation Ardhanarisha erscheint der Gott in einem Körper vereinigt mit seiner Gemahlin Shakti, er bildet die rechte Hälfte, sie die linke. Ardhanarisha läßt sich übersetzen: Der halb Weib seiende Herr.[96] Die Ahnenbilder mancher Stämme Afrikas und Melanesiens zeigen an ein und demselben Wesen mütterliche Brüste und väterlichen Bart und Penis.[97] Und in Australien folgt dem Beschneidungsritual, dem die Anwärter auf die Manneswürde unterworfen werden, nach einem Jahr eine zweite Operation, die Subinzision, bei der die Unterseite des Penis aufgeschlitzt wird, so daß ein Einschnitt in der Harnröhre dauernd zurückbleibt. Diese Öffnung wird »Penisschoß« genannt und soll eine männliche Vagina darstellen. Die Kraft dieses Zeremonials erhebt den werdenden Helden in den Zustand, mehr als nur Mann zu sein.[98]

Aus den Subinzisionsnarben gewinnen die australischen Väter das Blut, das für kultische Malereien und für die Befestigung der Weißvogeldaune am Körper benötigt wird. Sie brechen die alten Wunden auf und lassen es strömen.[99] Es bedeutet in einem das Menstruationsblut der Vagina und den männlichen Samen, und außerdem auch Urin, Wasser und männliche Milch. Sein Strömen zeigt, daß die alten Männer in sich selbst die Quelle von Nahrung und Leben haben[100], daß also sie und der unerschöpfliche Weltbrunnen eines sind.[101]

Das Kind ward verstört durch den Ruf der Großen Vaterschlange und suchte Schutz bei der Mutter. Aber der Vater kam und wurde Führer und Begleiter zu den Mysterien des Unbekannten. Als Eindringling in das Paradies des Kindes bei der Mutter und Urstörenfried ist er das Urbild des Feindes. Während des ganzen Lebens wird deshalb das Unbewußte durch Feinde an den Vater erinnert. »Was immer getötet wird, verwandelt sich in den Vater.«[102] Daher rührt die Verehrung der Kopfjäger für die Köpfe, die sie bei der Blutrache erbeuten.[103] Daher auch das zwanghafte, unwiderstehliche Verlangen der Menschheit nach Kriegen: der auf Vernichtung des Vaters abzielende Trieb wird ständig in politische Gewalttätigkeit transformiert. Das geschieht durch die psychologische Technik der Totemzeremonien, mit denen die Alten der Gruppe oder Rasse ihre heranwachsenden Söhne faszinieren, um sich vor ihnen zu schützen. Sie nehmen dabei eine Rolle an, die es ihnen erlaubt, die Maske des Ogers mit der der nährenden Mutter zu wechseln und beide Aspekte in ihrer Person zu vereinigen. So entsteht in erweiterter Form wieder das alte Paradies. Aber dieses Paradies schließt nicht die Erbfeinde ein, fremde Stämme oder Rassen, die weiterhin systematisch zur Zielscheibe der Aggressivität gemacht werden. Der freundliche Inhalt der Vorstellung von der Vater-Mutter bleibt fürs eigene Nest reserviert, der böse richtet sich ringsum nach außen: »Denn wer ist der Philister, dieser Unbeschnittene, der das Heer des lebendigen Gottes höhnet?«[104] »Und erlahmet nicht in der Verfolgung des Volks; leidet ihr, siehe, so leiden sie, wie ihr leidet. Ihr aber erhoffet von Allah, was sie nicht erhoffen.«[105]

Der Totemismus, dem man jeden Kult zurechnen kann, der um Stamm oder Rasse zentriert ist und aggressives Sendungsbewußtsein einschließt, ist nur eine Teillösung des psychologischen Problems, wie Haß durch Liebe zu besänftigen sei. Seine Initiationsleistung bleibt Stückwerk, weil er das Ich nicht auslöscht, sondern nur erweitert. Der Egoismus des Individuums weicht zwar der Hingabe an das Gesamtinteresse der Gruppe, der es angehört. Die ganze übrige Welt indessen, also die weitaus größere Hälfte der Menschheit, hat an dieser Solidarität keinen Anteil, weil sie nicht unter dem Schutz des lokalen Gottes steht. Und so nimmt denn die dramatische Trennung des Prinzips der Liebe vom Prinzip des Hasses ihren Lauf, von dem die Blätter der Geschichte voll sind. Statt sein eigenes Herz zu reinigen, geht der Zelot an die Reinigung der Welt. Die Gesetze des Gottesstaates läßt er nur für die eigene Gruppe gelten, handle es sich nun um Kirche, Stamm, Nation, Klasse oder was sonst; gegen die anderen aber, Unbeschnittene, Barbaren, Heiden, »Eingeborene« und Fremde, die durch Zufall seine Nachbarn sind, schürt er mit gutem Gewissen und im Bewußtsein frommer Werke das Feuer eines endlosen heiligen Krieges.[106]

Die Welt ist erfüllt von der Fehde solcher Bünde, die um ein Totem, eine Fahne oder Partei geschart sind. Auch die sogenannte christliche Welt, die angeblich einem *Welt*erlöser nachfolgt, ist der Geschichte durch Kolonialbarbarei und gegenseitige Vernichtungswut besser bekannt als durch irgendeine praktische Betätigung jener unbedingten Liebe, die der sie lehrte, den sie als ihren Herrn bekennt und die gleichbedeutend ist mit ernsthafter Überwindung des Ich, seiner Gewohnheiten und seiner Götzen: »Aber ich sage euch, die ihr zuhöret: Liebet eure Feinde, tut denen wohl, die euch hassen; segnet die, so euch verfluchen; bittet für die, so euch beleidigen. Und wer dich schlägt auf einen Backen, dem biete den andern auch dar; und wer dir den Mantel nimmt, dem wehre nicht auch den Rock. Wer dich bittet, dem gib; und wer dir das Deine nimmt, da fordere es nicht wieder. Und wie ihr wollt, daß euch die Leute tun sollen, also tut ihnen gleich auch ihr. Und so ihr liebet, die euch lieben, was Danks habt ihr davon? Denn die Sünder lieben auch ihre Liebhaber. Und wenn ihr euren Wohltätern wohl tut, was Danks habt ihr davon? Denn die Sünder leihen den Sündern auch, auf daß sie Gleiches wieder nehmen. Doch aber liebet eure Feinde, tut wohl, und leihet, daß ihr nichts dafür hoffet, so wird euer Lohn groß sein, und werdet Kinder des Allerhöchsten sein, denn er ist gütig über die Undankbaren und Boshaftigen. Darum seid barmherzig, wie auch euer Vater barmherzig ist.«[107]

Haben die Menschen sich einmal den Vorurteilen entwunden, welche die Zerstückelung der Weltarchetypen durch die provinziell eingeengten Interessen ihrer jeweiligen Kirche oder Nation mit sich bringt, so wird ihnen die Erkenntnis zugänglich werden, daß das höchste Wissen nicht das jener lokalen Mutter-Väter ist, die um ihrer eigenen Sicherheit willen den Haß nach außen lenken. Die frohe Botschaft des Welterlösers, die von so vielen zwar gern vernommen und eifernd weiterverkündet, aber anscheinend nur sehr ungern in die Tat umgesetzt worden ist, sagt, daß Gott die Liebe sei, geliebt werden dürfe und müsse, und daß alle Menschen ohne Ausnahme seine Kinder seien.[108] Solche Belanglosigkeiten aber wie etwa die technische Abwicklung der Kulthandlungen, die äußere Form der kirchlichen Organisation und die Beibehaltung der einen oder anderen Einzelheit des Glaubensbekenntnisses, von denen die abendländische Theologie sich so weitgehend hat absorbieren lassen, daß sie

sie heutzutage als die Grundfragen der Religion diskutiert[109], sind nichts als pedantische Schrullen, wenn der Kern der Lehre sie nicht in ihre dienende Funktion zurückverweist. Geschieht das nicht, so führen sie zur Regression und reduzieren die Vatervorstellung wieder auf das Niveau des Totemismus. Das aber hat sich in der gesamten christlichen Welt ereignet. Ein unbefangener Betrachter müßte den Eindruck gewinnen, es sei an sie der Ruf ergangen, durch Überlegung oder Experiment auszumachen, wen von allen der Vater bevorzuge. Während doch ihre Lehre weit weniger schmeichelhaft sagt: »Richtet nicht, auf daß ihr nicht gerichtet werdet.«[110] Das Kreuz des Welterlösers ist trotz der Praxis derer, die sich als seine Priester ausgeben, ein unvergleichlich demokratischeres Symbol als alle Nationalflaggen.[111]

Durch die wirre und tumultuarische Geschichte der Jahrhunderte, die der Verkündung des heiligen Krieges der Civitas Dei gegen die Civitas Diaboli durch den heiligen Augustinus folgten, hat das Verständnis der letzten, weltverneinenden Konsequenzen der Heilsworte und Heilssymbole der christlichen Überlieferung solchen Schaden genommen, daß der Denker von heute sich an eine andere und weit ältere Heilsoffenbarung um Auskunft über Sinn und Wesen einer Weltreligion und Doktrin universaler Liebe wenden muß: an die des Buddha, deren erstes und letztes Wort immer noch Friede ist, Friede für alle Kreaturen.[112]

Die folgenden tibetanischen Verse etwa, die zwei Hymnen des Dichterheiligen Milarepa entstammen, wurden ungefähr zu der Zeit gedichtet, da Papst Urban II. zum ersten Kreuzzug aufrief:

Inmitten der Stadt der Trughaftigkeit der Sechs Weltebenen
Ist mächtiger als alles die Sünde und Verfinsterung gezeugt aus bösen Werken;
Dort folgt das Wesen dem Gebot von Abscheu und Begierde,
Und findet niemals Rast, die Gleichheit zu erkennen:
Vermeide, O mein Sohn, Abscheu und Begierde.[113]
Wenn ihr der Nichtigkeit von Allen Dingen inne werdet, wird Mitleid sich in euren Herzen melden;
Wenn ihr der Trennung zwischen euch und anderen ledig werdet, werdet ihr anderen zu dienen bereit sein;

Und wenn ihr anderen dienend Erfolg haben werdet, werdet ihr
mir begegnen;
Und wenn ihr mich findet, werdet ihr des Buddhatums teilhaftig
werden.[114]

Im Herzen von allem ist Friede, weil Avalokiteshvara-Kwannon, der mächtige Bodhisattva, die grenzenlose Liebe, jedes fühlende Wesen ohne Ausnahme umfängt, bewohnt und ansieht. Die Vollkommenheit der zarten Flügel eines Insekts, gebrochen im Fluß der Zeit, sieht er an, und er selbst ist ihre Vollkommenheit und ihre Brechung. Das unausgesetzte Ringen des Menschen, der sich peinigt, sich verstrickt in die Netze seines leeren Wahns, darbt und irrt und doch in sich selbst das Geheimnis der Erlösung trägt, ohne es zu kennen und zu nutzen, auch das sieht er an, und es ist. Die Engel, die in Heiterkeit über dem Menschen schweben, die Dämonen und die unglücklichen Toten unter ihm: sie alle werden zum Bodhisattva hinangezogen durch die Strahlen seiner Juwelenhände, und sie sind er, und er ist sie. Die gefesselten, in Ketten geschlagenen Bewußtseinszentren in allen Bereichen des Daseins, nicht nur in unserer, durch die Milchstraße begrenzten Welt, sondern auch darüber in den Weiten des Raumes, Milchstraße über Milchstraße, Welt über Welt, die aus dem tiefen Wasser des Abgrunds ins Sein kommen, ins Leben hervorbrechen und wie eine Blase damit schon wieder sich auflösen, immer und immer wieder – diese Mannigfaltigkeit des Lebendigen, das alles leidet und eingeschlossen ist in den zugleich scheinhaften und undurchdringlichen Kreis seiner selbst, jagend, tötend, hassend und erfüllt von der Sehnsucht nach einem Frieden jenseits des Sieges: all dieses Lebendige sind die Kinder, die ruhelosen Gestalten des vorüberziehenden und doch unerschöpflichen langen Welttraums des Allbetrachtenden, dessen Wesen das Wesen der Leere ist: »Der in Mitleid niederschauende Herr.«

Aber der Name bedeutet auch: »Der Herr, der im Innern erblickt wird.«[115] Wir alle sind Spiegelungen des Bildes des Bodhisattva. Der Dulder in uns ist dieses göttliche Wesen. Wir und dieser schützende Vater sind eins. Das ist die erlösende Einsicht. Dieser schützende Vater ist jeder Mensch, dem wir begegnen. Und so muß man sich gegenwärtig halten, daß man, wenn auch dieser unwissende, begrenzte, sich wehrende und leidende Körper sich von irgendeinem anderen, dem Feind, bedroht fühlen mag, doch auch der Gott ist. Der Oger zermalmt uns, aber der Heros, der innerliche bereite Anwärter, unterzieht sich der Initiation »wie ein Mann« – und siehe, es war der Vater: wir in ihm und er in uns.[116] Die liebevolle schützende Mutter unseres Leibes konnte uns nicht gegen die Große Vaterschlange verteidigen, und der sterbliche, greifbare Körper, den sie uns gab, ward seiner fürchterlichen Macht überliefert. Aber der Tod war nicht das Ende. Ein neues Leben, eine neue Geburt, ein neues Wissen des Daseins, durch welches wir nicht mehr nur in dieser Physis leben, sondern in allen Körpern und allen Naturen der Welt als der Bodhisattva, ward uns verliehen. Der Vater war selbst der Schoß und die Mutter einer zweiten Geburt.[117]

Dies ist die Bedeutung der Vorstellung des zweigeschlechtlichen Gottes. Er ist das Geheimnis des Initiationsthemas. Wir werden von der Mutter hinweggenommen, in Stücke gerissen und dem weltvernichtenden Körper des Ogers einverleibt, für den alle Formen und Wesen in ihrer Schönheit nur die Gänge eines Festmahles sind; dann aber sind wir, wunderbar wiedergeboren, mehr denn zuvor. Ist der Gott das Idol eines Stammes, einer Rasse, Nation oder Sekte, so sind wir Streiter seiner Sache; ist er aber der Herr des Alls selber, so gehen wir hervor als Wissende, für die *alle* Menschen Brüder sind. In jedem Falle aber sind die Eltern-Imagines der Kindheit und die Vorstellungen von Gut und Böse überwunden. Nicht mehr sehnen und fürchten wir uns; sondern wir sind, was ersehnt und gefürchtet wurde. Alle die Götter, Bodhisattvas und Buddhas haben in uns ihren Platz gefunden, so wie in dem Strahlenkranz des Mächtigen, der den Lotos der Welt hält.

»Kommt«, heißt es deshalb, »wir wollen wieder zum Herrn; denn er hat uns zerrissen, er wird uns auch heilen; er hat uns geschlagen, er wird uns auch verbinden. Er macht uns lebendig nach zwei Tagen, er wird uns am dritten Tage aufrichten, daß wir vor ihm leben werden. Dann werden wir Acht darauf haben, und fleißig sein, daß wir den Herrn erkennen. Denn er wird hervorbrechen wie die schöne Morgenröte; und wird zu uns kommen wie ein Regen, wie ein Spätregen, der das Land feuchtet.«[118]

Dies ist der Sinn des ersten Wunders des Bodhisattva: des zweigeschlechtlichen Charakters seiner Erscheinung. Damit treffen die beiden dem Anschein nach entgegengesetzten Abenteuer des Mythos zusammen: die Begegnung mit der Göttin und die Versöhnung mit dem Vater. Denn im ersten lernt der Adept, daß das Männliche und das Weibliche die zwei Hälften eines Ganzen sind, von denen im *Brihadaranyaka Upanishad* die Rede ist[119]; während er im zweiten die Entdeckung macht, daß der Vater vor der Trennung der Geschlechter ist, und daß das Pronomen »er« eine bloße *façon de parler* war und der Mythos vom Sohn eine auszuradierende Hilfslinie. Und in beiden Fällen macht er die Entdeckung, oder genauer die Wiederentdeckung, daß er selbst das ist, was er nun gefunden hat.

Das zweite Wunder, das im Bodhisattva-Mythos zu vermerken ist, ist die Aufhebung des Unterschieds zwischen dem Leben und der Befreiung vom Leben, die, wie wir gesehen haben, im Verzicht des Bodhisattva auf das Eingehen ins Nirwana ihr Symbol hat. Nirwana bedeutet, abgekürzt, »das Auslöschen des dreifachen Feuers des Wunsches, der Feindschaft und des Wahns«.[120] Wie der Leser sich erinnern wird, war in der Legende von der Versuchung unter dem Bo-Baum (vgl. Seite 37) der Widersacher des werdenden Buddha Kama-Mara, wörtlich »Wunsch-Feindschaft« oder »Liebe und Tod«, der Zauberer des Wahns. Er war eine Personifikation des dreifachen Feuers und der Schwierigkeiten der letzten Prüfung, ein letzter Schwellenwächter, den der Allheld auf seiner höchsten Abenteuerfahrt ins Nirwana zu passieren hatte. Nachdem er das dreifache Feuer, die treibende Kraft des Universums, ausgelöscht hatte bis auf das kritische letzte glimmende Kohlenstückchen, gewahrte der Erlöser ringsumher, reflektiert wie in einem ihn rings umgebenden Spiegel, die letzten projizierten Phantasien seines primitiven physischen Willens, zu leben wie andere menschliche Wesen auch – des Willens, zu leben gemäß den alltäglichen Motiven von Wunsch und Feindschaft, in einem Scheinzusammenhang von Ursachen und Mitteln. Er erfuhr den Ansturm des ein letztes Mal sich aufbäumenden mißachteten Fleisches. Und dies war der Augenblick, von dem alles abhing, denn das eine glimmende Kohlenstückchen konnte den ganzen Brand wieder entflammen.

Diese berühmte Legende bietet ein hervorragendes Beispiel für die enge Beziehung, in der der Orient Mythos, Psychologie und Metaphysik hält. Die anschaulichen Personifikationen bereiten den Intellekt auf die Lehre vom wechselseitigen Zusammenhang der inneren und äußeren Welten vor. Sicher ist dem Leser eine gewisse Verwandtschaft dieser alten mythologischen Lehre von der Dynamik der Psyche mit den Lehren der modernen Freudschen Schule aufgefallen, derzufolge ein auf Leben gerichteter Trieb – *Eros* oder *Libido,* entsprechend dem buddhistischen *Kama,* nämlich »Wunsch« – und ein Todestrieb – *Thanatos* oder *Destrudo,* entsprechend dem buddhistischen *Mara,* nämlich »Feindschaft oder Tod« – die zwei Impulse sind, die nicht nur das Individuum von innen her bewegen, sondern auch die Umwelt für es beseelen.[121] Außerdem wird der im Unbewußten entspringende Wahn, der Wunsch und Feindschaft erzeugt, in beiden Systemen durch psychologische Analyse (im Sanskrit *viveka*) und psychologische Einsicht (im Sanskrit *vidyā*) zerstreut. Dennoch sind die Ziele der beiden Lehren, der überlieferten und der modernen, nicht genau die gleichen.

Die Psychoanalyse ist eine Technik, welche außergewöhnlich leidende Individuen von den fehlgeleiteten unbewußten Wünschen und Aggressionstrieben heilen soll, die sie in ein egozentrisches Gewebe von unwirklichen Schrecken und ambivalenten Wünschen einspinnen; der Patient, der von ihnen befreit ist, sieht sich wieder befähigt, mit einer gewissen Befriedigung an den realistischeren Befürchtungen, Feindschaften, erotischen und religiösen Praktiken, den Geschäften, Kriegen, Vergnügungen und häuslichen Aufgaben teilzuhaben, die seine Gruppe ihm auferlegt. Der aber, der aus freien Stücken die schwierige und gefährliche Reise unternommen hat, die über die Stadtmauern seiner Gemeinschaft hinausführt, muß auch diese Interessen als Produkte des Wahns ansehen. Deshalb ist das Ziel der religiösen Lehren nicht, das Individuum in dem Sinne zu kurieren, daß es sich wieder dem allgemeinen Wahn anpaßt, sondern seine Befreiung von Wahn überhaupt; und das nicht dadurch, daß

Wunsch und Feindschaft, *Eros* und *Thanatos* wieder in Ordnung gebracht werden – denn so würde nur ein neuer Wahnzusammenhang entstehen –, sondern durch die Auslöschung der Triebe bis in die Wurzel hinein, gemäß der berühmten buddhistischen Methode des achtfachen Pfades:

> Rechter Glaube, rechte Absichten,
> Rechte Worte, rechte Taten,
> Rechter Lebensunterhalt, rechtes Wagen,
> Rechte Besonnenheit, rechte Konzentration.

Nach der endgültigen Auslöschung von Wahn, Wunsch und Feindschaft im Nirwana weiß der Geist, daß er nicht ist, was er dachte: der Gedanke verläßt ihn. Der Geist ruht in seinem wahren Zustand, und darin kann er verweilen, bis der Körper von ihm abfällt.

> Sterne, Dunkel, eine Lampe, ein Phantom, Tau, eine Blase,
> Ein Traum, ein Aufleuchten eines Blitzes und eine Wolke:
> So sollten wir auf alles blicken, das gemacht ward.[122]

Der Bodhisattva jedoch läßt das Leben nicht fahren. Von der inneren Sphäre der Wahrheit, die über dem Gedanken und über der Sprache ist und daher nur als »Leere« bezeichnet werden kann, sich wieder nach außen, zur Welt der Erscheinungen wendend, gewahrt er außen den gleichen Ozean des Seins, wie er ihn innen fand. »Form ist Leere, Leere ist wahrlich Form. Leere ist nicht verschieden von Form, Form ist nicht verschieden von Leere. Was Form ist, das ist Leere; was Leere ist, das ist Form. Und das gleiche gilt für die Wahrnehmung, Name, Begriff und Wissen.«[123] Nachdem er die Wahngebilde seines früheren, sich selbst behauptenden, sich selbst verteidigenden und mit sich selbst beschäftigten Ichs überwunden hat, ist er außen und innen der gleichen Ruhe gewiß. Was er draußen erblickt, ist der visuelle Aspekt der großen, unfaßbaren Leere, auf der seine eigenen Erfahrungen von Ich, Form, Wahrnehmungen, Sprache, Begriffen und Wissen beruhen. Und er ist erfüllt von Mitleid für die von sich selbst tyrannisierten Wesen, die in Furcht vor ihrem eigenen Hirngespinst dahinleben. Er erhebt sich, kehrt zu ihnen zurück und wohnt bei ihnen als eine ichlose Mitte, durch die das Prinzip der Leere in seiner eigenen Einfachheit offenbar wird. Und dies ist sein großer Akt des Mitleids, denn was offenbar wird, ist die Wahrheit, daß für denjenigen, in dem das dreifache Feuer von Wunsch, Feindschaft und Wahn erlosch, diese Welt das Nirwana ist. Wogen der Gnade gehen von einem solchen aus für unser aller Befreiung. »Dies unser irdisches Leben ist eine Tätigkeit des Nirwana selber, nicht der kleinste Unterschied besteht zwischen ihnen.«[124]

So kann man sagen, daß die moderne therapeutische Absicht der Heilung, die zum Leben zurückführt, durch die alte religiöse Disziplin schließlich erreicht wird, – nur daß es ein großer Zirkel ist, den der Bodhisattva beschreibt, und daß die Abkehr von der Welt nicht als ein Fehler angesehen wird, sondern als der erste Schritt auf dem edlen Pfad, an dessen fernstem Wendepunkt die Erleuchtung über die tiefe Leere des kosmischen Zyklus gewonnen wird. Dieses Ideal ist auch dem Hinduismus wohlbekannt; von dem, der im Leben befreit ist *(jivan mukta)*, wunschlos, mitleidvoll und weise, heißt es: »Er schaut sein eigenes Selbst in allem und alle Wesen in dem eigenen Selbst, mit seinem Selbst dem Yoga hingegeben, erblickt er überall das gleiche Wesen ... in welcher Lage der auch immer sein mag, er ist ein Yogin, ist in mir.«[125]

Die Geschichte wird erzählt von einem konfuzianischen Gelehrten, der in den achtundzwanzigsten buddhistischen Patriarchen, Bodhidharma, drang, »um seine Seele zu befrieden«. Bodhidharma gab zur Antwort: Führe sie hervor und ich will sie befrieden.« Der Gelehrte erwiderte: »Das ist meine Schwierigkeit, ich kann sie nicht finden.« Darauf sagte Bodhidharma: »Dein Wunsch ist dir gewährt.« Der Gelehrte verstand und ging in Frieden.[126]

Die, welche nicht nur wissen, daß das Immerwährende in ihnen lebt, sondern auch, daß das, was sie – und alle Dinge – wirklich sind, das Immerwährende ist, trinken den Trank der Unsterblichkeit und lauschen überall der ungehörten Musik des ewigen Einklangs. Sie sind die Unsterblichen. Die taoistischen Landschaftsmalereien aus China und Japan schildern unübertrefflich die Seligkeit dieses irdischen Zustands. Die vier wohlwollenden Tiere, der Phönix, das Einhorn, die Schildkröte und der Drache, wohnen unter den Weidengärten, den Bambusstauden und Pflaumenbäumen und in den Nebeln heiliger Berge, nahe den himmlischen Sphären. Weise alte Männer, von gebrechlichem Körper, aber einer Seele, die ewiger Jugend teilhaftig ist, meditieren am Fuße dieser Gipfel, lassen sich von seltsamen Fabeltieren über ewige Fluten tragen oder führen, über ihren Teetassen, zur Flöte Lan Ts'ai-hos, angenehme Gespräche.

Die Herrscherin über das Erdenparadies der chinesischen Unsterblichen ist die Feengöttin Hsi Wang Mu, »Die Goldene Mutter der Schildkröte«. Sie wohnt auf dem Berge K'unlun in einem Palast, der umgeben ist von duftenden Blumen, Zinnen aus Edelsteinen und einer Gartenmauer von Gold.[127] Ihr Leib ist gebildet aus der reinsten Quintessenz der westlichen Lüfte. Alle sechstausend Jahre, wenn die Pfirsiche reifen, feiert sie das Pfirsichfest. In Lauben und Pavillons am See der Gemmen werden ihre Gäste dann von den holdseligen Töchtern der Goldenen Mutter bedient, und sie erfreuen sich an den Wasserspielen eines wunderbaren Springbrunnens. Sie kosten Phönixmark, Drachenleber und andere Fleischsorten, und die Pfirsiche und der Wein verleihen Unsterblichkeit. Musik ertönt von unsichtbaren Instrumenten, und die Lieder, die nicht von sterblichen Lippen kommen, und die Tänze der sichtbaren Mädchen feiern die Seligkeit der Ewigkeit in der Zeit.[128]

Im Geiste des taoistischen Erdenparadieses sind die japanischen Teezeremonien erdacht. Der Teeraum, genannt die Zuflucht der Phantasie, ist ein leichtes Bauwerk, bestimmt, einen Augenblick poetischer Intuition zu umschließen. Auch die Zuflucht der Leere genannt, entbehrt er jeder Ausschmückung. Nur gelegentlich enthält er ein einziges Bild oder Blumenarrangement. Das Teehaus heißt die Zuflucht des Nichtsymmetrischen: das Nichtsymmetrische deutet Bewegung an, das bewußt unvollendet Gelassene gewährt ein Vakuum, in das die Einbildungskraft des Betrachters einströmen kann.

Der Gast betritt das Teehaus über den Gartenpfad und muß gebückt durch den niedrigen Eingang gehen. Er verbeugt sich gegen das Bild oder Blumenarrangement und gegen den singenden Kessel und nimmt auf dem Boden Platz. Die einfachsten Gegenstände zeigen sich im Rahmen der bewußten Einfachheit des Teehauses in einer geheimnisvollen Schönheit, und das Schweigen birgt das Geheimnis des zeitlichen Daseins. Jeder Gast kann die Erfahrung für sich selbst zu ihrer Vollendung führen. So betrachten die Teilnehmer das All im kleinen und werden ihrer geheimen Verbundenheit mit den Unsterblichen inne.

Die großen Teemeister wollten aus dem göttlichen Wunder einen erfahrenen Augenblick machen, dessen Fluidum sich dann vom Teehaus dem Heim und von diesem wiederum der Nation mitteilte.[129] Während der langen und friedlichen Tokugawa-Epoche (1603-1868), vor der Ankunft des Commodore Perry im Jahre 1854, wurde das Gewebe des japanischen Lebens so von bedeutsamen Formalitäten durchsetzt, daß das Dasein bis in die kleinsten Einzelheiten ein bewußter Ausdruck des Ewigen war und die Landschaft selbst ein Tempel. Ähnlich bedeuten im ganzen Orient, in der ganzen alten Welt und in dem Amerika vor der Entdeckung durch Kolumbus Gesellschaft und Natur für den Geist das Unsagbare. »Die Pflanzen, Felsen, Feuer, Wasser, alles ist lebendig. Sie blicken auf uns und sehen unsere Bedürfnisse. Sie sehen, wenn wir nichts haben, uns zu schützen«, sagte ein alter Geschichtenerzähler der Apachen, »und dann ist es, daß sie sich offenbaren und zu uns reden.«[130] Das ist es, was die Buddhisten »die Predigt des Unbelebten« nennen.

Ein hinduistischer Asket, der sich am heiligen Ganges niederlegte, um zu ruhen, legte seine Füße auf ein Shiva-Symbol, einen Lingam, in welchem Phallus und Vulva zum Symbol der Hochzeit des Gottes mit seiner Gemahlin vereinigt sind. Ein vorübergehender Priester beobachtete, wie der Mann so ruhte, und schalt ihn. »Wie kannst du es wagen, dieses Symbol des Gottes dadurch zu entwürdigen, daß du deine Füße darauf legst?« wollte er wissen. Der Asket erwiderte: »Guter Herr, entschuldige mich; aber würdest du so freundlich sein, meine Füße zu nehmen und sie irgendwo hinzulegen, wo kein solcher heiliger Lingam ist?« Der Priester faßte die Knöchel des Asketen und schob sie nach rechts, aber als er sie niedersetzte, sprang ein Phallus aus dem Boden, und sie ruhten wie zuvor. Er schob sie wieder zur Seite, aber ein neuer Phallus empfing sie beim Niedersetzen. »Ach so«, sprach der Priester gedemütigt, verbeugte sich vor dem ruhenden Heiligen und ging seiner Wege.

Das dritte Wunder des Bodhisattva-Mythos ist, daß das erste, nämlich die zweigeschlechtliche Form, ein Symbol des zweiten, der Identität von Ewigkeit und Zeit ist. Denn in der Sprache der Götter ist die zeitliche Welt der große Mutterschoß. Das Leben darin, gezeugt vom Vater, ist zusammengesetzt aus ihrem Dunkel und seinem Licht.[131] Wir werden in ihr empfangen und wohnen getrennt vom Vater, aber wenn wir im Tode – unserer Geburt zur Ewigkeit – den Schoß der Zeit verlassen, werden wir in seine Hände gegeben. Die Weisen erkennen, noch während sie in diesem Schoße weilen, daß sie vom Vater gekommen sind und zu ihm zurückkehren; die sehr Weisen aber erkennen, daß sie und er im Grunde eins sind.

Das ist die Bedeutung jener tibetanischen Darstellungen der Vereinigung der Buddhas und Bodhisattvas mit ihrer weiblichen Gestalt, die vielen christlichen Kritikern als anstößig erschienen sind. Nach einem der überlieferten Schlüssel zur Betrachtung solcher Stützen der Meditation ist die weibliche Form (tibetanisch *yum*) als die Zeit anzusehen und die männliche *(yab)* als die Ewigkeit. Aus der Vereinigung beider geht die Welt hervor, in welcher alle Dinge, geschaffen nach dem Bilde dieses sich selbst wissenden männlich-weiblichen Gottes, zugleich zeitlich und ewig sind. Die Initiation geschieht durch den Weg des Meditierens, das den Meditierenden dazu führt, dieser Form der Formen *(yab-yum)* in sich selber innezuwerden. Ebenso aber kann die männliche Gestalt als Symbol des initiierenden Prinzips, der Methode, betrachtet werden, während die weibliche das Ziel bezeichnet, zu dem die Initiation führt. Dieses Ziel aber ist Nirwana, die Ewigkeit. Daher können beide Gestalten, die männliche und die weibliche, sowohl die Zeit als auch die Ewigkeit bedeuten. Das heißt, beide sind eins, jede ist beide, und die Doppelung ist nur ein Produkt der Illusion, die selber freilich von der Erleuchtung nicht verschieden ist.[132]

Das ist die höchste Formel für das große Paradox, durch das die Mauer der Gegensatzpaare erschüttert wird und der Schüler zur Schau Gottes gelangt, der, als er den Menschen schuf, ihn nach seinem Bilde männlich und weiblich schuf. Die rechte Hand der männlichen Gestalt hält einen Donnerkeil als Symbol ihrer selbst, während die linke, als Symbol der Göttin, eine Glocke hält. Der Donnerkeil ist sowohl die Methode als auch die Ewigkeit, während die Glocke der »erleuchtete Geist« ist; ihr Ton ist der schöne Klang der Ewigkeit, den der geläuterte Geist in der ganzen Schöpfung hört und darum auch in sich selber.[133]

Genau die gleiche Glocke ist es, die während der christlichen Messe in dem Augenblick geläutet wird, da Gott, durch die Kraft der Konsekrationsworte, in das Brot und den Wein hinabsteigt. Und die christliche Lesart ihrer Bedeutung ist auch die gleiche: *Et Verbum caro factum est*[134], das heißt »Das Kleinod ist im Lotos«: *Om mani padme hum*[135].

6. Die endgültige Segnung

Als der Prinz von der einsamen Insel sechs Nächte und Tage auf dem goldenen Lager mit der schlafenden Königin von Tubber Tintye geblieben war, wobei das Lager, das auf goldenen Rädern ruhte, die sich unablässig drehten, immerzu rund ging, Tag und Nacht, ohne Pause, – am siebenten Morgen also sagte er: »Jetzt ist es für mich Zeit, diesen Ort zu verlassen.« So stieg er herunter und füllte die drei Flaschen mit dem Wasser der flammenden Quelle. In der goldenen Kammer befand sich ein goldener Tisch, und auf dem Tisch eine Hammelkeule mit einem Laib Brot; und wenn alle Männer von Erin zwölf Monate von dem Tisch gegessen hätten, so würde das Fleisch und das Brot nach dem Essen die gleiche Form haben wie davor.

»Der Prinz setzte sich, aß sich satt an dem Brot und der Hammelkeule und ließ sie liegen, wie er sie gefunden hatte. Dann stand er auf, nahm seine drei Flaschen, tat sie in seine Tasche und verließ gerade die Kammer, als er zu sich sagte: ›Es wäre schändlich, fortzugehen, ohne etwas dazulassen, woran die Königin erkennen kann, wer hier war, während sie schlief.‹ So schrieb er einen Brief des Inhalts, daß der Sohn des Königs von Erin und der Königin von der einsamen Insel sechs Tage und Nächte in der goldenen Kammer von Tubber

Tafel XI. Bodhisattva (China)

Tafel XII. Bodhisattva (Tibet)

Tintye verbracht, drei Flaschen vom Wasser der flammenden Quelle genommen und von dem goldenen Tisch gegessen habe. Nachdem er seinen Brief unter das Kissen der Königin gelegt hatte, ging er hinaus, stellte sich in das offene Fenster, sprang auf den Rücken des kleinen, schmutzigen, mageren Kleppers und passierte die Bäume und den Fluß, ohne Schaden zu nehmen.«[136]

Die Leichtigkeit, mit der die Aufgabe hier vollbracht wird, kennzeichnet den Helden als einen außergewöhnlichen Mann, als geborenen König. Solche Leichtigkeit findet sich in zahlreichen Märchen und in allen Legenden von Göttern, die irdische Gestalt annahmen. Wo der normale Held sich einer Aufgabe gegenübersehen würde, trifft der Erwählte auf kein aufhaltendes Hemmnis und macht keinen Fehler. Die Quelle ist der Weltnabel, ihr flammendes Wasser das unzerstörbare Wesen des Daseins, das immerzu rundgehende Bett die Weltachse. Das schlafende Schloß ist der letzte Abgrund, in den das hinabsteigende Bewußtsein im Traume eintaucht und wo das individuelle Leben den Punkt seiner Auflösung in ununterschiedene Energie erreicht; und die Auflösung würde Tod bedeuten, Tod aber auch das Verfehlen des Feuers. Das auf eine Kindheitsphantasie zurückgehende Motiv des Tischlein-deck-dich, eines Symbols der unerschöpflich lebenspendenden und formschaffenden Macht der Urquelle, ist das Gegenstück des Märchens zu dem mythologischen Bild des Füllhorns beim Mahl der Götter. Die Verknüpfung der beiden großen Motive der Begegnung mit der Göttin und des Feuerdiebstahls dagegen bezeichnet schlicht und klar die Stellung der anthropomorphen Potenzen in der Welt des Mythos. Sie sind nicht Selbstzweck, sondern Wächter, Verkörperungen oder Verwalter der Milch, der Speise, des Feuers oder der Gnade des unvergänglichen Lebens.

Solche Bilder können als primär, wenn auch vielleicht nicht endgültig psychologisch gedeutet werden, denn man kann in den frühesten Phasen der Kindheitsentwicklung Anzeichen einer Mythologie beobachten, die über die Mühen der Zeit hinausgreift. Sie erscheinen als Reaktionen auf und spontane Abwehrregungen gegen die Phantasien von einer Zerstörung des Körpers, die dem Kind zusetzen, wenn ihm die Mutterbrust versagt wird.[137] »Das Kind reagiert mit Schmollen, und die Phantasie, die dieses Schmollen begleitet, ist, alles aus dem Leib der Mutter herauszureißen ... Das Kind fürchtet dann Vergeltung für diese Impulse, das heißt, daß alles aus seinem eigenen Innern herausgerissen wird.«[138] Ängste um die Integrität des Körpers, Restitutionsphantasien, eine stille, tiefe Sehnsucht nach Unzerstörbarkeit und Schutz vor den »schlechten« Mächten drinnen und draußen beginnen die werdende Seele zu dirigieren, und sie bleiben bestimmende Faktoren in den späteren neurotischen und auch normalen beruflichen, privaten, geistigen, religiösen und rituellen Verhaltensweisen des Erwachsenen.

Der Beruf etwa des Medizinmannes, dieses Kernstück aller primitiven Gruppen, »entsteht ... auf der Grundlage der infantilen Phantasien von der Zerstörung des Körpers vermöge einer Reihe von Abwehrmechanismen«.[139] In Australien spielt die Vorstellung eine wichtige Rolle, daß die Geister dem Medizinmann die Eingeweide herausgenommen und sie durch Kiesel, Quarzkristalle, ein Stück Tau und manchmal auch eine mit magischen Kräften begabte kleine Schlange ersetzt haben.[140] »Die erste Formel ist Abreagieren in der Phantasie (mein Inneres ist schon zerstört), gefolgt von einer Reaktionsbildung (mein Inneres ist nicht etwas Korruptibles und erfüllt von Fäkalien, sondern inkorruptibel, erfüllt von Quarzkristallen). Die zweite ist Projektion: ›Es bin nicht ich, der versucht, in den Körper einzudringen, sondern fremde Zauberer, die Krankheitsträger unter die Leute streuen.‹ Die dritte Formel ist Restitution: ›Ich versuche nicht, das Innere der Leute zu zerstören, ich heile sie.‹ Gleichzeitig jedoch reproduziert sich das ursprüngliche Element der Phantasie, die Vorstellung des wertvollen Körperinhalts, der aus dem Leib der Mutter gerissen wird, in den Techniken der Heilung: daß etwas aus dem Patienten herausgesaugt, -gezogen oder -gerieben wird.«[141]

Ein anderes Bild der Unzerstörbarkeit stellt sich in der volkstümlichen Vorstellung eines spirituellen Doppelgängers dar – einer »äußeren Seele«, die von den Schäden und Verletzungen des physischen Leibes nicht betroffen wird, sondern sich an einem entfernten Ort in Sicherheit befindet.[142] Bei Frazer heißt es von einer Zauberin: »›Mein Tod‹, sagte sie, ›ist weit von hier und schwer zu finden auf dem weiten Ozean. In dem Meere befindet sich eine Insel, und auf der Insel befindet sich eine grüne Eiche, und unter der Eiche liegt eine Eisentruhe, und in der Truhe ist ein kleiner Korb, und in dem Korbe liegt ein Hase, und in dem Hasen eine Ente, und in der Ente ist ein Ei. Und wer das Ei findet und zerbricht, tötet zu gleicher Zeit mich.‹«[143] Dazu vergleiche man den folgenden Traum einer erfolgreichen Geschäftsfrau von heute: »Ich war auf eine wüste Insel verschlagen. Ein katholischer Priester war auch dort. Er hatte sich damit beschäftigt, Bretter von einer Insel zur andern zu legen, so daß Leute herübergehen konnten. Wir gingen zu einer anderen Insel herüber und fragten eine Frau, wo ich hingegangen sei. Sie antwortete, daß ich mit einigen Tauchern am Tauchen sei. Dann ging ich irgendwohin ins Innere der Insel, wo ein wunderschönes Wasser war, voller Edelsteine und Juwelen, und das andere ›Ich‹ war drunten, in einem Taucheranzug. Ich stand da, sah hinab und beobachtete mich selber.«[144] Dann haben die Hindus eine bezaubernde Erzählung von einer Königstochter, die nur den Mann heiraten wollte, der ihr anderes Selbst fände, im Lande des Lotos der Sonne auf dem Grunde der See.[145] Der initiierte australische Eingeborene wird nach seiner Hochzeit von seinem Großvater zu einer heiligen Höhle geführt, und dort wird ihm eine kleine Holzplatte gezeigt, die mit allegorischen Zeichen beschriftet ist. »Das«, so wird ihm gesagt, »ist dein Körper; dies und du ist dasselbe. Nimm es nicht an einen anderen Ort, oder du wirst Schmerzen spüren.«[146] Die Manichäer und Gnostiker der ersten christlichen Jahrhunderte lehrten, daß die Seele der Geretteten, wenn sie im Himmel ankomme, von Heiligen und Engeln empfangen werde, die ein ihr bestimmtes Lichtgewand trügen.

Der höchste Segen, den der unzerstörbare Leib braucht, ist das ewige Wohnen im Paradiese der Milch, die niemals versiegt: »Freuet euch mit Jerusalem, und seid fröhlich über sie, alle, die ihr sie lieb habt. Freuet euch mit ihr, alle, die ihr über sie traurig waret. Denn dafür sollt ihr saugen und satt werden von den Brüsten ihres Trostes; ihr sollt dafür saugen und euch ergötzen von der Fülle ihrer Herrlichkeit. Denn also spricht der Herr: Siehe, ich breite aus den Frieden bei ihr, wie einen Strom ... da werdet ihr saugen. Ihr sollt auf der Seite getragen werden, und auf den Knien wird man euch freundlich halten.«[147] Speise der Seele und des Körpers, Leichtigkeit des Herzens, fließt aus »All-Heil«, der unerschöpflichen Brust. Der Olymp erhebt sich bis zum Himmel, und Götter und Heroen nähren sich dort von Ambrosia (α = nicht, βροτός = sterblich). In Wotans Walhall essen vierhundertzweiunddreißigtausend Helden vom nie abnehmenden Fleisch des Weltbären Sachrimnir und spülen es hinunter mit einer Milch, die von den Eutern der Himmelsziege Heidrun rinnt, die vom Laub der Weltesche Yggdrasil lebt. In den Feenhügeln von Erin essen die unsterblichen Tuatha De Danaan die stets sich erneuernden Schweine von Manannan und trinken gewaltige Mengen von Guibnes Bier. In Persien trinken die Götter im Bergparadies auf dem Hara Berezaiti unsterbliches *haoma,* das von dem Gaokerena-Baum, dem Baum des Lebens, gewonnen wird. Die japanischen Götter trinken *sake,* die polynesischen *ave,* die aztekischen das Blut von Männern und Jungfrauen. Und den Erlösten des Jahwe wird in ihrem Dachgarten das unerschöpfliche, köstliche Fleisch der Ungeheuer Behemoth, Leviathan und Ziz gereicht, und sie trinken dazu aus den vier süßen Flüssen des Paradieses.[148]

Abb. 7. Isis reicht der Seele Brot und Wasser

Es ist offenkundig, daß die kindlichen Phantasien, denen wir alle in unserem Unbewußten noch nachhängen, als Symbole unzerstörbaren Seins kontinuierlich in den Mythos, das Märchen und die Lehren der Kirche hinüberspielen. Diese Verbindung ist hilfreich, denn der Geist fühlt sich bei den Bildern sogleich zu Hause und scheint sich eines schon Vertrauten zu erinnern. Andererseits aber ist sie auch ein Hemmnis, denn die Gefühle kommen in den Symbolen zur Ruhe und widersetzen sich heftig jedem Impuls, über sie hinauszugehen. Die tiefe Kluft zwischen jenen kindlich zufriedenen Vielen, von denen sich in der Welt die Frömmigkeit ausbreitet, und den in Wahrheit Freien tut sich an der Linie auf, wo die Symbole nachgeben und überstiegen werden. Dante schreibt da, wo er das irdische Paradies verläßt:

O ihr, die ihr in einem kleinen Nachen
Voll Sehnsucht zuzuhören nachgefolgt
Seid meinem Schiff, das mit Gesang einherzieht,
Kehrt um, daß wieder euern Strand ihr sehet!
Begebt euch nicht aufs hohe Meer, ihr möchtet
Verirrt dort bleiben, wenn ihr mich verlöret!
Nie ward die Flut beschifft, die ich berühre;
Minerva weht, es führet mich Apollo,
Neun Musen zeigen mir der Bären Sterne.[149]

Hier ist die Linie, über die hinaus das Denken nicht geht und jenseits derer alles Gefühl wahrhaft tot ist: wie die letzte Station einer Bergbahn, von der Bergsteiger aufbrechen und zu der sie zurückkehren, um sich mit denen zu unterhalten, die die Bergluft lieben, sich aber nicht in die Höhen wagen können. Die nicht zu erzwingende Lehre von der Schönheit über aller Einbildungskraft kommt notwendigerweise gekleidet in die Gestalten der sinnenhaften Schönheit der Kindheit zu uns, und daher rührt das scheinbar Kindische der Erzählungen und auch die Unangemessenheit jeder nur psychologischen Interpretation.[150]

Die Subtilität des Humors, die die Bilderwelt der Kindheit gewinnt, wenn sie in eine sorgfältig überlegte mythologische Wiedergabe metaphysischer Lehren eingeht, zeigt sich auf großartige Weise in einem der bekanntesten von den großen Mythen der östlichen Welt, dem Bericht der Hindus von der

Urschlacht zwischen den Titanen und den Göttern um das Elixier der Unsterblichkeit. Ein uraltes Erdwesen, Kashyapa, »Der Schildkrötenmann«, hatte dreizehn von den Töchtern eines noch älteren demiurgischen Patriarchen, Daksha, »Der Herr der Tugend«, geheiratet. Zwei von diesen Töchtern, Diti und Aditi mit Namen, hatten die Titanen und die Götter geboren. In einer endlosen Kette von Familienkämpfen jedoch wurden viele von diesen Söhnen des Kashyapa erschlagen. Nun hatte aber der Hohepriester der Titanen durch schwere Kasteiungen und Meditationen die Gunst Shivas, des Herrn der Welt, erlangt, und Shiva verlieh ihm einen Zauber, mit dem er die Toten wieder erwecken konnte. Das gab den Titanen einen Vorteil, den die Götter, in der nächsten Schlacht, alsbald bemerkten. Verwirrt zogen sie sich zurück, um zu beraten, und wandten sich an die hohen Gottheiten Brahma und Vishnu.[151] Sie erhielten den Rat, mit ihren Brüdern einen vorläufigen Frieden zu schließen, während dessen die Titanen dazu gebracht werden sollten, ihnen zu helfen, den Milchozean des unsterblichen Lebens zur Gewinnung der Butter daraus – Amrita (*a* = nicht, *mṛita* = sterblich), »der Nektar der Todlosigkeit« – zu rühren. Die Titanen, geschmeichelt durch die Einladung, die sie als eine Anerkennung ihrer Überlegenheit auffaßten, willigten mit Vergnügen ein, und so nahm das große Abenteuer, das am Anfang der vier Epochen des Weltzyklus steht und bei dem Götter und Titanen zusammenarbeiteten, seinen Anfang. Als Quirl wählte man den Berg Mandara, und Vasuki, der König der Schlangen, erbot sich, als die Schnur zu dienen, mit der er in Rotation versetzt werden sollte. Vishnu selbst tauchte in Gestalt einer Schildkröte in den Milchozean, um mit seinem Rücken die Basis des Berges zu stützen. Die Götter faßten am einen Ende der Schlange an, nachdem sie um den Berg gewickelt worden war, die Titanen am anderen, und dann quirlten sie tausend Jahre lang.

Das erste, was von der Oberfläche der See aufstieg, war ein schwarzer, giftiger Rauch, genannt Kalakuta, »Schwarzer Gipfel«, nämlich die höchste Konzentration der Macht des Todes. »Trinke mich«, sagte Kalakuta, und die Arbeit konnte nicht weitergehen, bis jemand gefunden war, der ihn wegtrinken konnte. Man wandte sich an Shiva, der abseits saß. Großartig erhob er sich aus seiner Stellung tief versunkener Meditation und schritt zum Schauplatz des Quirlens. Er nahm die Todestinktur in einen Becher, schluckte sie mit einem Zug herunter und hielt sie durch seine Yoga-Kraft in der Kehle. Davon lief sein Hals blau an, und seitdem heißt Shiva auch Nilakantha, »Blaunacken«.

Nachdem das Quirlen wieder aufgenommen worden war, begannen sogleich kostbare Formen konzentrierter Macht aus der unerschöpflichen Tiefe emporzusteigen. Es erschienen Apsarases (Nymphen), die Glücksgöttin Lakshmi, das milchweiße Pferd Uchchaihshravas (»Lautes Wiehern«), der Kostbarste der Edelsteine, Kaustubha, und andere Dinge, bis es zusammen dreizehn waren. Zuletzt erschien der geschickte Götterarzt Dhanvantari, in der Hand den Mond, den Becher des Nektars des Lebens.

Sogleich entbrannte nun eine große Schlacht um den Besitz des unschätzbaren Trankes. Einem der Titanen, Rahu, gelang es, einen Schluck zu stehlen, aber er ward enthauptet, bevor die Flüssigkeit durch die Kehle geronnen war; sein Körper verweste, der Kopf aber blieb unsterblich und geht nun ruhelos durch die Himmel, den Mond verfolgend, um seiner habhaft zu werden. Wenn es ihm gelingt, geht der Becher leicht durch seinen Mund und am Hals wieder heraus, und das ist der Grund dafür, daß es Mondfinsternisse gibt.

Vishnu aber, der befürchtete, die Götter könnten ihren Vorteil verlieren, verwandelte sich in eine schöne Tänzerin. Und während die Titanen, die lüsterne Gesellen waren, vom Zauber des Mädchens gefangen waren, nahm sie den Mondbecher mit dem Amrita, kokettierte eine Weile mit den Titanen, als ob sie ihnen den Becher reichen wollte, und gab ihn dann plötzlich den Göttern. Darauf verwandelte sich Vishnu alsbald wieder in einen starken Helden, trat auf die Seite der Götter und half ihnen, die Feinde in die Schlünde und Schluchten der Unterwelt zu vertreiben. Seitdem sind die Götter für immer im Besitz des Amrita, und sie nähren sich davon in ihren herrlichsten Palästen auf dem Gipfel des Sumeru, des Berges, der die Mitte der Welt ist.[152]

Humor ist der Prüfstein, durch den das echt Mythologische von der mehr aufs Buchstäbliche und Gefühlvolle gerichteten theologischen Geistesart zu unterscheiden ist. Als Bilder sind die Götter nicht das letzte Ziel des Geistes. Die unterhaltsamen Mythen tragen ihn nicht bis zu ihnen, sondern über sie hinaus in die jenseitige Leere – aus welcher Perspektive dann die schwerer beladenen theologischen Dogmen als bloße pädagogische Stimulantien oder Köder erscheinen, deren Funktion es ist, den täppischen Intellekt von der konkreten Massierung von Fakten und Ereignissen abzuziehen und in eine vergleichsweise esoterischere Zone zu locken, wo, als höchster Segen, alles Dasein – ob dem Himmel, der Erde oder der Hölle zugehörig – schließlich sich dem Blick in eine Analogie eines schwerelos vorüberziehenden, wiederkehrenden bloßen Kindheitstraumes von Glück und Furcht verwandelt. »Vom einen Standpunkt aus existieren alle diese Gottheiten«, erwiderte ein tibetanischer Lama jüngst auf die Frage eines verständigen abendländischen Besuchers, »von einem anderen sind sie nicht wirklich.«[153] Das ist die orthodoxe Lehre der alten Tantras: »Alle diese sinnfällig gemachten Gottheiten sind nur Symbole, die für die mannigfachen Dinge stehen, die uns auf dem Pfade begegnen.«[154] Und ebenso ist es eine Lehre der modernen psychoanalytischen Schulen.[155] Und die gleiche metatheologische Einsicht scheint es zu sein, die der Schlußgesang der *Göttlichen Komödie* andeutet, in welchem der erleuchtete Wanderer schließlich fähig geworden ist, sein mutiges Auge über die seligmachende Anschauung von Vater, Sohn und Heiligem Geist zu dem einen ewigen Licht zu erheben.[156]

Die Götter und Göttinnen sind dann als Verkörperungen und Wächter des Elixiers des unvergänglichen Seins zu verstehen und nicht mehr so, als ob sie selbst das Absolute in seinem Urzustand wären. Was der Held in seinem Verkehr mit ihnen eigentlich sucht, sind deshalb nicht sie selber, sondern ihre Gnade, und das heißt die Macht der Substanz, aus der sie hervorgehen. Diese geheimnisvolle Substanz und Energie und sie allein ist das Unvergängliche. Die Namen und Formen der Gottheiten, die sie allenthalben verkörpern, ausstrahlen und darstellen, kommen und gehen. Auf diese Weise ist die geheimnisvolle Energie der Donnerkeile des Zeus, des Jahwe und des höchsten Buddha zu verstehen, die Fruchtbarkeit des Tränenregens, der von Viracochas Augen fließt, die Kraft, von der die Glocke kündet, die während der Messe im Augenblick der Konsekration geläutet wird[157], und das Licht der höchsten Erleuchtung, die den Heiligen und Weisen zuteil wird. Die Wächter dieser Energie können es nur bei solchen Anwärtern wagen, von ihr auszuteilen, die sie gründlich geprüft haben.

Aber die Götter können allzu streng und allzu vorsichtig sein, und in diesem Fall muß der Heros ihnen ihren Schatz ablisten. Das war die Aufgabe, die Prometheus sich gesetzt hatte. Wenn sie in solcher Laune sind, erscheinen auch die höchsten Götter als übelwollende, lebenraffende Ungeheuer, und der Held, der sie überlistet, erschlägt oder beschwichtigt, wird als Erlöser der Welt geehrt.

Der polynesische Heros Maui zog aus gegen Mahu-ika, den Wächter des Feuers, um ihm seinen Schatz zu entwinden und ihn den Menschen zu bringen. Maui ging gerade auf den Riesen Mahu-ika zu und sagte zu ihm: »Rode die Sträucher von diesem unserem ebenen Feld, damit wir uns in freundschaftlichem Wettstreit messen können.« Es muß erwähnt werden, daß Maui ein großer Held und Meister aller Geschicklichkeiten war.

»Mahu-ika fragte: ›Welches Fest gegenseitigen Sichhervortuns soll es sein?‹

›Das Fest des Stoßens‹, antwortete Maui.

Mahu-ika erklärte sich damit einverstanden; dann fragte Maui: ›Wer soll anfangen?‹

Mahu-ika antwortete: ›Ich‹.

Maui gab ein Zeichen der Zustimmung, und so packte Mahu-ika ihn und stieß ihn hoch in die Luft; er flog weit nach oben und fiel genau in Mahu-ikas Hände nieder; wieder stieß Mahu-ika ihn hoch und sang: ›Stoßen, Stoßen – hoch gehst du!‹

Maui ging hoch, und dann sang Mahu-ika diesen Gesang:

Hoch gehst du zur ersten Ebene,
Hoch gehst du zur zweiten Ebene,
Hoch gehst du zur dritten Ebene,
Hoch gehst du zur vierten Ebene,
Hoch gehst du zur fünften Ebene,
Hoch gehst du zur sechsten Ebene,

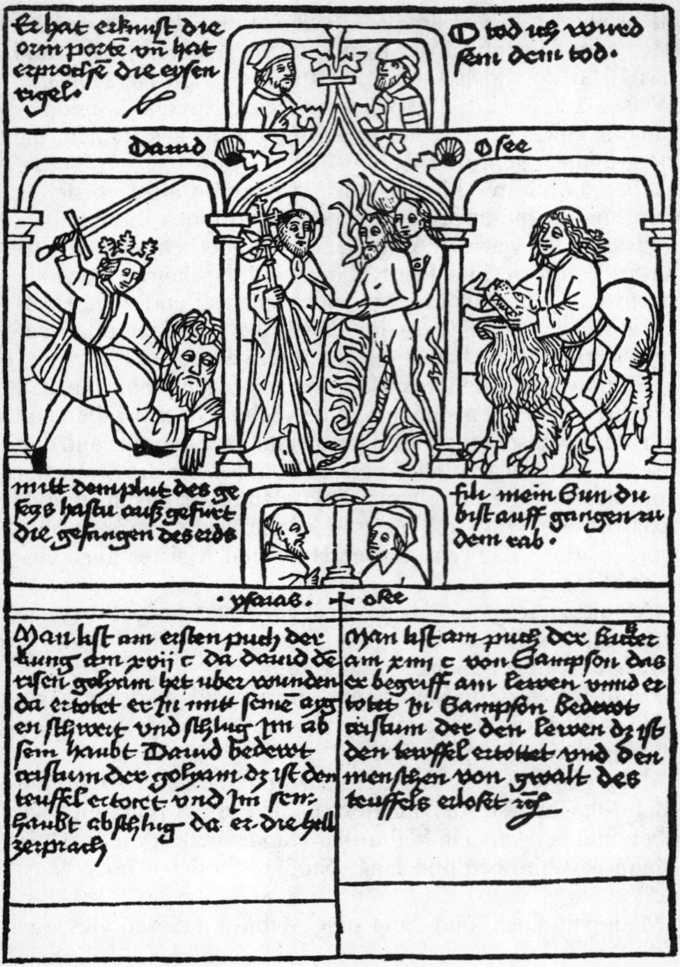

Abb. 8. Der Sieg über das Ungeheuer
David und Goliath; Höllenfahrt; Samson und der Löwe

Hoch gehst du zur siebten Ebene,
Hoch gehst du zur achten Ebene,
Hoch gehst du zur neunten Ebene,
Hoch gehst du zur zehnten Ebene!

Maui wirbelte in der Luft herum und fing an, wieder hinunterzukommen, und fiel gerade neben Mahu-ika nieder; dann sagte Maui: ›Du hast den ganzen Spaß!‹

›Was denn!‹ rief Mahu-ika aus. ›Bildest du dir ein, du könntest einen Walfisch hochwerfen, daß er durch die Luft fliegt?‹

›Ich kann's versuchen!‹ antwortete Maui.

So packte Maui Mahu-ika und stieß ihn hoch und sang: ›Stoßen, Stoßen – hoch gehst du!‹

Mahu-ika flog hoch, und jetzt sang Maui diesen Zauber:

Hoch gehst du zur ersten Ebene,
Hoch gehst du zur zweiten Ebene,
Hoch gehst du zur dritten Ebene,
Hoch gehst du zur vierten Ebene,
Hoch gehst du zur fünften Ebene,
Hoch gehst du zur sechsten Ebene,
Hoch gehst du zur siebten Ebene,
Hoch gehst du zur achten Ebene,
Hoch gehst du zur neunten Ebene,
Hoch gehst du – hoch in die Luft

Mahu-ika wirbelte in der Luft herum und herum und fing an zurückzufallen; und als er beinahe den Boden erreicht hatte, rief Maui die folgenden Zauberworte aus: ›Der Mann dort oben – möge er gerade auf seinen Kopf fallen!‹

Mahu-ika fiel herunter; sein Nacken war ganz zusammengeschoben, und so starb Mahu-ika.« Sofort packte der Held Maui den Kopf des Riesen Mahu-ika und schnitt ihn ab, dann bemächtigte er sich des Feuers und brachte es der Welt.[158]

Die großartigste Erzählung von der Suche nach dem Elixier ist in der mesopotamischen, vorbiblischen Tradition die von Gilgamesch, dem sagenhaften König der sumerischen Stadt Erech, der auszog, um die Wasserkresse der Unsterblichkeit, das Kraut »Werde niemals alt« zu erlangen. Nachdem er unversehrt die Löwen passiert hatte, die die Vorberge bewachen, und die Skorpionmenschen, die die himmeltragenden Berge bewachen, kam er, inmitten der Berge, in einen Paradiesesgarten voller Blumen, Früchte und edler Steine. Weiterhastend, gelangte er zu dem See, der die Welt umgibt. In einer Höhle bei den Wassern hauste die Gestalt der Göttin Ischtar, Siduri-Sabitu, und diese dicht verschleierte Frau schloß vor ihm die Tore. Aber als er ihr seine Geschichte vorbrachte, ließ sie ihn zu ihrer Gegenwart zu und erteilte ihm den Rat, nicht in seiner Suche fortzufahren, sondern die Freuden der Sterblichen kennenzulernen und sich mit ihnen zu begnügen:

> Gilgamesch, warum rennst du herum?
> Das Leben, das du suchst, wirst du doch nicht finden.
> Als die Götter die Menschen erschufen,
> haben sie den Tod den Menschen auferlegt
> und behielten das Leben in ihren Händen.
> Du, Gilgamesch, fülle deinen Bauch,
> Tag und Nacht freu du dich,
> täglich mach ein Freudenfest.
> Tag und Nacht sei ausgelassen und vergnügt.
> Glänzend mögen deine Kleider sein,
> rein sei dein Kopf und wasche dich mit Wasser.
> Schau auf den Kleinen, der deine Hand ergreift,
> das Weib freue sich in deinem Schoße.[159]

Als aber Gilgamesch auf seinem Vorhaben bestand, gab Siduri-Sabitu ihm den Weg frei und warnte ihn vor den Gefahren, die ihm bevorstanden.

Sie trug ihm auf, den Fährmann Ursanapi aufzusuchen, den er antraf, wie er, bewacht von einer Gruppe von Dienern, im Walde Holz spaltete. Gilgamesch vertrieb diese Diener (sie wurden genannt »die, die sich des Lebens erfreuen« und »die mit Steinen«), und der Fährmann willigte ein, ihn über die Wasser des Todes zu führen.[160] Es war eine Reise von anderthalb Monaten, wobei der Reisende gehalten war, die Wasser nicht zu berühren.

Nun war das ferne Land, dem sie nahten, die Wohnstatt des Utnapischtim, des Helden der Sintflut, eines babylonischen Prototyps des biblischen Noah, der hier mit seinem Weib in ewigem Frieden Einkehr gefunden hatte. Von weitem erspähte Utnapischtim das einsame kleine Fahrzeug auf den endlosen Wassern, und er fragte sich in seinem Herzen:

> Warum sind »die mit Steinen« des Schiffes zerschmissen
> und einer, der nicht meine . . . hat, fährt in dem Schiff?
> Der dort kommt, ist das nicht ein Mensch: und hat er
> nicht die rechte Seite eines Mannes?

Als Gilgamesch landete, hatte er zunächst einem langen Bericht des Patriarchen über die Sintflut zu lauschen, dann bat Utnapischtim seinen Gast zur Ruhe, und er schlief sechs Tage. Utnapischtim ließ sein Weib sieben Brote backen und neben Gilgameschs Kopf legen, als er neben seinem Boot lag und schlief. Und Utnapischtim rührte Gilgamesch an, und er erwachte, und der Gastgeber trug dem Fährmann Ursanapi auf, den Gast in einem bestimmten Teich baden zu lassen und ihm frische Kleider zu geben. Während er das tat, offenbarte Ursanapi dem Gilgamesch das Geheimnis des Krautes:

> Ich will eröffnen, Gilgamesch, etwas Verborgenes
> und . . . will ich dir künden.
> Jenes Kraut ist wie ein Dornstrauch auf dem Acker;
> sein Dorn wird wie der einer Dornrebe (Rose) deine Hand durchbohren.
> Wenn deine Hände jenes Kraut erlangen, wirst du zu deinem Lande zurückkehren.

Das Kraut wuchs auf dem Boden des Weltmeeres. Ursanapi führte den Helden wieder auf die Wasser hinaus, und dieser band schwere Steine an seine Füße und tauchte hinab.[161]

> Und sie zogen ihn ins Weltmeer hinab, und er fand das Kraut.
> Er nahm das Kraut, und es durchbohrte seine Hand.
> Er schnitt die schweren Steine los . . .

Als er, auftauchend, wieder an die Oberfläche kam und der Fährmann ihn wieder ins Boot gezogen hatte, verkündete er sieghaft:

Ur-nimin, dies Kraut ist ein Kraut des . . .
wodurch der Mensch seine Vollkraft erlangt.
Ich will es nach Hürden-Erech bringen und will davon essen lassen, und das Kraut möge er abschneiden.
Sein Name ist: »Als Greis wird der Mensch wieder jung.«
Ich will davon essen und zum Zustand meiner Jugend zurückkehren!

Sie setzten nun ihren Weg übers Meer fort:

Nach je zwanzig Doppelstundenstrecken ließen sie den Toten einen Speiserest übrig,
Nach je dreißig Doppelstundenstrecken machten sie eine Totenklage.
Da sah Gilgamesch eine Wassergrube, deren Wasser kalt war,
stieg darin hinab und wäscht sich mit Wasser.
Eine Schlange roch den Duft des Krauts,
kam hinauf und nahm das Kraut weg.

Indem sie es verschlang, erlangte sie sofort die Kraft, sich zu häuten und so ihre Jugend zu erneuern.

Da setzte sich Gilgamesch nieder und weint,
auf die Mauer seiner Nase gehen seine Tränengüsse.[162]

Bis auf den heutigen Tag fesselt der Gedanke einer möglichen Unsterblichkeit das menschliche Herz. Bernard Shaws 1921 entstandenes Bühnenstück *Back to Methuselah* übersetzte dieses Thema in eine moderne, sozio-biologische Parabel. Vierhundert Jahre vorher hatte Juan Ponce de Leon, der es buchstäblicher nahm, auf der Suche nach dem Land Bimini, wo er die Quelle der Jugend zu finden hoffte, Florida entdeckt. Und Jahrhunderte vor diesem und in einem fernen Lande verbrachte der chinesische Philosoph Ko Hung die letzten Jahre seines Lebens mit der Herstellung von Pillen, die Unsterblichkeit verleihen sollten. »Nimm drei Pfund echten Zimt«, schrieb Ko Hung, »und ein Pfund weißen Honig. Mische sie. Trockne die Mischung an der Sonne. Dann röste sie über einem Feuer, bis sie zu Pillen geformt werden kann. Nimm jeden Morgen zehn Pillen von der Größe eines Hanfsamens. Binnen eines Jahres wird weißes Haar schwarz werden, stumpfe Zähne werden wieder wachsen, und der Körper wird glatt und glänzend werden. Wenn ein Greis diese Medizin eine lange Zeit hindurch einnimmt, wird er sich zu einem Jüngling entwickeln. Wer sie immer nimmt, wird sich des ewigen Lebens erfreuen und wird nicht sterben«[163]. Eines Tages kam ein Freund an, der dem einsamen Forscher und Philosophen einen Besuch machen wollte, aber alles, was er fand, waren Ko Hungs leere Kleider. Der alte Mann war gegangen, eingekehrt ins Reich der Unsterblichen.[164]

Wo ein Weg zu körperlicher Unsterblichkeit gesucht wird, ist die traditionelle Lehre mißverstanden worden. Dieser zufolge liegt das Grundproblem gerade darin, den Blick zu weiten, also die Behinderung des Sehens durch den Körper und die anhängende Person zu beseitigen. Dann und erst dann wird die Unsterblichkeit als gegenwärtige Tatsache erfahren: »Sie ist hier! Sie ist hier.«[165]

> Wenn wir die äußerste Selbstenteignung erreicht,
> die Stille unerschütterlich bewahren,
> so mögen alle Wesen zugleich sich regen:
> wir schauen zu, wie sie wiederkehren.
> Der Wesen zahllose Menge entwickelt sich,
> doch jedes wendet sich zurück zu seiner Wurzel.
> Zurückgewandt sein zur Wurzel: das ist Stille.
> Stille: das ist Rückkehr zur Bestimmung.
> Rückkehr zur Bestimmung: das ist Ewigkeit.
> Die Ewigkeit erkennen: das ist Weisheit.
> Wer die Ewigkeit nicht erkennt, der handelt blindlings und unheilvoll.
> Erkenntnis der Ewigkeit bringet Duldsamkeit.
> Duldsamkeit bringet Edelsinn.
> Edelsinn bringet Herrschaft.
> Herrschaft bringet himmlisches Wesen.
> Himmlisches Wesen bringet Tao.
> Tao bringet Dauer.
> Ist das Ich nicht mehr, so gibt es keine Gefahren.[166]

Ein japanisches Sprichwort lautet: Die Götter lachen nur, wenn Menschen zu ihnen um Reichtum beten. Der Segen bemißt sich nach dem Format des Beters und nach dem Wunsch, der ihn zuoberst beherrscht. Im Grunde ist er nichts als das Symbol der Lebensenergie, welche den Erfordernissen eines bestimmten Ziels zugewandt wird. Daß der Held, wenn er die Gunst seines Gottes gewonnen hat, im allgemeinen statt vollendeter Erleuchtung sich ein längeres Leben, Gesundheit für sein Kind oder Waffen zur Tötung seines Nächsten ausbittet, scheint der Grund für jenes ironische Lachen der Götter zu sein.

So berichten die Griechen von König Midas, der das Glück hatte, daß Bacchus ihm die Gewährung eines beliebigen Segens zusagte. Midas verlangte, daß in Gold verwandelt werde, was immer er berühre. Als er wieder seiner Wege ging, brach er zur Probe einen Zweig von der nächsten Eiche, und sowie er ihn in der Hand hielt, war er aus Gold. Er hob einen Stein auf, und der Stein war zu Gold geworden. Auch ein Apfel ward in seiner Hand zum Goldklumpen. Entzückt befahl er, daß man ein großes Fest herrichte, um das Wunder zu begehen. Als er aber sich niedersetzte und zulangte, waren die Speisen verwandelt. Auch der Wein rann ihm als flüssiges Gold in die Kehle, sobald er die Lippen berührt hatte, und als seine kleine Tochter, die er über alles liebte, ihn in seiner Verzweiflung zu trösten kam, ward sie durch seine Umarmung zu einer lieblichen goldenen Bildsäule.

Die mühselige Überwindung der individuellen Grenzen ist mit geistigem Wachstum unabdingbar verknüpft. Kunst und Dichtung, Mythos und Kultus, Philosophie und asketische Exerzitien kann man als Instrumente verstehen, die dem Individuum dabei helfen und es über seinen begrenzten Horizont in Bereiche immer umfassenderer Selbstverwirklichung geleiten sollen. Mit jeder Schwelle, die es überschreitet, und mit jedem Drachen, den es sich unterwirft, wächst das Format der Gottheit, die seinen höchsten Wunsch darstellt, bis es schließlich den gesamten Kosmos umfaßt. Auf der allerletzten Stufe zerbricht der Geist auch noch dessen Schranken und gelangt zu einem Wissen, das alle in Formen, Symbole oder Gottheiten gebannte Erfahrung transzendiert: er wird des unermeßlichen Abgrundes gewahr.

So stand Dante, als die letzten Schritte seiner Wanderung ihn zur Anschauung des dreieinigen Gottes im Symbol der Himmelsrose geführt hatten, noch eine weitere Erleuchtung

Tafel XIII. Der Zweig des unsterblichen Lebens (Assyrien)

Tafel XIV. Bodhisattva (Kambodscha)

bevor, die über die Formen von Vater, Sohn und Heiligem Geist hinausging:

Es lächelte mir Bernhard einen Wink zu,
Aufwärts den Blick zu richten; doch von selber
War ich bereits so, wie er es begehrte,
Weil meine Sehkraft, immer klarer werdend,
Jetzt weiter in den Strahl und weiter vordrang
Des hehren Lichts, das in sich selber wahr ist.
Fortan war höh'r mein Schaun als unsre Sprache,
Die solchem Anblick weicht, und das Gedächtnis
Auch muß so vielem Übermaße weichen[167]

Das, bis zu dem kein Aug' vordringt,
Nicht Rede und Gedanke nicht,
Bleibt unbekannt, und nicht sehn wir,
Wie einer es uns lehren mag!
Verschieden ist's vom Wißbaren,
Und doch darum nicht unbewußt![168]

In solchem Verschwinden aller Form liegt ein höchster und endgültiger Kreuzestod, und zwar nicht nur des Helden, sondern ebenso auch seines Gottes. Sohn und Vater werden gleicherweise zunichte als maskenhafte Personifikationen des Namenlosen. Denn genau wie die verschiedenen Traumgestalten der Lebensenergie eines Träumers entstammen und nichts als Verzweigungen und Ballungen dieser einen Kraft sind, so spiegeln alle Formen, handle es sich nun um irdische oder göttliche, die allumfassende Macht des einen unergründlichen Geheimnisses, das die Atome ebenso regiert wie die Bahn der Sterne.

Dieser Lebensgrund bildet das Zentrum des Individuums und ist ihm zugänglich, wenn es nur versteht, von seinem eigenen Innern den Schleier wegzureißen. Der Germanengott Odin mußte ein Auge opfern und eine Kreuzespassion durchleiden, um sich vom Bann des Lichtes loszukaufen und zum Wissen um das unendliche Dunkel zu gelangen:

Ich weiß, daß ich hing
Am windigen Baum
Neun Nächte lang,
Mit dem Ger verwundet,

Geweiht dem Odin,
Ich selbst mir selbst,
An jenem Baum,
Da jedem fremd,
Aus welcher Wurzel er wächst.[169]

Buddhas Sieg unter dem Bo-Baum kann als das klassische östliche Beispiel dieser Tat gelten. Mit dem Schwert seines Geistes durchbohrte er das Universum wie eine Blase, und es zersprang in Nichts. Die ganze Welt der natürlichen Erfahrung explodierte und ebenso die Kontinente, Himmel und Höllen des herkömmlichen religiösen Glaubens mit ihren Göttern und Dämonen. Aber das Wunder über alle Wunder war, daß, obgleich alles vernichtet war, alles eben dadurch erneuert, wiederbelebt und im Glanze des wahren Seins verklärt wurde. Ja, die Götter der erlösten Himmel erhoben ihre Stimme in einstimmigem Lobpreis des menschlichen Heros, der durchgedrungen war zu dem Abgrund, der ihr Ursprung und ihr Leben war: »Fahnen und Banner, aufgepflanzt am östlichen Ende der Welt, ließen ihre Wimpel bis zum westlichen Ende der Welt fliegen; und ebenso die, die am westlichen Ende der Welt aufgepflanzt waren, bis zum östlichen Ende der Welt; die, die am nördlichen Ende der Welt aufgepflanzt waren, bis zum südlichen Ende der Welt; und die, die am südlichen Ende der Welt aufgepflanzt waren, bis zum nördlichen Ende der Welt; während die, die auf der Erdebene aufgepflanzt waren, die ihren fliegen ließen, bis sie an die Brahma-Welt schlugen; und die der Brahma-Welt ließen die ihren hinabhängen bis zur Erdebene. Allenthalben in den zehntausend Welten blühten die Blütenbäume; die Fruchtbäume neigten sich unter der Last ihrer Früchte; Stamm-Lotosblumen blühten am Stamm der Bäume; Zweig-Lotosblumen an den Zweigen der Bäume; Wein-Lotosblumen am Wein; hängende Lotosblumen am Himmel; und Stengel-Lotosblumen brachen durch die Felsen und kamen zu siebt hervor. Das Ganze der zehntausend Welten war wie ein durch die Luft wirbelnder Blumenstrauß oder wie ein dicker Blumenteppich; in den Räumen zwischen den Welten waren die achttausendmeilenlangen Höllen, die zu erleuchten früher das Licht von sieben Sonnen nicht ausgereicht hätte, von Glanz überflutet; der vierundachtzigtausendmeilentiefe Ozean wurde süß für die Zunge; die Flüsse hielten inne in ihrem Lauf; die Blindgeborenen erhielten ihr Augenlicht; die Taubgeborenen ihr Gehör; die als Krüppel Geborenen den Gebrauch ihrer Glieder; und die Bande und Fesseln der Gefangenen zerbrachen und fielen ab.«[170]

Drittes Kapitel

Rückkehr

1. Verweigerung der Rückkehr

Wenn der Held seine Aufgabe gelöst hat, zur Quelle vorgedrungen ist oder den Beistand einer männlichen oder weiblichen, menschlichen oder tierischen Personifikation gefunden hat, bleibt ihm noch der Rückweg mit der Trophäe, die das Leben verwandeln soll. Daß er nun die Arbeit unternimmt, die Weisheitsrunen, das Goldene Vlies oder die schlafende Prinzessin in den menschlichen Bereich heimzubringen, wo der Segen in der Erneuerung der Gruppe, des Volkes, des ganzen Planeten oder der zehntausend Welten sich bewähren kann, schließt erst den Kreis, wie die Norm des Monomythos es fordert.

Oft aber hat er sich der Verantwortung entzogen. Buddha selbst zweifelte nach seinem Triumph, ob er die Botschaft von seiner Einsicht weitergeben könne, und einige Heilige sollen im Zustand übernatürlicher Ekstase verschieden sein. Und zahlreich sind die Helden, die der Sage nach sich für immer auf dem gesegneten Eiland der ewig jungen Göttin des unsterblichen Seins niedergelassen haben.

Von besonderer Rührung ist eine Sage, die von einem alten Kriegerkönig der Hindus namens Mutschukunda erzählt wird. Er wurde aus der linken Flanke seines Vaters geboren, nachdem dieser aus Versehen einen Fruchtbarkeitstrank zu sich genommen hatte, den die Priester für seine Frau zubereitet hatten[1]; und wie der symbolische Gehalt dieses Wunders es versprach, wuchs der Mutterlose, Frucht eines männlichen Schoßes, zu einem solchen König unter den Königen heran, daß die Götter selber, als sie in ihrem ewigen Streit mit den Dämonen einmal in Bedrängnis waren, seinen Beistand anriefen. Er verhalf ihnen zu einem glänzenden Sieg, und in ihrer göttlichen Huld gewährten sie ihm die Erfüllung seines höchsten Wunsches. Aber was sollte ein solcher König, selbst nahezu allmächtig, noch begehren? Welche höchste von allen Segnungen konnte einer, der so vor allen

Menschen ausgezeichnet war, sich ausdenken? König Mutschukunda, so geht die Sage, war von der Schlacht unendlich ermattet und bat deshalb um nichts weiter als einen endlosen Schlaf und daß vom ersten Strahl aus den Augen des Erwachenden zu Asche verbrennen solle, wer diesen störe.

Der Segen ward gewährt. In einer Höhle, tief im Schoß eines Berges, ging König Mutschukunda zur Ruhe und durchschlief dort die kreisenden Weltalter. Individuen, Völker, Kulturen und Weltalter entstiegen dem Abgrund und versanken wieder, indes der alte König, in seinem Zustand unterbewußter Seligkeit, fortdauerte. Zeitlos wie das Freudsche Unbewußte, unter der dramatischen Zeitwelt unserer wechselnden Icherfahrungen lebte der alte Mann im Berg, Trinker tiefsten Schlafes, fort und fort.

Doch sein Erwachen kam – aber mit einer überraschenden Wendung, die das ganze Problem des heldischen Zyklus in eine neue Perspektive rückt und ebenso das Rätsel, daß ein mächtiger König sich Schlaf als den höchsten Segen wünscht.

Vishnu, der Allgott, hatte sich inkarniert in einen schönen Jüngling namens Krishna, der, nachdem er Indien von einer tyrannischen Dämonengattung befreit hatte, auf den Thron gekommen war. Seine Herrschaft war in utopischem Frieden verlaufen, als plötzlich eine Barbarenhorde aus dem Nordwesten einbrach. König Krishna brach gegen sie auf, aber entsprechend seiner göttlichen Natur gewann er den Sieg spielend, durch eine einfache List. Waffenlos und lotosbekränzt trat er aus seiner festen Stadt, lockte den feindlichen König, ihn zu verfolgen und zu fangen, und schlüpfte dann in eine Höhle. Als der Barbarenkönig ihm nachsetzte, fand er in der Höhlenkammer einen schlafend liegen und dachte: Oh, hat er mich so weit gelockt und spielt jetzt den harmlosen Schläfer? Und er gab dem, der da lag, einen Fußtritt, so daß er sich zu regen begann. Es war König Mutschukunda. Die Gestalt erhob sich, und die Augen, die für ungezählte Zyklen von Schöpfung, Weltgeschichte und Auflösung geschlossen waren, öffneten sich langsam dem Licht. Der erste Blick, der den Raum durchmaß, traf den feindlichen König, so daß er in Flammen auflohte und zu einem rauchenden Aschenhäufchen zusammensank. Mutschukunda wandte sich um, und sein zweiter Blick traf den bekränzten, schönen

Jüngling und erkannte ihn an seinem Strahlenglanz als eine Inkarnation Gottes. Und Mutschukunda, der alte König, beugte sich vor seinem Erlöser mit dem folgenden Gebet:

»Seit Ewigkeiten irre ich im Ringe dieses Samsara umher, und Glut aller Leiden überwältigt mich, und nirgendwo fand ich Aufhörens Ruh. Leiden hielt ich für Freuden, Luftspiegelung überm Wüstensande dünkte mich erquickendes Gewässer, ich griff nach den Freuden, und sie brachten mir Qual. Königsgewalt und Besitz der Erde, Macht und Reichtum, Freunde und Söhne, Gattin und Gefolgsleute und alle Sinnendinge – alles ergriff ich, weil es mir Freude dünkte, aber es wandelte sich, sein Wesen ward quälende Glut.

Ich erlangte, in die Schar der Götter aufzusteigen, und die Schar der Götter wollte mich zu ihrem Gesellen – wo war da ewigen Aufhörens Ruh? – Von deiner Maya, Herr, betört, geraten die Wesen in Geburt, Alter, Tod und alle Leiden, dazwischen schauen sie den Gott der Toten und finden in den Höllen unerbittliches Leiden, allgestaltiges – es kommt von dir.

Von deiner Maya verblendet, bin ich der Welt ganz verfallen, am Grunde der bodenlosen Fallgrube des Ichtums irre ich umher – so fliehe ich zu dir, dem Uferlosen, Anbetungswürdigen, mich verlangt, von alledem frei zu sein.«

Als Mutschukunda dann aus dem Maul der Höhle hervortrat, gewahrte er, daß die Menschen winzig klein geworden waren, seit er in seinen Schlaf versank. Er war unter ihnen wie ein Riese. Und so verließ er sie wieder, zog sich in die Einsamkeit der höchsten Gebirge zurück und widmete sich dort asketischen Übungen, um sich auch vom letzten Haften an den Formen des Seins zu läutern.[2]

Mutschukunda also kehrte nicht zurück, sondern entschied sich für noch größere Abgeschiedenheit. Und wer wollte behaupten, daß seine Entscheidung ganz ohne Grund gewesen sei?

2. Die magische Flucht

Wenn der Held in seinem Triumph von der Göttin oder dem Gott gesegnet wird und dann ausdrücklich den Auftrag erhält, mit irgendeinem Elixier, an dem die Gesellschaft genesen soll, zur Welt zurückzukehren, so unterstützen alle Kräfte seines himmlischen Schutzherrn ihn bei der Überwindung der letzten Strecke seiner Fahrt. Wenn aber die Trophäe gegen den Widerstand ihres Wächters gewonnen wurde oder wenn der Held durch den Wunsch, zur Welt zurückzukehren, die Götter oder Dämonen erzürnt hat, dann wird diese letzte Strecke des Zyklus zu einer bewegten, oft komischen Hatz, voll von Überraschungen, magischen Hindernissen und magischem Entkommen.

Aus Wales etwa gibt es die Heldensage von Guion Bach, der sich im unterseeischen Lande befand. Es wird lokalisiert am Grunde des Tegidsees, der in Merionetshire im Norden von Wales liegt. Dort, mitten im See, lebte ein alter Riese, Tegid der Kahle, zusammen mit seinem Weibe Caridwen. Diese war die Schutzherrin des Korns und der fruchtbaren Ernten und zugleich eine Göttin der Dichtung und der Gelehrsamkeit. Sie besaß einen riesigen Kessel und beschloß, darin einen Trank der Erleuchtung und des Wissens zu kochen. Mit der Hilfe von Zauberbüchern bereitete sie ein magisches Gemisch, welches sie dann auf ein Feuer setzte, um es ein Jahr lang kochen zu lassen, bis aus ihm drei gesegnete Tropfen von der Gnade der Erleuchtung gewonnen würden. Die Erzählung geht fort:

»Um den Kessel umzurühren, stellte sie Guion Bach an, um das Feuer unter ihm anzuzünden, einen Blinden namens Morda. Sie machte ihnen zur Pflicht, das Kochen auf Jahr und Tag hinaus nicht aufhören zu lassen. Den sternenkundigen Büchern gemäß sammelte sie täglich in den sternenerfüllten Stunden alle zauberführenden Kräuter.

An einem Tage gegen Ende des Jahres, als Caridwen Pflanzen auslas und Beschwörungen machte, geschah es, daß drei Tropfen des Zaubertranks aus dem Kessel flossen und auf die Finger von Guion Bach fielen. Infolge der großen Glut steckte er den Finger in den Mund, und als er die wunderwirkenden Tropfen in den Mund tat, sah er im Augenblick jegliches voraus, was kommen wird, und erkannte, daß es seine Hauptsorge sein müsse, sich vor den Ränken Caridwens zu hüten, denn ihre Geschicklichkeit war groß. Er fürchtete sich und flüchtete nach seinem Lande. Der Kessel brach entzwei, da der ganze Trank in ihm giftig war außer den drei zauberführenden Tropfen, so daß vom Wasser des Flusses, in den der Kesseltrank lief, die Pferde des Guyddno Garanhir vergiftet wurden.

Danach kam Caridwen herein und sah die Bemühungen des ganzen Jahres verloren. Sie griff einen Holzscheit und schlug dem blinden Morda auf den Kopf, bis eins der Augen herausfiel auf die Wange. Da sagte er: ›Ganz ungerecht hast du mich verunstaltet, ich bin unschuldig, dein Verlust geschah nicht durch mich.‹ ›Das ist wahr‹, erwiderte Caridwen, ›Guion Bach war es, der mich beraubte.‹

Sie lief hinaus, ihm nach, und rannte. Er sah sie, verwandelte sich in einen Hasen und floh. Aber sie verwandelte sich in einen Windhund und verfolgte ihn. Er lief zum Fluß und ward ein Fisch, sie in Gestalt der Otterhündin jagte ihn unterm Wasser, bis er gezwungen war, sich in einen Vogel der Luft zu verwandeln. Sie folgte ihm als Falke und gab im Himmel nicht Ruhe. Als sie gerade auf ihn niederschießen wollte, erspähte er in seiner Todesfurcht einen Haufen geworfelten Weizens auf einem Scheuerboden, sank unter den Weizen und verwandelte sich in eines der Körner. Da nahm sie die Gestalt eines schwarzen hochkämmigen Huhnes an, ging zum Weizen, kratzte ihn mit den Füßen, fand ihn heraus und verschluckte ihn. Wie die Geschichte meldet, trug sie ihn neun Monde, und als sie von ihm entbunden ward, konnte sie es wegen seiner Schönheit nicht übers Herz bringen, ihn zu töten. Daher wickelte sie ihn in einen Ledersack und warf ihn auf das Erbarmen Gottes hin im April am 29. Tage in das Meer.«[3] Die Flucht ist eine Lieblingsepisode der Volkssage, in der sie in vielen eindringlichen Formen entwickelt wird.

Die Burjaten aus der Gegend von Irkutsk etwa sagen, daß Morgon-Kara, ihr erster Schamane, »ein so geschickter Schamane war, daß er auch die Seelen befreien und zurückbringen konnte, die der Fürst des Totenreiches, Ärlen-kan, in die Unterwelt gebracht hatte. Dieser führte Klage bei dem Himmelsgotte Äsägä-malan-tengeri. Da beschloß Gott, den Schamanen auf die Probe zu stellen. Zu diesem Zwecke bemächtigte er sich der Seele eines Menschen und nahm sie zu sich, schloß sie in eine Flasche ein und hielt den Daumen auf die Flaschenöffnung. Als nun der betreffende Mensch erkrankte, baten die Angehörigen den Morgon-Kara um

Hilfe. Dieser begann auch sogleich mit seiner Aufgabe und suchte die Seele überall, in den Wäldern, im Wasser und in den Schluchten der Berge, ja sogar auch im Totenreich, aber vergebens. Schließlich stieg der Schamane ›auf der Trommel sitzend‹ in die oberen Welten. Auch dort mußte er lange Zeit nach der Seele suchen, ehe er bemerkte, daß sie in einer Flasche eingeschlossen war und der Obergott seinen Daumen auf die Flaschenöffnung hielt. Da verwandelte sich der listige Schamane in eine Wespe und stach Gott derart in die Stirn, daß dieser vor Schreck den Finger von der Flaschenöffnung nahm. Auf diese Weise vermochte der Schamane die arme Seele zu retten. Als Gott sah, wie sich der Schamane, wiederum auf seiner Trommel sitzend, mit der Seele auf die Erde niederließ, wurde er böse und verminderte die Macht des Schamanen, indem er die Trommel in zwei Teile teilte. Die Burjaten erklären, daß die Zaubertrommel, von der ursprünglich beide Seiten mit Fell versehen gewesen sein sollen, von diesem Tage an halbseitig bezogen gewesen ist«[4].

Häufig ist die Version der Fluchtgeschichte, in der irgendwelche Objekte zurückbleiben, die für den Flüchtenden sprechen und so die Verfolgung aufhalten. Die Maori in Neuseeland erzählen von einem Fischer, der eines Tages, als er nach Hause kam, entdeckte, daß seine Frau ihre beiden Söhne verschlungen hatte. Sie lag stöhnend am Boden. Er fragte sie, was los sei, und sie gab zur Antwort, sie wäre krank. Er wollte wissen, wo die beiden Knaben seien, und sie sagte ihm, sie seien fortgegangen. Aber er wußte, daß sie log. Mit einem Zauber zwang er sie, die Kinder wieder hervorzuwürgen, und sie kamen lebend und unverletzt zum Vorschein. Da fürchtete sich dieser Mann vor seiner Frau, und er beschloß, sich ihr sobald wie möglich mit den Knaben zusammen zu entziehen.

Als die Hexe ging, um Wasser zu holen, zwang der Mann das Wasser durch einen Zauber, vor ihr wegzuschwinden und zurückzuweichen, so daß sie ein gutes Stück Weges zu gehen hatte. Dann instruierte er die Hütten, die Baumgruppen beim Dorf, die Abfallgrube und den Tempel oben auf dem Hügel, an seiner Stelle zu antworten, wenn die Frau zurückkäme und nach ihm riefe. Mit den Knaben ging er dann fort zum Kanu und hißte das Segel. Die Frau kam zurück, und als sie niemanden antraf, begann sie zu rufen. Zuerst antwortete die Abfallgrube. Sie ging in dieser Richtung und rief wieder. Die Häuser antworteten und dann die Bäume. Eines nach dem anderen antworteten die verschiedenen Dinge in der Nachbarschaft ihren Rufen, und sie lief, immer bestürzter, nach allen Richtungen. Sie wurde schwach, fing an zu zittern und zu schluchzen und merkte schließlich, was man mit ihr angestellt hatte. Sie eilte zu dem Tempel auf dem Hügel und spähte auf die See, wo das Kanu nur noch ein Pünktchen am Horizont war.[5]

Eine andere verbreitete Version ist die, wo der Held während seiner wilden Flucht eine Anzahl von Objekten, die zu zeitraubenden Hindernissen werden, hinter sich wirft. »Ein Brüderchen und ein Schwesterchen spielten an einem Brunnen, und wie sie so spielten, plumpsten sie beide hinein. Da war unten eine Wassernixe, die sprach: ›Jetzt habe ich euch, jetzt sollt ihr mir brav arbeiten‹, und führte sie mit sich fort. Dem Mädchen gab sie verwirrten garstigen Flachs zu spinnen, und es mußte Wasser in ein hohles Faß schleppen, der Junge aber sollte einen Baum mit einer stumpfen Axt hauen; und nichts zu essen bekamen sie, als steinharte Klöße. Da wurden zuletzt die Kinder so ungeduldig, daß sie warteten, bis eines Sonntags die Nixe in der Kirche war, da entflohen sie. Und als die Kirche vorbei war, sah die Nixe, daß die Vögel ausgeflogen waren, und setzte ihnen mit großen Sprüngen nach. Die Kinder erblickten sie aber von weitem, und das Mädchen warf eine Bürste hinter sich, das gab einen großen Bürstenberg mit tausend und tausend Stacheln, über den die Nixe mit großer Mühe klettern mußte; endlich aber kam sie doch hinüber. Wie das die Kinder sahen, warf der Knabe einen Kamm hinter sich, das gab einen großen Kammberg mit tausend mal tausend Zinken, aber die Nixe wußte sich daran festzuhalten und kam zuletzt doch drüber. Da warf das Mädchen einen Spiegel hinterwärts, welches einen Spiegelberg gab, der war so glatt, daß sie unmöglich drüber konnte. Da dachte sie ›ich will geschwind nach Hause gehen und meine Axt holen und den Spiegelberg entzwei hauen‹. Bis sie aber wiederkam und das Glas aufgehauen hatte, waren die Kinder längst weit entflohen, und die Wassernixe mußte sich wieder in ihren Brunnen trollen.«[6]

Die Mächte des Abgrunds sind nicht leicht zu bannen. Im Osten wird viel von der Gefahr geredet, die darin liege, die seelenverwirrenden Praktiken des Yoga ohne kundige Aufsicht zu unternehmen. Die Meditationen des Schülers müssen stets seinen Fortschritten angepaßt sein, so daß die Einbildungskraft bei jedem Schritt von *devatas*, geschauten, adäquaten Gottheiten, verteidigt werden kann, bis der Augenblick kommt, wo der reif gewordene und vorbereitete Geist allein den Schritt über die Schwelle tun kann. Wie C. G. Jung sehr klug beobachtet hat: ». . . die unübertrefflich nützliche Funktion des dogmatischen Symbols: es schützt vor dem unmittelbaren Gotteserlebnis, solange man sich nicht mutwillig exponiert. Wenn man aber . . . Haus und Familie verläßt, zu lange allein lebt und zu tief in den dunkeln Spiegel blickt, so kann einem das Furchtbare der Begegnung geschehen. Aber auch dann kann das durch die Jahrhunderte voll erblühte traditionelle Symbol wie ein rettender Heiltrank wirken und den fatalen Einbruch der lebendigen Gottheit im geheiligten Raume der Kirche auffangen.«[7] Die magischen Objekte, die der von panischen Schrecken getriebene Held hinter sich wirft – behutsame Deutungen, Prinzipien, Symbole, Rationalisierungen und dergleichen –, hemmen und absorbieren die Macht des »Hound of Heaven« und machen es dem kühnen Abenteurer möglich, sicher und vielleicht mit einem Segen in heimische Gefilde zurückzukehren. Aber nicht immer ist der Tribut gering.

Eine der schreckenvollsten Fluchtgeschichten ist die des griechischen Helden Jason. Er war ausgezogen, das Goldene Vlies zu gewinnen. Nachdem er mit der mächtigen Argo, in Begleitung einer Schar von Kriegern, in See gestochen war, war er in die Richtung des Schwarzen Meeres gesegelt und gelangte schließlich, nachdem viele sagenhafte Fährnisse die Reise verzögert hatten, zu der Stadt und dem Palast des Königs Aëtes, Meilen jenseits des Bosporus. Hinter dem Palast war der Hain und der Baum mit dem von einem Drachen bewachten Schatz.

Nun wurde die Tochter des Königs, Medea, von Leidenschaft für den vornehmen Fremdling überwältigt und beschaffte diesem, als ihr Vater zur Bedingung des Preises eine unlösbare Aufgabe machte, die Zauber, die ihm zum Erfolg

Abb. 9a. Eine Gorgone verfolgt Perseus, der mit dem Haupt der Medusa entflieht

verhelfen konnten. Die Aufgabe bestand darin, ein bestimmtes Feld mit einem Gespann von Bullen mit flammenden Nüstern und messingnen Füßen umzupflügen, dann Drachenzähne einzusäen und die bewaffneten Männer zu töten, die sofort hervorsprießen würden. Aber nachdem er seinen Körper und seine Waffen mit Medeas Zauberspezerei gesalbt hatte, meisterte Jason die Bullen, und als aus der Drachensaat die bewaffneten Männer hervorsprangen, warf er in ihre Mitte einen Stein, so daß sie, gereizt, sich gegeneinander wandten und sich bis auf den letzten Mann erschlugen.

Die verliebte junge Frau führte Jason zu der Eiche, von der das Vlies herabhing. Der Drache, der es bewachte, war gekennzeichnet durch einen Kamm, eine dreispitzige Zunge und abscheuliche, hakenförmige Fangzähne. Aber mit dem Saft eines bestimmten Krautes wurde er von dem Paar

Abb. 9b. Perseus flieht, in der Tasche das Haupt der Medusa

eingeschläfert. Dann schnappte Jason das Vlies, Medea lief mit ihm, und die Argo stieß vom Ufer ab. Aber bald war der König in schneller Verfolgung hinter ihnen, und als Medea sah, daß seine Segel ihren Vorsprung immer mehr verringerten, überredete sie Jason, Apsyrtos, ihren jüngeren Bruder, den sie mit entführt hatte, zu töten und die Teile des zerstückelten Leichnams in die See zu werfen. Dies zwang König Aëtes, ihren Vater, von der Verfolgung abzulassen, die zerstückelten Glieder aufzufischen und wieder anzulegen, um ihnen ein gebührendes Begräbnis zu bereiten. Unterdessen lief die Argo mit dem Wind dahin und entschwand aus seinem Gesichtskreis.[8]

In den japanischen »Berichten von alten Ereignissen« erscheint eine andere düstere Geschichte, freilich anderen Inhalts: vom Abstieg des Ur- und Allvaters Izanagi in die

Unterwelt, um aus dem Land des Gelben Stromes seine abgeschiedene Schwester und Gemahlin Izanami zurückzuholen. Sie traf ihn an der Pforte der Unterwelt, und er sagte zu ihr: »Deine Hoheit, meine liebliche jüngere Schwester! Die Länder, die ich und du gemacht haben, sind noch nicht fertig; so kehre zurück!« Sie antwortete: »Schlimm ist es wahrlich, daß du nicht früher kamst! Ich habe die Speise des Landes des Gelben Stromes gegessen. Dennoch, da ich überwältigt bin von der Ehre des Eintritts Deiner Hoheit hier, mein lieblicher älterer Bruder, möchte ich zurückkehren. Auch will ich die Sache besonders mit den Göttern des Gelben Stromes besprechen. Nimm dich in acht, daß du mich nicht anschaust!«

Sie ging in den Palast zurück. Als sie aber lange ausblieb, konnte er nicht warten. Er brach einen der Endzähne von dem Kamm, der in dem erhabenen linken Knoten seines Haares steckte, zündete ihn als kleine Fackel an, ging hinein und schaute um sich. Was er sah, waren wimmelnde Würmer, und Izanami im Zustand der Verwesung.

Entsetzt von dem Anblick, prallte Izanagi zurück, und Izanami sagte: »Du hast mich beschämt.«

Izanami sandte ihm die Häßliche Frau der Unterwelt nach, um ihn zu verfolgen. In voller Flucht nahm Izanagi die schwarze Kopfbedeckung von seinem Kopf und warf sie nieder. Sofort verwandelte sie sich in Trauben, und während die Verfolgerin innehielt, um sie zu essen, setzte er seine hastige Flucht fort. Aber sie nahm die Verfolgung wieder auf und kam nahe an ihn heran. Da nahm er den eng mit zahlreichen Zähnen besetzten Kamm aus dem rechten Knoten seines Haares, zerbrach ihn und warf ihn nieder. Sofort verwandelte er sich in Bambussprossen, und während sie diese auszog und aß, entfloh er.

Dann sandte seine jüngere Schwester die achthundert Gottheiten des Gelben Stromes mit tausendfünfhundert Kriegern zu seiner Verfolgung aus. Er floh, indem er den zehngriffigen Krummsäbel, mit dem er hoheitsvoll umgürtet war, zog und hinter sich schwang. Aber die Krieger verfolgten ihn weiter. Als er den Grenzpaß zwischen der Welt der Lebenden und dem Land des Gelben Stromes erreicht hatte, nahm er drei Pfirsiche, die dort wuchsen, wartete, und als das Heer der

Verfolger herangekommen war, schleuderte er die Pfirsiche auf sie. Und die Pfirsiche aus dem Land der Lebenden zerschmetterten die Krieger aus dem Land des Gelben Stromes, und sie wandten sich um und flohen.

Schließlich machte sich ihre Hoheit Izanami selber auf. So riß er einen Felsen aus der Erde, den nur tausend Männer hätten heben können, und versperrte damit den Paß. Und durch den Felsen getrennt, standen sie einander gegenüber und tauschten Abschiedsgrüße. Izanami sagte: »Mein lieblicher älterer Bruder! Wenn du dich so benimmst, dann werde ich tagtäglich tausend von deinen Leuten in deinem Reich sterben lassen.« Izanagi antwortete: »Meine liebliche jüngere Schwester, Deine Hoheit! Wenn du das tust, dann werde ich machen, daß täglich tausendfünfhundert Frauen gebären.«[9]

Nachdem sie den Schritt aus der schöpferischen Sphäre des Allvaters Izanagi ins Reich der Auflösung getan hatte, hatte Izanami versucht, ihren Bruder und Gemahl zu schützen. Als er mehr gesehen hatte, als er ertragen konnte, verlor er seine Unschuld gegenüber dem Tode, zog aber, mit seinem erhabenen Lebenswillen, wie einen mächtigen Felsen den Schleier hinab, den wir alle seitdem zwischen unser Auge und das Grab halten.

Der griechische Mythos von Orpheus und Eurydike und hundert ähnliche aus allen Teilen der Welt lassen ebenso wie diese Legende aus dem Fernen Osten vermuten, daß trotz der berichteten Fehlleistung eine Möglichkeit besteht, daß der Liebende mit seiner verlorenen Geliebten über die schreckliche Schwelle zurückkehren kann. Es ist immer irgendein kleines Versehen, ein winziges, aber höchst kritisches Symptom menschlicher Gebrechlichkeit, das die offene Kommunikation zwischen den beiden Welten verbaut – so daß man beinahe glauben möchte, daß alles gut wäre, wenn nur das kleine, quere Versehen vermieden werden könnte. In den polynesischen Versionen aber, wo das fliehende Paar meist entkommt, und in dem griechischen Satyrspiel von Alkestis, wo wir ebenfalls eine glückliche Rückkehr haben, ist das Ergebnis nicht eigentlich so, daß es uns reales Vertrauen einflößt, sondern bloß übermenschlich. Die Mythen, in denen der Held versagt, berühren uns mit der Tragik des wirklichen Lebens, die vom Erfolg nur mit dem Eindruck ihrer inneren Unglaubwürdigkeit. Und doch, soll der Monomythos sein Versprechen einlösen, ist nicht menschliches Versagen oder übermenschlicher Erfolg das, was uns gezeigt werden muß, sondern menschlicher Erfolg. Eben darin liegt das Problem dieser kritischen zweiten Überquerung der Schwelle. Wir werden es erst in seinen übernatürlichen Symbolen betrachten, um dann nach der praktischen Lehre für den wirklichen, historischen Menschen zu suchen.

3. Rettung von außen

Es kann sein, daß der Heros durch äußeres Zutun von seinem jenseitigen Abenteuer zurückgebracht werden muß, das heißt, die Welt muß kommen und ihn holen. Die Seligkeit des tiefen Abgrunds nämlich wird nicht so leicht zugunsten der Erschütterungen des wachen Zustands preisgegeben. »Wer, der die Welt abgeworfen hat«, so lesen wir, »würde wünschen, wieder zurückzukehren? Er würde nur *dort* sein.«[10] Und doch, soweit einer ein lebendes Wesen ist, wird das Leben ihn rufen. Die Gesellschaft stellt eifersüchtig denen nach, die sich von ihr ausschließen, und wird kommen und an die Pforte pochen. Wenn der Held, wie Mutschukunda, nicht gewillt ist, erleidet der Störenfried einen bösen Schock. Wenn aber der Erhobene nur aufgehalten ist, befangen in dem Glück des Zustandes vollkommenen Seins, der dem Tod gleicht, kommt es zu einer wirklichen Rückkehr, und der Abenteurer findet heim.

Als der Rabe des Eskimomärchens mit seinem Feuerbohrer in den Bauch des Walfisches geflogen war, sah er sich »am Eingang eines schönen Raumes, an dessen anderem Ende eine Lampe brannte. Er war überaus erstaunt, ein schönes junges Mädchen darin sitzen zu sehen. Der Raum war trokken und sauber. Das Dach wurde von dem Rückgrat des Tieres gestützt, während dessen Rippen die Wände bildeten. Aus einer Röhre, die am Rückenknochen angebracht war, tropfte langsam Öl in die Lampe. Als der Rabe eintrat, sah die Frau auf und rief aus: ›Wie kommst du hierher? Du bist der erste Mann, der jemals hier hinein kam.‹ Rabe erzählte ihr den Verlauf dieses Abenteuers, und sie bat ihn, auf der anderen Seite des Zimmers Platz zu nehmen. Diese Frau war die Seele oder Inua des Wales, welcher ein weiblicher Walfisch war. Sie bereitete ihm alsdann Essen, gab ihm Beeren und Öl und erzählte ihm derweilen, daß sie die Beeren vor einem Jahre gesammelt habe. Vier Tage blieb Rabe als Gast der Inua im Walfischleibe, und während dieser ganzen Zeit grübelte er darüber nach, was das wohl für eine Röhre sei, die längs des Daches des Hauses hinlief. Jedesmal, wenn die Frau den Raum verließ, verbot sie ihm, die Röhre zu berühren. Als sie nun einmal wieder die Kammer verließ, ging er zu der Lampe, steckte seine Klaue aus und fing einen großen Tropfen auf, den er mit der Zunge ableckte. Das schmeckte aber so süß, daß er den Versuch wiederholte und dann fortfuhr, einen Tropfen nach dem andern, so schnell sie niederfielen, aufzufangen. Allmählich wurde ihm das aber bei seiner Gier zu langsam, und so langte er denn hinauf und brach ein Stück von der Röhre ab und aß es. Kaum war das aber geschehen, als auch schon eine große Ölwelle, das Licht verlöschend, in den Raum sich ergoß und das Gemach selbst gewaltig hin- und herzurollen begann; das währte vier Tage, und Rabe war fast tot vor Müdigkeit und infolge des Geräusches, das ihn während der ganzen Zeit umtoste. Dann wurde es ruhig, und der Raum lag still da. Der Rabe hatte nämlich eines seiner Herzgefäße abgebrochen und der Wal war darauf gestorben. Die Inua kam nicht wieder zurück, und der Walfisch trieb ans Ufer. Nunmehr war Rabe aber ein Gefangener. Während er darüber nachdachte, wie er wohl entschlüpfen könne, hörte er zwei Männer auf dem Rücken des Tieres sprechen und verstand deren Verabredung, alle Leute aus ihrem Dorfe zur Hilfe herbeizubringen. Das geschah alsbald, und die Leute hatten auch in kurzer Zeit in den oberen Teil des Walfisches ein Loch geschnitten.[11] Als dasselbe groß genug war und just alle Leute mit Fleischstükken fortgegangen waren, um sie auf das hohe Ufer zu tragen, schlüpfte Rabe unbemerkt hinaus. Auf dem Ufer angelangt, fiel ihm jedoch ein, daß er seinen Feuerbohrer im Walfisch hatte liegen lassen. Er entfernte alsbald seinen Rock und seine Maske, und kurze Zeit später sah das Volk einen kleinen schwarzgefärbten, in fremdartige Tierhaut gehüllten

Mann herantreten. Alles blickte neugierig auf ihn. Der Mann erbot sich, ihnen zu helfen, streifte seine Ärmel zurück und machte sich ans Werk. Bald darauf rief ein im Innern des Wales arbeitender Mann: ›Seht, was ich gefunden habe! Ein Feuerbohrer im Walfisch!‹ Kaum hatte Rabe das gehört, als er sagte: ›Das ist schlimm, denn meine Tochter hat mir gesagt, daß, wenn ein Feuerbohrer in einem Walfisch gefunden und er von Menschen aufgeschnitten würde, viele von diesen sterben würden. Ich werde wegrennen.‹ Er krempelte seine Ärmel wieder herunter und lief von dannen. – Alles Volk beeilte sich, sein Vorbild nachzuahmen, und lief von dannen. Und der Rabe hatte somit fürs erste den ganzen Schmaus für sich allein.«[12]

Einer der bedeutendsten und schönsten Mythen der japanischen Shinto-Tradition – alt schon, als er im achten Jahrhundert n. Chr. in den »Berichten von alten Ereignissen« aufge-

Abb. 10. Die Auferstehung des Osiris

zeichnet wurde – ist der von der Einholung der schönen Sonnengöttin Amaterasu aus einer himmlischen Felsenwohnung während der ersten Krisenepoche der Weltgeschichte. In ihm ist die Gerettete etwas widerstrebend. Der Sturmgott Susanowo, Amaterasus Bruder, hatte sich unverzeihlich schlecht benommen, und obwohl sie jedes Mittel versucht hatte, ihn zu beschwichtigen, und ihren Langmut über alle Grenzen bewiesen hatte, fuhr er fort, ihre Reisfelder zu verwüsten und ihre Einrichtungen zu beschmutzen. Schließlich, als äußerste Kränkung, brach er ein Loch ins Dach ihrer Webhalle und ließ einen »himmlischen Schecken, den er geschunden hatte, indem er ihm die Haut von vorne nach hinten abgezogen«, hindurchfallen. Bei dessen Anblick erschraken die Damen der Göttin, die fleißig an den Gewändern der Gottheiten webten, so heftig, daß sie vor Furcht starben.

Entsetzt von dem Anblick zog sich Amaterasu in eine himmlische Höhle zurück, schloß den Eingang hinter sich und verriegelte ihn. Damit hatte sie etwas Schreckliches getan, denn das dauernde Verschwinden der Sonne hätte so viel bedeutet wie das Ende der Welt – das Ende, bevor sie noch richtig angefangen hatte. Mit ihrem Verschwinden verfinsterte sich die ganze Ebene des hohen Himmels und auch das ganze mittlere Land der Riedebenen. Böse Geister trugen Aufruhr durch die Welt; zahlreiche böse Zeichen, Weh ankündigend, erschienen; und die Stimmen der Myriaden von Gottheiten wurden denen der Fliegen gleich, wenn sie im fünften Monde schwärmen.

Deshalb versammelten sich die acht Millionen Götter zu einer göttlichen Versammlung im Bett des stillen Himmelsflusses und beauftragten einen aus ihrer Mitte, den Gott mit Namen »Gedankenheger«, einen Plan zu ersinnen. Als Resultat ihrer Beratung wurden viele Dinge von göttlicher Wirkkraft hervorgeholt, darunter ein Spiegel, ein Schwert und Tuchopfer. Ein großer Baum ward aufgerichtet und mit Juwelen geschmückt; Hähne wurden gebracht, die ein ununterbrochenes Krähen unterhalten sollten; Sonnenwendfeuer wurden entzündet; und große Litaneien wurden rezitiert. Der Spiegel, acht Fuß lang, wurde an den mittleren Zweigen des Baumes befestigt. Und eine junge Göttin namens Uzume führte einen fröhlichen und lauten Tanz auf. Die acht Millionen Götter waren davon so vergnügt, daß ihr Lachen die Luft erfüllte und die Ebene des hohen Himmels erbebte.

Die Sonnengöttin in ihrer Höhle hörte das lustige Treiben und war erstaunt. Neugierig geworden, wollte sie sehen, was vor sich ging. Indem sie die Tür der himmlischen Felsenwohnung ein wenig öffnete, sprach sie von innen also: »Ich glaubte, daß wegen meiner Abwesenheit die Ebene des Himmels finster sein würde, und daß ebenso das mittlere Land der Riedebenen finster sein würde: wie aber kommt es dann, daß Uzume Späße macht und daß ebenso die acht Millionen Götter alle lachen?« Darauf sprach Uzume und sagte: »Wir freuen uns und sind fröhlich, weil eine erhabenere Gottheit da ist als Deine Hoheit.« Und während sie also sprach, zogen zwei Götter den Spiegel vor und zeigten ihn der Sonnengöttin Amaterasu, worauf diese, immer mehr erstaunend, nach und nach hervorkam und auf den Spiegel schaute. Ein starker Gott nahm ihre erhabene Hand und zog sie heraus, worauf ein anderer hinter ihr ein Strohseil (*shimenawa* genannt) ausspannte, quer über den Eingang, und sagte: »Du darfst dich nicht weiter zurück in die Höhle begeben als bis hierher!« Darauf waren sowohl die Ebene des hohen Himmels als auch das mittlere Land der Riedebenen wieder hell.[13] Die Sonne kann sich nun jede Nacht für eine Weile zurückziehen – wie das Leben selbst im erquikkenden Schlaf; aber durch das ehrwürdige *shimenawa* wird sie gehindert, für dauernd zu verschwinden.

Das Motiv der Sonne als Göttin, statt des männlich gedachten Sonnengottes, ist ein selten und kostbar gewordener Überrest von einem archaischen, einstmals offenbar weit verbreiteten Mythensystem. Die große Muttergottheit Südarabiens ist die weiblich vorgestellte Sonne, Ilat. Das deutsche Wort »die Sonne« ist weiblich. In ganz Sibirien und ebenso in Nordamerika haben sich verstreute Erzählungen von einer weiblichen Sonnenfigur erhalten, und im Märchen vom Rotkäppchen, das vom Wolf gefressen und dann vom Jäger wieder aus seinem Bauch gerettet wurde, könnte ein entferntes Echo des gleichen Abenteuers, wie Amaterasu es hatte, vernehmbar sein. Spuren zeigen sich noch in vielen Ländern, aber nur in Japan finden wir diese einstmals große

Mythologie noch als ein wirkendes Element der Zivilisation. Der Mikado nämlich ist ein direkter Nachkomme des Enkels der Amaterasu, und als die Urahne des kaiserlichen Hauses wird sie als eine der obersten Gottheiten der shintoistischen Nationaltradition verehrt.[14] In ihren Abenteuern spürt man ein Weltgefühl, das von dem des heutzutage bekannteren des Sonnengottes durchaus verschieden ist: eine gewisse Zärtlichkeit gegenüber der lieblichen Gabe des Lichtes, eine sanfte Dankbarkeit für die sichtbar werdenden Dinge, so wie sie einst die religiöse Grundstimmung vieler Völker ausgezeichnet haben mag.

Den Spiegel, das Schwert und den Baum können wir wiedererkennen. Der Spiegel, der die Göttin reflektiert und sie aus der erhabenen Ruhe ihrer göttlichen Unoffenbarheit zieht, ist das Symbol der Welt, des Bereichs des reflektierten Bildes. Darin erblickt die Gottheit mit Wohlgefallen ihre eigene Herrlichkeit, und dieses Wohlgefallen ist selbst die Veranlassung zum Akt der Manifestation oder Schöpfung. Das Schwert ist das Gegenstück des Donnerkeils. Der Baum ist die Weltachse, betrachtet unter dem Aspekt der Wunscherfüllung und der Fruchtbarkeit – dem gleichen, der im christlichen Heim zur Zeit der Wintersonnenwende begangen wird, dem Augenblick der Wiedergeburt oder der Rückkehr der Sonne, in Nachfolge eines von dem heidnischen Germanentum, dem die deutsche Sprache auch den femininen Charakter des Wortes Sonne verdankt, überkommenen fröhlichen Brauches. Uzumes Tanz und die Ausgelassenheit der Götter gehören in den Umkreis des Karnevals: der Abgang der obersten Gottheit hat die Welt als ein Tohuwabohu hinterlassen, aber auch in Vorfreude auf die kommende Erneuerung. Und das *shimenawa,* das ehrwürdige Strohseil, das hinter der Göttin entrollt wurde, als sie hervorkam, bedeutet das Glück der geheimnisvollen Rückkehr des Lichts. Dies *shimenawa* ist das bedeutungsvollste, wichtigste und in seinem Schweigen beredteste von den überlieferten Symbolen der japanischen Volksreligion. Über den Tempeleingängen aufgehängt und während des Neujahrsfestes über die Straßen gespannt, bezeichnet es die Erneuerung der Welt an der Schwelle der Wiederkehr. Wenn das Kreuz des Christentums das beredteste Symbol für den Übergang in den

Abgrund des Todes ist, so ist das *shimenawa* das einfachste Zeichen der Auferstehung. Beide stellen das Geheimnis der Grenzlinie zwischen den Welten dar, der nichtexistent-existenten Schwelle.

Amaterasu ist die östliche Schwester von Inanna, der obersten Göttin der alten sumerischen Keilschrifttafeln, deren Abstieg in die Unterwelt wir schon verfolgt haben. Inanna, Ischtar, Astarte, Aphrodite, Venus sind die Namen, die sie während der verschiedenen Abschnitte der westlichen Kulturentwicklung trug, hier nicht mit der Sonne verbunden, sondern mit dem Planeten, der ihren Namen trägt, und zugleich auch mit dem Mond, den Himmeln und der fruchtbaren Erde. In Ägypten wurde sie die Göttin des Hundssternes Sirius, dessen alljährliches Wiedererscheinen am Himmel die erdbefruchtende Flutzeit des Nilflusses ankündigte.

Inanna, so wird man sich erinnern, war vom Himmel hinabgestiegen ins Höllenreich ihrer Gegnerin und Schwester, der Totenkönigin Ereshkigal. Und sie hatte ihren Boten Ninshubar, für den Fall, daß sie nicht zurückkehren würde, mit Instruktionen zu ihrer Befreiung zurückgelassen. Sie war nackt vor die sieben Richter gekommen, und diese hatten ihre Augen auf sie geheftet, sie war in einen Leichnam verwandelt und der Leichnam – wie wir gesehen haben – an einem Pfahl aufgehängt worden.

> Nachdem drei Tage und drei Nächte verflossen waren[15],
> Erfüllte ihr Bote Ninshubur,
> Ihr Träger gnadenreicher Worte,
> Ihr Träger hilfreicher Worte,
> Den Himmel mit Klagen um sie,
> Schrie um sie in der Versammlungshalle,
> Eilte umher für sie im Hause der Götter . . .
> Wie ein Armer kleidete er sich in ein einziges Gewand für sie,
> Zum Ekur, dem Hause Enlils, lenkte er ganz allein seinen Schritt.

Dies ist der Beginn der Rettung der Göttin, und er illustriert den Fall, wo einer die Kräfte der Zone, die er betrat, so gut kannte, daß er Anstalten zu seiner Wiedererweckung traf. Ninshubur suchte zuerst den Gott Enlil auf; aber der Gott sagte, daß Inanna, nachdem sie vom großen Oben ins große Unten hinabgestiegen sei, den Geboten der Unterwelt unterworfen sein solle; daß, nachdem Inanna vom großen Oben ins große Unten hinabgestiegen sei, in der Unterwelt die Gebote der Unterwelt gelten sollten. Darauf suchte Ninshubur den Gott Nanna auf; aber der Gott sagte, sie sei vom großen Oben ins große Unten hinabgestiegen, und in der Unterwelt sollten die Gebote der Unterwelt gelten. Ninshubur suchte den Gott Enki auf; und dieser faßte einen Plan.[16] Er schuf zwei geschlechtslose Geschöpfe, übergab ihnen die Speise des Lebens und das Wasser des Lebens und trug ihnen auf, die Unterwelt aufzusuchen und die Speise und das Wasser sechzigmal auf Inannas hängenden Leichnam zu sprengen.

> Auf den von einem Pfahl hängenden Leichnam richteten sie die Furcht der Feuerstrahlen,
> Sechzigmal die Speise des Lebens, sechzigmal das Wasser des Lebens sprengten sie auf ihn,
> Inanna erhob sich.
>
> Inanna steigt auf von der Unterwelt,
> Die Anunnaki flohen,
> Und wer immer von den Bewohnern der Unterwelt in Frieden in die Unterwelt hinabgestiegen sein mochte;
> Wenn Inanna aufsteigt von der Unterwelt,
> Eilen wahrlich die Toten vor ihr her.
>
> Inanna steigt auf von der Unterwelt,
> Die kleinen Dämonen wie Rohrfedern,
> Die großen Dämonen wie Schreibgriffel,
> Gingen zu ihrer Seite.
> Wer vor ihr ging, hielt einen Stab in der Hand,
> Wer neben ihr ging, trug eine Waffe an der Lende.
> Die ihr vorangingen,
> Die Inanna vorangingen,
> Waren Wesen, die keine Speise kennen, die kein Wasser kennen,
> Die kein verstreutes Mehl essen,
> Die keinen verschütteten Wein trinken,
> Die das Weib von den Lenden des Mannes fortnehmen,
> Die das Kind von der Brust der stillenden Mutter fortnehmen.

Umgeben von diesem geisterhaften, gespenstischen Haufen, wanderte Inanna durch das Land von Sumer, von Stadt zu Stadt.[17]

Diese drei Beispiele aus weit voneinander entfernten Kulturbereichen – Rabe, Amaterasu und Inanna – geben ein zureichendes Bild von dem Motiv der Rettung von außen. Sie zeigen in den Schlußstadien des Abenteuers ein kontinuierliches Einwirken der übernatürlichen Kraft, die dem Erwählten schon während der ganzen Prüfungszeit beistand. Nachdem sein Bewußtsein unterworfen ist, stellt das Unbewußte nach seinen Gesetzen wieder ein Gleichgewicht her, und er wird zurückgeboren in die Welt, aus der er kam. Anstatt sein Ich zu konservieren und sich an es zu klammern, wie in der Fluchtgeschichte, verliert er es und gewinnt es doch, durch die Gnade, zurück.

Das bringt uns auf die letzte Krisis im Lauf des Zyklus, zu der die ganze Fahrt durchs Land der Wunder nur das Vorspiel war, nämlich auf die paradoxe, höchst schwierige Überquerung der Schwelle bei der Rückkehr des Helden aus dem jenseitigen Bereich in die Landschaft des banalen Alltags. Ob von außen gerettet, von innen getrieben oder sanft von den lenkenden Gottheiten geleitet, immer muß er mit seinem Segen wieder in die längst vergessene Atmosphäre finden, wo Menschen, die nur Fragmente des Menschen sind, sich vollkommen glauben. Er muß noch den Zusammenprall der Gesellschaft mit seinem das Ich erschütternden, das Leben erlösenden Elixier bestehen und die Rückschläge auf sich nehmen, die ihm in Form von vernünftigen Bedenken, boshaftem Widerstand und auch von guten Menschen, deren Begreifen versagt, noch bevorstehen.

4. Rückkehr über die Schwelle

Die beiden Welten, die göttliche und die menschliche, können nur als unterschiedene dargestellt werden, verschieden wie Leben und Tod, Tag und Nacht. Der Held wagt sich aus der vertrauten Landschaft hinaus in die Finsternis, besteht dort sein Abenteuer oder geht uns einfach verloren, wird festgehalten oder gerät in Gefahr, und seine Rückkehr wird als ein Wiederkommen aus dieser jenseitigen Zone beschrieben. Dennoch aber – und darin liegt der große Schlüssel für das Verständnis der Mythen und Symbole – sind die beiden in Wahrheit eins. Der Bereich der Götter ist eine vergessene Dimension der Welt, wie wir sie kennen, und die Erforschung dieser Dimension, sei sie freiwillig oder unfreiwillig, ist der ganze Sinn der Taten des Helden. Die Werte und Unterscheidungen, die im gewöhnlichen Leben so wichtig erscheinen, verschwinden mit der schreckenvollen Assimilation des Selbst in das, was früher nur das Andere schlechthin war. Wie es in den Geschichten von den menschenfressenden Hexen der Fall ist, kann die ganze Last der jenseitigen Erfahrung für untaugliche Seelen im Schrecken dieses Verlustes der persönlichen Individuation liegen. Aber der Held stürzt sich kühn hinein, um die Hexen in Göttinnen und die Drachen in Wachhunde der Götter verwandelt zu sehen.

Immer aber muß, vom Standpunkt des Wachbewußtseins aus betrachtet, zwischen der aus der Tiefe gehobenen Weisheit und der Klugheit, wie man sie im hellen Diesseits erprobt hat, eine verblüffende Diskrepanz bleiben. Daher erklärt sich die gewöhnliche Unterscheidung des Opportunen von der Tugend und die zwangsläufig daraus sich ergebende Entartung des menschlichen Lebens. Martyrium ist für Heilige, und die gewöhnlichen Menschen haben ihre Institutionen, und diese kann man nicht ihrem Wachstum überlassen wie die Lilien des Feldes. Petrus zieht immer noch sein Schwert, wie einst im Garten Gethsemane, um den Schöpfer und Erhalter der Welt zu verteidigen.[18] Der Segen aus der Tiefe wird rasch durch Umdeutungen eskamotiert, und die Notwendigkeit wächst, daß ein neuer Heros kommt, das Wort wieder zu beleben.

Wie aber kann man wieder das lehren, was tausend- und aber tausendmal richtig gelehrt und falsch gelernt wurde in all den Jahrtausenden der närrischen Gescheitheit der Menschen? Das eben ist die letzte, abschließende Aufgabe des Helden. Wie soll er die Laute der Finsternis, die die Sprache verschlagen, zurückübersetzen in die Sprache des Alltags? Wie auf einer zweidimensionalen Fläche eine dreidimensionale Form, in einem dreidimensionalen Bild eine vieldimensionale Bedeutung darstellen? Wie in die von Ja und Nein bestimmten Begriffe Offenbarungen übersetzen, die jeden Versuch, die Gegensatzpaare zu definieren, zur Nichtigkeit verdammen? Wie den Menschen, die sich auf die Evidenz der Sinneswahrnehmungen versteifen, die Botschaft der allzeugenden Leere übermitteln?

Häufiges Versagen zeugt für die Schwierigkeiten, die bei diesem Überschreiten der Schwelle zum Leben zurück auftreten. Das erste Problem des heimkehrenden Heros ist es, daß er nach der Erfahrung der seelenstillenden Vision der Erfüllung die vergänglichen Freuden und Leiden, Banalitäten und lärmvollen Gemeinheiten des Lebens wieder als real betrachten soll. Warum wieder in eine solche Welt eintreten? Warum versuchen, den von ihren Leidenschaften besessenen Menschen die Erfahrung jenseitiger Seligkeit plausibel oder gar interessant zu machen? Wie Träume, die in der Nacht bedeutungsschwer waren, bei Tageslicht einfach läppisch erscheinen, so können Dichter und Propheten merken, daß sie vor einem Gremium von nüchternen Augen den Narren spielen. Der einfachste Ausweg ist, die ganze Gruppe dem Teufel zu überlassen, sich wieder in die himmlische Felsenwohnung zurückzuziehen, die Tür zuzuwerfen und zu verschließen. Wenn aber mittlerweile irgendein Seelenlenker das *shimenawa* über den Ausgang gezogen hat, dann kann die Aufgabe, in der Zeit für die Ewigkeit zu zeugen und die Ewigkeit in der Zeit zu sehen, nicht mehr abgeschoben werden.

Die Geschichte des Rip van Winkle ist ein Beispiel für die bestürzende Situation des zurückkehrenden Helden. Rip war in den Bereich des Abenteuerlichen so unbewußt gelangt, wie wir alle tagtäglich, wenn wir einschlafen. Im tiefen Schlaf, so sagen die Hindus, ist das Selbst mit sich eins und selig, deshalb heißt der Tiefschlaf bei ihnen der Zustand der Erkenntnis.[19] Aber wenn wir auch von diesem nächtlichen Aufsuchen der Finsternis des Ursprungs belebt und gestärkt zurückkehren, so wird dadurch doch nicht unser Leben verwandelt: wir erwachen, wie Rip, ohne ein anderes Pfand dieser Erfahrung mitzubringen als unsere Bartstoppeln.

»Er schaute sich nach seiner Flinte um; doch anstatt der reinen, gutgeölten Vogelbüchse fand er ein altes Feuergewehr neben sich liegen, dessen Lauf mit Rost überzogen, dessen Schloß abgefallen und dessen Schaft wurmstichig war ... Als er sich zum Gehen erhob, fühlte er sich in den Gelenken steif und ohne die ihm gewöhnliche Beweglich-

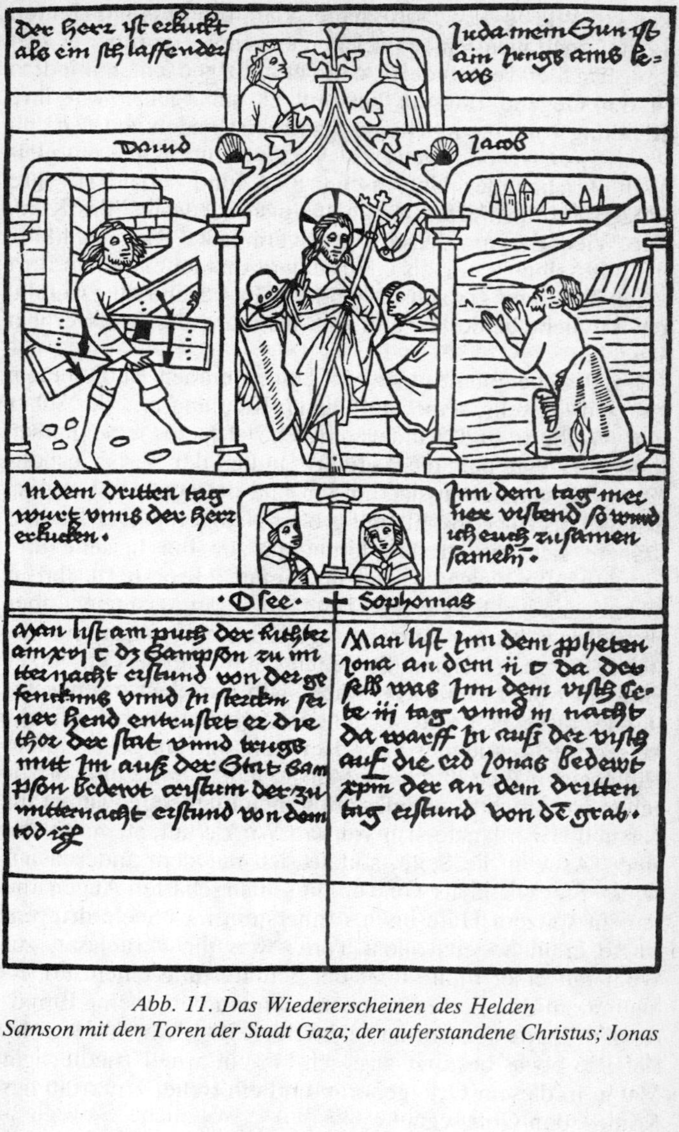

Abb. 11. Das Wiedererscheinen des Helden
Samson mit den Toren der Stadt Gaza; der auferstandene Christus; Jonas

keit ... Wie er dem Dorfe näher kam, traf er einen Haufen Leute, doch nicht einen, welchen er kannte, worüber er sich einigermaßen verwunderte, denn er hatte gedacht, mit jedem in der Gegend ringsum bekannt zu sein. Dazu war ihre Kleidung von einem Schnitte, ganz verschieden von dem, an welchen er gewöhnt gewesen. Sie glotzten ihn alle mit gleichen Zeichen der Überraschung an, und sobald sie ihre Augen auf ihn warfen, strichen sie sich jedesmal das Kinn. Die Wiederholung dieser Geste veranlaßte Rip unwillkürlich, dasselbe zu tun, als er zu seinem Erstaunen seinen Bart einen Fuß lang gewachsen fand ... Er begann zu zweifeln, ob sie nicht beide, er und die Welt um ihn her, verhext seien ...

Rips Erscheinung mit seinem langen grauen Bart, seinem rostigen Gewehr, seiner auffälligen Kleidung und der Schar von Weibern und Kindern, welche sich an seine Fersen hingen, erregte bald die Aufmerksamkeit der Wirtshauspolitiker. Sie sammelten sich um ihn und betrachteten ihn vom Scheitel bis zur Fußsohle mit großer Neugierde. Der Redner drängte sich bis zu ihm hindurch, zog ihn beiseite und forschte, ›für welche Partei er stimme‹. Rip stierte ihn in nichtssagender Einfalt an. Ein anderer untersetzter, aber geschäftiger kleiner Bursche ergriff ihn beim Arm und flüsterte, indem er sich auf die Zehen stellte, ihm ins Ohr, ›ob er Föderalist oder Demokrat wäre‹. Rip war ebensowenig imstande, diese Frage zu verstehen. Da bahnte sich ein hochweiser, wichtigtuender alter Herr mit spitzem gekremptem Hute seinen Weg durch die Menge, indem er sie im Vorbeigehen nach rechts und links mit seinen Ellenbogen auseinanderstieß. Er pflanzte sich vor van Winkle auf, stemmte den einen Arm in die Seite, stützte sich mit dem anderen auf seinen Stock, und als wolle er mit seinen scharfen Augen und seinem spitzem Hute bis ins Innerste seiner Seele dringen, fragte er in hoheitsvollem Tone, ›was ihn veranlasse, zur Wahl mit einer Flinte über der Schulter und einem Pöbelhaufen auf den Fersen zu erscheinen, und ob er eine Empörung im Dorfe anzustiften beabsichtige?‹ – ›Ach, ihr Herren‹, rief Rip etwas bestürzt aus, ›ich bin ein armer friedfertiger Mann, in diesem Orte geboren und ein treuer Untertan des Königs, den Gott segne!‹

Hier brach ein allgemeiner Lärm unter den Umstehenden aus. – ›Ein Tory! ein Tory! ein Spion! ein Flüchtling! packt ihn! fort mit ihm!‹ Nur mit großer Schwierigkeit stellte der wichtigtuende Herr mit dem gekrempten Hute die Ordnung wieder her.«[20]

Entgeisternder als das Geschick Rips ist der Bericht, was dem irischen Helden Oisin widerfuhr, als er von einer langen Reise mit der Tochter des Königs vom Lande der Jugend zurückkehrte. Oisin hatte sich klüger benommen als der arme Rip und seine Augen offengehalten, als er sich im Reich des Abenteuers aufhielt. Er war bewußt, wachend ins Land des Unbewußten, des Tiefschlafes hinabgestiegen und hatte die sublime Erfahrung, die er dort gewann, in seine Persönlichkeit eingeschmolzen. Ihm war die Verwandlung gelungen. Aber eben wegen dieses sehr wünschenswerten Umstandes waren auch die Gefahren der Heimkehr größer. Da sein ganzer Charakter mit den Kräften und Formen der Zeitlosigkeit in Einklang gebracht war, war sein ganzes Wesen dem Ansturm der Kräfte und Formen der Zeit ausgesetzt.

Oisin, der Sohn von Finn MacCool, war eines Tages mit seinem Gefolge zur Jagd in den Wäldern von Erin, als sich ihm die Tochter des Königs vom Lande der Jugend näherte. Oisins Leute waren mit der Beute des Tages vorangegangen und hatten ihren Herrn mit drei Hunden allein gelassen. Und das wunderbare Wesen war ihm mit einem schönen Frauenleib, aber einem Schweinekopf erschienen. Sie sagte, daß an dem Kopf ein Drudenzauber schuld sei, und versicherte, er würde verschwinden, sobald er sie heirate. »Gut, wenn das dein Zustand ist«, sagte er, »und wenn die Hochzeit mit mir den Zauber von dir nehmen wird, dann werde ich den Schweinekopf nicht lange auf dir sitzen lassen.«

Ohne weiteren Aufschub wurde nun der Schweinekopf abgetan, und sie machten sich zusammen auf nach Tir na n-Og, dem Lande der Jugend. Oisin wurde hier König und verbrachte viele glückliche Jahre. Eines Tages aber besann er sich und erklärte seiner wundersamen Braut: »Ich wünschte, ich könnte heute in Erin sein, um meinen Vater und seine Leute zu sehen.«

»Wenn du gehst«, sagte seine Frau, »und deinen Fuß auf

den Boden von Erin setzt, dann wirst du nie mehr hierher zu mir zurückkommen, und du wirst ein blinder alter Mann werden. Wie lange, glaubst du, ist es her, daß du hierher kamst?«

»Etwa drei Jahre«, sagte Oisin.

»Es sind dreihundert Jahre«, sagte sie, »seit du mit mir in dieses Reich kamst. Wenn du aber nach Erin gehen mußt, werde ich dir dieses weiße Roß geben, das dich tragen soll; aber wenn du von dem Roß absteigst oder den Boden von Erin mit deinem Fuß berührst, wird das Roß sogleich hierher zurückkommen, und du wirst sein, wo es dich ließ, als ein armer alter Mann.«

»Ich werde zurückkommen, keine Angst«, sagte Oisin. »Habe ich nicht guten Grund, zurückzukommen? Aber ich muß meinen Vater und meinen Sohn und meine Freunde in Erin einmal wiedersehen; ich muß wenigstens einen Blick auf sie werfen können.«

Sie richtete Oisin das Roß und sagte: »Dieses Roß wird dich an jeden Ort tragen, den du dir wünschst.«

Oisin rastete nicht, bis das Roß den Boden von Erin berührte; und er ritt fort, bis er nach Knock Patrick in Munster kam, wo er einen Mann sah, der Kühe hütete. Auf der Weide, wo die Kühe grasten, befand sich ein breiter flacher Stein.

»Würdest du herkommen«, sagte Oisin zu dem Hirten, »und diesen Stein umwenden?«

»Nein, wirklich, das werde ich nicht«, sagte der Hirte; »denn ich könnte ihn nicht heben, zwanzig Männer wie ich könnten es nicht.«

Oisin ritt an den Stein heran, beugte sich hinab, packte ihn mit seiner Hand und drehte ihn um. Unter dem Stein war das große Horn der Fenians *(borabu)*, gewunden wie eine Seemuschel, und es war ein Gesetz, daß, wenn einer von den Fenians von Erin das *borabu* bläst, die anderen sofort herbeiströmen, in welchem Teil des Landes sie sich auch gerade aufhalten mögen.[21]

»Würdest du mir dieses Horn bringen?« fragte Oisin den Hirten.

»Nein«, sagte der Hirte; »denn weder ich noch viele Männer wie ich könnten es vom Boden heben.«

Da ritt Oisin an das Horn heran, beugte sich hinab und nahm es in seine Hand; aber so sehr verlangte es ihn, es zu blasen, daß er alles vergaß und beim Hinablangen so weit rutschte, bis ein Fuß den Boden berührte. Sogleich war das Roß verschwunden, und Oisin lag auf dem Boden, ein blinder alter Mann.[22]

Die Gleichsetzung eines im Paradies verbrachten Jahres mit hundert Jahren irdischen Daseins ist ein geläufiges Motiv des Mythos. Die Rundheit und innere Abgeschlossenheit der Zahl Hundert bezeichnet Totalität. Ähnlich setzen die hinduistischen Puranas ein Götterjahr mit dreihundertsechzig Menschenjahren gleich. Aus der Perspektive der Olympier rollt Äon um Äon vorbei, die harmonische Form des Ganzen offenbarend, so daß dort, wo die Menschen nur Wechsel und Tod sehen, die Gesegneten die unwandelbare Form gewahren, Welt ohne Ende. Das Problem aber ist nun, diese kosmische Perspektive angesichts unmittelbar, am eigenen Leibe, erfahrener irdischer Lust und irdischen Schmerzes zu bewahren. Der Geschmack der Früchte, die sich der zeitlichen Erkenntnis darbieten, zieht den Blick des Geistes von der Mitte des Äons ab und lenkt ihn auf die peripheren Krisen des Augenblicks. Das Gleichgewicht der Vollkommenheit geht verloren, der Geist wankt und der Held stürzt.

Die Vorstellung des isolierenden Pferdes, das den Helden von unmittelbarer Berührung der Erde abhält und es ihm doch möglich macht, sich unter den Menschen und in ihrer Welt zu bewegen, ist ein lebendiges Beispiel einer grundsätzlichen Vorsichtsmaßregel, der die Träger übernatürlicher Kraft ganz allgemein sich unterwerfen: »Montezuma, der Kaiser von Mexiko, hat niemals den Fuß auf den Boden gesetzt. Er wurde stets auf den Schultern der Edelleute getragen, und wenn er irgendwo abstieg, legten sie reiche Teppiche, auf denen er gehen mußte ... Innerhalb seines Palastes schritt der König von Persien auf Teppichen, auf denen kein anderer gehen durfte. Außerhalb wurde er niemals zu Fuß gesehen, sondern nur in einem Wagen oder zu Pferde ... Früher durften weder die Könige von Uganda noch ihre Mütter noch ihre Frauen außerhalb der weiten Anlagen, in denen sie lebten, zu Fuß gehen. Wenn sie hinausgingen, wurden sie auf den Schultern der Männer des

Büffelklans getragen, von denen immer mehrere diese königlichen Persönlichkeiten auf Reisen begleiteten und sich abwechselten, die Last zu tragen. Der König saß rittlings auf den Schultern seines Trägers. Seine Füße steckten unter den Armen des Mannes. Wenn einer dieser königlichen Träger müde wurde, hob er den König auf die Schultern eines zweiten Mannes, ohne daß die königlichen Füße den Boden berührten.«[23]

Frazer erklärt die Tatsache, daß auf der ganzen Erde die göttlichen Personen nicht mit ihrem Fuß den Boden berühren dürfen, durch die folgende Umschreibung: »Heiligkeit, magische Kraft, Tabu oder wie wir jene geheimnisvolle Eigenschaft nennen mögen, von der Heilige oder dem Tabu Unterworfene durchdrungen sein sollen, wird von den primitiven Philosophen augenscheinlich als eine physische Substanz oder Flüssigkeit aufgefaßt, mit der der heilige Mann geladen ist, ebenso wie eine Leydener Flasche mit Elektrizität geladen ist. Und genau wie die Elektrizität in der Flache durch Berühren mit einem guten Leiter entladen werden kann, so ist es auch möglich, daß die Heiligkeit oder magische Kraft in einem Menschen durch Berührung mit der Erde, die nach dieser Theorie als ausgezeichneter Leiter für das magische Fluidum wirkt, entladen wird. Deshalb muß die heilige oder dem Tabu unterliegende Persönlichkeit sorgsam daran gehindert werden, den Boden zu berühren, damit die Ladung nicht verlorengeht. Um in der Sprache der Elektrizität zu reden, sie muß isoliert werden, wenn sie nicht des kostbaren Stoffes oder Fluidums beraubt werden soll, mit dem sie als Phiole geladen ist. In vielen Fällen wird auch die Isolierung der dem Tabu unterliegenden Person augenscheinlich als Vorsichtsmaßregel benutzt, nicht nur um ihrer selbst, sondern auch um anderer willen. Da die Eigenschaft der Heiligkeit oder des Tabus sozusagen ein machtvoller Explosivstoff ist, den die geringste Berührung zur Entladung bringen kann, so ist es im Interesse der allgemeinen Sicherheit notwendig, ihn in engen Grenzen zu halten, damit er nicht bei seiner Entladung alles vernichte, verderbe und zerstöre, mit dem er in Berührung kommt.«[24]

Ohne Zweifel gibt es eine psychologische Rechtfertigung dieser Vorsichtsmaßregel. Der Engländer, der sich im Urwald von Nigeria zum Dinner umkleidet, fühlt, daß diese Handlung einen Sinn hat. Der junge Künstler, der seine Stoppeln in die Halle des Ritz mitbringt, hat seine Freude daran, seine Idiosynkrasie zu erklären. Der römische Kragen hebt den Mann der Kanzel ab. Eine Nonne des zwanzigsten Jahrhunderts geht in einer mittelalterlichen Tracht umher. Die verheiratete Frau ist, mehr oder weniger, durch ihren Ring isoliert.

Die Erzählungen von Somerset Maugham beschreiben die Metamorphosen, denen die Träger der Bürde des weißen Mannes verfallen, wenn sie das Tabu der vorschriftsmäßigen Kleidung beim Dinner vernachlässigen. Viele Volkslieder zeugen von den Gefahren des zerbrochenen Ringes. Und die Mythen – zum Beispiel die, die Ovid in seinem großen Kompendium, den *Metamorphosen,* zusammenstellte – berichten immer wieder von den schockhaften Verwandlungen, die vor sich gehen, wenn die Isolierung zwischen einer hochkonzentrierten Macht und dem geringeren Spannungsbereich der Umgebung plötzlich und ohne angemessene Vorkehrungen fortgenommen wird. Den deutschen und keltischen Märchen zufolge wird ein Gnom oder eine Elfe, auf einem Ausflug von der aufgehenden Sonne überrascht, sogleich in einen Knüppel oder einen Stein verwandelt.

Um sein Abenteuer zur Vollendung zu bringen, muß der zurückkehrende Held den Ansturm der Welt überstehen. Rip van Winkle wußte nicht, was er erfahren hatte, und seine Rückkehr war eine Posse. Oisin wußte es, aber er verlor seine Verwurzelung darin und mußte so zusammenbrechen. Kamar ez-Zamân hatte von allen das glücklichste Geschick. Er erfuhr in wachem Zustand die Seligkeit des Tiefschlafs und kehrte zum Licht des Tages mit einem so überzeugenden Talisman seines unglaubwürdigen Abenteuers zurück, daß er es vermochte, angesichts jeder ernüchternden Enttäuschung sein Selbstbewußtsein zu wahren.

Während er in seinem Turm schlief, trugen die beiden Dämonen, Dahnasch und Maimûna, die Prinzessin Budûr, die Tochter des Herrn der Inseln und Meere und der sieben Schlösser, aus dem fernen China herbei und legten sie schlafend zu dem persischen Prinzen. Dann enthüllten sie die Gesichter der beiden, und sie waren einander von allen

Menschen am ähnlichsten, als ob sie Zwillinge wären. Dahnasch erklärte: »Bei Allah, vortreffliche Gebieterin, meine Geliebte ist doch schöner!« Aber Maimûna, die Dämonin, die Kamar ez-Zamân liebte, erwiderte heftig: »Nein, mein Geliebter ist schöner!« Darauf stritten sie in Rede und Gegenrede, bis schließlich Dahnasch den Vorschlag machte, einen unparteiischen Richter zu suchen. »Ich bin damit einverstanden«, sprach Maimûna und klopfte mit der Hand auf die Erde. Da kam ein Dämon heraus, der war einäugig, buckelig und krätzig; seine Augen waren der Länge nach durch sein Gesicht geschlitzt, er hatte auf seinem Kopf sieben Hörner, und vier Haarsträhnen hingen ihm bis auf die Knöchel herab; seine Hände waren wie Worfschaufeln, seine Beine wie Masten, er hatte Klauen wie die eines Löwen und Hufe wie die eines Wildesels. Als jener Dämon aus der Erde emporgestiegen war und Maimûna erblickte, küßte er den Boden vor ihr und blieb stehen, indem er die Hände auf dem Rücken kreuzte; und er fragte: ›Was ist dein Begehr, o Herrin und Königstochter?‹ Sie erwiderte: ›Kaschkasch, ich wünsche, daß du zwischen mir und dem verfluchten Dahnasch da entscheidest.‹ Dann erzählte sie ihm alles von Anfang bis zu Ende. Nun schaute der Dämon Kaschkasch das Antlitz des Jünglings und das Antlitz der Jungfrau an, und er sah die beiden schlafend daliegen, wie sie einander umschlungen hielten, da jeder von beiden seinen Arm unter den Hals des anderen gelegt hatte; sie waren einander gleich an Schönheit und Lieblichkeit und einander ebenbürtig an Holdseligkeit. Erstaunt ob ihrer Herrlichkeit und Anmut schaute Kaschkasch sie an ... Dann wandte der Dämon Kaschkasch sich von neuem zu Maimûna und Dahnasch und sprach zu ihnen: ›Bei Allah, wenn ihr die Wahrheit hören wollt, so sage ich euch offen, die beiden sind gleich an Schönheit und Lieblichkeit, an Anmut und Vollkommenheit, und es ist kein Unterschied zwischen beiden, nur daß sie verschiedenen Geschlechtes sind. Doch ich habe noch einen anderen Gedanken, und der ist, daß wir je einen von den beiden aufwecken, ohne daß der andere es weiß; und wer dann von heißerer Liebe zu dem anderen entzündet wird, der soll ihm an Schönheit und Anmut unterlegen sein‹. Maimûna sprach: ›Der Rat ist gut‹, und Dahnasch: ›Ich bin damit einverstanden.‹ Nun verwandelte Dahnasch sich in die Gestalt eines Flohes und biß den Kamar ez-Zamân; der aber fuhr erschrocken aus seinem Schlafe auf . . . Dann kratzte er die Stelle des Bisses an seinem Nacken, weil der Schmerz ihn so sehr brannte, und dabei bewegte er sich zur Seite. Und da sah er neben sich etwas liegen, dessen Hauch süßer als duftiger Moschus und dessen Leib weicher als Rahm war. Darüber wunderte Kamar ez-Zamân sich gar sehr, und so setzte er sich auf und schaute auf jenes Wesen, das an seiner Seite ruhte; und er sah, daß es eine Jungfrau war, strahlend wie ein kostbarer Edelstein oder wie eine hohe Kuppel im Sonnenschein . . . Er wollte sie wecken; doch sie wachte nicht auf, weil Dahnasch sie in einen tiefen Schlaf versenkt hatte. Da schüttelte er sie hin und her und sprach: ›Mein Lieb, erwache und sieh mich an; ich bin Kamar ez-Zamân!‹ Dennoch erwachte sie nicht, ja, sie bewegte nicht einmal ihr Haupt.« Kamar ez-Zamân glaubte, sie sei die Frau, die sein Vater ihm bestimmt habe, und er entbrannte in Liebe zu ihr. Aber er fürchtete, daß sein Vater sich im Raum verborgen halte und ihn beobachte, und so bezähmte er sich und begnügte sich damit, den Siegelring von ihrem kleinen Finger zu ziehen und auf seinen eigenen zu schieben.

Anders als Kamar ez-Zamân benahm sich Budûr. Sie hatte keine Furcht, daß ein Lauscher da sein könnte, und außerdem hatte Maimûna sie geweckt, indem sie, in weiblicher Bosheit, an ihrem Schenkel hochgekrochen war und sie an einer brennenden Stelle unterhalb des Nabels gestochen hatte. Die schöne, edle, herrliche Budûr, die ihr männliches Ebenbild neben sich entdeckte und gewahrte, daß er schon ihren Ring genommen hatte, die unfähig war, ihn aufzuwekken oder wenigstens zu vermuten, was er ihr getan hatte, und von der Nähe seines Fleisches aufgeregt ward, verlor alle Herrschaft über sich und steigerte sich in einen Rausch ohnmächtiger Leidenschaft. ». . . und die Begierde ward heftig in ihr, denn das Verlangen der Frauen ist stärker als das der Männer. Doch sie schämte sich ihrer selbst. Dann nahm sie ihm seinen Siegelring vom Finger und schob ihn auf den ihren an Stelle dessen, den er ihr genommen hatte; und sie küßte seinen Mund, küßte seine Hände und bedeckte seinen ganzen Leib mit Küssen. Zuletzt aber preßte sie sich an ihn, zog ihn an ihren Busen, umarmte ihn, indem sie ihm den einen Arm unter den Nacken, den anderen unter seine Achsel legte, schmiegte sich an ihn und schlief wieder an seiner Seite ein.«

Damit hatte Dahnasch verloren. Budûr ward nach China zurückgebracht. Als die beiden jungen Leute am nächsten Morgen, getrennt wieder durch ganz Asien, erwachten, wandten sie sich nach rechts und nach links, aber fanden niemanden zu ihrer Seite. Sie schrien ihre Umgebung an, tyrannisierten sie und erschlugen Menschen, die in ihre Nähe kamen, und ihr Sinn verwirrte sich. Kamar ez-Zamân versank in Lethargie, und sein Vater, der König, setzte sich zu seinen Häupten, weinte und trauerte, und wich weder bei Tage noch bei Nacht von ihm. Die Prinzessin Budûr aber mußte gefesselt werden; mit einer eisernen Kette um den Hals wurde sie an ein Fenster des Palastes angeschlossen.[25]

Dies Sichfinden und Getrenntwerden ist bei all seiner Wildheit typisch für die Leiden der Liebe. Denn wenn ein Herz auf seiner Bestimmung besteht, dem allgemeinen Schmeicheln sich widersetzt, dann ist die Qual groß und ebenso die Gefahr. Aber Kräfte sind ins Spiel gebracht, die sich den Berechnungen der Sinne entziehen. Ereignisketten von den Enden der Welt verschlingen sich allmählich, und ein wunderbares Zusammentreffen läßt das Unabwendbare Ereignis werden. Der Ring, als der Talisman, der vom Treffen der Seele mit ihrer anderen Hemisphäre am Ort der Sammlung mitgebracht wurde, bezeugt, daß das Herz dort gewahrte, was Rip van Winkle verfehlte; er bezeugt weiter den festen Glauben des Erwachten, daß die Wirklichkeit der Tiefe durch die des gewöhnlichen Tages nicht Lügen gestraft wird. Dies ist das Zeichen der Aufforderung, die an den Heros ergeht, nämlich nun seine beiden Welten miteinander zu verknüpfen.

Der Rest der Geschichte von Kamar ez-Zamân enthält die langsame, aber wunderbare Wirkung eines Geschicks, das ins Leben gehoben wurde. Nicht jeder hat ein Geschick: nur der Held, der hinabgetaucht ist, um es anzurühren, und wieder, mit einem Ring, emporgekommen ist.

Freiheit, die Spaltung der Welt nach hüben und drüben zu durchmessen, von der Perspektive der Erscheinungen in der Zeit zu der der ursächlichen Tiefe und wieder zurück, ohne die Prinzipien des einen mit denen der anderen zu kontaminieren, aber so, daß der Geist das eine durch das andere erkennt, ist die Gabe des Herrn, oder, biblisch zu reden, des Meisters. Nietzsches tänzerischer Held bleibt nicht plump an einem Ort, sondern springt und wendet sich in ausgelassener Leichtigkeit von Ort zu Ort. Zwar läßt sich in jedem Augenblick nur von einem Ort reden, aber das beeinträchtigt nicht das Wissen um die anderen.

Nur selten fassen die Mythen das Geheimnis des leichtfüßigen Übergangs in ein einziges Bild zusammen. Wo sie es tun, ist der Augenblick des Übergangs ein prächtiges Symbol, voller Bedeutung, ein Gegenstand des Gedenkens und der Betrachtung. Ein solcher Augenblick war die Verklärung Christi.

»Und nach sechs Tagen nahm Jesus zu sich Petrus und Jacobus und Johannes, seinen Bruder, und führte sie beiseit auf einen hohen Berg. Und ward verkläret vor ihnen, und sein Angesicht leuchtete wie die Sonne, und seine Kleider wurden weiß als ein Licht. Und siehe, da erschienen ihnen Moses und Elias, die redeten mit ihm. Petrus aber antwortete und sprach zu Jesus: Herr, hier ist gut sein. Willst du, so wollen wir hier drei Hütten machen, dir eine, Mosen eine und Elias eine[26]. Da er noch also redete, siehe, da überschattete sie eine lichte Wolke. Und siehe, eine Stimme aus der Wolke sprach: Dies ist mein lieber Sohn, an welchem ich Wohlgefallen habe, den sollt ihr hören. Da das die Jünger hörten, fielen sie auf ihr Angesicht und erschraken sehr. Jesus aber trat zu ihnen, rührete sie an und sprach: Stehet auf und fürchtet euch nicht. Da sie aber ihre Augen aufhoben, sahen sie niemand denn Jesum allein. Und da sie vom Berge herabgingen, gebot ihnen Jesus und sprach: Ihr sollt dies Gesicht niemand sagen, bis des Menschen Sohn von den Toten auferstanden ist.«[27]

Hier hat man den ganzen Mythos in einem einzigen Augenblick: Jesus als den Führer, den Weg, die Vision und den

Genossen der Rückkehr. Die Jünger sind die Initiierten, nicht selber des Geheimnisses mächtig, aber eingeführt in die volle Erfahrung von dem Paradox der eins gewordenen zwei Welten. Petrus fürchtete sich so sehr, daß er zitterte.[28] Fleisch hatte sich vor ihren Augen aufgelöst, um das Wort zu offenbaren. Sie fielen auf ihr Antlitz, und als sie sich erhoben, war die Pforte wieder geschlossen.

Es ist hervorzuheben, daß dieser ewige Augenblick sich weit über Kamar ez-Zamâns romantische Verwirklichung seines individuellen Geschicks erhebt. Nicht nur haben wir hier ein wahrhaft meisterliches Hinübergehen und Zurückkehren über die Weltschwelle, sondern wir beobachten auch ein machtvolleres, sehr viel machtvolleres Durchdringen der Tiefen. Das individuelle Geschick ist nicht das Motiv und Thema dieser Vision. Die Offenbarung ward von drei Zeugen gesehen, nicht nur von einem: sie kann in psychologischen Begriffen nicht zureichend erfaßt und erhellt werden. Gewiß kann man sich ihr entziehen. Wir können zweifeln, ob eine solche Szene sich jemals zugetragen hat. Aber das würde uns wenig helfen, wenn wir es hier mit Problemen der Symbolik, nicht solchen der Historizität, zu tun haben sollten. Ob Rip van Winkle, Kamar ez-Zamân oder Christus wirklich gelebt haben, ist nicht unsere primäre Sorge. Ihre Geschichten sind es, was uns angeht, und diese Geschichten sind so weit über die Welt verbreitet, nur in verschiedenen Ländern verschiedenen Personen zugeschrieben, daß die Frage, ob dieser oder jener Träger dieser universellen Themen eine historische Persönlichkeit, ein lebender Mensch gewesen sein mag, nur von zweitrangigem Interesse sein kann. Die Überbetonung dieses historischen Moments kann nur zur Verwirrung beitragen; sie würde die Botschaft, die aus den Bildern spricht, einfach beiseite schieben.

Was ist also der wahre Sinn des Bildes der Verklärung? Das ist die Frage, die wir zu stellen haben. Aber um uns ihr nicht in sektenhafter Beengtheit, sondern auf dem Boden ihrer inneren Universalität zu stellen, tun wir gut, ein weiteres, ebenso geheiligtes Beispiel dieses archetypischen Ereignisses auf uns wirken zu lassen.

Das Folgende ist dem hinduistischen »Gesang des Heiligen«, dem *Bhagavad Gita,* entnommen, dem Haupttext der modernen hinduistischen Frömmigkeit, der, als ein ethischer Dialog von achtzehn Kapiteln, im Buch VI des indischen Gegenstücks zur *Ilias,* des *Mahabharata,* erscheint. Der Heilige, der schöne junge Krishna, ist eine Inkarnation des Allgotts Vishnu, der Prinz Arjuna ist sein Schüler und Freund.

»Arjuna sprach: ›Wenn du es für möglich hältst, daß dieselbe von mir gesehen wird, o Gebieter, dann zeige du mir, o Herr des Yoga, dein unvergängliches Selbst.‹ Der Heilige sprach: ›Siehe, o Prithasohn, meine Gestalten hundertfach und tausendfach, die mannigfaltigen, himmlischen, welche mancherlei Farben und Formen zeigen. Siehe die Adityas, die Vasus, die Rudras, die Ashvins und die Maruts, siehe, o Bharata, viele nie zuvor gesehene Wundergestalten, siehe hier gegenwärtig vereinigt die ganze Welt des Beweglichen und Unbeweglichen in meinem Leibe, o Lockiger, und was du sonst noch zu sehen wünschst. Aber du wirst mich nicht mit diesem deinem eigenen Auge sehen können; ich gebe dir ein himmlisches Auge, mit dem sollst du meine göttliche Zauberkunst sehen.‹

Nachdem so . . . der Herr der großen Zauberkraft Hari (Vishnu-Krishna) gesprochen hatte, zeigte er dem Sohne der Pritha seine höchste göttliche Gestalt, mit vielen Mündern und Augen, mit vielen wunderbaren Anblicken, mit vielem himmlischem Schmucke, mit himmlischen gezückten Waffen von mancherlei Art, ihn, den mit himmlischen Kränzen und Gewändern angetanen, mit himmlischen Wohlgerüchen gesalbten, alle Wunder in sich befassenden, unendlichen, nach allen Seiten seine Angesichter kehrenden Gott. Wenn am Himmel auf einmal der Glanz von tausend Sonnen sich erhöbe, ein solcher Glanz würde ähnlich sein dem Glanz des Hochsinnigen. Daselbst schaute der Sohn des Pandu in dem Leibe des Gottes der Götter die ganze Welt in einem befaßt in ihren mannigfachen Teilen. Und von Erstaunen erfüllt, mit gesträubtem Haare, verneigte sich der Gewinner der Güter mit seinem Haupte vor dem Gotte, legte seine Hände zusammen und sprach:

›Ich sehe, o Gott, in deinem Leibe alle Götter und die Schar der mannigfachen Wesen, den Gottherrn Brahman auf seinem Lotossitze und alle Rishis und die himmlischen Schlangengötter. Ich sehe dich mit vielen Armen, Leibern, Mündern und Augen, ich sehe deine Gestalt sich nach allen Seiten ins Unendliche erstrecken, kein Ende, keine Mitte und keinen Anfang deiner sehe ich, o Allgott, Allgestaltiger. Mit Diadem, mit Keule und mit Diskus in einer Fülle von Glanz, nach allen Seiten hinflammend, sehe ich dich, den schwer zu Schauenden, den nach allen Seiten wie flammendes Feuer und Sonnen Strahlenden, Unermeßlichen. Du bist das höchste Unvergängliche, das soll man wissen, du bist der höchste Hort dieser ganzen Welt, du bist der unwandelbare Hüter der ewigen Gesetze, du bist von mir erkannt worden als der unvergängliche Purusha‹.«[29]

Diese Vision ward dem Arjuna auf einem Schlachtfeld, einen Augenblick vor dem ersten Trompetenstoß zum Beginn der Schlacht. Mit dem Gott als Wagenlenker war der große Prinz hinausgefahren in das Feld zwischen den beiden kampfbereiten Völkern. Seine eigenen Armeen waren aufmarschiert gegen die eines usurpatorischen Vetters, aber nun gewahrte er in den Reihen der Feinde viele Männer, die er kannte und liebte. Sein Mut sank. »›O wehe!‹ sagte er zu dem göttlichen Wagenlenker, ›wir sind im Begriffe, eine große Sünde zu begehen, die wir aus Begierde nach der Herrschaft unsere eigenen Verwandten töten wollen. Fürwahr! Wenn mich, den Waffenlosen, ohne daß ich ihnen etwas antue, mit den Waffen in der Hand die Leute des Dhritarashtra im Kampfe töten würden, das würde mir noch erträglicher sein.‹ ... Also sprach zum Struppigen der Lockige, der Feindeschreck zum Kuhgewinner: ›Ich mag nicht kämpfen!‹ und schwieg.«[30] Aber darauf hatte der schöne Gott seinen Mut zurückgerufen, indem er ihm die Weisheit des Heiligen verkündete, und ihm schließlich die große Vision aufgetan. In sprachlosem Erstaunen sah der Prinz nicht nur seinen Freund in die lebendige Personifikation des All verwandelt, sondern auch die Helden der beiden Armeen in seinen unzähligen, schrecklichen Mündern verschwinden, getragen von einem gewaltigen Sturm. Voll Schrecken rief er aus:

»›Wenn ich dich sehe, wie du bis zum Himmel aufreichst, flammend und vielfarbig, mit aufgerissenem Rachen, mit glühenden großen Augen, so erzittert meine innere Seele, o Vishnu, und ich finde keine Fassung und keine Ruhe. Und wenn ich deine Münder mit klaffendem Gebiß sehe, wie sie dem Weltuntergangsfeuer vergleichbar sind, so unterscheide ich die Himmelsrichtungen nicht mehr und finde mir keine Rettung; sei gnädig, o Herr der Götter, der du die Welt der Lebenden erfüllst! Auch sie gehen ein in dich, die Söhne dort des Dhritarashtra, alle mitsamt den übrigen Scharen der Erdeherren, Bhishma und Drona und jener Wagenlenkersohn Karna und ebenso die auf unserer Seite stehenden vorzüglichsten Kämpfer, sie alle stürzen eilig in deine zähneklaffenden furchtbaren Rachen, und manche von ihnen scheinen schon mit zermalmten Häuptern zwischen deinen Zähnen zu hängen. Wie die vielen Wasserstürze der Ströme auf den Ozean zueilen, so stürzen diese Helden der Menschenwelt in deine ringsum flammenden Rachen. Wie Mükken sich zu ihrem Verderben mit beschleunigter Eile in ein flammendes Feuer stürzen, so stürzen sich die Welten zu ihrem Verderben mit beschleunigter Eile in deine Rachen. Du züngelst, indem du die gesamten Welten ringsum in deine glühenden Rachen hineinschlingst, und deine furchtbaren Flammen, o Vishnu, erfüllen mit ihrem Lichtglanz die ganze Welt und setzen sie in Gluten. Erkläre mir, wer du bist, der du diese furchtbare Gestalt trägst, Verehrung sei dir, o höchster Gott, sei mir gnädig! Dich, den Uranfänglichen, möchte ich erkennen, denn ich begreife nicht, wie du dich betätigst.‹

Der Heilige sprach: ›Ich bin die Zeit, welche in ihrem Fortschreiten den Untergang der Welt bewirkt, und betätige mich hienieden darin, daß ich die Menschen hinwegraffe; und auch ohne dich würden sie alle nicht am Leben bleiben, sie, welche in Schlachtreihen sich als Kämpfer gegenüberstehen. Deshalb erhebe dich, erwirb dir Ruhm, besiege die Feinde, genieße die glückliche Herrschaft. Schon längst sind diese hier von mir erschlagen, du sollst nur mein Werkzeug sein, du auch mit der linken Hand Gewandter. Drona, Bhishma, Jagadratha, Karna und die anderen Kampfeshelden sind schon von mir erschlagen, so erschlage du sie ohne Zagen; kämpfe, denn du wirst die Widersacher in der Schlacht besiegen.‹

Als diese Worte des Vollhaarigen der Diademträger mit zusammengelegten Händen und zitternd gehört hatte, da sprach er in Ehrfurcht weiter zu Krishna mit stammelnder Stimme, voll Angst und Schrecken, indem er sich verneigte.

›. . . Du bist der Erstlingsgott, der Purusha, der Alte, du bist der höchste Hort dieses Weltalls, der Wisser alles Wißbaren und die höchste Stätte; durch dich ist dieses Weltall ausgebreitet, o Unendlichgestalteter. Du bist Vayu, Yama, Agni, Varuna[31] und der Mondgott, du bist Prajapati[32] und der Ururvater der Welt. Verehrung sei dir, Verehrung tausendfach und abermals und weiter Verehrung um Verehrung! . . . Ich bin entzückt, indem ich sehe, was ich früher nie gesehen, und zugleich ist mein Geist von Furcht erschüttert. Zeige mir, o Gott, diese deine Gestalt, erzeige mir die Gnade, du Gottherr, der du die Welt der Lebenden erfüllst. Mit dem Diadem, mit der Keule, mit dem Diskus in der Hand möchte ich dich auch einmal sehen, erscheine mir in dieser Gestalt, mit vier Armen, o Tausendarmiger, Allgestaltiger.‹

Der Heilige sprach: ›Aus Gnade, o Arjuna, habe ich dir diese meine höchste Gestalt gezeigt durch meines Selbstes Zauberkraft, die aus Glanz bestehende, volle, unendliche, uranfängliche, welche außer dir keiner je an mir geschaut hat . . . Keine Bestürzung, kein verwirrtes Wesen soll dich überkommen, wenn du diese meine so furchtbare Gestalt sehen wirst; befreit von Furcht vielmehr und erfreuten Herzens sollst du diese meine Gestalt schauen.‹

Nachdem Vasudeva mit diesen Worten dem Arjuna ja gesagt hatte, zeigte er ihm sodann weiter seine Gestalt, und da er von Furcht erfüllt wurde, flößte er ihm wieder Mut ein, indem er wiederum in seiner milden Gestalt erschien, der Hochherzige.«[33]

Der Jünger ward gesegnet mit einer das Blickfeld – wie es dem normalen Menschenschicksal sich auftut – weit übersteigenden Vision, einem, wenn auch flüchtigen Blick in die wesenhafte Natur des Alls. Nicht sein persönliches Schicksal, das der Menschheit, des Lebens als Ganzem, des Atoms und aller Sonnensysteme eröffnete sich ihm, und dies in Worten, die dem Verständnis des Menschen angepaßt sind, in den Worten einer anthropomorphen Vision: des Weltmenschen. Eine gleiche Erleuchtung hätte durch die gleichermaßen gültigen Bilder des Weltpferdes, des Weltadlers, des Weltbaums oder des Weltmantis erfolgen können.[34] Außerdem geschah die im »Gesang des Heiligen« berichtete Offenbarung in Begriffen, die Arjunas Kaste und Rasse angepaßt waren: der Weltmensch, wie er ihn erblickte, war Adliger, wie er selbst, und Hindu. Entsprechend erschien der Weltmensch in Palästina als Jude, den Germanen als Germane. Den Basutos ist er Neger, den Japanern Japaner. Rasse und Gestalt der Figur, die das immanente und transzendente Gemeinsame darstellt, ist ein historisches Moment, nicht eins der Bedeutung. Und ebenso ihr Geschlecht: das Weltweib, wie es in der Bilderwelt der Jains[35] auftaucht, ist ein ebenso beredtes Symbol wie der männlich gedachte Weltmensch.

Symbole sind jeweils nur die Medien, durch die die Botschaft kommuniziert wird. Man darf sie nicht als das Endgültige nehmen, als die wahre Substanz dessen, was sie zu bedeuten haben. Gleich, wie faszinierend und eindrucksvoll sie scheinen mögen, sie bleiben nur ein zweckbestimmtes Mittel, angepaßt dem möglichen Verständnis. Deshalb sollte niemand die Person oder die Personen der Gottheit – mögen sie nun in trinitarischen, dualistischen oder monistischen Begriffen dargestellt sein, in polytheistischen, monotheistischen oder henotheistischen, im Bild oder im Wort, als dokumentiertes Faktum oder als apokalyptische Vision – als das Letzte zu entziffern oder zu deuten versuchen. Das eigentliche Problem der Theologie ist, ihr Symbol so durchsichtig zu halten, daß es nicht eben das Licht verdeckt, das es offenbaren soll. »Denn dann allein kennen wir Gott in Wahrheit«, schreibt der heilige Thomas, »wenn wir glauben, daß er weit über allem ist, was dem Menschen von Gott zu denken möglich ist.«[36] Und im Kena Upanishad heißt es im gleichen Sinne:

> Nur wer es nicht erkennt, kennt es,
> Wer es erkennt, der weiß es nicht –
> Nicht erkannt vom Erkennenden,
> Erkannt vom Nicht-Erkennenden.[37]

Das Kommunikationsmedium mit der Bedeutung verwechseln, könnte dazu führen, daß nicht nur wertlose Tinte, sondern auch wertvolles Blut vergossen würde.

Das nächste, was zu beachten ist, ist der Umstand, daß die

Verklärung Jesu von Zeugen beobachtet wurde, die ihren individuellen Willen ausgelöscht hatten, von Menschen, die seit langem solche Dinge wie Leben, persönliches Geschick, Bestimmung durch völlige Selbstverneinung im Meister aufgegeben hatten. »Nicht durch die Veden, nicht durch Askese, nicht durch Gaben und nicht durch Opfer kann einer es erreichen, mich in der Gestalt zu schauen, in der du mich erblickt hast«, sprach Krishna, nachdem er wieder seine milde Gestalt angenommen hatte. »Aber durch Verehrung, die mir allein gewidmet ist, kann einer, o Arjuna, in dieser Weise mich erkennen, mich schauen, wie ich bin, und in mich eingehen . . . Wer meine Werke tut, mich als das Höchste hat und mich verehrt ohne Anhänglichkeit an die Welt, wer ohne Feindschaft ist gegen alle Wesen, der kommt zu mir . . .«[38] Eine entsprechende Formulierung von Jesus faßt es noch knapper: »Wer aber sein Leben verliert um meinetwillen, der wird es finden.«[39]

Der Sinn ist sehr klar; es ist der Sinn aller religiösen Praxis. Durch ausgedehnte psychologische Übung lernt das Individuum, alle Bindung an seine persönlichen Unzulänglichkeiten, Neigungen, Wünsche und Ängste völlig aufzugeben, sich der Selbstvernichtung, der notwendigen Voraussetzung der Wiedergeburt in der Anschauung der Wahrheit, nicht länger zu widersetzen und so schließlich reif zu werden für das große, versöhnende Einswerden. Nachdem sein persönliches Streben ganz aufgelöst ist, versucht es nicht mehr, zu leben, sondern gibt sich willig dem hin, was in ihm Ereignis werden mag; es wird gleichsam namenlos. Das Gesetz lebt in ihm mit seinem vorbehaltlosen Einverständnis.

Zahlreich sind, besonders im mythologischen und sozialen Raum des Orients, die Gestalten, die diesen endgültigen Zustand der namenlosen Gegenwart darstellen. Die Weisen der Einsiedlerhaine und die wandernden Bettler, die im Leben und in den Legenden des Ostens eine bedeutende Rolle spielen; im Mythos solche Figuren wie der Ewige Jude, verachtet, unerkannt und doch im Besitz der unschätzbaren Perle; der von Hunden gehetzte zerlumpte Bettler; der geheimnisvolle Bettelmusikant, dessen Lied das Herz stillt; der verkleidete Gott, Wotan, Viracocha und Edschu, sind einige Beispiele. »Manchmal ein Narr, manchmal ein Weiser, manchmal in königlichem Glanze; manchmal wandernd, manchmal bewegungslos wie eine Python, manchmal gütigen Ausdruck zeigend; manchmal geehrt, manchmal geschmäht, manchmal unbekannt – also lebt der Mensch der Erleuchtung, immer glücklich in höchster Seligkeit. So wie ein Schauspieler immer ein Mensch ist, ob er das Gewand seiner Rolle anlegt oder ablegt, so ist der vollkommen das Unvergängliche Erkennende immer das Unvergängliche, und sonst nichts.«[40]

6. Freiheit zum Leben

Was ist nun das Resultat des wunderbaren Hinübergehens und Wiederkehrens?

Das Schlachtfeld ist symbolisch für das Leben, wo jedes Geschöpf vom Tod des anderen lebt. Die Erkenntnis von der unabwendbaren Schuld des Lebens kann das Herz so verstören, daß man, wie Hamlet oder Arjuna, sich weigert, es weiter mitzumachen. Oder aber daß man, wie die meisten von uns, sich von sich selber ein falsches, im Grunde ungerechtfertigtes Bild macht von der Art, man selber sei eine Ausnahmeerscheinung in der Welt, nicht schuldig wie andere, sondern bei allen unvermeidlichen Versündigungen gerechtfertigt, weil man das Gute vertrete. Solche Selbstgerechtigkeit führt zum Mißverstehen nicht nur des eigenen Selbst, sondern ebenso der Natur des Menschen und des Universums. Die letzte Absicht des Mythos ist es, das Bedürfnis zu einer solchen Lebensdummheit in einer schließlich zu erreichenden Versöhnung des individuellen Bewußtseins mit dem Weltwillen zu zerstreuen. Und dies wird erreicht durch eine Erkenntnis der wahren Beziehung der vergehenden zeitlichen Erscheinungen zu dem unvergänglichen Leben, das in allem lebt und stirbt.

»Gleichwie ein Mann die alten Kleider ablegt und andere neue anzieht, so legt der Träger des Leibes (die Seele) die alten Leiber ab und geht in andere neue ein. Ihn verwunden nicht Schwerter, ihn brennt nicht das Feuer, ihn netzen nicht die Wasser, ihn trocknet nicht der Wind. Unverwundbar ist er und unverbrennbar, nicht benetzbar und nicht zu trocknen, ewig ist er und allgegenwärtig, beständig, unbeweglich und immerwährend.«[41]

In der Welt des Handelns verliert der Mensch seine Mitte im Ewigen, wenn er sich um die Ergebnisse seines Handelns sorgt; wenn er aber sein Handeln und dessen Früchte auf den Knien des lebendigen Gottes ruhen läßt, werden sie zum Opfer, das ihn von den Fesseln des Todes befreit. »Darum betreibe allezeit die obliegende Pflicht ohne Anhänglichkeit ... Mir sollst du alle Werke weihen, den Geist gerichtet auf den höchsten Atman, und so, von Hoffnung und Selbstheit frei, mögest du kämpfen ohne Bekümmernis.«[42]

Mächtig in seiner Erkenntnis, gelassen und frei im Handeln, erhoben in dem Bewußtsein, daß durch seine Hand die Gnade des Viracocha fließen soll, ist der Held das bewußte Werkzeug des schrecklichen, wunderbaren Gesetzes, gleichviel, ob sein Tun das des Metzgers, des Reitknechts oder Königs ist.

Guion Bach, der, nachdem er die drei Tropfen vom Giftkessel der Erleuchtung gekostet hatte, von der Hexe Caridwen verschluckt, als Kind wiedergeboren und dem Meer übergeben worden war, wurde am nächsten Morgen von einem »unglücklichen und dürftigen Jüngling« namens Elfin, dem Sohn des reichen Landherrn Guyddno, dessen Pferde durch den Strom aus dem geborstenen Kessel vergiftet worden waren, in einem Fischwehr gefunden. Seine Wehrwärter »hoben den ledernen Sack auf, und der ihn öffnete, erblickte den Vorderkopf eines Knaben und sprach zu Elfin: ›Schau, eine glänzende Stirn!‹ ›Er heiße Taliesin‹, sagte Elfin. Er hob den Knaben in den Armen auf und setzte ihn kummervoll hinter sich, indem er sein Mißgeschick beklagte. Er ließ sein Pferd, das vordem trabte, im Paß gehen, und es trug ihn so sanft, als säße er im bequemen Stuhl. Gleich dichtete Taliesin Trost und Lob dem Elfin und kündete Ehre dem Elfin an. Sein Trost lautete, wie ihr hören könnt:

> In Guyddnos Wehr
> war nie solch Glück
> wie zu dieser Nacht.
> Schön Elfin, trockne die Wangen,
> zu große Trübnis hilft mitnichten,

da du glaubst, du habest nie Gewinn.
Zuviel Grämen ist nicht gut,
zweifle nicht an den Wundern des Allmächtigen ...

Schwach und klein, der ich bin
am schäumenden Strande des Meeres,
werde ich am Tage der Trübsal
dir dienlicher sein denn dreihundert Lachse ...

Elfin kam zum Haus oder Hof Guyddnos, des Vaters, mit ihm Taliesin. Guyddno fragte ihn, ob er einen guten Fischzug am Wehr gehabt habe, und Elfin berichtete, daß er Besseres denn Fisch gewonnen habe. Was das wäre, fragte Guyddno. ›Ein Barde‹. Worauf Guyddno sagte: ›Zu was wird der dir nütze sein?‹ Taliesin selbst antwortete: ›Er wird ihm mehr nützen, als dir je das Wehr gewann.‹ Fragte Guyddno: ›Du kannst sprechen und bist so klein?‹ Ihm antwortete Taliesin: ›Ich bin besser imstand zu reden, als du mich zu fragen.‹ ›Laß mich's hören, was du reden kannst‹, rief Guyddno.« Darauf sang Taliesin einen philosophischen Gesang.

Nun hielt der König eines Tages Hof, und Taliesin setzte sich in eine stille Ecke der Halle. »Als nun die Barden und Herolde kamen, um die Geschenke auszurufen und die Macht und Stärke des Königs zu verkünden, streckte Taliesin die Lippen nach ihnen aus im Augenblick, als sie an der Ecke vorübergingen, in der er sich verkrochen hatte, und spielte mit den Fingern auf den Lippen: ›Blerum, blerum.‹ Aber sie kümmerten sich nicht sehr um ihn und schritten vor bis zum König, dem sie wie gewohnt den Gehorsam mit ihren Körpern erwiesen, ohne ein einziges Wort zu sprechen, sie streckten nur die Lippen aus, machten dem König Grimassen und spielten mit den Fingern auf ihren Lippen: ›Blerum, blerum‹, wie sie am anderen Ort den Knaben hatten tun sehen. Dieser Anblick ließ den König sich verwundern und bei sich urteilen, daß sie von vielen Getränken trunken seien. Er befahl daher einem der Herren, der an der Tafel bediente, zu ihnen zu gehen und zu verlangen, daß sie ihren Verstand zusammennähmen und nachdächten, an welcher Stelle sie stünden und was sich für sie ziemte. Solches bestellte auch der Herr. Aber sie hielten mit ihrer Narrheit gar nicht irgend mehr inne denn vordem. Darauf sandte er zum zweitenmal zu ihnen und zum dritten, und verlangte, daß sie aus der Halle fortgingen. Zuletzt befahl der König einem der Knappen, ihrem Führer, der Heinin Vardd hieß, einen Schlag zu geben. Der Knappe nahm einen Besen und schlug ihm aufs Haupt, daß er in den Sitz zurückfiel. Da erhob er sich, ging auf den Knien und ersuchte um des Königs gnädige Erlaubnis, zu zeigen, daß der Fehler nicht aus Kenntnismangel, noch aus Trunkenheit geschehen wäre, sondern unter dem Einfluß irgendeines Geistes in der Halle. Hiernach sprach Heinin: ›Ehrenwerter König, deine Gnade wisse, daß wir nicht infolge der Stärke oder dem Zuviel des Getränkes verstummten, ohnmächtig der Rede wie Trunkene, sondern unter dem Einfluß eines Geistes, der dort in der Ecke in Gestalt eines Kindes sitzt.‹ Sogleich befahl der König dem Knappen, ihn zu holen, er ging zum Winkel, in dem Taliesin saß, und brachte ihn vor den König, der fragte, was er sei und woher er komme. Er antwortete dem König im Vers:

Urbarde bin ich dem Elfin,
Ursprungsland ist mir das Reich der Sommersterne,
ich hieß Merlin, und einst wird Taliesin
mich jeder König nennen.
Mit dem Herrn war ich im höchsten Kreis
über Luzifers Fall zur Hölle.
Ich habe vor Alexander das Banner getragen,
ich kenne die Sternennamen von Nord nach Süd.
Ich war auf der Milchstraße am Thron des Teilers,
ich war in Kanaan, als Absalom erschlagen ward,
ich betreute Gottes Geist in der Talniederung zu Hebron,
ich war am Hofe Dons vor Gudions Geburt,
Ich war Lehrer dem Eli und Henoch.
Ich erhielt die Schwingen des Genius vom glänzenden Bischofstabe,
ich war beredt, ehe ich redebegabt war.
Ich war am Ort der Kreuzigung des gnadenreichen Gottsohnes.
Drei Menschenalter war ich im Gefängnis Arianrods.
Ich war Bauleiter am Werk des Nimrodturms.
Ich bin ein Wunder von unbekanntem Ursprung!
Ich war in Asien mit Noah in der Arche
und schaute die Vernichtung von Sodom und Gomorrha.
Ich war in Indien, als Rom erbaut ward,
hergelangt bin ich mit den Letzten von Troja.

Tafel XV. Die Rückkehr

Tafel XVI. Die kosmische Löwengöttin, die Sonne haltend (Nordindien)

Ich war mit dem Herrn im Eselsstall
und stärkte Moses mit Jordanwasser.
Ich war mit Maria-Magdalenen vor der Himmelfeste.
Ich erlangte Musenweihe aus Caridwens Kessel,
war ein Barde der Harfe zu Lleon von Lochlin.
Ich war auf dem weißen Berge am Hof von Cynvelyn
tag- und jahrlang in Stöcken und Ketten.
Ich habe Hunger gelitten für den Sohn der Jungfrau
und wurde erzogen im Land der Gottheit.
Allem Geistigen wurde ich Lehrer,
imstand das ganze All zu lehren.
Also werde ich bis zum Tage des Urteilsspruches
auf dem Antlitz der Erde sein,
unbekannt sei mein Leib Fisch oder Fleisch.
Dann war ich neun Monde lang
im Schoß der Hexe Caridwen,
ursprünglich klein Guion,
bin ich endlich Taliesin.

Als König und Edelleute dies Lied vernommen hatten, verwunderten sie sich sehr, denn sie hatten desgleichen nie von einem so jungen Knaben gehört.«[43]

Den größeren Teil seines Liedes widmet der Barde dem Unvergänglichen, das in ihm lebt, und nur eine kurze Stanze den Einzelheiten seiner persönlichen Biographie. Die Zuhörenden werden auf das Unvergängliche in ihnen selber verwiesen und dann beiläufig mit einer knappen Information versehen. Zwar hatte er die furchtbare Hexe gefürchtet, war aber doch verschlungen und wiedergeboren worden. Seinem individuellen Ich abgestorben, erstand er wieder als gefestigtes Selbst.

Der Held ist der Günstling nicht der gewordenen Dinge, sondern der werdenden, weil er selber *ist.* »Bevor Abraham ward, bin Ich.« Er verwechselt nicht eine scheinbare Unveränderlichkeit in der Zeit mit der Dauer des Seins, noch ängstigt er sich vor dem nächsten Augenblick, im Glauben, dieser könne dem Dauernden mit seinem Wechsel etwas anhaben.

Keinem bleibt seine äußre Gestalt, die Verwandlerin aller
Dinge, Natur, sie läßt aus dem Einen das Andere werden.
Glaubt mir, nichts in der ganzen Welt geht wirklich zugrund,
es wandelt sich nur, erneut sein Gesicht.[44]

So wird es dem nächsten Augenblick möglich, zu kommen und sich zu ereignen. – Als der Prinz der Ewigkeit die Prinzessin der Welt küßte, war ihr Widerstand vergangen. »Wie er es mit dem Kuß berührt hatte, schlug Dornröschen die Augen auf, erwachte und blickte ihn ganz freundlich an. Da gingen sie zusammen herab, und der König erwachte und die Königin und der ganze Hofstaat und sahen einander mit großen Augen an. Und die Pferde im Hof standen auf und rüttelten sich, die Jagdhunde sprangen und wedelten, die Tauben auf dem Dache zogen das Köpfchen unterm Flügel hervor, sahen umher und flogen ins Feld, die Fliegen an den Wänden krochen weiter, das Feuer in der Küche erhob sich, flackerte und kochte das Essen, der Braten fing wieder an zu brutzeln, und der Koch gab dem Jungen eine Ohrfeige, daß er schrie, und die Magd rupfte das Huhn fertig.«[45]

Viertes Kapitel

Die Schlüssel

Die Abenteuerfahrt kann in folgendem Diagramm zusammengefaßt werden:

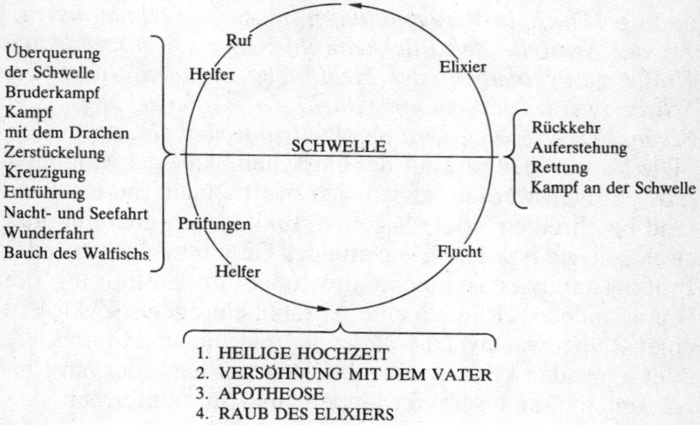

Der Mythenheld, der von der Hütte oder dem Schloß seines Alltags sich aufmacht, wird zur Schwelle der Abenteuerfahrt gelockt oder getragen, oder er begibt sich freiwillig dorthin. Dort trifft er auf ein Schattenwesen, das den Übergang bewacht. Der Held kann diese Macht besiegen oder beschwichtigen und lebendig ins Königreich der Finsternis eingehen (Bruderkampf, Kampf mit dem Drachen; Opfer, Zauber) oder vom Gegner erschlagen werden und als Toter hinabsteigen (Zerstückelung, Kreuzigung). Dann, jenseits der Schwelle, durchmißt der Held eine Welt fremdartiger und doch seltsam vertrauter Kräfte, von denen einige ihn gefährlich bedrohen (Prüfungen), andere ihm magische Hilfe leisten (Helfer). Wenn er am Nadir des mythischen Zirkels angekommen ist, hat er ein höchstes Gottesgericht zu bestehen und erhält seine Belohnung. Der Triumph kann sich darstellen als sexuelle Vereinigung mit der göttlichen Weltmutter (heilige Hochzeit), seine Anerkennung durch den Schöpfervater (Versöhnung mit

dem Vater), Vergöttlichung des Helden selbst (Apotheose) oder aber, wenn die Mächte ihm feindlich geblieben sind, der Raub des Segens, den zu holen er gekommen war (Brautraub, Feuerraub); seinem Wesen nach ist er eine Ausweitung des Bewußtseins und damit des Seins (Erleuchtung, Verwandlung, Freiheit). Die Schlußarbeit ist die Rückkehr. Wenn die Mächte den Helden gesegnet haben, macht er sich nun unter ihrem Schutz auf (Sendung); wenn nicht, flieht er und wird verfolgt (Flucht in Verwandlungen, Flucht mit Hindernissen). An der Schwelle der Rückkehr müssen die transzendenten Kräfte zurückbleiben; der Held steigt aus dem Reich des Schreckens wieder empor (Rückkehr, Auferstehung). Der Segen, den er bringt, wird der Welt zum Heil (Elixier).

Die Variationen, die aus der einfachen Skala des Monomythos gezogen werden, lassen sich nicht annähernd erschöpfend beschreiben. Viele Sagen verbreiten sich über ein oder zwei isolierte typische Elemente des Gesamtzyklus, etwa das Prüfungsmotiv, das Fluchtmotiv oder die Entführung der Braut, andere verbinden eine Anzahl heterogener Zyklen zu einer Reihe, wie etwa die *Odyssee.* Verschiedene Charaktere oder Episoden können verschmolzen werden, oder ein Einzelelement kann sich verdoppeln und in zahlreichen Abwandlungen wiedererscheinen.

Die Umrisse von Mythen und Sagen unterliegen der Beschädigung und Verdunkelung. Archaische Züge werden im allgemeinen eliminiert oder unterdrückt. Fremde Stoffe werden der lokalen Landschaft, Sitte oder Religion angepaßt und leiden dabei immer. Außerdem sind durch die unzähligen Wiedererzählungen, in denen eine Überlieferung sich fortpflanzt, zufällige oder absichtliche Verschiebungen unvermeidlich. Um Elementen, die aus dem einen oder anderen Grund sinnlos geworden sind, gerecht zu werden, werden sekundäre Interpretationen erfunden, oft mit beträchtlichem Feingefühl.[1]

In der Eskimolegende von Rabe im Bauch des Walfisches hat das Motiv des Feuerbohrers eine Verschiebung und spätere Rationalisierung erfahren. Der Archetypus vom Helden im Bauch des Walfisches ist weit verbreitet. Gewöhnlich ist die Haupttat des Helden, im Innern des Ungetüms mit seinem Feuerbohrer Feuer zu machen und so den Tod des

Wals und seine eigene Befreiung zu bewirken. Feuermachen ist hier Symbol des Geschlechtsakts. Die beiden Teile des Gerätes, der Hohlstock und die Spindel, sind als das Weibliche und das Männliche bekannt, die Flamme ist das neu gezeugte Leben. Der Held, der im Walfisch Feuer macht, ist eine Variante der heiligen Hochzeit.

In unserer Eskimolegende aber hat dieses Bild des Feuermachens eine Modifikation erfahren. Das weibliche Prinzip ward personifiziert in dem schönen Mädchen, auf das Rabe in dem großen Raum im Innern des Tieres traf. Die Vereinigung des Männlichen und Weiblichen wurde währenddessen für sich im Strömen des Öls aus dem Rohr in die brennende Lampe dargestellt. Rabes Partizipation am Akt war, daß er das Öl schmeckte. Die Katastrophe, die das zur Folge hatte, bedeutete die typische Krisis am Nadir, das Enden des alten Äons und die Einleitung des neuen. Rabes Auftauchen dann symbolisierte das Wunder der Wiedergeburt. Da nunmehr der Feuerbohrer überflüssig geworden war, wurde ein kluger und unterhaltsamer Epilog erfunden, um ihm eine sinnvolle Funktion zu verleihen. Da er den Feuerbohrer im Bauch des Walfisches gelassen hatte, konnte Rabe seine Wiederauffindung als ein böses Vorzeichen ausdeuten, die Leute verscheuchen und das Tranfest allein genießen. Dieser Epilog ist ein Musterbeispiel für sekundäre Interpretation. Er paraphrasiert zwar das listige Wesen des Helden, ist aber kein Element der zugrundeliegenden Sage.

In den späteren Phasen vieler Mythen verbergen sich die Schlüsselbilder wie Nadeln im riesigen Heuschober sekundärer Anekdoten und Rationalisierungen, denn wenn eine Kultur einmal vom mythischen zum säkularen Weltbild fortgegangen ist, werden die älteren Bilder nicht mehr vernommen oder ganz akzeptiert. Im hellenistischen Griechenland und im Rom der Kaiserzeit waren die alten Götter zu bloßen öffentlichen Patronen, Hausmaskottchen oder Lieblingsgestalten der Literatur herabgesunken. Unverstandene überkommene Themen wie das des Minotaurus, der finsteren und schrecklichen Nachtseite einer alten ägyptisch-kretischen Darstellung des inkarnierten Sonnengottes und göttlichen Königs, wurden rationalisiert und uminterpretiert, um sie zeitgenössischen Zwecken anzupassen. Der Olymp wurde zu

Abb. 12. Die Rückkehr Jasons[2]

einer von trivialen Skandalen und Affären bevölkerten Riviera, die Muttergöttinnen zu hysterischen Nymphen. Die Mythen wurden als übermenschliche Romanzen gelesen. Ähnlich ist heute in China, wo die humanistisch-moralistische Kraft des Konfuzianismus die alten Mythenformen von ihrer ursprünglichen Größe ziemlich entleert hat, die offizielle Mythologie ein Wirrwarr von Anekdoten über die Söhne und Töchter von Provinzbeamten, die um des einen oder anderen Verdienstes um die Gemeinschaft willen von ihren dankbaren Günstlingen zur Würde lokaler Götter erhoben wurden. Und im modernen fortschrittlichen Christentum ist der Christus, der fleischgewordene Logos und Erlöser der Welt, in der Hauptsache eine historische Persönlichkeit, ein harmloser ländlicher Weiser aus der halborientalischen Vergangenheit, der eine sanfte Lehre vom »Tue, wie du willst, daß dir getan werde« verkündigte, aber als Verbrecher hingerichtet wurde. Die Geschichte seines Todes liest man als großartiges Beispiel von Integrität und Seelenstärke.

Wo immer die Poesie des Mythos als Biographie, Geschichte oder Wissenschaft verstanden wird, stirbt sie ab. Aus den lebenden Bildern werden entlegene Fakten aus einer fernen Zeit oder einem fernen Himmelsstrich. Außerdem ist es niemals schwer, zu zeigen, daß der Mythos, als Wissenschaft oder Historie genommen, absurd ist. Wenn eine Zivilisation anfängt, ihre Mythologie in dieser Weise umzudeuten, weicht das Leben aus ihr, die Tempel werden zu Museen, und die Verbindung zwischen den beiden Perspektiven reißt ab. Solches Welken hat ohne Zweifel die Bibel und einen großen Teil des christlichen Kultus befallen.

Um die Bilder wieder zum Leben zu erwecken, hat man nicht interessante Anwendungsmöglichkeiten auf moderne Angelegenheiten zu suchen, sondern erleuchtende Hinweise aus der inspirierten Vergangenheit. Wenn solche gefunden werden, können weite Bereiche einer halbtoten Ikonographie wieder ihre ewige menschliche Bedeutung offenbaren.

In der Karsamstagsliturgie der katholischen Kirche zum Beispiel legt der Priester nach der Weihe des neuen Feuers[3] und der Osterkerze und der Verlesung der zwölf Prophezeiungen ein purpurnes Gewand an und zieht mit seinen Ministranten und dem Klerus hinter dem Prozessionskreuz, dem Rauchfaß und der entzündeten Osterkerze zum Taufbrunnen, während das folgende Tractuslied gesungen wird: »Wie der Hirsch sich sehnt nach dem sprudelnden Quell, so sehnt sich nach Dir, o Gott, meine Seele! . . . Wann darf ich kommen, wann darf ich treten vor das Angesicht Gottes? Bei Tag und bei Nacht sind Tränen mein Brot; denn täglich hör ich die Frage: Wo ist denn dein Gott?« (Psalm 41).

An der Schwelle des Baptisteriums angelangt, bleibt der Priester stehen, um ein Gebet darzubringen, und tritt dann ein und segnet das Wasser des Brunnens: »es empfange heilende Kraft, und aus dem makellosen Mutterschoß des göttlichen Bornes werde eine neue Schöpfung geboren, steige ein himmlisches Geschlecht empor. Und mag Geschlecht, mag Alter sie scheiden, als Mutter gebäre die

Gnade sie alle zu derselben einen Kindheit«. Er berührt das Wasser mit der Hand und betet, daß es von der Bosheit Satans gereinigt werde, macht das Kreuzeszeichen darüber, teilt es dann mit der Hand und gießt davon nach den vier Himmelsrichtungen, haucht dreimal in Kreuzesform darüber und senkt dann die Osterkerze hinein und intoniert: »Es steige hinab in diesen vollen Born die Kraft des Heiligen Geistes.« Er zieht die Kerze heraus, senkt sie etwas tiefer hinein und wiederholt in etwas erhobenem Ton: »Es steige herab in diesen vollen Born die Kraft des Heiligen Geistes.« Nochmals zieht er die Kerze heraus, senkt sie das dritte Mal hinein, bis zum Boden, und wiederholt in noch mehr erhobenem Ton: »Es steige herab in diesen vollen Born die Kraft des Heiligen Geistes.« Dann bläst er dreimal über das Wasser und fährt fort: »Und befruchte die ganze Masse dieses Wassers, daß es die Wiedergeburt bewirke.« Dann nimmt er die Osterkerze aus dem Wasser, und nach einigen abschließenden Gebeten wird die Gemeinde mit dem geweihten Wasser besprengt.[4]

Das weibliche Wasser, das vom männlichen Feuer des Heiligen Geistes übernatürlich befruchtet wird, ist das christliche Gegenstück zu dem Wasser der Verwandlung, das allen Systemen der mythischen Bilderwelt bekannt ist. Der Karsamstagsritus ist eine Variante der heiligen Hochzeit, der Quelle, die die Welt und den Menschen zeugt und wiederzeugt, das gleiche Mysterium, das der Lingam der Hindus symbolisiert. In diese Quelle zu steigen, bedeutet das Eintauchen in den mythischen Bereich, ihre Oberfläche zu durchschneiden das Überqueren der Schwelle zum Nachtmeer. Symbolisch macht das Kind die Reise, wenn das Wasser über seinen Kopf ausgegossen wird; sein Führer ist der Priester, seine Helfer die Paten. Sein Ziel ist ein Besuch bei den Eltern seines ewigen Selbst, dem Geist Gottes und dem Schoß der Gnade.[5] Dann wird es den Eltern seines physischen Leibes zurückgegeben.

Kaum jemand von uns hat auch nur ein vages Verständnis vom Sinn des Taufrituals, das unsere Initiation in unsere Kirche war, obwohl er klar in Jesu Worten liegt: »Wahrlich, wahrlich, ich sage dir: Es sei denn, daß jemand von neuem geboren werde, kann er das Reich Gottes nicht sehen. Nicodemus spricht zu ihm: Wie kann ein Mensch geboren werden, wenn er alt ist? Kann er auch wiederum in seiner Mutter Leib gehen, und geboren werden? Jesus antwortete: Wahrlich, wahrlich, ich sage dir: Es sei denn, daß jemand geboren werde aus dem Wasser und Geist, so kann er nicht in das Reich Gottes kommen.«[6]

Die volkstümliche Deutung der Taufe ist, daß sie »die Erbsünde abwäscht«, mit Betonung mehr der Reinigungsidee als der Wiedergeburt. Auch diese Deutung ist sekundär. Oder es wird, wenn das überkommene Bild der Geburt erinnert wird, nichts von der vorangehenden Hochzeit gesagt. Mythische Symbole müssen aber in all ihre Implikationen verfolgt werden, bevor sie das volle System der Beziehungen auftun, durch das sie, durch Analogie, das Abenteuer der Seele durch die Jahrtausende darstellen.

Zweiter Teil

Der kosmogonische Zyklus

Erstes Kapitel

Emanationen

1. Von Psychologie zu Metaphysik

Dem modernen Intellektuellen fällt es nicht schwer, die psychologische Bedeutsamkeit der mythischen Symbolwelt anzuerkennen. Besonders nach der Arbeit der Psychoanalyse auf diesem Gebiet kann kaum ein Zweifel darüber bestehen, daß entweder die Mythen vom Wesen des Traumes sind oder die Träume die Dynamik der Psyche manifestieren. Sigmund Freud, C. G. Jung, Wilhelm Stekel, Otto Rank, Karl Abraham, Géza Róheim und viele andere haben in den letzten Jahrzehnten eine moderne Interpretation von Traum und Mythos ausführlich entwickelt und reichhaltig belegt. Und trotz der Differenzen unter ihnen vereinigt ein beträchtlicher Fundus an gemeinsamen Prinzipien sie zu einer großen Bewegung, die mit ihrer Entdeckung, daß Märchen und Mythos in ihrer Logik wie in ihren inhaltlichen Zügen dem Traum korrespondieren, die lange verachteten Phantasiegebilde des archaischen Menschen dramatisch in den Vordergrund des modernen Bewußtseins hat zurückkehren lassen.

Dieser Theorie zufolge verhelfen die Legenden, entgegen ihrem eigenen Anspruch, das Leben sagenhafter Helden, die Kräfte der Naturgottheiten, die Geister der Toten und die Totemahnen der Gruppe zu beschreiben, den unbewußten Wünschen, Ängsten und Konflikten, über denen das bewußte Verhalten des Menschen sich erhebt, zu symbolischem Ausdruck. Mit anderen Worten: Mythos sei Psychologie, mißverstanden als Biographie, Historie und Kosmologie. Die moderne Psychologie kann ihn in die adäquaten Begriffe zurückübersetzen und so ein reiches und beredtes Zeugnis der entlegensten Tiefen des menschlichen Wesens für unsere Welt wieder zugänglich machen und ihr wie auf einem Röntgenschirm die im Rätsel Mensch – handle es sich nun um den abendländischen oder den orientalischen, den primitiven oder den zivilisierten, den modernen oder den archaischen – verborgenen Vorgänge unverhüllt vor Augen stellen. Das ganze Schauspiel liegt offen vor uns. Wir haben es nur zu entziffern, seine konstanten Züge zu studieren, seine Abwandlungen zu analysieren und kommen damit zu einem tiefen Verständnis der Urkräfte, die das Schicksal des Menschen geformt haben und auch künftig unser Leben in der privaten und öffentlichen Sphäre bestimmen werden.

Den vollen Gehalt aber des Materials erfassen wir nur, wenn wir uns vergegenwärtigen, daß der Vergleich von Mythos und Traum nicht ganz aufgeht. Zwar entstammen die Figuren des Mythos dem gleichen Ursprung wie die des Traums, den unbewußten Quellen der Phantasie, und zwar ist seine Grammatik die gleiche wie die des Traums. Aber während der Traum spontanes Produkt des Schlafes ist, unterliegt die Gestalt des Mythos bewußter Kontrolle. Seine Funktion, um die man durchaus weiß, ist es, die Weisheit der Überlieferung in der Sprache kraftvoller Bilder weiterzugeben. Das gilt schon für die sogenannten primitiven Volksmythen. Dem ekstatisch begabten Schamanen und dem initiierten Antilopenpriester mangelt weder versierte Weltkenntnis noch Einsicht in die Prinzipien der Mitteilung durch Analogie. Die Gleichnisse, mit denen sie operieren und die ihr Lebenselement bilden, sind Jahrhunderte und Jahrtausende hindurch Gegenstand von Erörterungen, Grübeln und Forschen gewesen. Sie haben den Gruppen im ganzen als Richtpunkte für Denken und Handeln gedient und ihr kulturelles Gepräge bestimmt. Durch Studium und lebendige Erfahrung erworbenes Verständnis der eindrucksvollen Initiationsformen bildete die Grundlage für die Erziehung der Jungen wie für die Weisheit der Alten. Denn die Mythen rühren an alle Seiten der menschlichen Psyche und bringen ihre Energien als Ganzheit zur Entfaltung. Sie verbinden das Unbewußte mit den verschiedenen Formen praktischer Betätigung, jedoch nicht irrational, als dessen neurotische Projektion, sondern als Mittel, eine reife, nüchterne, realistische Erkenntnis der Welt der Fakten auf den Bereich infantiler Wünsche und Ängste straff kontrollierend rückwirken zu lassen. Und wenn das für die vergleichsweise einfältigen Volksmythen gilt, für jene mythischen und rituellen Systeme, auf die die primitiven Jäger- und Fischerstämme sich stützen, was soll man dann sagen von solch großartigen kosmischen

Gleichnissen, wie sie sich in Homers großen Epen, in Dantes *Göttlicher Komödie,* im Buche Genesis, in den zeitlosen Tempeln des Ostens spiegeln? Bis in die jüngsten Jahrzehnte hinein zehrte von diesen alles menschliche Leben, die Inspirationen der Philosophie, Dichtung und Kunst. Wo die überkommenen Symbole den vollkommensten Verkörperungen des Menschengeistes als Medium tiefster sittlicher und metaphysischer Lehren gedient haben und das Siegel eines Lao-tse, Buddha, Zoroaster, Christus oder Mohammed tragen, befinden wir uns gewiß eher in der Gegenwart gesteigertsten Bewußtseins als in Finsternis.

Und so müssen wir, um den vollen Gehalt der uns überkommenen Mythengestalten zu erfassen, wissen, daß sie nicht nur Symptome des Unbewußten sind wie alle menschlichen Gedanken und Taten, sondern kontrollierte und bewußte Lehren von bestimmten geistigen Prinzipien, die durch die Menschengeschichte hindurch so konstant geblieben sind wie die Form der menschlichen Physis und ihr Nervensystem. Kurz, die universale Lehre besagt, daß alle sichtbaren Gestalten der Welt, alle Dinge und Wesen, die Wirkungen einer allgegenwärtigen Macht sind, aus der sie emporsteigen, die sie während der Zeitspanne ihrer Manifestation trägt und erfüllt und in die sie sich schließlich wieder auflösen müssen. Es ist die Kraft, die der Wissenschaft als Energie bekannt ist, den Melanesiern als *mana,* den Sioux-Indianern als *wakonda,* den Hindus als *shakti* und den Christen als die Macht Gottes. Ihre seelische Manifestation heißt in der Psychoanalyse *libido*[1]. Und ihre Manifestation im Kosmos ist die Struktur und der Strom des Universums selbst.

Die Erkenntnis der Quelle dieses unterschiedslosen und doch überallhin sich besondernden Seinssubstrates verkümmert durch eben die Organe, durch die seine Erkenntnis geleistet werden muß. Die Formen der Anschauung und die Kategorien des Denkens[2], die selber Manifestationen dieser Kraft sind[3], schließen den Geist dicht genug ab, um normalerweise keiner Einsicht und nicht einmal einer Ahnung es zu erlauben, über das bunte, flüssige, unendlich mannigfaltige und verwirrende Schauspiel der Erscheinungen hinauszugehen. Es ist die Funktion von Mythos und Ritual, den Sprung zu ermöglichen und dann auch zu erleichtern, und zwar durch Analogie. Formen und Begriffe, die dem Geist und seinen Sinnen zugänglich sind, werden derart präsentiert und angeordnet, daß sie eine Wahrheit und Geöffnetheit hinter sich ahnen lassen, und dann, wenn die Bedingungen für die Meditation hergestellt sind, wird das Individuum sich selbst überlassen. Der Mythos ist noch nicht ganz das Endgültige; das Endgültige ist erst die Geöffnetheit, jener Abgrund oder jenes Sein jenseits der Kategorien[4], in welche der Geist allein eintauchen muß, um sich darin aufzulösen. Gott und die Götter sind deshalb nur praktische Instrumente, selbst der Welt der Namen und Formen angehörend, freilich redend vom Unfaßbaren und schließlich auch zu ihm hinführend. Sie sind nur Symbole, den Geist zu bewegen und zu wecken und ihn über sie hinauszurufen.[5]

Himmel, Hölle, das mythische Zeitalter, der Olymp und alle die anderen Wohnstätten der Götter werden von der Psychoanalyse als Symbole des Unbewußten gedeutet. Der Schlüssel zu den modernen Systemen psychologischer Interpretation ist deshalb die Gleichsetzung von metaphysischem Bereich und Unbewußtem. Entsprechend ist der Schlüssel, der die Pforte in der anderen Richtung öffnet, die Umkehrung derselben Gleichung: das Unbewußte ist der metaphysische Bereich. »Denn sehet, das Reich Gottes ist inwendig in euch«, wie Jesus sagt.[6] In der Tat ist der Sturz des Überbewußtseins in den Stand des Unbewußten genau der Sinn des biblischen Bildes vom Fall. Die Einschnürung des Bewußtseins, der wir den Umstand schulden, daß wir nicht die Quelle der kosmischen Kraft, sondern nur die von ihr reflektierten Erscheinungsformen sehen, verwandelt das Überbewußte ins Unbewußte, und er schafft, im gleichen Augenblick und in eins damit, die Welt. Die Erlösung besteht in der Rückkehr zum Überbewußten, die zugleich die Auflösung der Welt bedeutet. Dies ist das große Thema und die Grundformel des kosmogonischen Zyklus, des mythischen Bildes vom Offenbarwerden der Welt und ihrer später erfolgenden Rückkehr in den nichtmanifesten Zustand. Gleicherweise können Geburt, Leben und Tod des Individuums als Abstieg ins Unbewußte und Rückkehr gedeutet werden. Der Held ist derjenige, der noch im Leben die

Tafel XVII. Der Lebensbrunnen (Flandrisch)

Tafel XVIII. Der Mondkönig und sein Volk. (Südrhodesien)

Ansprüche des Überbewußten, das in der ganzen Schöpfung mehr oder minder unbewußt ist, erkennt und vertritt. Das Abenteuer des Helden ist der Moment seines Lebens, da er die Erleuchtung erlangt, der Augenblick, da er als noch Lebender den Weg zum Licht jenseits der dunklen Mauern unseres lebendigen Totseins findet und eröffnet.

So kommt es, daß die kosmischen Symbole sich im Geiste eines gedankenbenehmenden Paradoxes darstellen. Gottes Königreich ist innen und doch außen; Gott aber ist nur ein Mittel, die schlafende Prinzessin, die Seele, zu wecken. Das Leben ist ihr Schlaf, der Tod ihr Erwachen. Der Held, der Erwecker seiner eigenen Seele, ist selber nur das Werkzeug und Mittel zu seiner eigenen Auflösung. Gott, der Erwecker der Seele, ist demnach unmittelbar sein eigener Tod.

Die beredteste vielleicht von den möglichen Versinnlichungen dieses Geheimnisses ist das Bild des gekreuzigten, geopferten Gottes, »ich selbst mir selbst«.[7] Seine Bedeutung ist einmal der Eingang des Helden als Erscheinungswesen ins Überbewußte: der Körper mit seinen fünf Sinnen – ähnlich dem des Prinzen Fünf Waffen, der an Klebhaar geheftet ist – bleibt, hängend am Kreuz des Wissens von Leben und Tod, an fünf Stellen angenagelt, den beiden Händen, den beiden Füßen und dem Kopf mit der Dornenkrone.[8] Ebenso aber auch, daß Gott freiwillig hinabgestiegen ist und in der Erscheinungswelt dieses Leiden auf sich genommen hat. Gott nimmt das Leben des Menschen an, und der Mensch entläßt aus sich den inwendigen Gott am Mittelpunkt der Kreuzesbalken des gleichen »Zusammenfalls der Gegensätze«[9], der gleichen Sonnenpforte, durch die Gott hinabsteigt und der Mensch hinaufsteigt, jeder als des anderen Speise.[10]

Der moderne Lehrling mag diese Symbole entziffern, wie er will, entweder als Symptom der Unwissenheit anderer oder aber als Zeichen, das ihm selber gilt, entweder die Metaphysik auf Psychologie zurückführen oder umgekehrt. Der überlieferte Weg der Meditation über die Symbole schloß beides ein. Beide Male sprechen sie als Gleichnisse für des Menschen Schicksal, Hoffnung, Glauben und dunkles Geheimnis.

Wie das Bewußtsein des Individuums auf einem nächtigen Meer ruht, in das es im Schlummer hinabsteigt und aus dem es geheimnisvoll wieder aufwacht, so ragt in der Bilderwelt des Mythos das Universum aus einem zeitlosen Fundament, auf dem es ruht und in das es wieder zurückgeht. Und wie die körperliche und seelische Gesundheit des Individuums von dem Strom der Lebenskräfte aus dem unbewußten Dunkel in den Bereich des wachen Tages abhängt, so hängt im Mythos die Erhaltung der Weltordnung ganz von einem geregelten Kraftzufluß aus dem Weltgrund ab. Die Götter sind die Personifikationen der Gesetze, die diesen Strom regeln. Sie kommen mit dem Aufdämmern der Welt zur Existenz und vergehen wieder im Zwielicht ihres Abends. Sie sind nicht im gleichen Sinne ewig, wie die Nacht es ist. Nur von der kürzeren Spanne des Menschenlebens aus betrachtet, scheint der Kreis eines Weltäons zu dauern.

Meist wird der kosmogonische Zyklus als ein sich wiederholender, als Welt ohne Ende, dargestellt. Jeder größere Zyklus schließt gewöhnlich kleinere Zyklen von Werden und Vergehen in sich ein, so wie der Zyklus von Schlaf und Wachen sich durch die Zeit eines einzelnen Lebens bewegt. Einer aztekischen Version der Kosmogonie zufolge beendet jedes der vier Elemente, Wasser, Erde, Luft und Feuer, eine Weltperiode: das Äon des Wassers endet in einer Sintflut, das der Erde durch ein Erdbeben, das der Luft in einem Sturm, und das gegenwärtige wird von der Flamme zerstört werden.[11]

Der stoischen Lehre von der zyklischen Verbrennung zufolge werden alle Einzelseelen in die Weltseele oder in das Urfeuer aufgelöst. Wenn diese allgemeine Auflösung vollendet ist, hebt die Bildung eines neuen Universums (Ciceros *renovatio*) an, und alle Dinge wiederholen sich, jede Gottheit, jede Person, und spielen wieder ihre alte Rolle. Seneca gibt eine Beschreibung dieser Vernichtung in seinem *De Consolatione ad Marciam* und scheint in der Tat damit gerechnet zu haben, daß er im nächsten Zyklus wieder leben würde.[12]

Eine großartige Vision des kosmogonischen Zyklus gibt die

Mythologie der Jains. Der letzte Prophet und Erlöser dieser sehr alten indischen Sekte war Mahavira, ein Zeitgenosse des Buddha (6. Jahrhundert v. Chr.). Seine Eltern waren schon Anhänger eines viel älteren jainistischen Erlöserpropheten, Parshvanatha, der mit Schlangen, die von seinen Schultern springen, dargestellt wird und von 872 bis 772 v. Chr. aufgetreten sein soll. Jahrhunderte vor Parshvanatha lebte und starb der jainistische Erlöser Neminatha, der ein Vetter der geliebten Hindu-Verkörperung Krishna gewesen sein soll. Und vor ihm wieder waren genau einundzwanzig andere, bis zu Rishabhanatha, der in einem früheren Weltalter lebte, wo die Männer und Frauen immer als verheiratete Paare geboren wurden, zwei Meilen groß waren und durch eine Zeitspanne von unzähligen Jahren lebten. Rishabhanatha unterrichtete die Menschen in den zweiundsiebzig Wissenschaften (Schreiben, Rechnen, Zeichendeutung usw.), den vierundsechzig Geschicklichkeiten der Frauen (Kochen, Nähen usw.) und den hundert Künsten (Töpferei, Weben, Malen, Schmieden, Barbieren usw.); auch führte er sie in die Politik ein und gründete ein Königreich.

Vor seiner Zeit wären diese Neuerungen überflüssig gewesen, denn die Menschen der vorhergehenden Periode, die vier Meilen groß waren, hundertachtundzwanzig Rippen hatten und sich einer Lebensspanne von zweimal unzählig vielen Jahren erfreuten, erhielten alle ihre Bedürfnisse von zehn »wunscherfüllenden Bäumen« *(kalpa vriksha)* befriedigt, die süße Früchte gaben und Blätter hatten, die wie Töpfe und Pfannen geformt waren, Blätter, die aufs süßeste sangen, Blätter, die nachts Licht spendeten, angenehm zu sehende und zu riechende Blüten, Nahrung, die für Auge und Zunge vollkommen war, Blätter, die als Schmuck dienen konnten, und Rinde, die schöne Kleider lieferte. Einer der Bäume war wie ein vielstöckiger Palast, in dem man wohnen konnte, ein anderer erstrahlte in einem sanften Glanz, wie von vielen kleinen Lampen. Die Erde war süß wie Zucker, der Ozean köstlich wie Wein. Und vor diesem glücklichen Zeitalter hatte es wiederum eine noch glücklichere Periode gegeben, genau doppelt so glücklich, wo die Männer und Frauen acht Meilen groß gewesen waren und jeder zweihundertsechsundfünfzig Rippen besaß. Bei ihrem Tode gingen diese Übermenschen, ohne je von Religion etwas gehört zu haben, direkt in die Welt der Götter ein, denn ihre natürliche Tugend war so vollkommen wie ihre Schönheit.

Die Jains denken die Zeit als einen endlosen Kreis. Sie wird dargestellt als ein Rad mit zwölf Speichen, den Weltaltern, die in zwei Gruppen von je sechs unterteilt werden. Die erste Gruppe wird die »absteigende« Reihe *(avasarpinī)* genannt und beginnt mit dem Weltalter der überdimensionalen Riesenpaare. Diese paradiesische Periode dauert zehn Millionen mal zehn Millionen mal hundert Millionen mal hundert Millionen mal unzählige Jahre und geht dann allmählich in die nur halb so gesegnete Periode über, wo die Männer und Frauen nur vier Meilen groß sind. In der dritten Periode, der des Rishabhanatha, des ersten der vierundzwanzig Welterlöser, ist das Glück schon mit ein wenig Sorge vermischt und die Tugend mit ein wenig Laster. Am Ende dieser Periode werden die Menschen nicht mehr zusammen in Paaren geboren, um als Mann und Weib miteinander zu leben.

Während der vierten Periode setzt sich der stufenweise Verfall der Welt und ihrer Bewohner stetig fort. Die Lebensspanne und die Körpergröße des Menschen nehmen allmählich ab. Dreiundzwanzig Welterlöser werden geboren, von denen jeder die ewige Lehre der Jains in Worten, die den Bedingungen seiner Zeit angemessen sind, erneuert. Drei Jahre und achteinhalb Monate nach dem Tod des letzten dieser Propheten und Erlöser, Mahavira, geht diese Periode zu Ende.

Unser eigenes Weltalter, das fünfte der absteigenden Reihe, begann im Jahre 522 v. Chr. und wird 21 000 Jahre dauern. Kein Jaina-Erlöser wird während dieser Zeit geboren werden, und die ewige Religion der Jains wird nach und nach verschwinden. Es ist eine Periode unaufgehaltenen und kontinuierlich wachsenden Übels. Die größten Menschen sind nur sieben Ellen groß, und die längste Lebensspanne dauert nur hundertfünfundzwanzig Jahre. Die Menschen haben nur sechzehn Rippen. Sie sind selbstisch, ungerecht, gewalttätig, lüstern, hochmütig und geizig.

Im sechsten aber der absteigenden Weltalter wird der Zustand des Menschen und der Welt noch schrecklicher sein. Das längste Leben wird nur zwanzig Jahre dauern, eine Elle groß wird die größte Statur sein und mit acht armseligen Rippen ausgestattet. Die Tage werden heiß, die Nächte kalt sein, Krankheiten heftig und Keuschheit nicht existent. Stürme werden über die Erde fegen, und gegen Ende der Periode werden sie anschwellen. Schließlich wird alles Leben, menschliches und tierisches, und die Samen aller Pflanzen, im Ganges, in elenden Höhlen und im Meer Zuflucht suchen müssen.

Die absteigende Reihe wird enden und die »aufsteigende« *utsarpinī)* beginnen, wenn Sturm und Verzweiflung sich zum Unerträglichen gesteigert haben. Sieben Tage lang wird es regnen, und sieben verschiedene Arten von Regen werden fallen. Der Boden wird erfrischt sein, und die Samen werden zu keimen und zu wachsen beginnen. Aus ihren Höhlen werden die schrecklichen Zwerggeschöpfe der herben, bitteren Erde kommen, und ganz allmählich wird sich eine Verbesserung ihrer Moral, Gesundheit, Schönheit und Statur bemerkbar machen, bis sie in einer Welt leben, wie unsere ist. Dann wird ein Erlöser namens Padmanatha geboren werden, um wieder die ewige Religion der Jains zu verkünden. Die Statur der Menschheit wird sich wieder dem Überdimensionalen nähern, und die Schönheit des Menschen wird den Glanz der Sonne übertreffen. Schließlich wird die Erde süß werden und das Wasser sich in Wein verwandeln, die Wunschbäume werden einem gesegneten Volk von vollkommen vermählten Zwillingen ihren Überfluß an Genüssen spenden. Und das Glück dieser Gemeinschaft wird wiederum verdoppelt werden, und das Rad wird durch eine Periode von zehn Millionen mal zehn Millionen mal hundert Millionen mal hundert Millionen Perioden von unzähligen Jahren sich wieder dem Anfangspunkt der absteigenden Bewegung nähern, die wieder zum Erlöschen der ewigen Religion und dem anschwellenden Lärm ungesunder Ausgelassenheit, Streitereien und pestilenzialischer Winde führen wird.[13]

Dieses immer rotierende, zwölfspeichige Zeitrad der Jains ist ein Gegenstück des hinduistischen, in vier Weltalter eingeteilten Zyklus: der erste Abschnitt ist eine Periode vollkommener Gesegnetheit, Schönheit und Vollendung und dauert 4800 göttliche Jahre[14]; der zweite kennzeichnet sich durch ein etwas geringeres Maß an Tugend und dauert 3600 göttliche Jahre; der dritte, in dem Tugend und Laster zu gleichen Teilen gemischt sind, dauert 2400 göttliche Jahre; und der letzte, unser eigener, von stetig anwachsendem Übel, dauert 1200 göttliche Jahre oder nach menschlicher Rechnung 432 000 Jahre. Aber am Ende der gegenwärtigen Periode muß, anders als in dem jainistischen Bild des Zyklus, in dem die Besserung unmittelbar eintritt, alles zuerst in einer Feuer- und Flutkatastrophe zugrunde gehen und so in den Urzustand des ursprünglichen, zeitlosen Ozeans versinken, um für eine Periode, die so lang ist wie die vier Zeitalter zusammen, darin zu bleiben. Dann beginnen die großen Weltzeitalter von neuem.

Eine Grundkonzeption der östlichen Philosophie muß natürlich diese bildhafte Form annehmen. Ob der Mythos ursprünglich eine Verbildlichung der philosophischen Formel war oder diese aus jenem abdestilliert wurde, ist heute unmöglich zu sagen. Gewiß ist, daß der Mythos in fernste Zeiten zurückgeht, aber das tut auch die Philosophie. Wer will wissen, welche Gedanken der Geist der alten Weisen, die den Mythos entwickelten, sammelten und weitergaben, wohl beherbergt hat? Sehr oft bei der Analyse und Durchdringung der geheimnisvollen alten Symbole kann man nur fühlen, daß der Begriff von der Geschichte der Philosophie, den wir allgemein akzeptieren, auf einer ganz verfehlten Annahme beruht: daß nämlich der abstrakte und metaphysische Gedanke dort beginne, wo er in den Berichten, die uns erhalten sind, zuerst auftaucht.

Die philosophische Formel, die der kosmogonische Zyklus illustriert, ist die des Kreislaufs des Bewußtseins durch die drei Ebenen des Seins. Die erste ist die der wachen Erfahrung, die die harten, groben Tatsachen einer äußeren Welt erkennt; sie ist beleuchtet vom Licht der Sonne und allen gemeinsam. Die zweite Ebene ist die der Traumerfahrung, die die flüssigen, subtilen Formen einer eigenen Innenwelt erkennt; sie ist in sich erleuchtet und eines Wesens mit dem Träumer. Die dritte ist die des Tiefschlafs, traumlos, von tiefer Seligkeit. Auf der ersten werden die belehrenden Lebenserfahrungen angetroffen, auf der zweiten werden sie verarbeitet und den inneren Kräften des Träumers assimiliert, während auf der dritten alles unbewußt erkannt und genossen wird, im »Raum innen im Herzen«, dem Raum des inneren Lenkers, der Quelle und dem Ende von allem.[15]

Der kosmogonische Zyklus ist zu verstehen als die Bewegung des Allbewußtseins aus der Tiefschlafzone des Unmanifesten durch den Traum zum vollen Tag des Wachens und wieder zurück durch den Traum in das zeitlose Dunkel. Wie in der aktuellen Erfahrung jedes lebenden Wesens, so ist es in der großen Figur des lebendigen Kosmos: im Abgrund des Schlafs werden die Energien aufgeladen, in der Arbeit des Tages verbraucht, und ebenso muß das Leben des Alls wieder hinabsteigen und erneuert werden.

Der kosmogonische Zyklus pulst auf in die Manifestation und wieder zurück in die Unmanifestheit inmitten des Schweigens des Unbekannten. Die Hindus stellen dieses Geheimnis durch die heilige Silbe AUM dar. Darin steht der Laut A für das wache Bewußtsein, U für das Traumbewußtsein, M für den Tiefschlaf. Das Schweigen, das die Silbe umgibt, ist das Unbekannte, das einfach »Das vierte Viertel«[16] genannt wird. Die Silbe selbst ist Gott als Schöpfer, Erhalter und Zerstörer, aber das Schweigen ist Gott als Ewiger, in all die Anfänge und Untergänge des Zyklus nicht Verstrickter: »– unsichtbar, unbetastbar, ungreifbar, uncharakterisierbar, undenkbar, unbezeichenbar, nur in der Gewißheit des eigenen Selbstes gegründet, die ganze Weltausbreitung auslöschend, beruhigt, selig, zeitlos –.«[17]

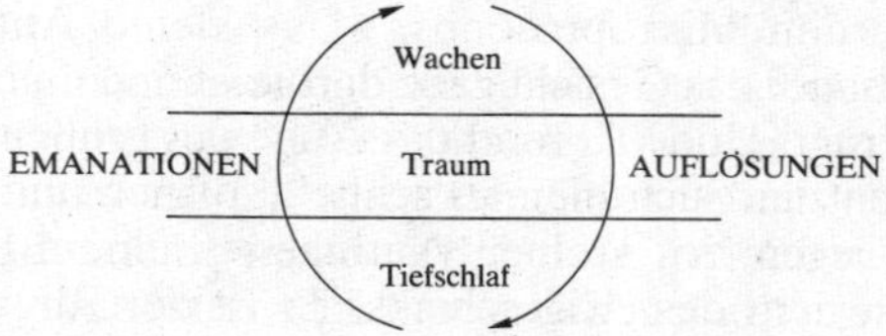

Der Mythos verbleibt mit Notwendigkeit innerhalb des Zyklus, stellt ihn aber dar als vom Schweigen umgeben und von ihm durchdrungen. Der Mythos ist die Offenbarung einer Ganzheit des Schweigens in und um jedes Atom der Existenz. Durch tiefwissende Konfigurationen leitet er Geist und Herz zu dem letzten Geheimnis, das alle Existenzen durchdringt und umgibt. Auch in den komischsten und scheinbar frivolen Momenten lenkt er den Geist auf dieses Unmanifeste, das gerade außerhalb des Blickfeldes beginnt.

»Der Betagte der Betagten, der Unbekannte der Unbekannten hat eine Form und hat doch keine Form«, lesen wir in einem kabbalistischen Text der mittelalterlichen Juden. »Er hat eine Form, durch die die Welt erhalten wird, und hat doch keine Form, weil er nicht begriffen werden kann.«[18] Dieser Betagte der Betagten wird immer als ein Antlitz im Profil dargestellt; im Profil, weil die verborgene Seite niemals erkannt werden kann. Dieses Halbantlitz wird Makroprosopos, »Das große Antlitz« genannt. Aus den Fransen seines weißen Bartes geht die ganze Welt hervor. »Jener Bart, die Wahrheit aller Wahrheiten, geht vom Orte der Ohren aus und wallt um den Mund des Heiligen herab; und wallt herab und wallt herauf, die Wangen bedeckend, die die Orte des üppigen Duftes heißen; er ist weiß von Zierden: und er wallt herab im Gleichgewicht ausgeglichener Kraft, und bildet eine Decke noch bis zur Mitte der Brust. Dies ist der Bart der Würde, wahr und vollkommen, von dem dreizehn Quellen niederfließen, den köstlichsten Balsam der Größe verstreuend. Dies tut sich in dreizehn Formen dar ... Und gewisse Offenbarungen sind im All zu finden, die jenen dreizehn Offenbarungen entsprechen, die von jenem verehrungswürdigen Bart ausgehen, und sie eröffnen sich in die dreizehn Pforten der Gnaden.«[19]

Der weiße Bart des Makroprosopos fällt über einen anderen Kopf, den Mikroprosopos, »Das kleine Antlitz«, das dem Beschauer das Gesicht ganz darbietet und einen schwarzen Bart trägt. Und während das Auge des großen Antlitzes kein Lid hat und sich niemals schließt, öffnen und schließen sich die Augen des kleinen Antlitzes in einem langsamen Rhythmus, dem des Allgeschicks. Es ist der Rhythmus von Aufgang und Niedergang im kosmischen Zyklus. Das kleine Antlitz heißt GOTT, das große Antlitz ICH BIN.

Makroprosopos ist das ungeschaffene Unschaffende, Mikroprosopos das ungeschaffene Schaffende. So entsprechen sie dem Schweigen und der Silbe AUM, dem Unmanifesten und der Kraft, die dem kosmogonischen Zyklus innewohnt.

3. Aus der Leere: Raum

Der heilige Thomas von Aquin erklärt: »Der Name des Weisen nämlich ist schlechthin allein jenem vorbehalten, dessen Betrachtung dem Ende der Welt zugewandt ist, welches auch das Prinzip der Welt ist.«[20] Dies Beginnen im Ende ist das Grundprinzip allen Mythos. Die Schöpfungsmythen sind durchdrungen von einer Ahnung des Untergangs, der alle geschaffenen Formen zurückruft in das Unvergängliche, aus dem sie anfangs hervorgingen. Die Formen setzen sich kraftvoll durch, aber unabwendbar erreichen sie den Punkt ihres Entschwindens, Zerbrechens und Rückkehrens. In diesem Sinn ist die Schau des Mythos tragisch. In dem anderen aber, daß er unser wahres Sein nicht in die vergänglichen Formen verlegt, sondern in das Unvergängliche, aus dem sie unmittelbar wieder aufsteigen, ist der Mythos eminent untragisch.[21] In der Tat ist Tragik unmöglich überall dort, wo die Stimmung des Mythos vorherrscht. Seine Qualität ist eher die des Traums. Das wahre Sein allerdings ist nicht in den Traumgestalten, sondern im Träumenden.

Wie im Traum erstreckt sich die Vielfalt der Bilder vom Erhabenen bis zum Lächerlichen. Es wird dem Geist nicht gestattet, bei seinen normalen Wertungen zur Ruhe zu kommen, sondern er wird in seiner Annahme, daß er jetzt schließlich verstanden habe, immer wieder schockhaft aufgescheucht. Der Mythos ist dahin, wenn der Geist feierlich nur bei seinen bevorzugten oder gewohnten Bildern sich aufhält, als ob sie selbst schon die Botschaft seien, die sie mitzuteilen haben. Diese Bilder müssen als bloße Schatten der unauslotbaren Weite drüben gelten, wohin das Auge nicht dringt, die Sprache nicht dringt, der Geist nicht dringt und nicht einmal die Andacht. Wie die Trivialitäten des Traums, so sind die des Mythos beladen mit Bedeutung.

Die erste Phase des kosmogonischen Zyklus beschreibt das Aufsplittern der Formlosigkeit in Form, wie etwa im folgenden Schöpfungsgesang der Maoris von Neuseeland:

Te Kore (Die Leere)
Te Kore-tua-tahi (Die erste Leere)
Te Kore-tua-rua (Die zweite Leere)

Te Kore-nui (Die riesige Leere)
Te Kore-roa (Die weithin reichende Leere)
Te Kore-para (Die dürre Leere)
Te Kore-whiwhia (Die unbesitzende Leere)
Te Kore-rawea (Die köstliche Leere)
Te Kore-te-tamaua (Die schnell gebundene Leere)
Te Po (Die Nacht)
Te Po-teki (Die hängende Nacht)
Te Po-terea (Die treibende Nacht)
Te Po-whawha (Die seufzende Nacht)
Hine-make-moe (Die Tochter des gestörten Schlafes)
Te Ata (Die Dämmerung)
Te Au-tu-roa (Der bleibende Tag)
Te Ao-marama (Der helle Tag)
Whai-tua (Raum)

Im Raum wurden zwei gestaltlose Existenzen hervorgebracht:

Maku (Feuchtigkeit [ein Männliches])
Mahora-nui-a-rangi (Große Ausdehnung des Himmels [ein Weibliches])

Diesen entstammten:

Rangi-potiki (Die Himmel [ein Männliches])
Papa (Die Erde [ein Weibliches])
Rangi-potiki und Papa waren die Eltern der Götter.[22]

Aus der Leere hinter allen Leeren entfalten sich pflanzenhaft und geheimnisvoll die Emanationen, auf denen die Welt steht. Das zehnte Glied der obigen Kette ist die Nacht; das achtzehnte, Raum oder Äther, der Rahmen der sichtbaren Welt; das neunzehnte die männlich-weibliche Polarität; das zwanzigste das Universum, wie wir es sehen. Eine solche Kette läßt die Tiefe unter der Tiefe des geheimnisvollen Seins ahnen. Ihre Glieder entsprechen den Tiefen, die der Held bei seinem weltumfassenden Abenteuer durchmißt. Sie zählen die Geistesschichten aus, die der in Meditation Versunkene kennt. Sie stehen für das Bodenlose der dunklen Nacht der Seele.[23]

Die hebräische Kabbala stellt den Schöpfungsprozeß als

eine Kette von Emanationen aus dem ICH BIN des großen Antlitzes dar. Die erste ist der Kopf selbst, im Profil, und aus diesem treten »neun glänzende Lichter« hervor. Auch werden die Emanationen als Zweige eines Weltbaums dargestellt, der umgekehrt ist und »in unerforschlicher Höhe« wurzelt. Die Welt, wie wir sie sehen, ist das Umkehrbild dieses Baums.

Den indischen Samkhya-Philosophen des achten Jahrhunderts v. Chr. zufolge verdichtet sich die Leere zu dem Element Äther oder Raum. Aus diesem geht die Luft hervor, aus der Luft das Feuer, aus dem Feuer das Wasser, aus dem Wasser Erde. Mit jedem Element zugleich entwickelt sich eine Sinnesfunktion, die zu seiner Erfassung taugt: Gehör, Getast, Gesicht, Geschmack und Geruch.[24]

Ein amüsanter chinesischer Mythos personifiziert diese hervorgehenden Elemente als fünf ehrwürdige Weise[25], die aus einem als Ball, der in der Leere schwebt, vorgestellten Chaos hervortreten:

»Ehe Himmel und Erde sich getrennt hatten, war alles ein großer Ball von Wasserdunst, der hieß das Chaos. Zu jener Zeit formten sich die Geister der fünf Grundkräfte, und es wurden fünf Alte daraus. Der eine hieß der gelbe Alte, der war der Beherrscher der Erde. Der zweite hieß der rote Herr, das war der Beherrscher des Feuers. Der dritte hieß der dunkle Herr, das war der Beherrscher des Wassers. Der vierte hieß der Holzfürst, das war der Beherrscher des Holzes. Die fünfte hieß die Metallmutter, das war die Beherrscherin der Metalle.

Diese fünf Alten setzten alle ihren Urgeist in Bewegung, so daß Wasser und Erde nach unten sanken. Der Himmel schwebte in die Höhe, und die Erde wurde fest in der Tiefe. Dann ließen sie die Wasser sich sammeln in Flüssen und Meeren, und Berge und Ebenen tauchten hervor. Also öffnete sich der Himmel, und die Erde teilte sich. Da gab es Sonne, Mond und alle Sterne, Wind, Wolken, Regen und Tau. Der gelbe Alte ließ der Erde reinste Kraft kreisen und fügte des Feuers und Wassers Wirkungen hinzu. Da sproßten hervor Gräser und Bäume, Vögel und Tiere und die Geschlechter der Schlangen und Kerfe, der Fische und Schildkröten. Der Holzfürst und die Metallmutter vereinigten das

Lichte und das Trübe und schufen dadurch das Menschengeschlecht als Männer und Weiber. Allmählich entstand so die Welt . . .«[26]

4. Im Raum: Leben

Das erste Ereignis der Weltemanation ist die Setzung der Weltbühne, des Raumes. In ihm folgt dann die Erzeugung des Lebens, das um seiner Erhaltung und Fortpflanzung willen in die beiden Formen des Männlichen und Weiblichen gespalten ist. Der ganze Prozeß der Weltwerdung läßt sich in die sexuellen Vorstellungen der Schwangerschaft und Geburt fassen. Ein hervorragendes Zeugnis für diese Konzeption ist eine andere metaphysische Genealogie der Maoris:

Vom Empfangen das Wachstum,
Vom Wachstum das Denken,
Vom Denken das Erinnern,
Vom Erinnern das Bewußtsein,
Vom Bewußtsein das Verlangen.

Das Wort ward fruchtbar;
Es lag bei dem schwachen Glimmen;
Es zeugte die Nacht:
Die große Nacht, die lange Nacht,
Die tiefste Nacht, die höchste Nacht,
Die dichte Nacht, die fühlbare,
Die greifbare Nacht,
Die unsichtbare Nacht,
Die Nacht, deren Ende der Tod ist.

Vom Nichts das Zeugen,
Vom Nichts das Wachstum,
Vom Nichts der Überfluß,
Die Kraft des Wachstums,
Der lebende Odem.
Es lag bei dem leeren Raum und erzeugte
das Luftmeer über uns.

Das Luftmeer, das über die Erde hinflutet,
Das große Firmament über uns,
lag bei der Urdämmerung,

Und es entsprang der Mond;
Das Luftmeer über uns,
lag bei dem glimmenden Himmel.
Und dadurch entstand die Sonne;
Mond und Sonne wurden emporgeschleudert,
als die beherrschenden Augen des Himmels:
Da wurden die Himmel licht:
die Urdämmerung, der Urmorgen,
Der Urmittag: das Feuer des Tags kam vom Himmel.
Der Himmel droben lag bei Hawaiki,
und erzeugte das Land.[27]

Um die Mitte des neunzehnten Jahrhunderts entwarf Paiore, ein hoher Häuptling auf der polynesischen Insel Anaa, eine bildliche Darstellung von den Anfängen der Schöpfung. Die erste Einzelheit dieser Darstellung war ein kleiner Kreis, der zwei Elemente umgab: Te Tumu, »das Gründende«, ein männliches Wesen, und Te Papa, »der Schichtfelsen«, ein weibliches.[28]

Dazu erklärte Paiore: »Das Universum glich einem Ei, das Te Tumu und Te Papa enthielt. Schließlich zerbrach es und brachte drei übereinanderliegende Ebenen hervor, die unterste als Träger der beiden anderen. Auf der untersten blieben Te Tumu und Te Papa und schufen den Menschen, Tiere und Pflanzen.

Der erste Mensch war Matata. Er geriet ohne Arme und starb bald nach seiner Entstehung. Der zweite Mensch war Aitu. Er hatte einen Arm, aber keine Beine und starb wie sein älterer Bruder. Der dritte Mensch schließlich war Hoatea (»Himmelsraum«), und er war von vollkommener Gestalt. Danach kam eine Frau namens Hoatu (»Fruchtbarkeit der Erde«). Sie wurde Hoateas Gemahl, und ihnen entstammt das Menschengeschlecht.

Als die unterste Erdebene von Geschöpfen erfüllt war, machten die Menschen eine Öffnung in der Mitte der nächsten, so daß sie auch diese betreten konnten, und dort siedelten sie sich an, und mit ihnen auch Pflanzen und Tiere von unten. Dann hoben sie die dritte Erdebene (um für die zweite einen Plafond zu haben) . . . und schließlich besiedelten sie diese auch, so daß die Menschen drei Wohnstätten hatten.

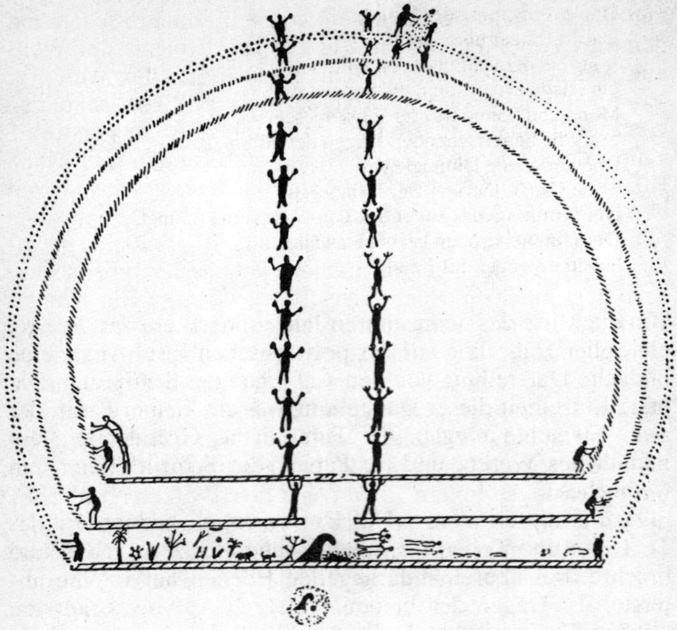

Abb. 13. Schöpfungsdarstellung von Tuamotu
Unten: Das Weltei; oben: Die Menschen erscheinen und formen die Welt

Über der Erde waren die Himmel, auch aufeinanderliegend, jeder gestützt durch seinen Horizont, einige mit denen der Erde verbunden. Die Menschen aber arbeiteten fort, breiteten in der gleichen Weise jeden Himmel über den vorigen, bis alles in Ordnung war.«[29]

Die Ausweitung der Welt ist im Hauptteil von Paiores Zeichnung dargestellt. Die Himmelsschalen werden angehoben durch Menschen, von denen der eine immer auf den Schultern des anderen steht. Auf der untersten Erdebene erscheinen wieder die beiden Urelemente, Te Tumu und Te Papa, zur Linken umgeben von ihren pflanzlichen und animalischen Abkömmlingen, zur Rechten von den ersten, mißgestalteten Menschen und den ersten gelungenen Männern und Frauen. Das Feuer in der obersten Himmelsschale mit den vier Gestalten bedeutet ein frühes Ereignis der Welt- und Menschengeschichte: »Die Erschaffung der Welt war kaum vollbracht, als Tangaroa, der stets auf Böses sann, den höchsten Himmel in Brand setzte, um alles zu zerstören. Zum Glück aber wurde der Brand von Tamatua, Oru und Ruanu rechtzeitig bemerkt und, nachdem sie geschwind von der Erde emporgeklettert waren, ausgelöscht.«[30]

Die Vorstellung des Welteises ist vielen Mythologien geläufig, der finnischen, buddhistischen, japanischen ebenso wie der ägyptischen und der griechischen Orphik. Ein heiliges Buch der Hindus etwa lehrt: »Diese Welt war zu Anfang nichtseiend; dieses war das Seiende. Dasselbige entstand. Da entwickelte sich ein Ei. Das lag da, solange wie ein Jahr ist. Darauf spaltete es sich; die beiden Eierschalen waren die eine von Silber, die andere von Gold. Die silberne ist diese Erde, die goldene der Himmel dort. Die äußere Eihaut sind diese Berge, die innere Eihaut sind hier Wolken und Nebel, die Gefäßadern sind die Flüsse, das Fruchtwasser ist der Ozean. Was aber dabei geboren wurde, das ist die Sonne dort.«[31] Die Eischale bildet also den räumlichen Weltrahmen, während die zeugende Kraft des Innern die unerschöpfliche, lebendige Dynamik der Natur bezeichnet.

»Der Raum ist grenzenlos nicht durch Ausdehnung ins Unendliche, sondern durch seine in sich geschlossene Gestalt. Das Existierende ist eine Schale, die in der Unendlichkeit des Nichtexistierenden schwimmt.«[32] Diese knappe Formulierung, in die ein moderner Physiker sein Weltbild faßt, wie er es 1928 sah, kommt genau überein mit der mythischen Vorstellung des Welteises. Ebenso ist die Entwicklung des Lebens, welche die moderne Biologie beschreibt, auch Thema der frühen Phasen des kosmogonischen Zyklus. Und das Ende der Welt, das den Physikern zufolge mit der Erschöpfung der Sonnenenergie und schließlich des ganzen Universums kommen muß[33], ist angekündigt in der Vorstellung von dem bleibenden Schaden, den Tangaroas Brand hinterließ: die zerstörenden Wirkungen des Schöpfer-Zerstörers sollen allmählich anwachsen, bis schließlich, im zweiten Bogen des kosmogonischen Zyklus, alles im Meer der Erlösung aufgeht.

Nicht selten gibt das Weltei beim Zerbrechen eine menschenähnliche, aus seinem Innern sogleich ins Schaudererregende anwachsende Gestalt frei, die Personifikation der Zeugungskraft, den Mächtigen Lebenden, wie die Kabbala ihn nennt. Auf Tahiti, einer anderen Südseeinsel, heißt es: »Der mächtige Ta'aroa[34], dessen Fluch der Tod war, ist der Schöpfer der Welt. Er war allein. Er hatte keinen Vater und ebensowenig eine Mutter. Ta'aroa hauste einfach in der Leere. Es gab kein Land, keinen Himmel, kein Meer. Das Land war nebelhaft: es hatte kein Fundament. Dann sagte Ta'aroa:

O Raum für Land, O Raum für Himmel,
Nutzlose Welt, die drunten im Nebelzustand west,
Fort und fort seit undenklicher Zeit,
Nutzlose Welt, breite dich aus!

Ta'aroas Antlitz kam zum Vorschein. Die Schale Ta'aroas fiel ab und wurde Land. Ta'aroa blickte: Land war entstanden, Himmel war entstanden, Meer war entstanden. Ta'aroa lebte als Gott in der Betrachtung seines Werkes.«[35]

Ein ägyptischer Mythos läßt den Demiurgen durch einen masturbatorischen Akt die Welt erschaffen.[36] Ein hinduistischer zeigt ihn, wie er meditiert und seine inneren Gesichte, überraschend für ihn selbst, sich von ihm lösen und ihn dann als ein Pantheon strahlender Gottheiten umgeben.[37] In einer anderen Erzählung aus Indien teilt sich der Allvater zuerst in Mann und Weib, und zeugt dann alle Arten der Kreatur:

»Am Anfang war diese Welt allein der Âtman, in Gestalt eines Menschen. Der blickte um sich: da sah er nichts anderes als sich selbst. Da rief er zu Anfang aus: ›Das bin ich!‹ Daraus entstand der Name Ich. – Daher auch heutzutage, wenn einer angerufen wird, so sagt er zuerst: ›Das bin ich!‹ und dann erst nennt er den anderen Namen, welchen er trägt.

Da fürchtete er sich; darum fürchtet sich einer, wenn er allein ist. Da bedachte er: ›wovor sollte ich mich fürchten, da nichts anderes außer mir da ist?‹ Dadurch entwich seine Furcht . . .

Aber er hatte auch keine Freude; darum hat einer keine

Tafel XIX. Die Göttermutter (Mexiko)

Tafel XX. Tangaroa, Götter und Menschen hervorbringend (Rurutu-Insel)

Freude, wenn er allein ist. Da begehrte er nach einem Zweiten. Nämlich er war so groß wie ein Weib und ein Mann, wenn sie sich umschlungen halten. Dieses sein Selbst zerfällte er in zwei Teile; daraus entstanden Gatte und Gattin. Darum ist dieser Leib an dem Selbste gleichsam eine Halbscheid . . . Darum wird dieser leere Raum hier durch das Weib ausgefüllt. – Mit ihr begattete er sich; daraus entstanden die Menschen.

Sie aber erwog: ›Wie mag er sich mit mir begatten, nachdem er mich aus sich selbst erzeugt hatte? Wohlan! ich will mich verbergen!‹ Da ward sie zu einer Kuh; er aber ward zu einem Stier und begattete sich mit derselben. Daraus entstand das Rindvieh. – Da ward sie zu einer Stute; er aber ward zu einem Hengste; sie ward zu einer Eselin, er zu einem Esel und begattete sich mit derselben. Daraus entstanden die Einhufer. – Sie ward zu einer Ziege, er zu einem Bock; sie zu einem Schafe, er zu einem Widder und begattete sich mit derselben; daraus entstanden die Ziegen und Schafe. – Also geschah es, daß er alles, was sich paart, bis hinab zu den Ameisen, dieses alles erschuf.

Da erkannte er: ›Wahrlich, ich selbst bin die Schöpfung; denn ich habe diese ganze Welt erschaffen‹. – So entstand der Name Schöpfung . . .[38]

Diesen Mythen zufolge ist das bleibende Substrat des Demiurgen identisch mit dem des Individuums. Deshalb heißt in der eben zitierten Kosmologie der Demiurg Âtman, »Selbst«. Dieser bleibenden, unerschütterlich ruhenden Wesenheit wird der Mystiker des Ostens in ihrem doppelgeschlechtlichen Urzustand gewahr, wenn er meditierend in sich geht.

In ihm sind Himmel, Erde und der Luftraum
Gewoben, der Verstand mit allen Sinnen;
Ihn kennt ihr als den Âtman und laßt fahren
Die andern Reden, er ist die Unsterblichkeitsbrücke.[39].

So scheint es, daß diese Schöpfungsmythen, obwohl sie von der entlegensten Vergangenheit berichten, zugleich vom gegenwärtigen Ursprung des Individuums reden. »Jede Seele und jeder Geist«, lesen wir im jüdischen *Jozar,* »besteht vor dem Eintreten in diese Welt aus einem Männlichen und einem Weiblichen, die in ein Wesen vereinigt sind. Beim Abstieg in diese Welt trennen sich die beiden Teile und beseelen zwei verschiedene Körper. Zur Zeit der Hochzeit, vereinigt der Heilige, gesegnet sei Er, der alle Seelen und Geister kennt, sie wieder wie zuvor, und sie bilden wieder einen Leib und eine Seele, als die rechte und die linke Hälfte eines Individuums . . . Diese Vereinigung jedoch hängt ab von den Taten des Mannes und den Wegen, die er geht. Wenn der Mann rein ist und seine Wege wohlgefällig dem Auge Gottes, wird er mit dem weiblichen Teil seiner Seele vereinigt, der vor seiner Geburt zu ihm gehörte.«[40]

Dieser kabbalistische Text ist ein Kommentar zu der Szene der Genesis, wo Adam der Eva nachgibt. Eine ähnliche Deutung erscheint in Platos *Symposion.* Nach dieser Mystik der Geschlechtsliebe ist die tiefste Erfahrung der Liebe, daß jenseits der scheinhaften Zweiheit die Einheit wohnt: »Jeder ist beide.« Diese Erkenntnis kann sich erweitern zu der Entdeckung, daß jenseits der zahlreichen Individualitäten des ganzen Universums um uns, der menschlichen, tierischen, pflanzlichen und sogar mineralischen, die Einheit wohnt. Dadurch wird die Liebeserfahrung kosmisch, und das geliebte Wesen, das diese Sicht zuerst eröffnete, wird zum Spiegel der Schöpfung erhoben. Der Mann oder die Frau, denen diese Erfahrung geworden ist, sind erfüllt von dem, was Schopenhauer »die Wissenschaft von der Schönheit allerorten« genannt hat. Er »durchstreift dann diese Welten, nach Lust sich nährend und nach Lust sich gestaltend«, und er singt den Gesang von der Alleinheit, der beginnt: »O wundervoll! o wundervoll! o wundervoll!«[41]

5. Der Zerfall des Einen in Viele

Das Vorwärtsrollen des kosmischen Kreises stürzt das Eine in die Vielfalt. Damit zerreißt eine große Krisis, eine Spaltung, die geschaffene Welt in zwei scheinbar widerstreitende Seinsebenen. In Paiores Schema tauchen die Menschen aus den unteren Finsternissen auf und machen sich sofort daran, den Himmel zu heben.[42] Sie bewegen sich mit scheinbarer Unabhängigkeit, halten Rat, entscheiden, planen und übernehmen die Anordnung der Welt. Aber wir wissen, daß hinter der Szene der unbewegte Beweger die Fäden zieht.

Wo immer in der Mythologie der unbewegte Beweger, der große Lebendige, im Mittelpunkt steht, ist um das Gestalten des Universums etwas von geheimnisvoller Spontaneität. Die Elemente verdichten sich und spielen nach ihrem eigenen Akkord oder auf das leiseste Wort des Schöpfers; ohne Zutun begeben sich die Teile des sich selbst bewegenden Welteis an ihren Platz. Wenn aber die Perspektive sich verschiebt und sich auf lebende Wesen richtet, wenn das Panorama von Raum und Natur vom Standpunkt der Menschen, die es bewohnen sollen, ins Auge gefaßt wird, dann überschattet eine jähe Verwandlung die Weltszene. Die Gestalten der Welt scheinen sich nicht mehr gemäß den Gesetzen einer lebendigen, wachsenden Harmonie zu bewegen, sondern stehen widerspenstig, im besten Falle noch träge, da. Die Stützen der Weltbühne müssen zur Architektur gefügt werden, manchmal sogar mit Gewalt. Die Erde bringt Dornen und Disteln, und der Mensch ißt sein Brot im Schweiße seines Angesichts.

Deshalb haben wir es mit zweierlei Schöpfungsmythen zu tun. Dem einen zufolge fahren die weltbildenden Kräfte fort, aus sich heraus zu wirken, während sie nach dem anderen die Tätigkeit aufgeben und vielleicht auch dem Fortgehen des kosmischen Zyklus Widerstand entgegensetzen. Die Widerstände, von denen der letztere berichtet, beginnen schon während der Ur-Umarmung der Welteltern, aus der die Kreaturen hervorgehen. Die Maoris mögen uns in das furchterregende Thema einführen:

Rangi, der Himmel, lag so dicht am Leib Papas, der Mutter Erde, daß die Kinder nicht aus dem Schoß kommen konnten. »Sie befanden sich in einem unstabilen Zustand, getrieben durch eine Welt voll Dunkel, und dies war ihr Aussehen: einige krabbelten ... einige standen aufrecht mit erhobenen Armen ... einige lagen auf der Seite ... einige auf dem Rücken, einige waren gebückt, einige mit gebeugten Kopf, einige mit hochgezogenen Beinen ... einige knieten ... einige tasteten in der Dunkelheit umher ... Sie waren alle zwischen der Umarmung von Rangi und Papa ...

Schließlich, erschöpft von der nichtendenwollenden Finsternis, hielten die von Himmel und Erde gezeugten Wesen Rat und sagten: ›Laßt uns nun beschließen, was wir mit Rangi und Papa tun sollen, ob es besser ist, sie zu töten oder sie auseinanderzureißen.‹ Da sprach Tu-matauenga, das wildeste der Kinder des Himmels und der Erde: ›Gut, wir wollen sie töten.‹

Da sprach Tane-mahuta, der Vater der Wälder und aller Dinge, die sie bewohnen oder aus Bäumen gemacht sind: ›Nein, nicht so. Es ist besser, sie auseinanderzureißen und den Himmel hoch über uns stehen und die Erde unter unseren Füßen liegen zu lassen. Laßt den Himmel einen Fremdling für uns werden, die Erde aber uns nahe bleiben als unsere nährende Mutter.‹«

Mehrere von den göttlichen Brüdern versuchten vergebens, den Himmel und die Erde voneinanderzureißen. Zuletzt war es Tane-mahuta selbst, der Vater der Wälder und aller Dinge, die sie bewohnen oder aus Bäumen gemacht sind, dem das titanische Unterfangen gelang. »Sein Kopf ist nun festgewachsen an seiner Mutter, der Erde, seine Füße streckt er hoch und stemmt sie gegen seinen Vater, den Himmel, er streckt seinen Rücken und seine Glieder in mächtiger Anstrengung. Nun werden Rangi und Papa voneinandergerissen, und sie schreien laut in Stöhnen und Schmerzgebrüll. ›Warum tötet ihr so eure Eltern? Warum begeht ihr ein solch schreckliches Verbrechen, uns zu töten, eure Eltern voneinanderzureißen?‹ Aber Tane-mahuta läßt nicht ab, er beachtet nicht ihr Gebrüll und Stöhnen; weit, weit unter sich hinab drückt er die Erde; hoch, hoch über sich hinauf stemmt er den Himmel . . .«[43]

Wie die Griechen sie kennen, wird diese Geschichte von Hesiod gebracht, in seinem Bericht von der Trennung des Uranus (Vater Himmel) von Gaia (Mutter Erde). Nach dieser Variante kastrierte der Titan Kronos seinen Vater mit einer Sichel und stieß ihn nach oben aus dem Weg.[44] In den ägyptischen Bilddarstellungen ist die Stellung der Welteltern umgekehrt, der Himmel ist die Mutter, der Vater die Vitalität der Erde.[45] Das Schema des Mythos aber bleibt, die beiden werden auseinandergestoßen von ihrem Kind, dem Luftgott Shu. Ebenso ist uns der Mythos aus den alten Keilschrifttexten der Sumerer überkommen, die aus dem dritten und vierten Jahrtausend v. Chr. datieren. Zuerst war der Urozean; der Urozean zeugte den Weltberg, der aus Himmel und Erde zusammen bestand; An (der Himmelsvater) und Ki (die Erdmutter) brachten Enlil (den Luftgott) hervor, der sogleich An von Ki trennte und sich dann selbst mit seiner Mutter vereinigte, um die Menschheit zu zeugen.[46]

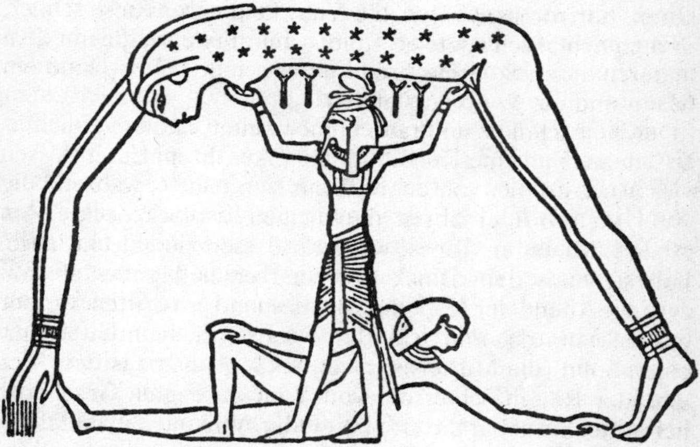

Abb. 14. Die Trennung von Himmel und Erde

Aber wenn diese Taten der verzweifelten Kinder auch brutal erscheinen, so sind sie doch nichts im Vergleich zu der totalen Zerstückelung der elterlichen Macht, die wir in der isländischen *Edda* und den babylonischen Schöpfungstafeln verzeichnet finden. Hier wird der endgültige Affront durch die Charakterisierung der demiurgischen Macht des Abgrunds als »böse«, »finster«, »obszön« gegeben. Die lichten jungen Kriegersöhne, die die zeugende Quelle, die Person im Samenstadium des Tiefschlafs, nun verachten, machen sich daran, sie zusammen zu töten, zu zerhacken, in Stücke zu zerschneiden und daraus das Gefüge der Welt zu zimmern. Dies liefert den Weg zum Sieg in allen späteren Drachenkämpfen, in denen die Tötung des Drachen die zeitenlange Geschichte der Taten des Heros eröffnet.

Nach dem Bericht der *Edda* wurde, nachdem der »gähnende Abgrund«[47] im Norden eine kalte Nebelwelt und im Süden eine Feuerregion hervorgebracht und nachdem die Hitze des Südens auf die von Norden herabströmenden Eisflüsse gewirkt hatte, ein heftiges Gift ausgesondert. Aus diesem Gift wurde ein Nieselregen, der zu Reif gerann. Der Reif schmolz und tröpfelte, und daraus wurde Leben in Gestalt einer unbeholfenen, gigantischen, hermaphroditischen, horizontalen Figur, die Ymir heißt. Der Riese schlief, und im Schlaf schwitzte er. Einer seiner Füße zeugte mit dem anderen einen Sohn, während unter seiner linken Hand ein Mann und ein Weib entstanden.

Der Reif schmolz und rann immer weiter, und es verdichtete sich aus ihm eine Kuh, Audumla. Aus ihrem Euter flossen vier Milchströme, von denen Ymir sich nährte, während die Kuh, um sich zu ernähren, die salzigen Eisblöcke leckte. Am Abend des ersten Tages, während dessen sie geleckt hatte, hob sich aus dem Block das Haar eines Mannes ab, am zweiten Abend der Kopf des Mannes, und am dritten war der ganze Mann da, und sein Name war Buri. Nun hatte Buri einen Sohn (die Mutter ist nicht bekannt) namens Borr, der eine der Riesentöchter der von Ymir gezeugten Geschöpfe heiratete. Sie gebar die Dreiheit Odin, Vili und Ve, und diese erschlugen den schlafmützigen Ymir und schnitten den Körper in Streifen.

Aus Ymirs Fleisch
Ward die Erde geschaffen,
Aus dem Blute das Brandungsmeer,
Das Gebirge aus den Knochen,
Die Bäume aus dem Haar,
Aus der Hirnschale der Himmel.

Aus des Riesen Wimpern
Schufen Rater hold
Midgard den Menschensöhnen;
Aus des Riesen Gehirn
Sind die rauhgesinnten
Wolken alle gewirkt.[48]

In der babylonischen Version ist der Held Marduk, der Sonnengott; das Opfer ist Tiamat, grauenvoll, drachenähnlich, begleitet von Dämonenschwärmen, eine weibliche Personifikation des Urabgrundes selbst, das Chaos als die Mutter der Götter, die dann aber zur Drohung über der Welt wurde. Mit Bogen und Dreizack, Keule und Netz und einem Geleit von Schlachtwinden bestieg der Gott seinen Kriegswagen. Die vier Pferde, abgerichtet aufs Niederstampfen, waren bedeckt von Schaum.

. . . Starr sah sie ihn an, ihm mutig begegnend,
Und geiferte hohnvoll viel giftige Worte . . .

Da ermannte sich Marduk. Er packt' den Zyklon,
Er schleudert' ihn schreiend auf Tiamat:

»Sie du nur gerüstet, erhebe nur du dich!
Wie sollst du den Streit mit mir bestehn?
Wie konnt' deine Rotte den Göttern nur trotzen?
Wie durftest du's wagen, ohn Grund sie zu hassen . . .?

Nun rüst' dich zum Zweikampf, wir wollen uns messen:
Du oder ich, wer bleibt wohl Sieger?«

Als Tiamat ihn so rufen hörte,
Da kam sie vor Wut und Ingrimm von Sinnen.
Ihr Leib erbebt' in mächtigem Zorne.
Aufbrüllt' sie und raste dem Feinde entgegen.

Es prallten zusammen Tiamat und Marduk.
Das Netz der Winde tat Marduk auf,
Er fing sie darinnen, ließ Böswind dann los.
Als sie auftat den Mund, ihren Feind zu verschlingen,
Fuhr Böswind hinein – bis tief in den Schlund.

Mit wütenden Winden füllt' Marduk den Leib ihr,
Bis Tiamat die Besinnung verlor.
Schlaff klaffte ihr offener Mund,

Da schlug Marduk gewaltig los.
Er erschlug ihren Leib, zerfetzte ihr Innres,
Das Herz riß er aus und riß es in Stücke.
Er hatt' sie gebändigt – er endet' ihr Leben,
Warf ihren Leichnam und trat ihn mit Füßen.

Nachdem er dann die Überreste ihres umherschwärmenden Haufens in Fesseln geschlagen hatte, wandte der Gott Babylons sich wieder der Weltmutter zu:

Da trat er voll Wut ihr totes Gebein.
Er spaltet' den Schädel mit furchtbarer Kraft.
Er schnitt ihr Fleisch und die Adern in Stücke.
Es trug der Nordwind ihr Blut ins Verborgne . . .

Den Klumpen des Rumpfes betrachtet' er lange,
Erwog, wie er weise ihn teilen könnte.
In zwei gleiche Hälften teilte er ihn:
Zum Himmelsdach macht' er die eine Hälfte,
Zur Erde macht' er die andre.

Von Sternen zog er die weite Schranke,
Vor Ungemach die Erde zu hüten.
Er schritt über den Himmel und sah seine Werke.
Er trat vor das Meer hin, das Ea bewohnt.

Marduk maß ab des Ozeans Grenzen,
Er maß Escharra, das feste Land.
Da er herrlich und breit seinen Himmel gebauet,
Schuf er dort Stätten für Enlil, Ea und Anu.[49]

Auf diese heroische Weise stieß Marduk die Wasser oben mit einer Decke zurück, die Wasser unten mit einem Boden. In der Welt dazwischen schuf er dann den Menschen.

Unermüdlich illustriert der Mythos das Thema, daß das, was in der geschaffenen Welt Streit ist, nicht wahrhaft ist, was es scheint. Erschlagen und zerstückelt, war Tiamat dadurch doch nicht zunichte geworden. Wäre der Kampf aus einem anderen Blickwinkel gesehen worden, so hätte sich herausgestellt, daß das ungetüme Chaos sich aus sich selbst heraus zersprengte und seine Bruchstücke an ihren Platz brachte. Marduk und sein ganzes Göttergeschlecht waren nur Partikel von ihrer Substanz. Vom Standpunkt dieser geschaffenen Formen schien alles wie geschaffen von einem mächtigen Arm und der Gefahr und dem Schmerz zum Trotz. Von dem der sich entlassenden Gegenwart aber ward das Fleisch aus ihrem Willen darangegeben, und die Hand, die es zerteilte, war letztlich nichts anderes als ein Werkzeug des Willens des Opfers selbst.

Hierin liegt das fundamentale Paradox des Mythos: das Paradox des zwiefachen Mittelpunktes. Genau wie es am Anfang des kosmogonischen Zyklus möglich war, zu sagen, Gott sei nicht darin verstrickt, und ebenso, Gott sei der Schöpfer-Erhalter-Zerstörer, so ist es an diesem kritischen Punkt, wo das Eine sich zum Vielen zerteilt, daß das Geschick »geschieht«, aber ebenso auch »verhängt ist«. Aus der Perspektive des Ursprungs ist die Welt eine majestätische Harmonie von Formen, die ins Sein strömen, explodieren und sich auflösen; aber was die schnell vergehenden Kreaturen selbst erleben, ist eine grauenhafte Kakophonie von Kriegsgebrüll und Schmerz. Die Mythen disputieren diesen Todesschmerz, die Kreuzigung, nicht hinweg; sie offenbaren in ihm und hinter ihm den wahren Frieden, die Himmelsrose.[50]

Die Verschiebung der Perspektive von der Ruhe der ursächlichen Mitte zu dem Gewühl der Peripherie wird im Fall Adams und Evas im Garten Eden dargestellt. Sie aßen von der verbotenen Frucht, da »wurden ihre beiden Augen aufgetan«[51]. Die Seligkeit des Paradieses ward ihnen verschlossen, und sie mußten das Geschaffene von der anderen Seite eines verwandelnden Schleiers aus ansehen. Hinfort sollten sie das Notwendige als das schwer zu Erlangende erfahren.

6. Volkslegenden von der Schöpfung

Den tief faszinierenden Mythen des kosmogonischen Zyklus kontrastiert die Schlichtheit der Schöpfungsgeschichten der unentwickelten Volksmythen.[52] In diesen macht sich nichts von einem zähen Versuch, die Tiefen hinter dem Schleier des Raums auszuloten, bemerkbar. Durch die nackte Mauer der Zeitlosigkeit bricht eine schattenhafte Schöpferfigur, um die Welt der Formen zu erschaffen. Ihr Tag ist traumähnlich in seiner Dauer, Fluidität und zwielichtigen Macht. Die Erde ist noch nicht fest geworden, und viel bleibt noch zu tun, um sie für die zukünftigen Menschen bewohnbar zu machen.

Der ›Alte Mann‹ zog umher, erklären die Schwarzfüße von

Montana, Menschen erschaffend und Dinge anordnend. »Er kam von Süden, nordwärts ziehend, Tiere und Vögel im Vorüberziehen erschaffend. Zuerst machte er die Berge, Prärien, Wälder und Sträucher. So fuhr er fort, nordwärts ziehend, dabei Dinge machend, hier- und dorthin Flüsse setzend und Wasserfälle darin, hier und dort rote Farbe auf die Erde streichend – die Welt herstellend, wie wir sie heute sehen. Er machte den Milchfluß (den Teton) und überschritt ihn und, ermüdet, stieg er auf einen Hügel und legte sich nieder, um zu ruhen. Als er auf seinem Rücken lag, ausgestreckt auf dem Boden, markierte er seinen Umriß mit Steinen – die Gestalt seines Rumpfes, Kopfes, seiner Beine und Arme und alles anderen. Dort kannst du jene Felsen heute sehen. Als er geruht hatte, zog er weiter nordwärts und stolperte über eine Kuppe und fiel auf die Knie. Da sagte er: ›Du bist ein schlechtes Ding, dagegen zu stolpern‹; so errichtete er dort zwei steile Hügel und nannte sie die Knie, und so werden sie bis zum heutigen Tage genannt. Er ging weiter nordwärts, und aus einigen von den Felsblöcken, die er bei sich trug, erbaute er die Süßgrasberge . . .

Eines Tages beschloß der Alte Mann, eine Frau und ein Kind zu machen; so bildete er sie beide – die Frau und das Kind, seinen Sohn – aus Lehm. Nachdem er den Lehm zu menschlicher Gestalt geknetet hatte, sagte er zu dem Lehm: ›Du mußt Menschen sein‹, und dann deckte er ihn zu und ließ ihn liegen und ging fort. Am nächsten Morgen ging er wieder hin und nahm die Hülle weg und sah, daß die Gestalt des Lehms sich ein wenig geändert hatte. Am zweiten Morgen war die Veränderung größer, am dritten noch größer. Am vierten Morgen ging er hin, nahm die Hülle weg, sah die Bilder an und sagte ihnen, sie sollten aufstehen und wandeln; und sie taten so. Mit ihrem Schöpfer gingen sie zu dem Fluß, und dann sagte er ihnen, daß sein Name Na'pi, Alter Mann, war.

Als sie am Fluß standen, sagte die Frau zu ihm: ›Wie ist es? Werden wir immer leben, wird es kein Ende dafür geben?‹ Er sagte: ›Daran habe ich noch gar nicht gedacht. Wir werden es zu entscheiden haben. Ich werde diesen Büffelfetzen nehmen und in den Fluß werfen. Wenn er schwimmt, werden die Menschen, wenn sie sterben, nach vier Tagen

wieder lebendig werden; sie werden nur für vier Tage sterben. Wenn er aber versinkt, wird es für sie ein Ende geben.‹ Er warf den Fetzen in den Fluß, und er schwamm. Die Frau drehte sich um und hob einen Stein auf und sagte: ›Nein, ich will diesen Stein in den Fluß werfen; wenn er schwimmt, werden wir immer leben, wenn er sinkt, müssen die Menschen sterben, daß sie immer übereinander traurig sein mögen.‹ Die Frau warf den Stein ins Wasser, und er sank. ›Da‹, sagte der Alte Mann, ›ihr habt gewählt. Es wird ein Ende für sie geben‹.«[53]
Die Einrichtung der Welt, die Erschaffung des Menschen und die Entscheidung über den Tod sind typische Themen der primitiven Schöpfererzählungen. Es ist schwer festzustellen, wie ernstlich oder in welchem Sinn diese Geschichten

Abb. 15. Khnemu bildet Pharaos Sohn auf der Töpferscheibe, und Thot markiert seine Lebensspanne.

auch geglaubt wurden. Die Art des Mythos ist nicht so sehr das direkte wie das von der Seite sich nähernde Verfahren der Beschreibung: es ist, *als ob* der Alte Mann dies und jenes getan hätte. Viele Geschichten, die in den Sammlungen in der Kategorie der Schöpfungsberichte aufgeführt werden, wurden sicher mehr als volkstümliche Märchen denn als ein Buch Genesis angesehen. Solch spielerisches Mythologisieren ist in allen Zivilisationen verbreitet, in den höheren so gut wie in den niedrigeren. Die einfacheren Volksschichten mögen die so entstandenen Bilder mit verfehlter Ernsthaftigkeit aufnehmen, aber man könnte im ganzen nicht sagen, daß sie eine Doktrin oder den lokalen Mythos darstellen. Die Maoris etwa, von denen wir einige unserer schönsten Mythologien haben, kennen eine Geschichte von einem Ei, das ein Vogel in die Ursee fallen ließ; es zerbrach, und heraus kamen ein Mann, eine Frau, ein Knabe, ein Mädchen, ein Schwein, ein Hund und ein Kanu. Alle stiegen in das Kanu und kamen damit nach Neuseeland.[54] Dies ist offensichtlich eine burleske Abwandlung des Welteimotivs. Andererseits erzählen die Kamtschadalen als ihren ernsten Glauben das Folgende: »Gott wohnte ursprünglich im Himmel, zog aber danach auf die Erde herunter. Als er hier Schneeschuh lief, gab die dünne Erde unter ihm wie junges, biegsames Eis nach. Die Erdoberfläche hat sich daher uneben gestaltet.«[55] Und bei den Kirgisen Zentralasiens heißt es: »Als zwei Menschen, die einen großen Ochsen hüteten, lange ohne Trunk und schon nahe daran waren zu verdursten, verschaffte ihnen der Ochse das Wasser, indem er mit seinen großen Hörnern die Erde aufriß. Auf diese Art sind, wie die Kirgisen erklären, einige der dortigen Seen entstanden.[56]

Zur Erklärung der Krankheiten und Schwierigkeiten der Existenz diesseits des Schleiers erscheint in Mythos und Volkssage oft eine Clownsfigur, die dem wohlwollenden Schöpfer ständig entgegenarbeitet. Die Melanesier von Neupommern erzählen von einem obskuren Wesen, »Jener, der zuerst da war«, das Folgende: »Er zeichnete zwei männliche Figuren auf den Boden, ritzte sich die Haut auf und benetzte mit dem herabträufelnden Blut die beiden Zeichnungen. Hierauf brach er zwei Blätter ab und bedeckte damit die beiden Figuren. Nach einiger Zeit wurden diese zu zwei

Männern. Der Name des einen ist To Kabinana, der des anderen To Karvuvu.

To Kabinana entfernte sich, stieg auf eine Kokospalme mit hellgelben Nüssen, pflückte zwei noch unreife Früchte und warf sie auf die Erde, wo sie barsten und sich in zwei Frauen verwandelten. Als To Karvuvu die beiden sah, fragte er nach ihrer Herkunft mit den Worten: ›Wo sind denn diese Frauen zu haben?‹ To Kabinana erteilte ihm Bescheid: ›Steige auf eine Kokospalme‹, sagte er, ›pflücke zwei unreife Nüsse und wirf sie herab!‹ To Karvuvu warf zwei Nüsse herab, aber so, daß das untere Ende der Nüsse auf den Boden aufschlug. Aus den Nüssen entstanden zwei Frauen mit eingedrückten, zerschundenen Nasen.«[57]

Und eines Tages begab sich folgende Geschichte: »To Kabinana schnitzte (aus Holz) einen Thunfisch und ließ ihn ins Meer schwimmen, damit er für immer ein Fisch sei.

Und der Thunfisch trieb die Malivaran-Fische zum Ufer. To Kabinana las sie am Strande auf und ging.

Als To Karvuvu die Fische sah, mit denen To Kabinana ankam, sagte er: ›Wo befinden sich diese? Ich will es auch machen.‹ ›Gut denn, schnitze einen Fisch und zwar einen Thunfisch, ähnlich wie ich ihn geschnitzt habe.‹ Er schnitzte aber nur einen Haifisch, einen Raubfisch. Dann ließ er ihn losschwimmen auf jene Malivaran-Fische, aber er fraß sie bloß auf. Weinend kehrte To Karvuvu zu seinem Bruder zurück: ›Ich vermochte nicht den Fisch zu machen‹, sagte er, ›er frißt bloß alle anderen Fische auf.‹

Da fragte ihn To Kabinana: ›Was für ein Fisch ist es?‹

›Es ist halt nur ein Haifisch, den ich geschnitzt habe.‹ To Kabinana sagte nur: ›Du bist fürwahr ein geiler Kerl! Du machst ganz und gar elend unser sterbliches Geschlecht. Jener Fisch wird alle anderen auffressen, und er wird auch unser sterbliches Geschlecht anfallen‹.«[58]

Hinter dieser Narrheit könnte man den Sinn sehen, daß die eine Ursache – hier das geheime Wesen, das sich selbst verletzte – im Rahmen der Welt zweierlei Wirkung hervorbringt, gute und böse. Die Geschichte ist nicht so naiv, wie es scheint.[59] Außerdem steckt in der seltsamen Logik des Schlußdialogs die metaphysische Präexistenz des platonischen Urbilds des Delphins. Diese Konzeption steckt eigentlich in jedem Mythos. Allgemein ist auch die Darstellung des Widersachers, des Vertreters des bösen Prinzips, in der Rolle des Clowns. Teufel, die lüsternen Dickköpfe nicht weniger als die scharfen, klugen Lügengeister, sind immer Clowns. Obwohl sie in der Raumzeitwelt triumphieren mögen, verschwinden sie und ihr Werk, wenn die Perspektive sich aufs Transzendentale verlagert. Sie sind die, die den Schatten für die Substanz nehmen: sie repräsentieren die unabwendbaren Unvollkommenheiten des Schattenbereichs und bleiben, solange wir diesseits des Schleiers bleiben.

Von den Vorstellungen der schwarzen Tataren zu diesem Thema wird folgendes berichtet: »Als der große Pajana, wie in der Sagenwelt der Waldtataren erzählt wird, die ersten Menschen bildete, konnte er ihnen den belebenden Geist nicht schaffen, weshalb er die Seele für sie im Himmel suchen mußte. Bei seinem Weggang ließ er als Hüter der Menschen einen Hund zurück. Unterdessen kam der Teufel, Ärlik, und sagte dem Hunde, der damals noch nackt war: ›Du bist unbehaart, doch ich gebe dir goldenes Haar, wenn du mir jene seelenlosen Menschen gibst.‹ Der Vorschlag des Teufels sagte dem Hunde zu, und so überließ er die von ihm behüteten Wesen Ärlik. Als dieser sich der Menschen bemächtigt hatte, besudelte er sie mit seinem Speichel, floh aber in dem Augenblick, als Gott kam, sie zu beleben. Als Gott sah, daß der Teufel die Menschenkörper besudelt hatte, drehte er ihr besudeltes Äußere nach innen und ihr Inneres nach außen. Daher ist im Eingeweide des Menschen heute noch Speichel und Unreines.«[60] Die Volksmythen nehmen die Schöpfungsgeschichte erst von dem Augenblick an auf, wo die transzendentalen Emanationen zu räumlichen Formen zerbrechen. Nichtsdestoweniger weichen sie in ihrer Einschätzung der menschlichen Situation von den großen Mythen in keinem wesentlichen Punkt ab. Ihre symbolischen Gestalten entsprechen in ihrer Bedeutung und oft auch in ihren Charakterzügen und Taten denen der höheren Bilderwelten, und die Wunderwelt, in der sie sich bewegen, ist genau die der größeren Offenbarungen: die Welt und das Zeitalter zwischen dem Bewußtsein des Tiefschlafs und dem des Wachens, der Bereich, wo das Eine ins Viele zerfällt und das Viele wieder ins Eine zurückgeborgen wird.

Zweites Kapitel

Die Geburt von der Jungfrau

1. Das All als Mutter

Der weltzeugende Geist des Vaters geht ins Mannigfaltige der irdischen Erfahrung durch ein verwandelndes Medium über, die Mutter der Welt. Sie ist eine Personifikation des Urelements, das benannt wird im zweiten Vers der Genesis, wo wir lesen: »der Geist Gottes schwebte auf dem Wasser«. Im Hindumythos ist sie das weibliche Wesen, durch das das Selbst alle Kreaturen zeugte. Abstrakter verstanden ist sie der weltumfangende Rahmen, Zeit, Raum und Kausalität, die Schale des Welteises. Noch abstrakter ist sie die Lokkung, die das Absolute, welches das Selbst zeugt, zum Akt der Schöpfung bewegt.

In den Mythen, die mehr den mutterhaften als den paternitären Aspekt des Schöpfers betonen, erfüllt im Anfang dieses Urweib die Weltbühne und spielt die Rollen, die sonst männlichen Wesen zugeschrieben werden. Und sie ist jungfräulich, weil ihr Gemahl das unsichtbare Unbekannte ist.

Eine seltsame Darstellung ist im finnischen Mythos zu finden. In der Rune I der *Kalewala*[1] wird erzählt, wie die jungfräuliche Tochter der Luft von den Wohnungen des Himmels hinabstieg in die Ursee und dort jahrhundertelang auf den ewigen Wassern trieb.

> Fing ein Sturmwind an zu blasen,
> Aus dem Osten wildes Wetter,
> Treibt das Meer zu wildem Schäumen,
> Daß die Wellen wütend wogen.
> Sturmwind wiegte dort die Jungfrau,
> Mit ihr spielt des Meeres Welle
> Auf dem blauen Wasserrücken,
> Auf den weißbekränzten Fluten;
> Schwanger blies der Wind die Jungfrau
> Und das Meer verlieh ihr Fülle.[2]

Sieben Jahrhunderte lang trieb die Wassermutter mit dem Kind im Schoß, unfähig es zu gebären. Sie betete zu Ukko,

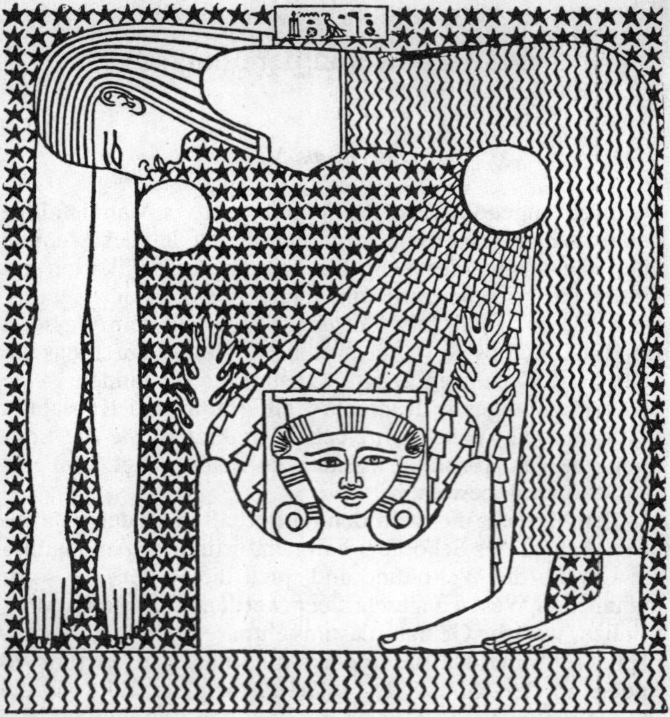

Abb. 16. Nut, der Himmel, gebiert die Sonne; ihre Strahlen fallen am Horizont auf Hathor (Liebe und Leben)

dem höchsten Gott, und er sandte eine Ente, die ihr Nest auf ihrem Knie bauen sollte. Das Ei der Ente fiel aus dem Nest und zerbrach, und die Bruchstücke bildeten die Erde, die Sonne, den Mond und die Wolken. Dann nahm die Wassermutter, immer noch treibend, selbst die Arbeit des Weltbildners auf.

Endlich in dem neunten Jahre,
Zu der Zeit des zehnten Sommers[3]
Hebt ihr Haupt sie aus dem Meere,
Ihre Stirn sie aus den Wogen,

Jetzt beginnt sie mit dem Schaffen,
Fängt sie an hervorzubringen
Auf dem klaren Meeresrücken,
Auf den weiten Wogenflächen.
Wo die Hand nur hin sie streckte,
Da entstanden Landesspitzen,
Wo sie mit dem Fuße ruhte,
Grub gar rasch sie Fischesgruben,
Wo ins Wasser sie sich tauchte,
Senkten sich des Meeres Tiefen,
Wo die Hüfte hin sie wandte,
Da erschienen ebne Ufer,
Wo den Fuß zum Land sie lenkte,
Da entstanden Lachsesschluchten,
Wo der Kopf dem Lande nahte,
Da erwuchsen breite Buchten.
Schwamm noch weiter von dem Lande,
Ruht' ein wenig auf dem Rücken,
Schuf so Klippen in dem Meere,
Riffe, die dem Aug verborgen,
Wo die Schiffe oft zerschellen,
Wo der Männer Leben endet.[4]

Aber das Kind blieb in ihrem Körper und wuchs zu mittlerem, schon verständigem Alter heran:

Wäinämöinen nur, der Sänger,
War und blieb noch ungeboren.
Wäinämöinen alt und wahrhaft
Wandert noch im Leib der Mutter
Dreißig Sommer nacheinander,
Eine gleiche Zahl von Wintern
In den schlummerstillen Wellen,
Auf der nebelreichen Fläche.
Dachte nach und überlegte,
Wie zu sein und wie zu leben
In dem nimmerhellen Raume,
In der unbequemen Enge,
Wo er nicht das Mondlicht schaute,
Nicht den Sonnenschein gewahrte.
Sprach darauf mit diesen Worten,
Ließ auf diese Art sich hören:
»Bring, o Mond, und bring, o Sonne,
Bringe mich, o Bär am Himmel,

Von den ungewohnten Türen,
Von den unbekannten Pforten,
Hier aus diesem kleinen Neste,
Aus dem engen Aufenthalte!
Daß ich auf der Erde wandre,
Wie ein Menschenkind im Freien,
Daß des Himmels Mond ich schaue,
Daß die Sonne ich gewahre,
Daß den Bären ich erblicke,
Daß die Sterne ich betrachte!«
Da der Mond ihn nicht befreiet,
Nicht die Sonne ihn erlöset,
Wird das Sein ihm unbehaglich,
Ihm das Leben dort verdrießlich;
Sprengt der Feste schmale Pforte
Mit dem Finger ohne Namen,
Schlüpfet durch das Schloß, das starre,
Mit des linken Fußes Zehe,
Kriechet mit der Hand zur Schwelle,
Auf den Knien durch das Vorhaus.
Stürzte häuptlings in das Wasser,
Wendet mit der Hand die Wogen;
Also blieb der Mann im Meere,
So der Held im Schoß der Fluten.[5]

Bevor Wäinämöinen, ein Held schon bei seiner Geburt, seinen Weg zum Ufer machen konnte, hatte er noch das Ordeal eines zweiten Mutterschoßes zu bestehen, das des elementaren Weltozeans. Ungeschützt nun, hatte er sich der Probe mit den ganz blinden Naturgewalten zu unterziehen. Mit Wasser und Wind mußte er nochmals erfahren, was ihm schon allzu bekannt war.

Ruht' im Meere fünf der Jahre,
Fünf der Jahre, ja gar sechse,
Selbst das siebente und achte;
Endlich hält er ein im Meere,
An der Landzung ohne Namen,
An dem baumberaubten Strande.
Rafft sich auf den Knien zum Lande,
Wendet mit der Hand sich hastig,
Hebt sich, um den Mond zu schauen,
Und die Sonne zu gewahren,

Um den Bären zu erblicken,
Um die Sterne zu betrachten.
Also wurde Wäinämöinen,
Dieser mächtge Zaubersänger,
Von der Lüfte schöner Tochter,
Die ihm Mutter war, geboren.[6]

2. Der Schoß des Schicksals

Die Allgöttin erscheint den Menschen unter einer Vielzahl von Verkleidungen. Denn die Wirkungen der Schöpfung sind zahlreich, komplex und von wechselseitig widersprechendem Wesen, wenn sie vom Standpunkt der erschaffenen Welt aus erfahren werden. Die Mutter des Lebens ist gleichzeitig die Mutter des Todes, sie ist maskiert von den häßlichen Dämoninnen des Hungers und der Seuche.

Die sumerisch-babylonische Astralmythologie identifizierte die Aspekte des Allweibes mit den Phasen des Planeten Venus. Als Morgenstern war sie die Jungfrau, als Abendstern die Hure, als Herrin des Nachthimmels die Genossin des Monds und ausgelöscht unter dem Glanz der Sonne die Höllenhexe. Wohin immer der mesopotamische Einfluß reichte, waren die Züge der Göttin vom Licht dieses wechselhaften Sterns berührt.

Ein südostafrikanischer Mythos, vom Stamm Wahungwe Makoni in Südrhodesien, bringt die Aspekte der Venus-Mutter in Verbindung mit den ersten Phasen des kosmogonischen Zyklus. Der Urmann ist hier der Mond, der Morgenstern seine erste Frau, der Abendstern seine zweite. Genau wie Wäinämöinen durch eigene Kraft aus dem Schoß auftauchte, so dieser Mondmann aus den Wassern des Abgrunds. Er und seine Frauen haben die Kreaturen der Erde zu zeugen. Die Geschichte ist uns wie folgt überkommen:

»Maori (Gott) machte den ersten Mann und nannte ihn Mwuetsi (Mond). Er setzte ihn auf den Boden eines Dsivoa (Sees) und gab ihm ein Ngona-Horn, das mit Ngona-Öl gefüllt war.[7] Mwuetsi lebte in Dsivoa.

Mwuetsi sagte zu Maori: ›Ich möchte auf die Erde gehen.‹ Maori sagte: ›Du wirst es bereuen.‹ Mwuetsi sagte: ›Dennoch, ich möchte auf die Erde gehen.‹ Maori sagte: ›Dann geh auf die Erde.‹ Mwuetsi verließ Dsivoa und ging auf die Erde.

Die Erde war kalt und leer. Es gab keine Gräser, keine Sträucher, keine Bäume. Es gab keine Tiere. Mwuetsi weinte und sagte zu Maori: ›Wie soll ich hier leben.‹ Maori sagte: ›Ich habe dich gewarnt. Du hast dich auf den Weg begeben, an dessen Ende du sterben wirst. Aber ich will dir jemanden von deiner Art geben.‹ Maori gab Mwuetsi ein Mädchen, das hieß Massassi, der Morgenstern. Maori sagte: ›Massassi soll für zwei Jahre deine Frau sein.‹ Maori gab Massassi ein Feuerzeug.

Am Abend ging Mwuetsi mit Massassi in eine Höhle. Massassi sagte: ›Hilf mir. Wir werden ein Feuer machen. Ich will chimandra (Reisig) sammeln, und du kannst den rusika (der rotierende Teil des Feuerzeugs) drehen.‹ Massassi sammelte Reisig. Mwuetsi drehte den rusika. Als das Feuer brannte, legte sich Mwuetsi auf dessen einer Seite nieder, Massassi auf der andern. Das Feuer brannte zwischen ihnen.

Mwuetsi dachte bei sich: ›Warum hat Maori mir dieses Mädchen gegeben? Was soll ich machen mit diesem Mädchen Massassi?‹ Als es Nacht war, nahm Mwuetsi sein Ngona-Horn. Er benetzte seinen Zeigefinger mit einem Tropfen Ngona-Öl. Mwuetsi sagte: ›Ndini chaambuka mhiri ne mhirir (Ich springe jetzt über das Feuer).‹[8] Mwuetsi sprang über das Feuer. Mwuetsi näherte sich dem Mädchen Massassi. Mwuetsi berührte Massassis Leib mit der Salbe an seinem Finger. Dann ging Mwuetsi zurück zu seinem Lager und schlief.

Als Mwuetsi am Morgen erwachte, sah er zu Massassi hinüber. Mwuetsi sah, daß Massassis Leib geschwollen war. Als der Tag hereinbrach, begann Massassi zu gebären. Massassi gebar Gräser. Massassi gebar Sträucher. Massassi gebar Bäume. Massassi hörte nicht auf zu gebären, bis die Erde bedeckt war von Gräsern, Sträuchern und Bäumen.

Die Bäume wuchsen. Sie wuchsen, bis ihre Wipfel den Himmel erreichten. Als die Wipfel der Bäume den Himmel erreichten, begann es zu regnen.

Mwuetsi und Massassi lebten im Überfluß. Sie hatten Früchte und Korn. Mwuetsi baute eine Haus. Mwuetsi machte eine eiserne Schaufel. Mwuetsi machte eine Sense und bestellte das Feld. Massassi machte Fischfallen und fing Fische. Massassi holte Holz und Wasser. Massassi kochte. So lebten Mwuetsi und Massassi zwei Jahre lang.

Nach zwei Jahren sagte Maori zu Mwuetsi: ›Die Zeit ist um.‹ Maori nahm Massassi von der Erde und setzte sie wieder in Dsivoa. Mwuetsi heulte. Er heulte und weinte und sagte zu Maori: ›Was soll ich tun ohne Massassi? Wer wird für mich Holz und Wasser holen? Wer wird für mich kochen?‹ Acht Tage lang weinte Mwuetsi.

Acht Tage lang weinte Mwuetsi. Dann sagte Maori: ›Ich habe dich gewarnt, daß du in deinen Tod gehst. Aber ich will dir eine andere Frau geben. Ich will dir Morongo, den Abendstern, geben. Morongo wird für zwei Jahre bei dir bleiben. Dann werde ich sie wieder zurücknehmen.‹ Maori gab Mwuetsi Morongo.

Morongo kam zu Mwuetsi in die Hütte. Am Abend wollte sich Mwuetsi auf seine Seite des Feuers legen. Morongo sagte: ›Lege dich nicht dort drüben hin. Lege dich zu mir.‹ Mwuetsi legte sich neben Morongo nieder. Mwuetsi nahm das Ngona-Horn und tat etwas Salbe auf seinen Zeigefinger. Aber Morongo sagte: ›Sei nicht so. Ich bin nicht wie Massassi. Jetzt reibe deine Hüften mit Ngona-Öl ein. Reibe meine Hüften mit Ngona-Öl ein.‹ Mwuetsi tat, wie ihm gesagt war. Morongo sagte: ›Nun paare dich mit mir.‹ Mwuetsi paarte sich mit Morongo. Mwuetsi schlief ein.

Gegen Morgen erwachte Mwuetsi. Als er zu Morongo hinübersah, sah er, daß ihr Leib geschwollen war. Als der Tag hereinbrach, begann Morongo zu gebären. Am ersten Tag gebar Morongo Hühner, Schafe, Ziegen.

Die zweite Nacht schlief Mwuetsi wieder mit Morongo. Am nächsten Morgen gebar sie Büffel und Rinder.

Die dritte Nacht schlief Mwuetsi wieder mit Morongo. Am nächsten Morgen gebar Morongo erst Knaben und dann Mädchen. Die Knaben, die am Morgen geboren worden waren, waren erwachsen, als die Nacht kam.

In der vierten Nacht wollte Mwuetsi wieder mit Morongo schlafen. Aber da kam ein Gewitter, und Maori sprach: ›Laß sein. Du gehst schnell zu deinem Tod.‹ Mwuetsi fürchtete sich. Das Gewitter zog weiter. Als es vorüber war, sagte

Morongo zu Mwuetsi: ›Mach eine Tür und brauche sie dann, um den Eingang zur Hütte zu verschließen. Dann wird Maori nicht sehen können, was wir tun. Dann kannst du mit mir schlafen.‹ Mwuetsi machte eine Tür. Mit ihr verschloß er den Eingang zur Hütte. Dann schlief er mit Morongo. Mwuetsi schlief.

Gegen Morgen erwachte Mwuetsi. Mwuetsi sah, daß Morongos Leib geschwollen war. Als der Tag hereinbrach, begann Morongo zu gebären. Morongo gebar Löwen, Leoparden, Schlangen und Skorpione. Maori sah es. Maori sagte zu Mwuetsi: ›Ich habe dich gewarnt.‹

In der fünften Nacht wollte Mwuetsi wieder mit Morongo schlafen. Aber Morongo sagte: ›Sieh, deine Töchter sind herangewachsen. Paare dich mit deinen Töchtern.‹ Mwuetsi sah seine Töchter an. Er sah, daß sie schön waren und daß sie herangewachsen waren. So schlief er mit ihnen. Sie gebaren Kinder. Die Kinder, die am Morgen geboren worden waren, waren zur Nacht voll herangewachsen. Und so wurde Mwuetsi der Mambo (König) eines großen Volkes.

Aber Morongo schlief mit der Schlange. Morongo gebar nicht mehr. Sie lebte mit der Schlange. Eines Tages kam Mwuetsi zu Morongo zurück und wollte mit ihr schlafen. Morongo sagte: ›Laß sein.‹ Mwuetsi sagte: ›Aber ich will.‹ Er lag bei Morongo. Unter Morongos Bett lag die Schlange. Die Schlange biß Mwuetsi. Mwuetsi wurde krank.

Nachdem die Schlange Mwuetsi gebissen hatte, wurde Mwuetsi krank. Am nächsten Tag regnete es nicht. Die Pflanzen verwelkten. Die Flüsse und Seen trockneten aus. Die Tiere starben. Die Menschen begannen zu sterben. Viele Menschen starben. Mwuetsis Kinder fragten: ›Was können wir tun?‹ Mwuetsis Kinder sagten: ›Wir werden den hakata (den heiligen Würfel) befragen.‹ Die Kinder befragten den hakata. Der hakata sagte: ›Mwuetsi der Mambo ist krank und wird schwach. Schickt Mwuetsi zurück zum Dsivoa.‹

Darauf banden Mwuetsis Kinder Mwuetsi und begruben ihn. Sie begruben Morongo mit Mwuetsi. Dann wählten sie einen anderen Mann zum Mambo. Auch Morongo hatte zwei Jahre lang in Mwuetsis Zimbabwe gelebt.«[9]

Es ist klar, daß jede der drei Phasen der Hervorbringung eine Epoche der Weltentwicklung bezeichnet. Die Abfolge der Prozedur war vorhergewußt, beinahe wie etwas schon Beobachtetes, wie es die Warnung des Allerhöchsten anzeigt. Aber dem Mondmann, dem mächtigen Lebendigen, würde der Anspruch auf eigene Verwirklichung seiner Bestimmung nicht bestritten werden. Das Gespräch am Boden des Sees ist der Dialog zwischen Ewigkeit und Zeit, das »Gespräch der Schnellen«: »Sein oder Nichtsein«. Unzähmbarem Wunsch wird schließlich die Bahn freigegeben, und die Bewegung beginnt.

Die Frauen und Töchter des Mondmanns sind die Personifikationen und Beschleuniger seines Geschicks. Mit der Entfaltung seines weltschöpferischen Willens erfuhren die Kräfte und Wesenszüge der Muttergöttin eine Metamorphose. Geboren aus dem Schoß der Elemente, waren die beiden ersten Frauen vormenschlich und übermenschlich. Als aber der kosmogonische Zyklus von den urhaften zu den menschlich-geschichtlichen Formen weiterrollte, mußten die Buhlinnen der kosmischen Geburten das Feld räumen und den Menschenfrauen überlassen. Darauf mußte der alte demiurgische Gatte inmitten seines Volks zu einem metaphysischen Anachronismus werden. Als er schließlich des bloß Menschlichen müde wurde und das Weib seines Überflusses wieder aufsuchte, erkrankte die Welt einen Augenblick lang unter dem Druck seiner Reaktion, aber dann machte sie sich los und wurde frei. Die Initiative ging ans Volk der Kinder über. Die symbolischen, traumschweren Elternfiguren gingen in den Urabgrund zurück. Nur der Mensch blieb auf der eingerichteten Erde. Der Zyklus hatte einen Abschnitt zurückgelegt.

3. Der Schoß der Erlösung

Die Welt des menschlichen Lebens ist nun das Problem. Gelenkt von dem weltlichen Urteil der Könige und der geistlichen Unterweisung durch die Priester des Würfels der göttlichen Offenbarung[10], ziehen sich die einzelnen Bewußtseine so zusammen, daß die großen Linien der menschlichen Komödie sich in einem Gewühl einander durchkreuzender Absichten verlieren. Die Perspektiven des Menschen werden flach und vermögen nur die im Licht widerscheinende, greifbare Oberfläche des Seins zu erfassen. Der Ausblick in die Tiefe verschließt sich. Das wahre Wesen des menschlichen Leidens entzieht sich dem Blick. Die Gesellschaft stürzt in Verwirrung und Unheil. Das kleine Ich hat den Richterstuhl des Selbst usurpiert.

Dies ist im Mythos ein perennierendes Thema, in den Stimmen der Propheten der ewige Warnruf. Die Menschen verlangt es nach einer Persönlichkeit, die in einer Welt der zerrissenen Leiber und Seelen wieder die Züge des inkarnierten Bildes vertritt. Wir kennen den Mythos aus unserer eigenen Tradition. Es gibt ihn überall, in einer Vielzahl verschiedener Einkleidungen. Wenn die Herodesfigur, das extreme Symbol des irreleitenden, widerspenstigen Ichs, die Menschheit auf den tiefsten Punkt seelischen Niedergangs gebracht hat, beginnen die verborgenen Kräfte des Zyklus sich von selbst zu regen. In einem entlegenen Städtchen wird die Magd geboren, die sich den Modetorheiten ihrer Generation versagt: inmitten der Menschen eine Miniatur des kosmischen Weibes, das die Braut des Winds war. Ihr Schoß, der jungfräulich bleibt wie der Urabgrund, zieht durch seine Bereitschaft die Urkraft auf sich, die die Leere befruchtete.

»Eines Tages nun, als Maria beim Brunnen stand, um ihren Schöpfeimer zu füllen, erschien ihr der Engel Gottes und sagte: Gesegnet bist du, Maria, denn in deinem Schoß hast du eine Wohnung für den Herrn bereitet. Siehe, Licht vom Himmel wird kommen und in dir wohnen und durch dich in aller Welt leuchten.«[11]

Diese Geschichte findet sich allerorten wieder und mit solch schlagender Einheitlichkeit der Hauptkonturen, daß die frühen christlichen Missionare denken mußten, daß der Teufel selbst Fratzen ihrer Lehre aufbrachte, wohin immer sie sich wandten. Fray Pedro Simón berichtet in seinen *Noticias historiales de las conquistes de Tierra Firme en las Indias Occidentales* (Cuenca, 1627), daß, als die Missionsarbeit unter den Tunjas und Sogamozzos in Kolumbien begonnen hatte, »der Dämon dieses Ortes anfing, Gegenlehren zu geben. Unter anderen Dingen versuchte er zu verleumden, was der Priester von der Inkarnation gelehrt hatte, indem er erklärte, daß sie noch nicht geschehen sei; aber daß die

Sonne sie alsbald herbeiführen würde, indem sie Fleisch in den Schoß einer Jungfrau aus dem Dorf Guacheta brächte, indem sie diese von den Strahlen der Sonne empfangen und dabei doch eine Jungfrau bleiben ließ. Diese Botschaft wurde überall in der Gegend verbreitet. Und so geschah es, daß der Vorsteher genannten Dorfes zwei jungfräuliche Töchter hatte, von denen jede wünschte, daß in ihr das Wunder geschehen möchte. Diese begannen dann, jeden Morgen die Wohnung und den umfriedeten Garten ihres Vaters beim ersten Dämmern zu verlassen; und nachdem sie einen der zahlreichen Hügel der Umgebung erstiegen hatten, in der Richtung des Sonnenaufgangs, richteten sie sich so her, daß die ersten Strahlen der Sonne sie ungehindert bescheinen konnten. Nachdem dies eine Reihe von Tagen fortgegangen war, ward es dem Dämon durch göttliche Zulassung (deren Beschlüsse immer unbegreiflich sind) gewährt, daß die Dinge so geschehen sollten, wie er sie geplant hatte, und so wurde eine von den Töchtern schwanger; wie sie sagte, von der Sonne. Neun Monate, und sie brachte einen großen und kostbaren hacuata, das ist in ihrer Sprache ein Smaragd, zur Welt. Die Frau nahm ihn und legte ihn, in Baumwolle eingewickelt, zwischen ihre Brüste, wo sie ihn eine Reihe von Tagen ließ, nach welcher Zeit er in ein lebendes Wesen verwandelt wurde: alles auf Befehl des Dämons. Das Kind wurde Goranchacho genannt, und es wurde im Hause des Vorstehers, seines Großvaters, aufgezogen, bis es etwa vierundzwanzig Jahre alt war.« Dann zog Goranchacho im Triumph zur Hauptstadt des Volkes und wurde allerorten in den Provinzen als »Kind der Sonne« verehrt.[12]

Die Hindu-Mythologie berichtet von der Magd Parvati, der Tochter des Bergkönigs Himalaya, die sich in die hohen Berge zurückgezogen hatte, um sich schweren Kasteiungen zu unterziehen. Ein Riesentyrann namens Taraka hatte die Herrschaft über die Welt an sich gerissen, und nach den Prophezeiungen konnte nur ein Sohn des hohen Gottes Shiva ihn stürzen. Shiva jedoch war der Gott des Yoga, abgekehrt, einsam, in sich versunken in Meditation. Es war unmöglich, ihn jemals dazu zu bringen, einen Sohn zu zeugen.

Parvati beschloß, die Situation der Welt zu ändern, indem sie sich Shiva in der Meditation gesellte. Abgekehrt, einsam, versunken in sich fastete auch sie nackt unter der glühenden Sonne, die Hitze noch verstärkend durch vier große Feuer, die sie nach den vier Himmelsrichtungen entzündete. Der edle Leib schrumpfte zu einem gebrechlichen Skelett, die Haut wurde ledern und hart. Ihr Haar stand verfilzt und wild. Die sanften, feuchten Augen brannten.

Eines Tages kam ein Brahmanenjüngling hinzu und fragte, wie jemand von solcher Schönheit sich durch solche Qualen zerstören könne.

»Mein Wunsch«, antwortete sie, »ist Shiva, der höchste Gegenstand. Shiva ist ein Gott der Einsamkeit und der unerschütterlichen Konzentration. Ich unterwerfe mich deshalb diesen Kasteiungen, um ihn aus seinem Zustand der Ausgeglichenheit aufzurühren und ihn zu mir zu bringen in Liebe.«

»Shiva«, sagte der Jüngling, »ist ein Gott der Zerstörung. Shiva ist der Weltvernichter. Shivas Lust ist es, auf Begräbnisstätten inmitten des Leichengestanks zu meditieren; dort schaut er die Verwesung des Todes, und das ist seinem zerstörerischen Herzen verwandt. Shivas Halsketten sind aus lebenden Schlangen. Shiva ist außerdem ein Elender, und niemand weiß etwas von seiner Geburt.«

Die Jungfrau erwiderte: »Er steht über einem Geist wie du. Ein Elender, aber der höchste Strahl des Reichtums; schrecklich, aber der Quell der Gnade; Schlangenketten und Juwelenketten kann er anlegen oder ablegen, wie es ihm gefällt. Wie hätte er geboren werden sollen, wenn er der Schöpfer des Unerschaffenen ist! Shiva ist meine Liebe.«

Darauf tat der Jüngling seine Verkleidung ab, und es war Shiva.[13]

4. Volkslegenden von jungfräulicher Mutterschaft

Der Buddha stieg in Gestalt eines Elefanten, der weiß war wie Milch, in den Schoß seiner Mutter vom Himmel herab. Der aztekischen Coatlicue, »Die vom schlangengewobenen Rock«, näherte ein Gott sich in der Form eines Federballs.

In den Kapiteln von Ovids *Metamorphosen* schwärmt es von Nymphen, die von Göttern in den verschiedensten Maskeraden verfolgt werden; Jupiter erscheint als Stier, als Schwan, als Goldregen. Irgendein zufällig verschlucktes Blatt, eine Nuß und selbst ein Atemzug von einer Brise kann hinreichend sein, den Schoß, der bereit ist, zu befruchten. Allenthalben ist die zeugende Kraft. Und ganz nach dem Schicksalszeichen, unter dem die Stunde steht, kann ein Heiland oder ein weltvernichtender Dämon empfangen werden – niemals läßt sich das im voraus erkennen.

In den volkstümlichen Sagen ist die Vorstellung der jungfräulichen Geburt nicht weniger häufig als in den Mythen. Ein Beispiel wird genügen: eine seltsame Volkslegende von den Tonga-Inseln, aus einem kleinen Zyklus von Sagen um Sinilau, den »stattlichen Mann«. Nicht so sehr wegen ihrer außergewöhnlichen Absurdität ist diese Erzählung von besonderem Interesse wie deshalb, weil sie, und zwar in unbewußter Burleske, alle Hauptmotive des typischen Heldenlebens aufweist: jungfräuliche Geburt, Suche nach dem Vater, Prüfung, Versöhnung mit dem Vater, die Erhöhung und Krönung der jungfräulichen Mutter und schließlich den Triumph der wahren Söhne und die Verbrennung der falschen.

»Es war einmal ein gewisser Mann und seine Frau, und die Frau war schwanger. Als ihre Zeit gekommen war, daß sie von ihrem Kind entbunden werden sollte, rief sie ihren Mann, daß er kommen und sie aufheben solle, damit sie gebären könne. Aber sie gebar eine Muschel, und ihr Mann warf sie in seinem Zorn zu Boden. Sie aber bat ihn, die Muschel zu nehmen und in Sinilaus Badeteich zu setzen. Nun kam Sinilau, um zu baden, und warf die Kokosnußhülle, mit der er sich zu waschen pflegte, aufs Wasser. Die Muschel kroch hinzu und saugte an der Kokosnußhülle, und sie wurde schwanger.

Eines Tages sah die Frau, die Mutter der Muschel, sie auf sich zurollen. Ärgerlich fragte sie die Muschel, warum sie gekommen sei, aber das Schaltier antwortete, daß keine Zeit sei zum Streiten, und bat sie, mit einem Vorhang ein Plätzchen zu verhängen, in dem sie gebären könne. So wurde ein Schirm aufgestellt, und die Muschel gebar einen schönen kräftigen Knaben. Dann rollte sie zurück in ihren Teich, und die Frau sorgte für das Kind, das Fatai-unter-Sandelholz-gehend genannt wurde. Die Zeit verging, und eines Tages war die Muschel wieder schwanger und kam wiederum zu dem Haus gerollt, um darin ihr Kind zu gebären. Der Vorgang wiederholte sich, und wieder gebar die Muschel einen schönen Knaben, der Myrte-regellos-in-den-fatai-geknüpft genannt wurde. Auch er blieb in der Pflege der Frau und ihres Mannes.

Als die beiden Kinder zu Männern herangewachsen waren, hörte die Frau, daß Sinilau ein Fest vorbereite, und sie wollte ihre beiden Enkel daran teilnehmen lassen. So rief sie die Jünglinge und sagte ihnen, sie sollten sich vorbereiten, und fügte hinzu, daß der Mann, zu dessen Fest sie gehen würden, ihr Vater sei. Als sie dahin kamen, wo das Fest gefeiert wurde, sahen alle Leute nach ihnen. Da war keine Frau, deren Blicke nicht an ihnen gehangen hätten. Eine Gruppe von Frauen rief, als sie vorbeikamen, sie sollten zu ihnen kommen, aber die beiden Jünglinge taten es nicht und gingen weiter, dorthin wo der kava getrunken wurde. Dort schenkten sie den kava aus.

Aber Sinilau, zornig, weil sie sein Fest störten, ließ zwei Schüsseln bringen. Dann befahl er seinen Männern, einen von den Jünglingen zu ergreifen und in Stücke zu schneiden. So wurde das Bambusmesser geschliffen, um ihn zu zerschneiden, aber als die Spitze auf seinen Körper gesetzt wurde, glitt sie nur über seine Haut, und er rief aus:

> Das Messer ist angesetzt und gleitet aus,
> Sitze du nur still und schau uns an,
> Ob wir dir gleichen oder nicht.

Da fragte Sinilau, was der Jüngling gesagt habe, und man wiederholte ihm die Zeilen. So befahl er, die beiden jungen Männer zu ihm zu bringen, und fragte sie, wer ihr Vater sei. Sie gaben zur Antwort, daß er selbst ihr Vater sei. Nachdem Sinilau seine neugefundenen Söhne geküßt hatte, sagte er ihnen, sie sollten gehen und ihre Mutter holen. So gingen sie zu dem Teich und nahmen die Muschel und brachten sie zu ihrer Großmutter, die sie aufbrach, und nun stand eine liebliche Frau da namens Hina-zu-Hause-im-Fluß.

Dann brachen sie auf, um zu Sinilau zurückzugehen. Jeder der beiden Jünglinge trug eine ausgefranste Matte von der Art, die man *taufohua* nennt; ihre Mutter aber hatte eine von den sehr feinen Matten an, die man *tuoua* nennt. Die beiden Söhne gingen voran, und Hina folgte ihnen. Als sie zu Sinilau kamen, fanden sie ihn bei seinen Frauen sitzend. Die Jünglinge setzten sich neben die beiden Schenkel Sinilaus, und Hina setzte sich zu seiner Seite. Dann befahl Sinilau den Leuten, zu gehen und einen Ofen aufzustellen und ihn glühend zu heizen; und sie nahmen die Weiber und ihre Kinder und töteten und buken sie; aber Sinilau machte Hochzeit mit Hina-zu-Hause-im-Fluß.«[14]

Drittes Kapitel

Die Verwandlungen des Heros

1. Der Urheld und der menschliche Heros

Wir haben zwei wesentliche Schritte getan: den ersten von den unmittelbaren Emanationen des ungeschaffenen Schaffenden zu den vagen, doch zeitlosen Gestalten des mythischen Zeitalters, den zweiten von diesem geschaffenen Schaffenden in den Bereich menschlicher Geschichte. Die Emanationen haben sich verdichtet, der Spielraum des Bewußtseins verengt. Wo zuerst ursächliche Entitäten sichtbar waren, kommen nun allein ihre sekundären Wirkungen ins Blickfeld der engen, auf die harten Fakten gerichteten Pupille des menschlichen Auges. Der kosmogonische Zyklus muß deshalb jetzt, da die Götter unsichtbar geworden sind, von den Heroen weitergetrieben werden, die mehr oder minder menschlichen Wesens sind und durch die das Weltgeschick verwirklicht wird. Dies ist die Grenzlinie, an der die Schöpfungsmythen in die Legende übergehen. Im Buche Genesis etwa ist sie bezeichnet durch die Austreibung aus dem Paradies. Die Metyphysik macht der Vorgeschichte Platz, die zunächst undeutlich und vage ist, dann aber nach und nach präzise Details erkennen läßt. Die Heroen verlieren immer mehr von ihrem Fabelcharakter, bis schließlich, in den letzten Stadien der verschiedenen örtlichen Überlieferungen, die Legende ins Tageslicht der aufgezeichneten Geschichte einmündet.

Der Mondmann Mwuetsi wurde losgeschnitten wie ein verrotteter Anker, und die Schar seiner Kinder schwebte frei an die Tageswelt des wachen Bewußtseins. Aber es wird uns berichtet, daß sich unter ihnen direkte Nachkommen des unterseeischen Vaters befanden, die wie die Kinder aus seinem ersten Zeugungsakt in einem einzigen Tag von der Kindheit zum Mannesalter herangewachsen waren. Diese ausgezeichneten Träger kosmischer Kraft bildeten eine geistige und gesellschaftliche Aristokratie. Doppelt mit der schöpferischen Energie geladen, waren sie selbst Quellen der

Offenbarung. Solche Gestalten erscheinen im Dämmerungsstadium jeder legendären Vergangenheit. Sie sind die Begründer der Kulturen und Städte.

Die chinesischen Chroniken berichten, daß, nachdem die Erde fest geworden war und die Menschen in den Flußtälern siedelten, Fu Hsi, der »Himmlische Kaiser« (2953-2838 v. Chr.), unter ihnen herrschte. Er lehrte seine Stämme den Fischfang mit Netzen, die Jagd und die Haltung von Haustieren, teilte die Menschen in Clans und führte die Ehe ein. Aus einer Tafel übernatürlicher Herkunft, die ihm von einem geschuppten, den Wassern des Meng-Flusses entsprungenen Ungeheuer in Pferdegestalt anvertraut worden war, leitete er die »Acht Diagramme« ab, die bis auf den heutigen Tag die fundamentalen Symbole des traditionellen chinesischen Denkens geblieben sind. Er war auf wunderbare Weise empfangen und nach einer Schwangerschaft von zwölf Jahren geboren worden; sein Körper war der einer Schlange, mit menschlichen Armen und dem Kopf eines Ochsen.[1]

Sein Nachfolger Shen Nung, der »Irdische Kaiser« (2838-2698 v. Chr.), war acht Fuß und sieben Zoll groß, mit menschlichem Körper, aber dem Kopf eines Stieres. Auch er war auf wunderbare Weise, durch die Wirkung eines Drachen, empfangen worden. Die bestürzte Mutter hatte ihr Kind an einem Berghang ausgesetzt, aber die wilden Tiere schützten und nährten es, und als sie dies erfuhr, brachte sie es nach Hause. Shen Nung entdeckte an einem Tag siebzig giftige Pflanzen und die Gegengifte dazu; denn durch ein Glas in seiner Magenwand konnte er die Verdauung der Kräuter beobachten. Dann stellte er ein Arzneibuch zusammen, das heute noch in Gebrauch ist. Er war der Erfinder des Pfluges und entwickelte ein Tauschsystem. Der chinesische Bauer verehrt ihn als »Fürst des Getreides«. Im Alter von einhundertachtundsechzig Jahren wurde er unter die Unsterblichen aufgenommen.[2]

Solche Schlangenkönige und Minotauren zeugen von einer Vergangenheit, da der Kaiser Träger einer besonderen weltschaffenden und welterhaltenden Kraft war, sehr viel größer, als die der normalen menschlichen Physis gegebene. In diesen Zeiten ward die schwere Arbeit der Titanen, die Errichtung der wuchtigen Fundamente unserer menschlichen Zivilisation, geleistet. Mit dem Fortgang des Zyklus aber kam eine Zeit, da die Aufgaben nicht mehr vor- oder übermenschlich waren. Es war die eigentlich menschliche Arbeit: Beherrschung der Leidenschaften, Ausnutzung der Künste und Entwicklung der wirtschaftlichen und kulturellen Staatseinrichtungen. An der Zeit ist nun nicht mehr die Inkarnation des Mondstiers, die Schlangenweisheit der acht Diagramme des Schicksals, sondern vollkommener, den Bedürfnissen und Wünschen des Herzens gefügiger Menschengeist. So bringt denn auch der Zyklus einen Kaiser in Menschengestalt hervor, der für alle künftigen Generationen als Urbild des königlichen Menschen stehen sollte.

Huang Ti, der »Gelbe Kaiser« (2697-2597 v. Chr.), war der dritte in dieser erhabenen Dreiheit. Seine Mutter, eine Konkubine des Fürsten der Provinz Chao-tien, empfing ihn, als sie eines Nachts ein golden zuckendes Licht um das Sternbild des Großen Bären gewahrte. Das Kind konnte sprechen, als es siebzig Tage alt war, und mit elf Jahren bestieg es den Thron. Seine besondere Begabung war die Macht des Träumens: im Schlaf konnte Huang Ti die entferntesten Regionen aufsuchen und im übernatürlichen Bereich mit den Unsterblichen Umgang pflegen. Bald nach seiner Erhebung auf den Thron fiel er in einen Traum, der ganze drei Monate währte, und während dieser Zeit lernte er die Kunst, das Herz zu beherrschen. Aus einem zweiten Traum von ähnlicher Dauer kehrte er mit der Kraft zurück, die Menschen zu belehren. Er unterwies sie in der Beherrschung der Naturmächte in ihrem eigenen Herzen.

Dieser wunderbare Mann regierte China für hundert Jahre, und während dieser Zeit erfreuten sich die Menschen eines wahrhaft Goldenen Zeitalters. Um sich versammelte er sechs Minister, mit deren Hilfe er einen Kalender aufstellte, mathematische Berechnungen anregte und die Herstellung von Gebrauchsgegenständen aus Holz, Steingut und Metall, den Bau von Booten und Wagen, den Gebrauch des Geldes und den Bau von Musikinstrumenten aus Bambusrohr lehrte. Er bestimmte öffentliche Plätze für den Gottesdienst und gab die Gesetze und Begrenzungen des Privateigentums. Seine Kaiserin entdeckte die Kunst der Seidenweberei. Er selbst pflanzte hundert Arten von Getreide, Gemüse und Bäumen, förderte die Entwicklung von Vögeln, Vierfüßern, Reptilien und Insekten, lehrte den Gebrauch von Wasser, Feuer, Holz und Erde und regulierte Flut und Ebbe. Vor seinem Tod, der ihn im Alter von einhundertundelf Jahren hinwegnahm, erschienen der Phönix und das Einhorn in den Gärten des Reiches, zum Zeichen der Vollendung seines Regiments.[3]

2. *Die Kindheit des menschlichen Heros*

Der zur früheren Kulturphase gehörige Heros mit Schlangenrumpf und Stierkopf trug von Geburt her die spontane Schöpferkraft der Naturwelt in sich. Das war die Bedeutung seiner Gestalt. Der menschliche Heros jedoch muß »hinabsteigen«, um die Kommunikation mit dem Untermenschlichen wiederherzustellen. Dies ist, wie wir gesehen haben, der Sinn seiner Abenteuerfahrt.

Aber selten haben die Legendenerzähler sich damit zufriedengegeben, die großen Heroen als bloße menschliche Wesen anzusehen, die den begrenzten Horizont ihrer Zeitgenossen durchbrachen und mit solchen Segnungen zurückkehrten, wie sie jeder andere Mensch bei gleichem Glauben und gleichem Mut gefunden haben könnte. Im Gegenteil, die Tendenz war immer, den Helden mit außergewöhnlichen Kräften auszustatten, von Geburt oder schon von der Empfängnis an. Sein ganzes Leben wird als eine Kette von Wundern dargestellt, die im großen Abenteuer ihre Mitte und ihren Höhepunkt haben.

Dies trifft zusammen mit der Anschauung, daß das Heldsein vorherbestimmt ist und nicht einfach erarbeitet, und führt auf das Problem der Beziehung zwischen Lebensgeschichte und Charakter. Jesus etwa kann ebensowohl als ein Mensch betrachtet werden, der durch Enthaltsamkeit und Meditation zur Weisheit gelangte, wie man glauben kann, daß ein Gott herabstieg und die Bewältigung eines menschlichen Lebenslaufes auf sich nahm. Die erste Ansicht würde einen dazu veranlassen, den Meister buchstäblich nachzuahmen, um ebenso wie er die transzendente, erlösende Erfahrung zu erreichen. Die zweite jedoch schließt ein, daß der Heros eher ein Symbol ist, dem man sich betrachtend zuzuwenden habe, als ein Beispiel, dem man im buchstäblichen Sinne nachzufolgen habe. Das göttliche Wesen ist eine Manifestation des allmächtigen Selbst, das in uns allen wohnt. Die Betrachtung seines Lebens sollte deshalb als Meditation auf die eigene innere Göttlichkeit unternommen werden, nicht als Vorspiel zu genauer Imitation. Die Lehre dabei wäre nicht »Tue so und sei gut«, sondern »Wisse dies und sei Gott«.[4]

Im ersten Teil, »Das Abenteuer des Heros«, haben wir die Erlösungstat vom ersten Standpunkt, den man den psychologischen nennen könnte, betrachtet. Wir müssen sie nun vom zweiten aus beschreiben, wo sie ein Symbol des gleichen metaphysischen Mysteriums wird, in dessen Wiederentdekkung und Sichtbarmachung die Tat des Helden selber bestand. Im gegenwärtigen Kapitel werden wir daher zunächst die wunderbare Kindheit betrachten, durch welche sich dartut, daß eine besondere Offenbarung des immanenten göttlichen Prinzips zur Inkarnation in der Welt gekommen ist, und darauf, der Reihe nach, die verschiedenen Lebensrollen, durch die der Heros sein Schicksalswerk verwirklichen kann. Dieses wechselt in seinem Ausmaß je nach den Bedürfnissen der Zeit.

In den bereits formulierten Begriffen gesprochen, ist es die erste Aufgabe des Heros, die früheren Phasen des kosmogonischen Zyklus bewußt zu erfahren – in die vergangenen Epochen der Emanation wieder einzudringen; die zweite ist die Rückkehr aus diesem Abgrund auf die Ebene des Alltags, um dort als Mensch mit demiurgischen Kräften verwandelnd zu wirken. Huang Ti besaß die Macht des Traumes; das war sein Weg von Abstieg und Rückkehr. Wäinämöinens zweite Geburt, die im Wasser, warf ihn zurück auf die Erfahrung des Elementaren. In der Tongalegende von dem Muschelweib begann der Abstieg mit der Geburt der Mutter: die Heldenbrüder entsprangen einem untermenschlichen Schoß.

Die Taten des Heros im zweiten Abschnitt seines individuellen Zyklus werden der Tiefe seines Abstiegs im ersten Abschnitt entsprechen. Die Söhne des Muschelweibs kamen von der Ebene des Animalischen, und so war ihre körperliche Schönheit außerordentlich. Wäinämöinen wurde von den elementarischen Wassern und Winden wiedergeboren, und seine Gabe war die Aufrührung oder Beschwichtigung der Elemente der Natur und des menschlichen Körpers durch seinen bardischen Gesang. Huang Ti bereiste das Königreich des Geistes, und er lehrte die Harmonie des Herzens. Der Buddha erreichte selbst die Zone jenseits der schaffenden Götter und kam aus der Leere zurück, und er verkündete die Erlösung von der ewigen Wiederkehr.

Wenn die Taten einer historischen Gestalt sie als Heros erscheinen lassen, wird die Legende passende Abenteuer in der Tiefe ihr zudichten. Sie wird sie darstellen als Fahrten in wunderbare Bereiche, die als symbolisch zu gelten haben einmal fürs Eintauchen in die nächtliche See der Psyche, dann für die Bereiche oder Aspekte menschlichen Schicksals, die in dem betreffenden Leben offenbar werden.

König Sargon von Agade (um 2550 v. Chr.) wurde von einer einfachen Mutter geboren. Sein Vater war unbekannt. In einem Schilfkörbchen den Wassern des Euphrat übergeben, wurde er von Akki dem Wasserträger entdeckt und zum Dienst als Gärtner aufgezogen. Die Göttin Ischtar war dem Jüngling gewogen, und so wurde er schließlich König und Kaiser, berühmt als der lebende Gott.

Chandragupta (im vierten Jahrhundert v. Chr.), der Gründer der hinduistischen Maurya-Dynastie, wurde in einem irdenen Krug an der Schwelle eines Kuhstalls ausgesetzt. Ein Hirte entdeckte das Kind und zog es auf. Eines Tages, als der kleine Chandragupta mit seinen Gefährten Hochkönig auf dem Richterstuhl spielte, befahl er, den schlimmsten Übeltätern Hände und Füße abzuschlagen; auf sein Wort aber kehrten die abgeschlagenen Glieder an ihren Platz zurück. Ein Fürst, der des Weges kam und das geheimnisvolle Spiel sah, kaufte das Kind für tausend Harshapanas und entdeckte zu Hause an körperlichen Merkmalen, daß es ein Maurya war.

Papst Gregor der Große (540?-604) wurde von adligen Zwillingen geboren, die auf Anstiftung des Teufels Inzest begangen hatten. Seine bestürzte Mutter setzte ihn in einer kleinen Kiste aufs Meer. Er wurde von Fischern gefunden und aufgezogen und im Alter von sechs Jahren zur Ausbildung als Priester in ein Kloster gebracht. Er aber sehnte sich nach dem Leben eines ritterlichen Kriegers. Nachdem er ein Boot bestiegen hatte, wurde er wunderbarerweise ins Land seiner Eltern getragen, wo er die Hand der Königin gewann, die, wie sich bald herausstellte, seine Mutter war. Nach der Entdeckung dieses zweiten Inzests verbrachte Gregor siebzehn Jahre der Buße, inmitten des Meeres an einen Felsen geschmiedet. Die Schlüssel zu den Ketten wurden ins Meer geworfen, aber als sie nach langer Zeit im Magen eines Fisches entdeckt wurden, wurde dies als ein Zeichen der Vorsehung verstanden und der Büßer nach Rom gebracht, wo er nach regelrechtem Verfahren zum Papst gewählt wurde.[5]

Karl der Große (742-814) wurde als Kind von seinen älteren Brüdern verfolgt und floh ins sarazenische Spanien. Dort lebte er unter dem Namen Mainet und machte sich durch Nachrichtendienste dem König nützlich. Die Königstochter bekehrte er zum christlichen Glauben, und die beiden konnten eine heimliche Hochzeit arrangieren. Nachdem er noch weitere Taten verrichtet hatte, kehrte der königliche Jüngling nach Frankreich zurück, stürzte dort seine früheren Verfolger und gewann die Krone. Er regierte dann hundert Jahre, von zwölf Herzögen wie von einem Tierkreis umgeben. Alle Berichte stimmen darin überein, daß sein Bart und Haupthaar lang und weiß waren.[6] Eines Tages, als er unter dem dafür bestimmten Baum Gericht hielt, verhalf er einer Schlange zu ihrem Recht, und aus Dankbarkeit gab das Reptil ihm einen Zauber, der ihn in Liebe zu einer Frau verstrickte, die schon tot war. Dies Amulett fiel in eine Quelle zu Aachen, und deshalb wurde diese Stadt zur bevorzugten Residenz des Kaisers. Nach langen Kriegen gegen die Sarazenen, Sachsen, Slawen und Normannen starb der Kaiser, ohne gealtert zu sein. Aber er soll nur schlafen, um in der Stunde, da sein Land ihn braucht, wieder zu erwachen. Im späteren Mittelalter soll er einmal von den Toten aufgestanden sein, um an einem Kreuzzug teilzunehmen.[7]

Jede dieser Biographien enthält in verschiedenen Verkleidungen das Thema von Jugendexil und Rückkehr, das eines der Hauptcharakteristika jeder Legende, Volkssage und Mythologie ist. Meist wird dabei versucht, die Grenzen der Plausibilität, des gleichsam physikalisch Möglichen, irgendwie einzuhalten. Wenn aber der Held ein großer Patriarch, Weiser, Prophet oder eine göttliche Inkarnation ist, setzt man den Wundern keine Schranke.

Ein Beispiel einer Darstellung des Jugendexils, in der übernatürliche Vorgänge vorkommen, findet sich in der hebräischen Legende von der Geburt des Vaters Abraham. Nimrod hatte das Ereignis dieser Geburt in den Sternen gelesen, »denn dieser gottlose König war ein gewiegter Sternkundiger, und es war ihm offenbar, daß in seinen Tagen ein Mann geboren werden würde, der gegen ihn aufstehen und siegreich seine Religion der Lüge überführen würde. In seiner Furcht vor dem Schicksal, das ihm in den Sternen vorhergesagt war, sandte er nach seinen Vasallen und Statthaltern und fragte sie in dieser Sache um Rat. Sie antworteten und sagten: Unser einstimmiger Rat ist, daß du ein großes Haus errichten solltest, an seinem Eingang eine Wache aufstellen und in deinem ganzen Reich bekanntmachen, daß alle schwangeren Frauen dort zusammenkommen sollen, mit ihren Hebammen, die bei ihnen bleiben sollen, wenn sie niederkommen. Wenn die Tage einer Frau zur Niederkunft erfüllt sind und das Kind geboren ist, soll es die Pflicht der Hebamme sein, es zu töten, wenn es ein Knabe ist. Wenn aber das Kind ein Mädchen ist, soll es am Leben bleiben, und die Mutter soll Geschenke und kostbare Kleider erhalten, und ein Herold soll verkünden; ›so geschieht es der Frau, die eine Tochter trägt!‹

Dem König gefiel dieser Rat, und er ließ eine Botschaft in sein ganzes Reich ergehen, die alle Baumeister zum Bau eines großen Hauses für ihn aufbot, sechzig Ellen hoch und achtzig weit. Nachdem es fertiggestellt war, ließ er eine zweite Botschaft hinausgehen, die alle Frauen dorthin zusammenrief, daß sie dort bleiben sollten bis zu ihrer Niederkunft. Beamte wurden ernannt, die Frauen zu dem Hause zu bringen, und Wachen wurden in ihm und um es herum aufgestellt, um die Frauen am Entkommen von dort zu hindern. Außerdem sandte er Hebammen in das Haus und befahl ihnen, die männlichen Kinder an der Brust ihrer Mutter zu töten. Wenn aber eine Frau ein Mädchen zur Welt brachte, sollte sie mit Byssus, Seide und gestickten Kleidern angetan und in großen Ehren aus dem Arresthaus hinweggeführt werden. So wurden nicht weniger als siebzigtausend Kinder erschlagen. Da erschienen die Engel vor Gott und sprachen: ›Siehst Du nicht, was er tut, jener Sünder und Gotteslästerer, Nimrod, der Sohn Kanaans, der so viele unschuldige Kinder tötet, die nichts Böses getan haben?‹ Gott antwortete, und sprach: ›Ihr heiligen Engel, ich weiß es und ich sehe es, denn ich schlummere nicht und schlafe nicht. Ich gewahre und ich weiß die geheimen Dinge und die offenbaren, und ihr werdet Zeugen sein dessen, was ich tun werde an diesem Sünder und Gotteslästerer, denn ich werde meine Hand gegen ihn wenden, um ihn zu züchtigen.‹

Es war um diese Zeit, daß Terah die Mutter Abrahams ehelichte und sie ein Kind trug . . . Als ihre Stunde herannahte, verließ sie die Stadt in großer Furcht und wanderte gegen die Wüste, am Rande eines Tals entlang, bis sie an eine Höhle kam. Sie verbarg sich in diesem Zufluchtsort, und am nächsten Tage stellten sich die Wehen ein, und sie gebar einen Sohn. Die ganze Höhle war von dem Licht von des Knaben Antlitz erfüllt wie vom Glanz der Sonne, und die Mutter war voll jubelnder Freude. Das Kind, das sie geboren hatte, war unser Vater Abraham.

Seine Mutter klagte und sagte zu ihrem Sohn: ›Oh, daß ich dich geboren habe zu einer Zeit, da Nimrod König ist. Um deinetwillen wurden siebzigtausend Knaben getötet, und ich bin voller Furcht deinetwegen, daß sie von dir hören und dich erschlagen. Eher sollst du hier in dieser Höhle zugrunde gehen, als daß mein Auge dich tot an meiner Brust sehen sollte.‹ Sie nahm den Mantel, den sie anhatte, und schlug das Kind darin ein. Dann ließ sie es allein in der Höhle und sagte: ›Möge Gott mit dir sein, möge Er dich nicht vergessen und nicht verlassen.‹

So war Abraham verlassen in der Höhle, ohne Nährerin, und er begann zu wimmern. Gott sandte Gabriel hinab, um ihm Milch zu geben zum Trinken, und der Engel ließ sie aus dem kleinen Finger der rechten Hand des Knaben fließen, und daran saugte er, bis er zehn Tage alt war. Dann stand er auf und ging umher, und er verließ die Höhle und ging am Rand des Tales entlang. Als die Sonne sank und die Sterne heraufkamen, sagte er: ›Dies sind die Götter!‹ Aber die Morgendämmerung kam, und die Sterne waren nicht mehr zu sehen, und da sagte er: ›Ich werde diesen keine Verehrung darbringen, denn sie sind keine Götter.‹ Darauf kam die Sonne herauf, und er sprach: ›Dies ist mein Gott, ihn will ich anbeten.‹ Aber auch die Sonne ging wieder unter, und er sagte: ›Er ist kein Gott‹, und den Mond gewahrend, nannte er diesen seinen Gott, dem er göttliche Verehrung erweisen wolle. Dann ward der Mond verdunkelt, und er rief aus: ›Auch dies ist kein Gott! Es gibt Einen, der sie alle in Bewegung setzt‹.«[8]

Die Schwarzfußindianer von Montana erzählen von einem jugendlichen Drachentöter, Kut-o-yis, der von seinen Zieheltern entdeckt wurde, als die alten Leute einen Klumpen Büffelblut zum Kochen in einen Topf taten. »Sofort kam aus dem Topf ein Geräusch wie von einem schreienden Kind, als ob es verletzt, verbrannt oder verbrüht würde. Sie schauten in den Kessel und sahen dort einen kleinen Knaben, und sie nahmen ihn schnell aus dem Wasser. Sie waren sehr überrascht . . . Am vierten Tage nun sprach das Kind und sagte: ›Schnürt mich nacheinander an diese Hauspfähle, und wenn ich zu dem letzten komme, werde ich aus meinen Fesseln fallen und erwachsen sein.‹ Die alte Frau tat so, und als sie ihn an die einzelnen Hauspfähle band, konnte man ihn wachsen sehen, und als sie ihn schließlich an den letzten Pfahl banden, war er ein Mann.«[9]

Die Volksmärchen unterstützen oder ersetzen dieses Exilthema meistens durch das des Verachteten oder sonst Beeinträchtigten: des gescholtenen jüngsten Kindes, der Waise, des Stiefkindes, des häßlichen Aschenputtels oder des niedrig geborenen Bediensteten.

Eine junge Pueblofrau, die ihrer Mutter half, mit den Füßen Töpferlehm zu kneten, fühlte einen Klacks von dem feuchten Lehm an ihrem Bein, dachte aber nicht mehr weiter daran. »Nach ein paar Tagen fühlte das Mädchen, daß sich in ihrem Bauch etwas bewegte, aber sie dachte mit keinem Gedanken daran, daß sie ein Kind haben würde. Sie sagte ihrer Mutter nichts. Aber es wuchs und wuchs. Eines Tages war sie morgens sehr krank. Am Nachmittag bekam sie das Kind. Da erst erfuhr ihre Mutter, daß ihre Tochter ein Kind getragen hatte. Die Mutter war sehr böse darüber; aber als sie das Kind ansah, sah sie, daß es nicht wie ein Kind war, sah sie, daß es ein rundes Ding war, aus dem zwei Dinger herausragten, es war ein kleiner Krug. ›Woher hast du dir das geholt?‹ sagte ihre Mutter. Das Mädchen weinte nur. Um diese Zeit kam der Vater herein. ›Was denn, ich bin sehr froh, daß sie ein Kind bekommen hat‹, sagte er. ›Aber es ist kein Kind‹, sagte ihre Mutter. Da ging der Vater, es sich ansehen, und sah, daß es ein kleiner Wasserkrug war. Danach hatte er den kleinen Wasserkrug sehr gern. ›Er bewegt sich‹, sagte er. Bald wuchs der kleine Wasserkrug. Nach zwanzig Tagen war er groß. Er konnte mit den Kindern umhergehen, und er konnte sprechen. ›Großvater, nimm mich nach draußen, damit ich herumschauen kann‹, sagte er. So pflegte der Großvater ihn jeden Morgen nach draußen zu nehmen, und er pflegte die Kinder anzusehen, und sie mochten ihn sehr gern, und sie fanden heraus, daß er ein Knabe war, Wasserkrugknabe. Sie erfuhren es durch seine Stimme.«[10]

Kurzum: das vom Schicksal ausersehene Kind hat durch eine lange Periode der Finsternis hindurchzugehen, eine Zeit äußerster Gefahr, Behinderung oder Mißachtung. Es wird nach innen geworfen, in seine eigenen Tiefen, oder nach außen ins Unbekannte, aber beide Male berührt es unerforschte Dunkelheit. Und diese ist eine Zone voll unvermuteter Wesen, wohlwollenden ebenso wie übelwollenden: es erscheint ein Engel, ein hilfreiches Tier, ein Fischersmann, ein Jäger, eine Hexe oder ein Bauer. Aufgezogen unter Tieren oder, wie Siegfried, unter der Erde bei den Gnomen, die die Wurzeln des Lebensbaumes nähren, oder – eine Geschichte, die in tausend Abwandlungen erzählt worden ist – allein in einem kleinen Raum, lernt der junge Weltlehrling die Kunde von den Samenkräften, die just unterm Bereich des Ausgemessenen und Benannten zu Hause sind.

Die Mythen bestätigen, daß es einer ungewöhnlichen Begabung bedarf, um solcher Erfahrung ins Auge sehen und sie überleben zu können. Die Kindheitsgeschichten sind voll von Anekdoten über Beweise einer Stärke, Klugheit und Weisheit, die weit über das diesem Alter gegebene Maß hinausgehen. Herakles erwürgte eine Schlange, welche die Göttin Hera gegen seine Wiege ausgeschickt hatte. Maui, in Polynesien, fing die Sonne ein und verlangsamte ihren Lauf, um seiner Mutter Zeit zum Kochen ihrer Mahlzeiten zu verschaffen. Abraham kam, wie wir sahen, zum Wissen von dem einen Gott. Jesus unterwies die Schriftgelehrten. Buddha ward als Kind einen Tag im Schatten eines Baumes gelassen, und plötzlich bemerkten seine Ammen, daß der Schatten sich während des ganzen Nachmittags nicht fortbewegt hatte und das Kind in der Yogihaltung, in Trance versunken, dasaß.

Die Taten des lieblichen Hinduheilands Krishna während seines Jugendexils unter den Kuhherden von Gokula und Brindaban bilden einen lebensvollen Zyklus. Eine gewisse Fee namens Putana näherte sich in Gestalt einer schönen Frau, aber mit Gift in den Brüsten. Sie betrat das Haus Yasodas, der Ziehmutter des Kindes, tat sehr freundlich und nahm gleich das Kind in die Arme, um es zu säugen. Aber Krishna saugte mit solcher Kraft, daß er ihr Leben aussog und sie tot niederfiel, wieder ihre riesige und abscheuliche Gestalt annehmend. Als aber der ekle Leichnam verbrannt wurde, strömte er einen angenehmen Duft aus, denn das göttliche Kind hatte die Dämonin erlöst, als es ihre Milch trank.

Krishna war ein zu Streichen aufgelegter kleiner Junge, dem es Spaß machte, die Rahmtöpfe verschwinden zu lassen, wenn die Milchmädchen schliefen. Immer kletterte er herum, um Dinge zu naschen oder auszuschütten, die man, um sie außer Reichweite zu bringen, auf hohe Gestelle gesetzt hatte. Die Mädchen nannten ihn Butterdieb und beklagten sich bei Yasoda, aber er konnte immer eine Ausrede erfinden. Eines Nachmittags, als er im Hof spielte, rief man seine Ziehmutter, weil er Lehm esse. Sie ging mit einer Rute hinaus, aber er hatte schon seine Lippen abgewischt und gab vor, von der ganzen Sache nichts zu wissen. Sie öffnete den schmutzigen Mund, um sich zu überzeugen, aber als sie hineinschaute, gewahrte sie das ganze Universum, die »Drei Welten«. Sie dachte: »Wie töricht ich bin, mir einzubilden, daß mein Sohn der Herr der Drei Welten sein könne.« Da ward ihr alles wieder verschleiert, und auch die Erinnerung an jenen Augenblick verlor sich sofort aus ihrem Geist. Sie koste den Knaben und nahm ihn mit ins Haus.

Das Hirtenvolk pflegte den Gott Indra zu verehren, das

hinduistische Gegenstück des Zeus, König des Himmels und Herr des Regens. Eines Tages, als sie ihr Opfer dargebracht hatten, sagte der Jüngling Krishna zu ihnen: »Indra ist keine oberste Gottheit, wenn er auch im Himmel König sein mag; er fürchtet die Titanen. Außerdem hängen Regen und Wachstum, um die ihr betet, von der Sonne ab, die das Wasser heraufzieht und wieder fallen läßt. Was kann Indra tun? Was immer sich ereignet, ist bestimmt von den Gesetzen der Natur und des Geistes.« Dann verwies er sie in die nahe gelegenen Wälder, Bäche und Höhen und besonders auf den Berg Govardhan als etwas, das mehr Verehrung verdiene als der entfernte Herr der Luft. Und so brachten sie dem Berg Blumen und Früchte und Süßigkeiten dar.

Krishna selbst nahm eine zweite Form an, die eines Berggottes, und nahm die Opfergaben der Leute entgegen, während er gleichzeitig in seiner früheren Gestalt unter ihnen blieb und an der Verehrung des Bergkönigs teilnahm. Der Gott nahm die Gaben entgegen und verzehrte sie.[11]

Indra war voller Zorn und sandte nach dem König der Wolken, welchem er befahl, Regen über die Menschen auszuschütten, bis alle hinweggeschwemmt seien. Ein Heer von Sturmwolken zog über den Distrikt und begann eine Sintflut zu entladen. Es schien, daß das Ende der Welt bevorstehe. Aber der junge Krishna füllte den Berg Govardhan mit der Glut seiner unerschöpflichen Energie, hob ihn mit seinem kleinen Finger hoch und ließ die Menschen darunterschlüpfen. Der Regen traf den Berg, zischte auf und verdampfte. Sieben Tage lang stürzte der Guß hernieder, aber nicht ein Tropfen berührte die Schar der Hirten.

Da ging es dem Gotte auf, daß sein Gegner eine Inkarnation des Urseins sein müsse. Als Krishna am nächsten Tag die Kühe zur Weide führte, auf seiner Flöte musizierend, stieg der König des Himmels auf seinem riesigen weißen Elefanten Airavata hernieder, fiel zu Füßen des lächelnden Jünglings auf sein Antlitz und unterwarf sich.[12]

Den Abschluß des Kindheitszyklus bildet die Rückkehr oder die Anerkennung des Helden, der Zeitpunkt, wo nach der langen Periode der Finsternis sein wahres Wesen offenbart wird. Das kann zu einer ernsthaften Krise führen. Denn es ist nicht weniger als ein Auftauchen von Kräften, die seither vom menschlichen Leben ausgeschlossen waren. Frühere Ordnungen zersplittern oder lösen sich auf, und Verheerung bietet sich dem Auge dar. Doch nach einem Augenblick scheinbaren Durcheinanders kommt der schöpferische Kern der neuen Kraft in Sicht, und die Welt nimmt in ungeahntem Glanz wieder Gestalt an. Dieses Motiv von Kreuzigung und Auferstehung wird teils am Körper des Helden selbst, teils in seiner Wirkung auf die Welt sinnfällig gemacht. Das erste finden wir in der Geschichte der Pueblos von dem Wasserkrug.

»Die Männer brachen auf, um Kaninchen zu jagen, und Wasserkrugknabe wollte mitgehen. ›Großvater, kannst du mich mit herunternehmen zum Fuß des Tafelbergs, ich möchte Kaninchen jagen.‹ ›Armer Enkel, du kannst nicht Kaninchen jagen, du hast keine Beine oder Arme‹, sagte der Großvater. Aber Wasserkrugknabe war sehr begierig zu gehen. ›Nimm ich trotzdem. Du bist zu alt und kannst nichts mehr tun.‹ Seine Mutter weinte, weil ihr Junge keine Beine oder Arme oder Augen hatte. Aber sie pflegte ihn zu füttern, in den Mund, in den Mund des Krugs. So nahm sein Großvater ihn am nächsten Morgen mit hinab zur Südseite des Plateaus. Dann rollte er weiter, und bald sah er einen Kaninchengang und folgte dem Gang. Bald rannte das Kaninchen heraus, und er begann es zu jagen. Gerade bevor er zum Moor kam, war da ein Felsen, und er schlug gegen ihn und zerbrach, und ein Junge sprang empor. Er war sehr froh, daß seine Haut zerbrochen worden war und daß er ein Junge war, ein großer Junge. Er trug eine Menge von Schnüren um seinen Nacken und Türkisohrringe und einen Tanzrock und Mokassins und ein bocksledernes Hemd.« Er machte sich auf den Heimweg, fing dabei noch eine Anzahl Kaninchen und zeigte sie seinem Großvater, welcher ihn triumphierend nach Hause brachte.[13]

Die kosmischen Energien, die in dem lebensvollen irischen Krieger Cuchulinn – dem Hauptgelden des mittelalterlichen Ulsterzyklus, dem sogenannten »Zyklus der Ritter vom roten Zweig«[14] – brannten, sollten plötzlich, wie eine Eruption, hervorbrechen, ihn selbst überwältigen und alles ringsumher zerschmettern. Als er vier Jahre alt war, so heißt es, machte er sich auf, um sich mit der »Knabenschar« seines Onkels, des Königs Conchobar, in ihren Spielen zu messen. Er nahm seinen Schleuderstock von Bronze, seine silberne Kugel, seine kleinen Pfeile zum Schleudern und seinen Spielger und wanderte nach der Hofstadt Emain, wo er, ohne um ein Wort der Erlaubnis zu fragen, mitten zwischen die Knaben ging – »dreimal fünfzig Knaben um Folloman, den Sohn Conchobars, bei ihren Künsten auf dem Anger von Emain.« »Da stürzten sich alle auf einmal auf ihn. Sie warfen ihre dreimal fünfzig Schleuderstöcke nach dem Kopfe des Knaben. Dieser erhebt seinen eigenen Spielstock und wehrt die dreimal fünfzig Stöcke ab. Sie werfen auch die dreimal fünfzig Kugeln nach dem kleinen Knaben. Dieser erhebt seine Oberarme und seine Unterarme und seine Handflächen und wehrt die dreimal fünfzig Kugeln ab. Sie werfen die dreimal fünfzig Spielgere mit dem gebrannten unteren Ende nach ihm. Der Knabe erhebt seinen kleinen aus Spänen verfertigten Schild und wehrt die dreimal fünfzig Gere ab.« Nun kam zum ersten Male sein Kampfrausch über ihn, eine bizarre, charakteristische Verwandlung, die später berühmt werden sollte. »Da stürzte er sich seinerseits unter sie. Er warf fünfzig Königssöhne von ihnen unter sich nieder rings auf die Erde. Fünf von ihnen, sagte Fergus, kamen zwischen mir und Conchobar durch an dem Orte, wo wir beim Spiel auf dem Spielbrett . . . waren, auf dem freien Platz von Emain mit den Bänken. Der kleine Knabe kam hinter ihnen her, um sie niederzuhauen. Conchobar faßt die Handgelenke des kleinen Knaben.« Nochmals entspann sich danach ein Kampf zwischen Cuchulinn und der Knabenschar, und er ließ nicht nach, bis sie sich in seinen Schutz und in seinen Schirm begab.[15]

Der Tag, da Cuchulinn zum ersten Male die Waffen trug, wurde zum Anlaß der vollen Manifestation seines Wesens. Nichts zeigte er dabei von der heiteren Beherrschtheit, nichts von der spielerischen Ironie, die wir in den Taten Krishnas spüren. Vielmehr kam das Überströmen der inneren Kräfte Cuchulinns für ihn selber ebenso unvermutet wie für jeden anderen. Sie brachen aus der Tiefe seiner Natur hervor; man mußte es mit ihnen aufnehmen, rasch und geistesgegenwärtig.

Der Vorfall spielte sich wiederum am Hofe des Königs

Tafel XXI. Chaosungeheuer und Sonnengott (Assyrien)

Tafel XXII. Der junge Maisgott (Honduras)

Conchobar ab, an dem Tage, wo der Druide Cathba prophezeite, daß ein kleiner Knabe, der an diesem Tage die Waffen empfinge, »glänzend würde und berühmt würde, aber er würde kurzlebig sein und früh sterben«. Kaum hatte er das gehört, ging Cuchulinn zum König und verlangte eine Kriegsausrüstung. Vierzehn Ausrüstungen, die der König ihm nacheinander gab, zerschlug und zerbrach er mit seiner Stärke in kleine Stücke, bis Conchobar ihm seine eigene gab. Dann zerschlug er die Wagen kurz und klein, und wieder war nur der des Königs fest genug, um die Probe zu überstehen.

Cuchulinn befahl dem Wagenlenker des Königs, ihn zu der weit entfernten »Furt der Wache« zu fahren, und sie kamen bald zu einer entfernten Burg, dem Dun der Söhne Nechtas, wo er den Verteidigern die Köpfe abschlug und sie an den Seiten des Wagens befestigte. Auf dem Rückweg sprang er aus dem Wagen und fing im Lauf zwei Hirsche aus dem größten und schnellsten Rudel. Mit zwei Steinen aus seiner Schleuder holte er zwei Dutzend fliegender Schwäne aus der Luft herab. Und beides, die Hirsche und die Vögel, band er an die Stangen und Bogen und Riemen des Wagens.

Erschreckt gewahrte die Prophetin Lebarcham den Wagen, wie er sich der Stadt und Burg von Emain näherte. »›Ein Wagenfahrer hier‹, sagte Lebarcham, ›und schrecklich kommt er an! Die Köpfe seiner Feinde blutüberströmt bei ihm in dem Wagen. Schöne, ganz weiße Vögel, ruhig bei ihm in dem Wagen bleibend. Nicht zum Fahren geeignete Hirsche in Fessel und Haft und Gefangenschaft bei ihm.‹ ... ›Wir kennen ihn, diesen Wagenfahrer‹, sagte Conchobar, ›es ist der kleine Sohn meiner Schwester, der nach dem Rand des Grenzgebietes gegangen ist, er hat seine Hände in Blut getaucht und hat nicht genug vom Kampf, und wenn er nicht abgewehrt wird, werden alle jungen Männer von Emain durch ihn fallen!‹ Und der Beschluß, der von ihnen gefaßt wurde, war dieser: die Weiber hinauszulassen dem Knaben entgegen, nämlich die dreimal fünfzig Weiber, zehn- und siebenmal zwanzig freche rotnackte Weiber, und Scandlach, ihre Führerin, an ihrer Spitze, um für ihn ihre Nacktheit und ihre Scham zu zeigen ... Der Knabe verbirgt sein Gesicht vor ihnen und richtete seinen Blick auf den Wagen, damit er die Nacktheit oder Scham der Weiber nicht sähe. Da wurde der kleine Knabe aus dem Wagen gehoben. Er wurde in drei Fässer mit kaltem Wasser gebracht, um seine Wut abzukühlen. Und das erste Faß, in das der kleine Knabe getan wurde, er sprengte es aus seinen Brettern und seinen Reifen, wie ein Nußknacken um ihn herum. Das zweite Faß, es kochte fausthoch über. Das dritte Faß, der eine hielt es aus, und der andere hielt es nicht aus.[15a] Da ging die Wut des Knaben zurück ...« So ward die Stadt gerettet.[16]

Er wird als ein wunderschöner Knabe beschrieben: »Sieben Zehen an jedem seiner Füße und sieben Finger an jeder seiner Hände und sieben Pupillen in jedem seiner Königsaugen, und sieben Edelsteine als Glanz des Auges in jeder Pupille von ihnen besonders. Vier Flecke auf jeder seiner zwei Wangen: ein blauer Fleck, ein purpurner Fleck, ein grüner Fleck, ein gelber Fleck. Fünfzig hellblonde Haarsträhnen von dem einen Ohr von ihm bis zum andern, wie der Kamm einer Birke oder wie Nadeln von lichtem Golde gegen das Antlitz der Sonne ... Ein grüner Mantel um ihn, eine Nadel von Silber darin. Ein Untergewand von Goldfaden um ihn.«[17] Wenn aber sein Kampfrausch, seine Verzerrung, über ihn kam, wurde er »ein Entsetzliches, Vielgestaltetes, Wunderbares, Unerhörtes. Seine Fleischteile zitterten um ihn wie ein Baum gegen die Strömung oder wie eine glatte Binse gegen die Strömung, jedes Glied und jedes Gelenk und jede Spitze und jede Fugung von ihm vom Scheitel bis zum Erdboden ... Es kamen seine Füße und seine Schienbeine und seine Knie, so daß sie auf seiner Hinterseite waren ... Er zog die Muskeln seines Scheitels, so daß sie auf der Hinterseite seines Nackens waren, so daß jeder ihrer gewaltigen, unbeschreiblichen, unerhörten, enormen Ballhuckel so groß wie der Kopf eines Kindes von einem Monat war ... Er zog das eine Auge von sich in seinen Kopf hinein, eine Mühe das, wenn ein wilder Reiher es fertigbrächte, es auf den Boden seiner Wange aus dem hinteren Teile seines Schädels zu holen. Das andere Auge sprang heraus, so daß es außen auf seiner Wange war. Sein Mund verzerrte sich ungeheuerlich. Er zog die Wange von der Kinnlade, so daß das Innere seines Schlundes erkennbar wurde ... So groß wie ein Widderfell von drei Jahren war jeder Schleimstrom von Feuer, der in seinen Mund aus seinem Halse kam. Das laute Schlagen seines Herzens gegen seine Brust wurde gehört wie das Bellen eines Schlachthundes oder wie ein Löwe, wenn er unter Bären geht. Es wurden die Lichter der Bodb und die Regenwolken von Gift und Funken von rotem Feuer in Wolken und in Dünsten über seinem Haupte gesehen, von dem Kochen des wahrhaft wilden Zornes, der über ihm in die Höhe gestiegen war. Sein Haar stachelte um seinen Kopf ... Wenn ein Königsapfelbaum unter Königsfrucht um ihn geschüttelt worden wäre, würde kaum einer der Äpfel über ihn hinweg zur Erde gekommen sein, sondern auf jedem einzelnen Haare würde da ein Apfel geblieben sein, von dem Entgegenstacheln des Zornes, der nach seinem Haar über ihm in die Höhe gestiegen war. Es erhob sich der *lon laith*[17a] aus seiner Stirn, so daß er so lang, so dick wie die Faust mit Daumen eines Mannes war. So hoch, so dick, so kräftig, so stark, so lang wie der Mastbaum eines großen Hauptschiffes der gerade Strahl dunkeln Blutes, der genau aus dem Scheitel seines oberen Kopfteiles gerade in die Höhe stieg, so daß er daraus einen schwarzen Dunst der Zauberei bildete gleich dem Dunste von einer Königsherberge, wenn der König zu seiner Verpflegung kommt am Abend eines Wintertages«.[18]

3. Der Krieger

Die Stelle, an der der Held geboren wird, oder das Land des Exils, von dem er zurückkehrt, um herangereift seine Taten unter den Menschen zu verrichten, ist der Mittelpunkt oder Nabel der Welt. So wie von einer Quelle am Grunde die Oberfläche eines Gewässers sich kräuselt, so breiten sich die Gestalten des Universums als Zirkel von dieser Quelle her aus.

Eine Heldensage der Jakuten erzählt: »Oberhalb der weiten, unbeweglichen Tiefe, unter den neun Sphären, den sieben Himmelsschichten, auf der zentralsten Stelle, am Erdnabel, am stillsten Orte der Erde, wo der Mond nicht abnimmt und der Kuckuck unaufhörlich ruft, dort befand sich der ›Weiße Jüngling‹. Er ging aus, um zu schauen, wohin er gekommen und welcher Art seine Wohnstätte war. Im Osten erstreckte sich ein weites, fahles Feld, in seiner Mitte befand sich ein mächtiger Hügel, und auf diesem stand ein großer Riesenbaum. Das Harz des Baumes war durchsichtig und wohlriechend, seine Rinde niemals vertrocknet oder geborsten, sein Saft silberglänzend, seine üppigen Blätter waren nie verwelkt, und die Kätzchen glichen einer Reihe abwärts gewendeter Becher. Der Wipfel des Baumes erhob sich über die sieben Himmelsschichten und war der Roßpfahl des Obergottes Ürün-ai-tojon, während sich die Wurzeln des Baumes in unterirdische Tiefen senkten, wo sie den dortigen eigentümlichen Sagenwesen als Wohnungspfeiler dienten. Vermittelst seiner Blätter hielt der Baum mit den Himmlischen Zwiesprache.

Wenn der ›Weiße Jüngling‹ seine Schritte nach Süden lenkte, erblickte er inmitten einer grünen Grasfläche den stillen Milchsee, welchen niemals ein Windhauch bewegt und an dessen Strande sich Sümpfe wie von saurer Milch befanden. Im Norden stand ein dunkler Wald, dessen Bäume Tag und Nacht rauschten und in welchem sich allerlei Getier bewegte. Hinter dem Walde erhoben sich hohe Berge, welche aussahen, als trügen sie auf ihren Häuptern weiße Hasenfellmützen; die Berge neigten sich dem Himmel entgegen und schützten diesen Platz vor den kalten Winden. Im Westen wuchs ein Hain aus niedrigem Strauchwerk, dahinter ein hoher Tannenwald, und hinter diesem schimmerten einzeln stehende abgestumpfte Berge.

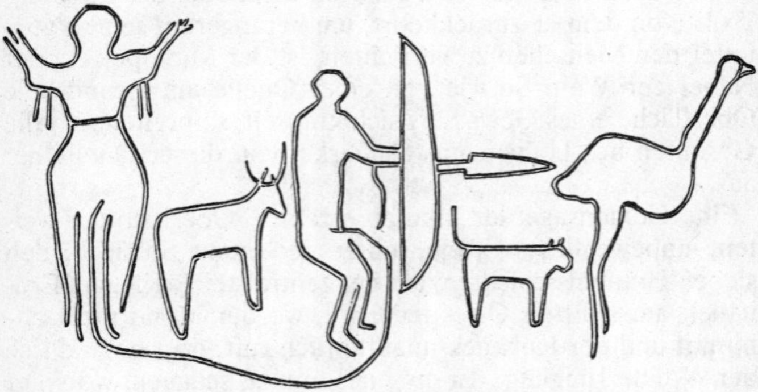

Abb. 17. Felszeichnung aus der Steinzeit

So sah die Welt aus, in welcher der ›Weiße Jüngling‹ das Tageslicht erblickte. Des Alleinseins müde trat er zu dem Lebensbaume und sprach: ›Verehrte hohe Herrin, Göttin meines Baumes und meines Wohnortes, alles, was lebt, ist zu Zweien und zeugt Nachkommen, aber ich bin allein. Ich will mich auf die Wanderschaft begeben und mir ein Weib meinesgleichen suchen, ich will meine Kraft mit meinesgleichen messen, ich will Menschen kennenlernen und leben, wie es dem Menschen zukommt. Verweigere mir nicht deinen Segen, ich flehe dich demütig an, ich neige mein Haupt und beuge das Knie.‹

Da begannen die Blätter des Baumes zu säuseln, und ein feiner milchweißer Regen tropfte von ihnen auf den ›Weißen Jüngling‹ herab. Ein warmer Windhauch wurde fühlbar, der Baum begann zu knarren, und aus seinen Wurzeln kam ein weibliches Wesen bis zum Gürtel zum Vorschein . . . eine Frau mittleren Alters, mit ernstem Blicke, ihr Haar flatterte frei umher und die Brust war entblößt. Die Göttin bot dem Jüngling Milch aus ihrer üppigen Brust, und sofort nach dem Genuß derselben fühlte er, wie seine Kraft hundertfältig wuchs. Gleichzeitig versprach die Göttin dem Jüngling alles Glück und segnete ihn, auf daß ihm weder Wasser noch Feuer, noch Eisen oder anderes etwas anhaben konnten.«[19]

Von dem Weltnabel bricht der Heros auf, um seine Bestimmung zu verwirklichen. Durch die Taten, die er als Erwachsener verrichtet, strömen schöpferische Energien in die Welt ein.

> Sang der alte Wäinämöinen,
> Seen schwankten, Länder bebten,
> Kupferberge selbst erdröhnten,
> Starre Steine selbst erschraken,
> Felsen flogen voneinander,
> Klippen an dem Strand zerschellten.[20]

Die Stanze des Heldensängers erklingt von der Magie des Machtwortes, und ähnlich blitzt beim Heldenkrieger die Schneide des Schwertes von der schöpferischen Kraft. Vor ihr fallen die Schalen des Überholten.

Denn der Held der Mythen ist der Vorkämpfer nicht der gewordenen Dinge, sondern der werdenden. Der Drache, den er zu töten hat, ist nichts anderes als das Ungetüm des status quo: Haltefest, der die Vergangenheit festhält. Der Held kommt aus der Finsternis, aber der Feind ist mächtig und sichtbar auf dem Sitz der Macht. Er ist Feind, Drache, Tyrann, weil er die Autorität seiner Stellung zu seinem eigenen Vorteil ausnutzt. Haltefest ist er nicht, weil er *die Vergangenheit* festhält, sondern weil er *festhält.*

Der Tyrann ist stolz, und darin ist sein Sturz enthalten. Er ist stolz, weil er seine Macht für seine eigene hält. So befindet er sich in der Rolle des Clowns, der den Schatten mit der Realität verwechselt; es ist sein Schicksal, hereinzufallen. Der mythische Heros, der wiedererscheint aus der Dunkelheit, die die Quelle der Taggestalten ist, bringt ein Wissen um das Geheimnis des Tyrannensturzes mit. Mit einer Geste, die so einfach ist wie der Druck auf einen Knopf, vernichtet er die gewaltig scheinende Konfiguration. Die Tat des Heros ist eine unablässige Erschütterung der flüchtigen Kristallisation des Tages. Der Zyklus rollt: im Punkt der Wandlung hat der Mythos sein Zentrum. Verwandlung, Fluidität, nicht sture Gewichtigkeit ist das Charakteristikum des lebendigen Gottes. Die großen Figuren des Tages existieren nur, um zerbrochen, in Scheite gespalten und verstreut zu werden. Kurzum: der ogerhafte Tyrann ist der Vorkämpfer des massiven Faktums, der Held der Vorkämpfer des schöpferischen Lebens.

Das Weltalter des Heros in menschlicher Gestalt beginnt erst, wenn Dörfer und Städte das Land bedecken. Viele Ungeheuer, Überbleibsel der Urzeit, lauern noch in den abgelegenen Gegenden und befehden aus Bosheit oder Verzweiflung die menschliche Gemeinschaft. Sie müssen vertilgt werden. Außerdem erheben sich Tyrannen in Menschengestalt, reißen die Güter ihrer Nächsten an sich und verbreiten Elend um sich herum. Auch diese müssen niedergehalten werden. Die grundlegenden Taten sind die, die nötig sind, das Feld zu bereinigen.[21]

Kut-o-yis, der »Blutklumpenjunge«, erschlug, nachdem er aus dem Topf genommen worden und in einem Tag herangewachsen war, den mörderischen Schwiegersohn seiner Zieheltern und zog dann gegen die Oger der Umgebung. Er rottete einen Stamm von grausamen Bären aus, mit Ausnahme nur eines Weibchens, das gerade Mutter werden sollte. »Sie bat so herzerweichend um ihr Leben, daß er sie verschonte. Wenn er dies nicht getan hätte, hätte es keine Bären mehr in der Welt gegeben.« Dann erschlug er einen Stamm von Schlangen, aber wieder mit Ausnahme einer, »die gerade Mutter werden sollte«. Darauf machte er sich entschlossen auf den Weg, eine Straße zu begehen, von der man ihm gesagt hatte, daß sie gefahrvoll sei. »Als er so daherging, traf ihn ein großer Sturm und trug ihn schließlich ins Maul eines großen Fisches. Das war ein Saugfisch, und der Wind war sein Saugen. Als er in den Magen des Fisches kam, sah er eine Menge Leute. Viele von ihnen waren tot, aber einige lebten noch. Er sagte zu den Leuten: ›Ah, irgendwo hier muß es ein Herz geben. Wir werden einen Tanz machen.‹ So bemalte er weiß sein Gesicht, seine Augen und seinen Mund mit schwarzen Ringen, und band ein weißes Steinmesser an seinen Kopf, so, daß die Spitze nach oben zeigte. Ein paar Rasseln, aus Hufen gemacht, wurden auch gebracht. Dann begannen die Leute mit dem Tanz. Für eine Weile saß Blutklumpen da und flatterte mit seinen Händen wie mit Flügeln und sang Lieder. Dann stand er auf und tanzte, auf und nieder springend, bis das Messer an seinem Kopf das Herz getroffen hatte. Dann schnitt er das Herz heraus. Darauf schnitt er zwischen den Rippen des Fisches durch und ließ all die Leute heraus.

Wieder sagte Blutklumpen, er müsse auf seine Reisen gehen. Bevor er aufbrach, warnten ihn die Leute und sagten, daß er nach einer Weile eine Frau sehen werde, die immer die Leute aufforderte, mit ihr zu ringen, daß er aber nicht zu ihr sprechen dürfe. Er beachtete nicht, was sie sagten, und sah, als er ein Stückchen gegangen war, eine Frau, die rief, er solle herüberkommen. ›Nein‹, sagte Blutklumpen, ›ich bin in Eile.‹ Als ihn aber die Frau zum vierten Male aufforderte, herüberzukommen, sagte er: ›Ja, aber du mußt ein wenig warten, denn ich bin müde. Ich möchte rasten. Wenn ich gerastet habe, werde ich herüberkommen und mit dir ringen.‹ Während er nun rastete, sah er viele breite Messer aus dem Boden ragen, die mit Stroh fast völlig verdeckt waren. Da wußte er, daß die Frau die Leute, mit denen sie rang, tötete, indem sie sie niederwarf auf die Messer. Als er ausgeruht war, ging er los. Die Frau sagte ihm, er solle an der Stelle stehenbleiben, wo er die Messer gesehen hatte; aber er sagte: ›Nein, ich bin noch nicht ganz fertig. Laß uns ein wenig spielen, bevor wir anfangen.‹ So begann er mit der Frau zu spielen, aber packte sie schnell, warf sie auf die Messer und schnitt sie in zwei Teile.

Blutklumpen nahm seine Reisen wieder auf und kam nach einer Weile zu einem Lager, in dem ein paar alte Frauen waren. Die alten Frauen sagten ihm, daß er ein wenig weiter zu einer Frau mit einer Schaukel kommen würde, daß er aber auf keinen Fall mit ihr schaukeln dürfe. Nach einer Weile kam er an einen Ort, wo er am Ufer eines reißenden Flusses eine Schaukel sah. Eine Frau schaukelte darauf. Er beobachtete sie eine Weile und sah, daß sie die Leute tötete, indem sie sie hinausschwang und ins Wasser fallen ließ. Als er dies herausfand, ging er zu der Frau hin. ›Du hast eine Schaukel hier. Laß mich sehen, wie du schaukelst‹, sagte er. ›Nein‹, sagte die Frau, ›ich möchte dich schaukeln sehen.‹ ›Gut‹, sagte Blutklumpen, ›aber zuerst mußt du schaukeln.‹ ›Gut‹, sagte die Frau, ›jetzt werde ich schaukeln. Sieh zu. Dann werde ich dir dabei zusehen.‹ So schwang die Frau hinaus über den Fluß. Als sie dies tat, sah er, wie die Sache ging. Dann sagte er zu der Frau: ›Schaukele du nochmal, indes mache ich mich fertig‹; aber als die Frau diesmal hinausschwang, durchschnitt er das Seil und ließ sie ins Wasser fallen. Dies geschah am Schnitt-Ufer-Bach.«[22]

Wir kennen ähnliche Taten aus unseren Jack-the-Giant-Killer-Märchen und den klassischen Darstellungen der Arbeiten, die Helden wie Herakles und Theseus zu verrichten hatten. Auch in den christlichen Heiligenlegenden kommen sie häufig vor, etwa in der reizvollen französischen Erzählung von der heiligen Martha:

»Nun war zu der Zeit in einem Wald jenhalb des Flusses Rhodanus, zwischen Arles und Avignon, ein Drache, halb Tier, halb Fisch, der war dicker als ein Rind und länger als ein Pferd; seine Zähne waren wie Schwerter und spitz wie Hörner; und war gepanzert an allen seinen Seiten. Er lag in dem Flusse verborgen und tötete alle, die vorüberkamen, und versenkte die Schiffe. Und war über Meer ins Land gekommen, von Galatien in Asien, da hatte ihn Leviathan, das ist eine wilde Schlange, die im Wasser lebt, mit Onachus gezeugt, das ist ein Tier, so das Land Galatien hervorbringt: wann das verfolgt wird, so schleudert es seinen Unrat wie ein Wurfgeschoß einen Morgen weit hinter sich, und was davon getroffen wird, brennt wie Feuer.

Wider den Drachen zog Sanct Martha, denn das Volk bat sie; fand ihn im Wald, wie er einen Menschen aß; alsbald goß sie geweihtes Wasser über ihn und hielt ihm ein Kreuz vor, da war er besiegt und stund als ein zahmes Lamm. Martha band ihn mit ihrem Gürtel, danach kam das Volk und schlug ihn mit Steinen und Speeren tot.

Den Drachen aber hatte das Volk Tarascus genannt, darum heißt das Land zu seinem Gedächtnis noch heutigen Tages Tarascon; vordem hieß es Nerluc, das ist: niger locus, eine schwarze Statt: weil daselbst dichte schwarze Wälder waren.«[23]

Im Geist des Drachentöters gingen auch die Kriegerkönige des Altertums an ihre Unternehmungen. Alle Kreuzzüge

Abb. 18. König Ten (Ägypten, Erste Dynastie, um 3200 v. Chr.) zerschmettert einem Kriegsgefangenen den Kopf

suchten durch die Formel vom lichten Helden, der gegen den Drachen zieht, Rechtfertigung vor sich selbst. Die folgende Keilinschrift des Sargon von Agade, des Zerstörers der alten Sumererstädte, denen sein eigenes Volk die Zivilisation verdankte, steht mit ihrer großartigen Selbstzufriedenheit als Beispiel für zahllose andere Gedächtnistafeln:

»Sargon, König von Agade, Statthalter der Göttin Ischtar, König von Kish, *pashishu*[24] des Gottes Anu, König des Landes, großer *ishakku*[25] des Gottes Enlil: die Stadt Uruk zerschmetterte er und ihre Mauer zerstörte er. Mit dem Volk von Uruk machte er Krieg und führte es in die Gefangenschaft, und in Fesseln führte er es durch das Tor des Enlil. Sargon, König von Agade, machte Krieg mit dem Mann von Ur und überwand ihn; seine Stadt zerschmetterte er und ihre Mauer zerstörte er. E-Ninmar zerschmetterte er und ihre Mauer zerstörte er und ihr ganzes Gebiet, von Lagash bis zum Meer, zerschmetterte er. Seine Waffen wusch er im Meer . . .«

4. Der Liebende

Das Symbol der Herrschaft, die dem Feind entrungen, der Freiheit, die der Bosheit des Ungeheuers abgewonnen, und der Lebensenergie, die aus dem Zugriff des Tyrannen Haltefest freigesetzt wird, ist eine Frau, sei es nun die Prinzessin der zahllosen Drachenkämpfe, die Braut, die dem eifersüchtigen Vater entführt wird, oder die Jungfrau, die vor einem gottlosen Liebhaber gerettet wird. Sie ist ein Stück des Helden selber – »jeder ist beide«. Ist seine Aufgabe die Regierung der Welt, so ist sie die Welt, und ist er ein Krieger, so ist sie der Ruhm. Sie ist das Inbild seiner Bestimmung, die er aus dem Gefängnis hinderlicher Umstände zu befreien hat. Wo er aber seine Bestimmung ignoriert oder von falschen Rücksichten sich irreleiten läßt, kann er durch keine Anstrengung der Hindernisse Herr werden.[26]

Der strahlende Jüngling Cuchulinn rief am Hof seines Onkels, des Königs Conchobar, bei den Baronen Besorgnis um die Tugend ihrer Frauen hervor. So schlugen sie dem König vor, daß man sich nach einer Gemahlin für ihn umtun solle. Boten des Königs gingen nun in alle Provinzen Irlands, aber sie konnten keine finden, um die er freien wollte. Schließlich ging Cuchulinn selbst zu einem Mädchen, das er kannte, nach Luglochta Loga, »den Gärten von Lugh«. Und er fand sie auf ihrem Spielplatz, umgeben von ihren Ziehschwestern, die sie im Nähen und in feiner Handarbeit unterwies. Emer sah mit ihrem lieblichen Antlitz auf und erkannte Cuchulinn und sagte: »Mögest du vor allem Bösen bewahrt bleiben!«

Als der Vater des Mädchens, Forgall der Schlaue, erfuhr, daß das Paar miteinander gesprochen hatte, verstand er es, Cuchulinn fortzusenden, um bei Donall dem Kriegerischen in Alba sich Erfahrung im Gebrauch der Waffen zu erwerben, in der Hoffnung, er würde niemals zurückkehren. Und Donall gab ihm eine weitere Aufgabe, nämlich die unmögliche Reise zu einer gewissen Amazone namens Scathach zu machen und diese zu zwingen, ihn in ihre übernatürlichen Zauberkünste einzuweihen. Cuchulinns Heldenfahrt dorthin weist alle wesentlichen Elemente der klassischen Bewältigung der unmöglichen Aufgabe in ungewöhnlicher Einfachheit und Klarheit auf.

Der Weg ging über eine unheildrohende Ebene: auf der diesseitigen Hälfte blieben menschliche Füße unablösbar festkleben, auf der jenseitigen richtete das Gras sich auf und hielt den Körper mit seinen Spitzen fest. Aber ein freundlicher Jüngling erschien und gab Cuchulinn ein Rad und einen Apfel. Über den ersten Teil des Weges würde das Rad rollen, über den zweiten Teil der Apfel. Cuchulinn hätte sich nur auf ihrer dünnen Spur zu halten und keinen Schritt zur Seite zu tun, und er würde hinübergelangen zu der engen und gefährlichen Schlucht drüben.

Scathachs Behausung war auf einer Insel, und der einzige Zugang zu dieser war eine schwer zu passierende Brücke: sie hatte zwei niedrige Enden und einen hohen Mittelpfeiler, und wenn jemand auf das eine Ende sprang, hob sich das andere und warf ihn auf den Rücken. Cuchulinn wurde dreimal niedergeworfen. Dann kam die Gegenbewegung, und, indem er sich aufraffte, sprang er auf das Brückenende, machte seinen Lachssprung und landete auf der Mitte; und das andere Ende der Brücke hatte sich noch nicht ganz hochgehoben, als er es erreichte, sich davon hinabwarf und auf dem Boden der Insel war.

Die Amazone Scathach hatte eine Tochter – wie es Ungeheuer oft haben –, und dieses junge Mädchen hatte in ihrer Einsamkeit noch nie etwas gesehen, was der Schönheit des Jünglings nahegekommen wäre, der mitten aus der Luft in die Festung ihrer Mutter niederkam. Als sie von ihm gehört hatte, was sein Vorhaben war, beschrieb sie ihm, wie er ihre Mutter am besten dazu bringen könne, ihn die Geheimnisse übernatürlicher Stärke zu lehren. Er solle mit seinem Lachssprung zu der großen Eibe setzen, wo Scathach ihre Söhne unterwies; er solle sein Schwert zwischen ihre Brüste setzen und seine Forderung stellen.

Cuchulinn befolgte das und gewann bei der kriegerischen Zauberin die Kenntnis ihrer Künste, die Hand ihrer Tochter ohne Zahlung eines Brautpreises und durfte mit ihr selber schlafen. Er blieb ein Jahr, kämpfte während dieser Zeit mit in einer großen Schlacht gegen die Amazone Aife, mit der er einen Sohn zeugte. Schließlich machte er sich auf den Rückweg nach Irland, auf welchem er eine Hexe erschlug, die ihm einen schmalen Pfad, entlang dem Absturz einer Klippe, streitig machte.

Ein weiteres Kampf- und Liebeserlebnis, und Cuchulinn kehrte zu Forgall dem Schlauen zurück, um ihn immer noch gegen sich eingenommen zu finden. Diesmal aber entführte er einfach die Tochter, und am Hof des Königs wurde die Hochzeit gehalten. Das Abenteuer selbst hatte ihm die Fähigkeit gegeben, allen Widerstand zunichte zu machen. Der einzige Wermutstropfen war, daß Onkel Conchobar, der König, bei der Braut von seinem königlichen Prärogativ Gebrauch machte, bevor sie auch formell an den Bräutigam überging.[27]

Das Motiv, daß die Bewältigung einer schwierigen Aufgabe Voraussetzung des Brautlagers sei, steht hinter den Heldentaten aller Zeiten und in der ganzen Welt. In den Erzählungen, die von ihm bestimmt sind, befindet sich der Vater oder die Mutter in der Rolle des Haltefest, und die gewandte Bewältigung der Aufgabe durch den Helden kommt der Tötung des Drachens gleich. Die verlangten Prüfungen sind über alles Maß schwierig. Sie scheinen eine unbedingte Ablehnung von seiten des elterlichen Ogers darzustellen, bestimmt, das Leben seinen alten Weg gehen zu lassen. Wenn aber ein tauglicher Freier erscheint, geht keine Aufgabe der Welt über seine Kraft. Unvermutete Helfer, Wunder des Raumes und der Zeit fördern sein Vorhaben, und die Bestimmung selbst, die Jungfrau nämlich, leiht ihre Hand und verrät eine schwache Stelle im elterlichen Zwangssystem. Schranken, Fesseln, Abgründe, Hindernisse jeder Art zergehen vor dem machtvollen Auftreten des Helden. Das Auge des vorherbestimmten Siegers erspäht sofort den Riß in den Mauern der Umstände, und sein Hieb kann ihn weit aufreißen.

Das beredteste und tiefgründigste Detail des bunten Abenteuers, das Cuchulinn bestand, ist das des einzigen, unsichtbaren Pfades, den das Rollen des Rades und des Apfels dem Helden eröffnet. Es ist als ein aufschlußreiches Symbol des Geheimnisses der Bestimmung zu verstehen. Vor einem Menschen, der sich durch Impressionen, die der Oberfläche des Sichtbaren angehören, nicht von sich selbst abbringen läßt, sondern mutig der Dynamik seiner eigenen Natur folgt – vor einem Menschen also, der, wie Nietzsche es nennt, ein »aus sich selbst rollendes Rad« ist –, sinken die Schwierigkeiten dahin, und wie er geht, öffnet sich vor ihm der unvermutete Weg.

5. *Der Herrscher und Tyrann*

Der Held der Tat ist das Agens des Zyklus, das in den lebendigen Augenblick hinein den Impuls trägt, der die Welt zuerst in Bewegung setzte. Weil unsere Augen sich dem Paradox des doppelten Mittelpunktes verschließen, betrachten wir die Tat, als ob sie inmitten von Gefahr und großen Leiden von einem starken Arm verrichtet worden wäre, während sie aus der anderen Perspektive nichts anderes ist als die Verwirklichung des Unabwendbaren, wie in der urbildlichen Drachentötung, der Tötung der Tiamat durch Marduk.

Der höchste Held ist jedoch nicht, wer nur die Dynamik des kosmogonischen Zyklus weitertreibt, sondern wer das verblendete Auge wieder öffnet, so daß durch all das Kommen und Gehen, die Freuden und Schmerzen des Welttheaters hindurch wieder die Gegenwart des Einen wahrgenommen wird. Dies erfordert eine tiefere Weisheit als das erste und führt nicht zur Tat, sondern zu in sich bedeutsamer Darstellung. Das erste hat sein Symbol im starken Schwert, das zweite im Zepter der Herrschaft oder im Buch des Gesetzes. Das charakteristische Abenteuer des Helden vom ersten Typus ist die Eroberung der Braut, die das Leben bedeutet; das des Helden vom zweiten Typus der Weg zum Vater, der das unsichtbare Unbekannte ist.

Abenteuer des zweiten Typus passen unmittelbar in den Rahmen der religiösen Ikonographie. Auch in der einfachsten Volkslegende hallt es plötzlich von einer unvermuteten Tiefe, wenn der Sohn der Jungfrau eines Tages seine Mutter fragt: »Wer ist mein Vater?« Diese Frage rührt an die Frage des Verhältnisses von Mensch und Unsichtbarem. Sie zieht unvermeidlich die bekannten Mythenmotive von der Versöhnung nach sich.

Wasserkrugknabe, der Held der Pueblos, stellte seiner Mutter diese Frage. »›Wer ist mein Vater?‹ sagte er. ›Ich weiß nicht‹, sagte sie. Er fragte sie wieder: ›Wer ist mein Vater?‹, aber sie weinte nur und antwortete nicht. ›Wo ist die Wohnung meines Vaters?‹ fragte er. Sie konnte ihm nichts sagen. ›Morgen werde ich gehen, um meinen Vater zu finden.‹ – ›Du kannst deinen Vater nicht finden‹, sagte sie. ›Ich gehe niemals mit irgendeinem Jungen, deshalb gibt es keinen Ort, wo du nach deinem Vater sehen könntest.‹ Aber der Junge sagte: ›Ich habe einen Vater, ich weiß, wo er lebt, ich werde gehen, um ihn zu sehen.‹ Die Mutter wollte ihn nicht gehen lassen, aber er wollte gehen. So richtete sie ihm in der Frühe des nächsten Tages eine Mahlzeit, und er ging fort nach Südosten, wo man die Quelle Waiyu powidi nennt, den Pferdetafelbergort. Er kam in die Nähe dieser Quelle, er sah jemanden nicht weit von dieser Quelle gehen. Er ging zu ihm hin. Es war ein Mann. Er fragte den Jungen: ›Wohin willst du?‹ – ›Ich will meinen Vater sehen‹, sagte er. ›Wo ist dein Vater?‹ sagte der Mann. ›Nun, mein Vater lebt in dieser Quelle.‹ – ›Du wirst deinen Vater nie finden.‹ – ›Nun, ich will in die Quelle gehen, er lebt in ihrem Inneren.‹ – ›Wer ist dein

Vater?‹ sagte der Mann abermals. ›Nun, ich glaube, du bist mein Vater‹, sagte der Junge. ›Woher weißt du, daß ich dein Vater bin?‹ sagte der Mann. ›Nun, ich weiß, daß du mein Vater bist.‹ Da sah der Mann ihn nur an, um ihn fürchten zu machen. Der Junge blieb dabei, zu sagen: ›Du bist mein Vater.‹ Bald sagte der Mann: ›Ja, ich bin dein Vater. Ich kam aus dieser Quelle, um dich zu treffen‹, und er legte seinen Arm um den Nacken des Jungen. Sein Vater war sehr froh, daß sein Junge gekommen war, und er nahm ihn mit ins Innere der Quelle hinab.«[28]

Wo die Mühen des Heros auf die Entdeckung des unbekannten Vaters abzielen, bleibt der Symbolkreis der Prüfungen und des sich selbst weisenden Weges maßgebend. Im obigen Beispiel ist die Prüfung reduziert auf das unbeirrte Fragen und einen drohenden Blick. In der vorher wiedergegebenen Erzählung von dem Muschelweib wurden die Söhne mit dem Bambusmesser geprüft. In der Übersicht über das Abenteuer des Helden haben wir gesehen, wie weit die Strenge des Vaters gehen kann. Für Jonathan Edwards' Gemeinde wurde er zu einem wirklichen Oger.

Wenn der Held den Segen des Vaters erlangt hat, kehrt er zurück, um den Vater unter den Menschen zu vertreten. Als Lehrer, wie Moses, oder als Kaiser, wie Huang Ti, ist sein Wort Gesetz. Weil er nun seine eigene Mitte im Ursprung hat, macht er die Ruhe und Harmonie der Weltmitte sichtbar. Er ist ein Bild der Weltachse, um welche sich die konzentrischen Kreise ausbreiten, des Weltbaumes oder Weltberges – er ist der vollkommene Mikrokosmos, der den Makrokosmos in sich spiegelt. Ihn sehen heißt, den Sinn des Daseins gewahren. Von seiner Gegenwart geht Segen aus, und sein Wort ist der Hauch des Lebens.

Aber eine Verzerrung kann im Charakter dessen, der den Vater vertritt, Platz greifen. Eine solche Krisis wird in der zarathustrisch-persischen Legende vom Kaiser des Goldenen Zeitalters, Dschemschid, berichtet.

> Großen Königs jede hohe Tugend
> Leuchtete aus Dschemschid lange Jahre.
> Eines schwarzen Tages aber sah er
> Nur noch seinen Thron, nur Sich auf Erden,

Nicht im Himmel mehr den ernsten Schöpfer.
Und die Edlen seiner Heere rief er
Und die grauen goldgesternten Großen,
Sprach zum Kreis die hochvermessenen Worte:
»Einzig Mich will in der Welt Ich kennen!
Vor Mir gab es keine Kronenträger.
Dieses Reich, Mir dankt es seine Zierden,
Wissenschaft und Kunst sind meine Schöpfung,
Und so ward die Welt, wie Ich sie wollte:
Wer als Ich gab Menschen Fried und Nahrung,
Wer Gewand und jedem Wunsch Gewährung?
Und das Diadem der Herrscherwürde,
Welcher König wagt's vor Mir zu tragen?
Tausend Plagen schlug Ich von den Grenzen,
Türmte Deiche gegen Pest und Tod auf.
Gäb es Fürsten außer Mir auf Erden,
Nur durch Mich erfreut euch neues Dasein.
Ahriman, der dunkle Gegenschöpfer,
Er allein will, Neiding, Mich nicht ehren.
Aber ihr, die Meinen Taten jauchztet,
Sollt nun ›Schöpfer unsrer Welt‹ mich nennen!«
Und im Rat die hochgestirnten Häupter
Senkten sich – wer wollte widersprechen?
Aber als der König so gelästert,
Sieh, da wich der Gott von ihm des Tages,
Und die Zwietracht schlug mit Flederschwingen
Immer enger um die Königstürme . . .
Es verdunkelten die Tage Dschemschids,
Seinem Haupt erlosch das Wetterleuchten.
Angstgeschrei und Weh erscholl in Iran,
Und die Völker kündigten Gehorsam:
Krieg und Aufruhr heulten durch die Städte,
Jedem Gau entstand ein kleiner König,
Süchtig nach dem bösen Wein des Ruhmes.
Und sie warben Heere, und sie kämpften
Unter sich um König Dschemschids Krone,
Dem in allen Herzen losch die Liebe.
Er verbarg sich. Keinem Pergamente
Gab er künftig den erlauchten Namen,
Ließ den Thron, Tiara, Schatz und Heere,
Und er selber ward nicht mehr gesehen . . .[29]

Sobald er die Segnungen seiner Herrschaft nicht mehr auf ihre jenseitige Quelle zurückführt, zerbricht der Kaiser die plastische Tiefensicht, die zu erhalten seine Rolle ist; er hört auf, der Mittler zwischen den beiden Welten zu sein. Die Perspektive des Menschen verflacht sich und nimmt nur die menschliche Seite der Gleichung noch wahr, und die Erfahrung einer höheren Macht bleibt sogleich aus. Die tragende Idee der Gruppe geht verloren, und nur Gewalt hält sie noch zusammen. Der Herrscher wird zum ogerhaften Tyrannen, wie Herodes und Nimrod, zum Usurpator, der nun derjenige ist, von dem die Welt gerettet werden muß.

6. Der Welterlöser

Zwei Grade der Initiation in der Wohnung des Vaters sind zu unterscheiden. Von der des ersten Grades kehrt der Sohn als Sendbote zurück, von der zweiten aber mit dem Wissen »Ich und der Vater sind eins«. Helden, die diese zweite, höchste Erleuchtung erfahren haben, sind die Welterlöser, die sogenannten Inkarnationen im höchsten Sinne. Die Mythen um sie erweitern sich zu kosmischen Dimensionen. Ihre Worte haben eine Autorität, die weit über die hinausgeht, die den Heroen des Zepters und des Buches zukommt.

»Seht alle auf mich. Schaut nicht umher«, sagte der Heros der Jicarilla-Apachen, Töter-der-Feinde; »Hört auf mich. Die Welt ist gerade so groß wie mein Leib. Die Welt ist ebenso weit wie mein Wort. Und die Welt ist ebenso weit wie meine Gebete. Der Himmel ist nur so weit wie meine Worte und Gebete. Die Jahreszeiten sind nur so groß wie mein Körper, meine Worte und meine Gebete. Es ist das gleiche mit den Wassern; mein Körper, meine Worte, mein Gebet sind größer als die Wasser.

Wer immer mir glaubt, wer immer auf mich hört, wird langes Leben haben. Einer, der nicht hört, dessen Gedanken irgend schlechte Wege gehen, wird ein kurzes Leben haben.

Denkt nicht, ich bin im Osten, Süden, Westen oder Norden. Die Erde ist mein Leib. Ich bin dort. Ich bin überall. Denkt nicht, ich bleibe nur unter der Erde oder droben im Himmel oder nur in den Jahreszeiten oder auf der anderen Seite der Wasser. All diese sind mein Leib. Es ist die Wahrheit, daß die Unterwelt, der Himmel, die Jahreszeiten, die Wasser alle mein Leib sind. Ich bin überall.

Ich habe euch schon das gegeben, womit ihr mir ein Opfer darzubringen habt. Ihr habt zweierlei Pfeifen, und ihr habt den Bergtabak.«[30]

Die Aufgabe des Fleischgewordenen ist, durch seine Gegenwart die Ansprüche des Oger-Tyrannen zunichte zu machen. Dieser hat die Quelle der Gnade mit dem Schatten seiner endlichen Person verdeckt; der Fleischgewordene dagegen, der von solchem Ichbewußtsein völlig frei ist, ist eine direkte Offenbarung des Gesetzes. Im Bereich des Großartigen liegt das Leben, das er vollbringt, seine Heldentaten und die Tötung des Ungeheuers, aber alles hat die Freiheit eines Tuns, das nur dem Auge sichtbar machen soll, was ebensogut durch einen bloßen Gedanken erreicht werden könnte.

Kans, der grausame Onkel des Krishna, der in der Stadt Mathura den Thron seines eigenen Vaters usurpiert hatte, hörte eines Tages eine Stimme, die zu ihm sagte: »Dein Feind ist geboren, dein Tod ist gewiß.« Krishna und sein älterer Bruder Balarama waren vom Geist vom Schoß ihrer Mutter zu den Kuhhirten geführt worden, um sie vor diesem indischen Gegenstück zu Nimrod zu beschützen. Und er hatte Dämonen gegen sie ausgesandt – Putana mit der giftigen Milch war der erste –, aber alle waren unschädlich gemacht worden. Als nun diese Anschläge fehlgegangen waren, entschied sich Kans, die Jünglinge zu seiner Stadt zu locken. Ein Bote wurde ausgesandt, um die Kuhhirten zu einem Opfer mit großem Turnier einzuladen. Die Einladung wurde angenommen, und die Kuhhirten, mit den Brüdern unter ihnen, kamen und lagerten vor der Stadtmauer.

Krishna und sein Bruder Balarama gingen hinein, um die Wunder der Stadt anzusehen. Da waren große Gärten, Paläste und Haine. Sie trafen einen Wäscher und baten ihn um ein paar schöne Kleider; als er sie auslachte und sich weigerte, nahmen sie die Kleider mit Gewalt und vergnügten sich. Dann flehte eine bucklige Frau Krishna an, er möge sie Sandelsalbe auf seinen Körper reiben lassen. Er ging zu ihr hin, setzte seine Füße auf ihre und zog sie, zwei Finger unter ihrem Kinn, empor und machte sie gerade und stattlich. Und

Tafel XXIII. Der Mondwagen (Kambodscha)

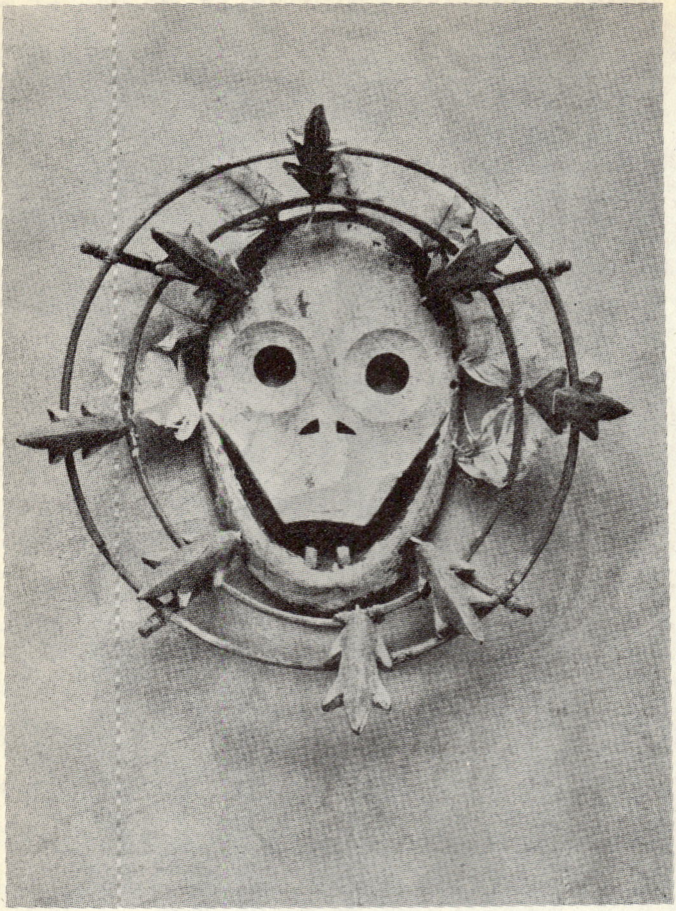

Tafel XXIV. Der Herbst (Alaska)

er sagte: »Wenn ich Kans erschlagen habe, werde ich zurückkommen und bei dir sein.«

Die Brüder kamen zu dem leeren Stadion. Dort war der Bogen des Gottes Shiva aufgestellt, so hoch wie drei Palmbäume, groß und schwer. Krishna ging hin, packte ihn und zerbrach ihn mit großem Krachen. Kans hörte den Schall in seinem Palast, und Furcht überkam ihn.

Der Tyrann schickte seine Garden aus, um die Brüder in der Stadt zu töten. Aber die Jünglinge erschlugen die Soldaten und kehrten in ihr Lager zurück. Sie erzählten den Kuhhirten, daß sie einen interessanten Rundgang gehabt hätten, aßen ihre Abendmahlzeit und gingen zu Bett.

Kans hatte in dieser Nacht bedeutungsschwere Träume. Als er aufwachte, befahl er, das Stadion für das Turnier herzurichten und die Trompeten, das Zeichen zum Beginn, zu blasen. Krishna und Balarama kamen als Gaukler, gefolgt von ihren Freunden, den Kuhhirten. Als sie durch das Tor traten, war da ein wilder Elefant, bereit, sie zu zermalmen, und so gewaltig wie zehntausend gewöhnliche Elefanten. Der Treiber lenkte ihn gerade auf Krishna zu. Balarama gab ihm einen solchen Schlag mit der Faust, daß er einhielt und zurückwich. Der Treiber setzte ihn wieder in Bewegung, aber die beiden Brüder schlugen ihn zu Boden, und er war tot.

Die Jünglinge betraten nun das Feld. Jeder sah, was seine eigene Natur ihn gewahr werden ließ: die Ringer hielten Krishna für einen Ringer, die Frauen für den Inbegriff der Schönheit, die Götter erkannten ihn als ihren Herrn, und Kans glaubte, er sei Mara, der Tod selber. Als er die Ringer, die gegen ihn ausgeschickt wurden, einzeln abgetan und schließlich auch den stärksten erschlagen hatte, sprang er auf die Tribüne des Königs, packte den Tyrann an den Haaren und tötete ihn. Menschen, Götter und Heilige frohlockten, nur die Frauen des Königs kamen herbei, um zu trauern. Als Krishna ihr Leid sah, tröstete er sie mit seiner wichtigsten und ersten Weisheit: »Mutter«, sagte er, »trauere nicht. Niemand kann leben, ohne zu sterben. Sich im Besitz von irgend etwas wähnen, ist getäuscht sein; niemand ist Vater, Mutter oder Sohn. Es gibt nur den unaufhörlichen Kreis von Geburt und Tod.«[31]

Die Erlöserlegenden beschreiben die Periode der Verzweiflung als etwas durch eine moralische Verfehlung von seiten des Menschen Verschuldetes (Adam im Paradies, Dschemschid auf dem Thron). Vom Standpunkt des kosmogonischen Zyklus aus aber gehört ein regelmäßiger Wechsel von Glück und Unglück zum Wesen der Zeit. Und zwar im Leben der Völker ebenso wie in dem des Universums: hier wie dort führt die Emanation schließlich zur Auflösung, Jugend zum Alter, Geburt zum Tod, formbildende Lebenskraft zur toten, trägen Materie. Das Leben steigt auf, erzeugt Formen und ebbt dann, Ruinen zurücklassend, wieder ab. Das Goldene Zeitalter, die Herrschaft des Weltkaisers, wechselt im Pulsschlag jeder Lebensform ab mit dem »Wüsten Land«, der Herrschaft des Tyrannen. Der Schöpfergott wird am Ende zum Zerstörer.

Deshalb ist der Oger-Tyrann nicht weniger eine Darstellung des Vaters als der Weltherrscher, dessen Platz er an sich gerissen hat, oder der strahlende Sohn, der an seine Stelle treten wird. Er ist die Darstellung des Stillstands, wie der Held Träger des Wechsels ist. Und da jeder Augenblick der Zeit aus den Fesseln des vorangehenden ausbricht, wird dieser Drache Haltefest stets der Generation zugerechnet, die der des Welterlösers unmittelbar vorangeht.

Weniger umständlich: Die Aufgabe des Heros ist, den festhaltenden, verstockten Aspekt des Vaters – den Drachen, Wächter oder Ogerkönig – zu beseitigen und die Lebensenergien, die die Welt nähren sollen, aus seiner Umklammerung zu lösen und freizusetzen. »Dies kann entweder in Übereinstimmung mit dem Willen des Vaters oder gegen seinen Willen geschehen; er (der Vater) kann ›den Tod wählen um seiner Kinder willen‹, oder es kann sein, daß die Götter ihn der Leidenschaft ausliefern und so zu ihrem Schlachtopfer machen. Das sind nicht widersprechende Lehren, sondern verschiedene Modi, in denen ein und dieselbe Geschichte erzählt werden kann. Tatsächlich sind der Drachentöter und der Drache, Opfernder und Opfer, hinter den Kulissen, wo es keine Polarität von Gegensätzen gibt, eines Geistes, aber Todfeinde auf der Szene, auf der der immerwährende Krieg zwischen den Göttern und Titanen sich abspielt. In jedem Fall bleibt der Drachenvater ein Pleroma, um nicht mehr vermindert durch das, was er ausatmet, als zunehmend um das, was er wieder in Besitz nimmt. Er ist der Tod, von dem unser Leben abhängt; und auf die Frage: ›Ist der Tod einer, oder ist er viele?‹ wird die Antwort gegeben: ›Er ist einer, wie er dort ist, aber viele, wie er in seinen Kindern hier ist‹.«[32]

Der Held von gestern wird der Tyrann von morgen, es sei denn, er kreuzige *sich selbst* noch heute.

Vom Standpunkt des Heute ist eine solche Bedenkenlosigkeit in dieser Befreiung der Zukunft, daß sie nihilistisch scheint. Die Worte des Welterlösers Krishna zu den Frauen des toten Kans haben einen furchterregenden Unterton, und nicht anders die Worte Jesu: »Ich bin nicht gekommen, Frieden zu senden, sondern das Schwert. Denn ich bin gekommen, den Menschen zu erregen wider seinen Vater und die Tochter wider ihre Mutter und die Schnur wider ihre Schwieger. Und des Menschen Feinde werden seine eigenen Hausgenossen sein. Wer Vater oder Mutter mehr liebt denn mich, der ist meiner nicht wert. Und wer Sohn oder Tochter mehr liebt denn mich, der ist meiner nicht wert.«[33] Um die Unvorbereiteten zu schützen, verschleiern die Mythen solche letzten Offenbarungen durch halb verbergende Verkleidungen, bestehen aber auf der graduell fortschreitenden Belehrung. Die Erlöserfigur, die den tyrannischen Vater beseitigt und selber die Krone annimmt, tritt wie Oedipus in dessen Fußtapfen. Um den brutalen Vatermord zu mildern, stellt die Legende den Vater als einen grausamen Onkel oder usurpatorischen Nimrod dar. Dennoch bleibt es bei der halb verborgenen Tatsache. Ist sie einmal erfaßt, wendet sich das ganze Schauspiel um: der Sohn erschlägt den Vater, aber der Sohn und der Vater sind eins. Die Rätselfiguren lösen sich wieder auf ins Urchaos. Dies ist die Weisheit vom Ende – und vom Wiederbeginn – der Welt.

7. Der Heilige

Bevor wir zur letzten Lebensepisode fortschreiten, ist ein weiterer Heldentypus zu erwähnen: der Heilige oder Asket, der der Welt absagt.

»Mit geläuterter Erkenntnis begabt, sein Selbst mit Festigkeit zügelnd, auf die Sinnendinge, Töne usw., verzichtend, Leidenschaft und Haß abwerfend, die Einsamkeit suchend, leichte Nahrung zu sich nehmend, Worte, Leib und Gedanken bezähmend, die Hingebung an die Meditation allezeit als das Höchste erachtend und die Leidenschaftslosigkeit errungen habend, befreit von Selbstsucht, Gewalttätigkeit, Stolz, Begierde, Zorn und Familienanhang – so wird man selbstlos und beruhigt zur Brahmanwerdung reif.«[34]

Das Schema ist das des Wegs zum Vater, aber mehr zu dessen verborgenem Aspekt als zu seinem offenbaren: es wird der Schritt getan, dem der Bodhisattva entsagte, der, von dem es keine Rückkehr gibt. Nicht das Paradox der Doppelansicht, sondern der endgültige Anspruch des Ungesehenen ist hier intendiert. Das Ich wird ausgebrannt. Wie ein totes Blatt im Wind bewegt sich der Körper weiter auf der Erde, aber die Seele hat sich schon im Ozean der Seligkeit aufgelöst.

Thomas von Aquin stellte nach einer mystischen Erfahrung beim Zelebrieren der Messe in Neapel Feder und Tinte beiseite und überließ die Vollendung der letzten Kapitel seiner *Summa Theologica* einer anderen Hand. »Die Tage meines Schreibens«, stellte er fest, »sind vorüber; denn solche Dinge sind mir offenbart worden, daß alles, was ich geschrieben und gelehrt habe, mir von nur geringem Wert erscheint, weshalb ich in meinem Gott hoffe, daß so, wie das Ende meines Lehrens gekommen ist, bald das meines Lebens kommen möge.« Bald darauf, in seinem neunundvierzigsten Jahr, starb er.

Jenseits des Lebens, sind Helden von diesem Typus auch jenseits des Mythos. Weder befassen sie sich noch mit ihm, noch kann der Mythos sich mit ihnen in angemessener Weise befassen. Ihre Legenden sind aufgezeichnet, aber die frommen Gefühle und Lehren in ihren Biographien sind notwendig unzulänglich, kaum mehr als Ansätze. Sie haben den Bereich der Formen verlassen, in den der Fleischgewordene hinabsteigt und in dem der Bodhisattva bleibt, den Bereich des *offenbaren* Profils des Großen Antlitzes.

Ist das *verborgene* einmal entdeckt, wird der Mythos zum vorletzten Wort, Schweigen zum letzten. In dem Augenblick, da der Geist ins Verborgene eingeht, bleibt allein das Schweigen.

König Oedipus mußte erfahren, daß die Frau, die er geheiratet hatte, seine Mutter war und der Mann, den er erschlagen hatte, sein Vater; er riß sich die Augen aus und wanderte als Blinder über die Erde. Die Freudianer erklären, daß jeder von uns seinen Vater erschlägt und seine Mutter heiratet, und zwar immerfort, nur daß es im Unbewußten sich zuträgt: die Gesamtheit der symbolischen Arten, dies zu tun, und die Rationalisierungen der Zwangshandlungen, die darauf folgen, bilden unser Leben als Individuen und das der gewöhnlichen Zivilisation. Sollten die Gefühle einmal darauf kommen, was die wirkliche Bedeutung der Taten und Gedanken der Welt ist, so würde man wissen, was Oedipus wußte: das Fleisch würde jäh als ein Ozean der Selbstverstümmelung erscheinen. Das ist der Sinn der Legende von Papst Gregor dem Großen, der geboren ward aus dem Inzest und im Inzest lebte. Entsetzt flieht er auf einen Felsen in der See und tut dort Buße für sein wirkliches Leben.

Der Baum ist zum Kreuz geworden: der Weiße Jüngling, der die Milch trinkt, zum Gekreuzigten, der Galle schluckt. Zerfall breitet sich aus, wo zuvor die Blüten des Frühlings waren. Jenseits dieser Kreuzesschwelle jedoch – denn das Kreuz ist ein Weg wie die Sonnenpforte, nicht ein Ende – ist Seligkeit in Gott.

»Er hat sein Zeichen auf mein Antlitz gedrückt, damit ich außer ihm keinen Geliebten erkenne.

... der Winter ist vorüber, die Turteltaube singt, die blühenden Weinberge duften.

Mit seinem Ring hat mich mein Gott Jesus Christus sich vermählt, und als seine Braut mich mit dem Kranz geschmückt.

Bekleidet hat mich der Herr mit golddurchwobenem Schleier, und mich geschmückt mit unschätzbarem Tuche.«[35]

8. Der Tod des Heros

Der letzte Akt in der Lebensgeschichte des Helden ist der Tod oder der Fortgang. Darin findet der ganze Sinn seines

Lebens sein Denkmal. Unnötig zu sagen, daß der Held keiner wäre, wenn der Tod für ihn irgendeinen Schrecken hätte; die erste Bedingung ist Versöhnung mit dem Grab.

»Unter der Eiche von Mamre sitzend, gewahrte Abraham einen Lichtglanz und den Geruch eines süßen Duftes, und als er sich umwandte, sah er den Tod nahen in großer Glorie und Schönheit. Und der Tod sagte zu Abraham: ›Denke nicht, Abraham, daß diese Schönheit meine ist oder daß ich so zu jedem Menschen komme. Nein, aber wenn einer gerecht ist wie du, nehme ich so eine Krone und komme zu ihm, aber wenn er ein Sünder ist, komme ich in großer Verwesung, und aus seinen Sünden mache ich eine Krone für mein Haupt, und ich schüttele sie mit großem Drohen, so daß sie den Mut verlieren.‹ Abraham sagte zu ihm: ›Und bist du wirklich er, der Tod heißt?‹ Er antwortete und sagte: ›Ich bin der bittere Name‹, aber Abraham antwortete: ›Ich werde nicht mit dir gehen.‹ Und Abraham sagte zum Tod: ›Zeige uns deine Verwesung.‹ Und der Tod zeigte seine Verwesung, mit zwei Köpfen, der eine hatte das Antlitz einer Schlange, der andere Kopf war wie ein Schwert. Alle Knechte Abrahams starben beim Anblick der wilden Gestalt des Todes, aber Abraham betete zum Herrn, und er hob sie auf. Als die Blicke des Todes es nicht vermochten, Abrahams Seele dazu zu bringen, daß sie ihn verließ, nahm Gott die Seele Abrahams fort wie in einem Traum, und der Erzengel Michael trug sie hinauf in den Himmel. Nachdem die Engel, die Abrahams Seele brachten, dem Herrn großes Lob und Anbetung dargebracht hatten und nachdem Abraham sich in Anbetung geneigt hatte, da kam die Stimme Gottes und sprach so: ›Nehmt Meinen Freund Abraham in das Paradies, wo die Zelte Meiner Gerechten sind und die Wohnungen Meiner Heiligen Isaac und Jakob in seinem Busen, wo es keine Störung gibt noch Leid oder Seufzen, sondern Friede und Freude und Leben ohne Ende‹.«[36]

Man vergleiche den folgenden Traum: »Auf einer Brücke traf ich einen blinden Geiger. Alle Menschen warfen ihm etwas in seinen Hut. Ich kam näher und merkte, daß der Geiger nicht blind war. Er schielte und sah mich von der Seite mit einem schielenden Blick an. Plötzlich saß ein kleines, altes Weib an einer Straße. Es war dunkel. Ich fürchtete mich. ›Wohin führt diese Straße?‹ dachte ich. Ein junger Bauer kam des Weges und nahm mich bei der Hand. ›Wollen Sie nach Hause gehen und Kaffee trinken?‹ ›Lassen Sie mich los! Sie drücken zu fest‹, schrie ich und erwachte.«[37]

Der Held, welcher in seinem Leben die Doppeltheit darstellt, ist nach seinem Tode immer noch ein Bild, das das Entgegengesetzte vereinigt: wie Karl der Große schläft er nur und wird zur Schicksalsstunde wieder aufstehen, oder er ist unter einer anderen Form noch unter uns.

Die Azteken erzählen von der gefiederten Schlange Quetzalcoatl, dem Monarchen der alten Stadt Tollan während der goldenen Epoche ihrer Blüte. Er lehrte die Künste, führte den Kalender ein und gab den Mais. Er und sein Volk wurden vom stärkeren Zauber eines Eroberervolkes, der Azteken, überwältigt, als ihre Zeit um war. Tezcatlipoca, der Kriegerheld des jüngeren Volkes und seines Zeitalters, brach die Mauern der Stadt Tollan; und die gefiederte Schlange, König des goldenen Zeitalters, verbrannte seine Wohnungen hinter sich, vergrub seine Schätze in den Bergen, verwandelte seine Kakaobäume in Mesquiten, befahl den bunten Vögeln, seinen Dienern, vor ihm her zu fliegen, und ging in großem Leid fort. Und er kam zu einer Stadt namens Quauhtitlan, wo es einen Baum gab, der sehr hoch und groß war; und er ging zu dem Baum hinüber, setzte sich unter ihm nieder und blickte in einen Spiegel, der ihm gebracht wurde. »Ich bin alt«, sagte er; und der Platz wurde »Das alte Quauhtitlan« genannt. Als er an einer anderen Stelle an seinem Weg rastete, blickte er zurück in die Richtung seiner Stadt Tollan und weinte, und seine Tränen gingen durch einen Felsen hindurch. Er hinterließ an diesem Ort eine Spur, wo er gesessen hatte, und einen Abdruck seiner Handflächen. Ein Stück weiter traf er auf eine Gruppe von Zauberern, die ihn festhielten, bis er ihnen die Kunst der Bearbeitung von Silber, Holz und Federn und die des Malens mitgeteilt hatte. Als er die Berge überschritt, starben alle seine Diener, Zwerge und bucklige Wichtelmänner, an der Kälte. An einer anderen Stelle stieß er auf seinen Gegenspieler Tezcatlipoca, der ihn in einem Ballspiel besiegte. An wieder einer anderen schoß er einen Pfeil nach einem großen póchotl-Baum; der Pfeil selbst war auch ein ganzer póchotl-

Baum, so daß sie, als er ihn durch den ersten schoß, ein Kreuz bildeten. Und so wanderte er weiter und ließ viele Zeichen und Ortsnamen zurück, bis er schließlich an die See kam und auf einem Floß aus Schlangen entschwand. Es ist nicht bekannt, wie er zu seinem Ziel, seiner Urheimat Tlapállan, gelangt ist.[38]

Nach einer anderen Überlieferung soll er sich am Strand auf einem Scheiterhaufen selbst geopfert haben. Aus der Asche stiegen Vögel mit vielfarbigen Federn auf, und seine Seele wurde der Morgenstern.[39]

Der lebenshungrige Heros kann für eine gewisse Zeit dem Tod widerstehen und sein Schicksal aufschieben. Von Cuchulinn heißt es, daß er im Schlafe ein Geschrei hörte, »und das Geschrei kam ihm schrecklich und kam ihm sehr furchtbar vor . . . so daß er wie ein Sack aus seinem Bett auf den Boden im östlichen Teile des Hauses fiel. Ohne Waffen ging er darauf hinaus, bis er auf dem freien Felde war, und seine Frau (Emer) trug ihm seine Waffen hinaus nach, und sein Gewand nach . . . Da sahen sie einen Wagen vor sich, und ein rotes Pferd an ihm. Ein Bein an dem Pferd, und die Deichsel des Wagens durch den Leib des Pferdes, so daß ein Pflock durch dieselbe ging vorn vor dem festen Halt seiner Stirn. Ein rotes Weib darin mit ihren zwei roten Brauen, und ihr Mantel und ihr Kleid waren rot . . . und ein großer Mann neben dem Wagen. Ein roter Mantel um ihn und ein Gabelstock von Haselholz auf seinem Rücken, indem er eine Kuh vor sich hertrieb.«

Cuchulinn verlangte die Kuh, sie sei sein Eigentum, aber die Frau weigerte sich, sie herauszugeben. Nun wollte Cuchulinn wissen, warum sie und nicht der große Mann das Wort führte. Sie gab zur Antwort: »›Er ist Uar-gaeth-sceo Luachair-sceo.‹ ›O weh, die Länge seines Namens ist erstaunlich‹, sagte Cuchulinn . . . ›Das Weib, das du anredest‹, sagte der Mann, ›ist Faebor beg-beoil cuimdiuir folt scenb gairit sceo uath.‹ ›Einen Narren macht ihr aus mir‹, sagte Cuchulinn. Hiermit sprang Cuchulinn in den Wagen. Er setzt dabei seine zwei Füße auf ihre zwei Schultern, und seinen Speer auf ihren Scheitel. ›Laß nicht spitze Waffen auf mir spielen!‹ ›Nenn dich also mit wahrem Namen‹, sagte Cuchulinn. ›Geh denn weg von mir‹, sagte sie. ›Ich bin eine Satiristin‹, sagte sie, ›. . . ich trug diese Kuh als Lohn für ein Gedicht davon.‹ ›Wir wollen dein Gedicht hören‹, sagte Cuchulinn. ›Geh nur weg von mir‹, sagte das Weib, ›wie du über meinem Kopfe schüttelst!‹ Er geht darauf, so daß er zwischen den zwei Rädern des Wagens war.«

Darauf sang sie ihm ein Lied voller Beleidigung und Herausforderung. Darauf wollte er wieder springen, aber »er sah weder das Pferd noch das Weib noch den Wagen noch den Mann noch die Kuh. Da sah er, daß sie ein schwarzer Vogel auf dem Zweige in seiner Nähe geworden war. ›Ein gefährliches Weib bist du!‹ sagte Cuchulinn.« Er hatte sie als die Kriegsgöttin Badb oder Morrigan erkannt.

»›Wenn ich nur gewußt hätte, daß du es bist‹, sagte Cuchulinn, ›würden wir uns so nicht trennen.‹ ›Was du auch getan hast‹, sagte sie, ›es wird dir Übles davon werden.‹ ›Du kannst mir nichts anhaben‹, sagte Cuchulinn. ›Gewiß kann ich‹, sagte das Weib. ›Deinen Tod behütend bin ich und werde ich sein‹, sagte sie.«

Dann erzählte ihm die Zauberin, daß sie mit der Kuh von dem Feenhügel von Cruachan komme, wo der Stier des großen Mannes, der Cuailgne war, sie besprungen habe, und setzte hinzu, solange werde er am Leben bleiben, bis das Kalb, das sich im Leibe dieser Kuh befinde, ein Jährling sei. Sie selbst werde wiederkommen, und, wenn er an einer gewissen Furt im Kampfe sein werde »mit einem ebenso starken, ebenso siegreichen, ebenso gewandten, ebenso schrecklichen, ebenso unermüdlichen, ebenso edlen, ebenso tapferen, ebenso großen Mann wie du, werde ich ein Aal sein, und ich werde Schlingen ziehen um deine Füße in der Furt, daß es ein großer Nachteil für dich sein wird«. Es gingen noch einige Drohungen hin und her, dann verschwand sie. Im nächsten Jahr aber, bei dem prophezeiten Kampf an der Furt, besiegte er sie, lebte aber nur noch bis zum folgenden Tag.[40]

Ein seltsames, vielleicht spielerisches Echo der Symbolik der Erlösung in einer anderen Welt klingt leise im Schlußteil der Pueblolegende vom Wasserkrugknaben an. »Eine Menge von Leuten wohnte unten in der Quelle, Frauen und Mädchen. Sie alle rannten zu dem Jungen und schlossen ihn in ihre Arme, weil sie froh waren, daß ihr Kind in ihr Haus gekommen war. So fand der Junge seinen Vater und auch seine Tanten. Nun, der Junge blieb eine Nacht dort, und am nächsten Tag ging er zurück nach Hause und erzählte seiner Mutter, daß er seinen Vater gefunden hatte. Da wurde seine Mutter krank und starb. Da sagte der Junge zu sich selbst: ›Was soll ich bei diesen Leuten leben.‹ So verließ er sie und ging zu der Quelle. Und da war seine Mutter. So kam es, daß er und seine Mutter gingen und mit seinem Vater lebten. Sein Vater war Avaiyo' pi'i (Wasserschlange rot). Er sagte, er hätte nicht mit ihnen drüben bei Sikyat'ki leben können. Das war der Grund, daß er die Mutter des Jungen krank gemacht hatte, so daß sie starb und ›hierher kam, um mit mir zu leben‹, sagte sein Vater. ›Jetzt werden wir hier zusammen leben‹, sagte Avaiyo' zu seinem Sohn. So kam es, daß der Junge und seine Mutter zu der Quelle gingen, um dort zu leben.«[41]

Ebenso wie die vom Muschelweib wiederholt diese Geschichte Punkt für Punkt die mythische Urerzählung. Beide bezaubern durch ihre Unschuld, durch das Nichtwissen um ihre Gewalt. Den Gegenpol bildet der Bericht vom Tod des Buddha, dem der Humor, der allem großen Mythos eignet, nicht fehlt, der aber im höchsten Maße bewußt ist.

»Der Gesegnete, begleitet von einer großen Priestergemeinde, zog in die Nähe des anderen Ufers des Hirannavatiflusses und der Stadt Kusinara und des Salbaumhaines Upavattana der Mallas; und als er dorthin gezogen war, wandte er sich an den ehrwürdigen Ananda:

›Sei so gut, Ananda, mir eine Lagerstatt herzurichten, mit dem Kopfende nach Norden und zwischen zwei Salbäumen. Ich bin müde, Ananda, und möchte mich niederlegen.‹

›Ja, hochwürdiger Herr‹, sagte der ehrwürdige Ananda in Zustimmung zu dem Gesegneten und richtete die Lagerstatt her, mit dem Kopfende nach Norden und zwischen zwei Salbäumen. Dann legte sich der Gesegnete nieder, auf seine rechte Seite, wie es die Art des Löwen ist, und verblieb, Fuß auf Fuß gesetzt, gedankenvoll und bewußt.

Nun standen zu dieser Zeit die zwei Salbäume in voller Blüte, obwohl es nicht die Zeit der Blüte war; und die Blüten streuten sich über den Leib des Tathagata und tropften und regneten hinab, in Anbetung des Tathagata.[42] Auch fiel himmlischer Sandelholzpuder vom Firmament; und dieser streute sich über den Leib des Tathagata und schwebte und regnete hinab in Anbetung des Tathagata. Und Musik ertönte im Himmel in Anbetung des Tathagata, und himmlische Chöre hörte man singen in Anbetung des Tathagata.«

Während der Gespräche, die dann stattfanden, als der Tathagata wie ein Löwe auf einer Seite lag, stand ein hoher Priester, der ehrwürdige Upavana, vor ihm und fächerte ihm Kühlung zu. Der Gesegnete befahl ihm mit einem knappen Wort, zur Seite zu treten; worauf der Leibdiener des Gesegneten, Ananda, beim Gesegneten klagte: »Hochwürdiger Herr«, sagte er, »was nur war der Grund, was war die Ursache, daß der Gesegnete unfreundlich war zu dem ehrwürdigen Upavana und sagte: ›Tritt zur Seite, o Priester; stehe nicht vor mir‹?«

Der Gesegnete erwiderte: »Ananda, fast alle Gottheiten aus allen Enden von zehn Welten sind zusammengekommen, um den Tathagata zu sehen. In einem Raum, Ananda, von zwölf Meilen um die Stadt Kusinara und den Salbaumhain Upavattana der Mallas, da ist nicht ein Fleckchen Erde von der Größe, daß man die Spitze eines Haares hineinstecken könnte, das nicht erfüllt wäre von mächtigen Gottheiten. Und diese Gottheiten, Ananda, sind ärgerlich und sagen: ›Von weit sind wir gekommen, um den Tathagata zu sehen, denn nur selten und bei spärlichen Gelegenheiten ersteht in der Welt ein Tathagata, ein Heiliger, ein oberster Buddha; und nun, heute abend, bei der letzten Wache, wird der Tathagata ins Nirwana eingehen; dieser mächtige Priester aber steht vor dem Tathagata, verdeckt ihn, und wir haben keine Gelegenheit, den Tathagata zu sehen, obwohl seine letzten Augenblicke nahe sind.‹ So, Ananda, werden diese Gottheiten ärgerlich.«

»Was tun diese Gottheiten, hochwürdiger Herr, die der Gesegnete gewahrt?«

»Einige von den Gottheiten, Ananda, sind in der Luft und haben ihren Geist erfüllt von irdischen Gedanken, und sie lassen ihr Haar fliegen und weinen laut, und strecken ihre Arme aus und weinen laut und fallen längelang auf den Boden und rollen hin und her und sagen: ›Allzubald wird der Gesegnete ins Nirwana eingehen; allzubald wird der Glückliche ins Nirwana eingehen; allzubald wird das Licht der Welt dem Blick entschwinden.‹ Jene Gottheiten aber, die frei sind von Leidenschaft, gedankenvoll und bewußt, tragen es geduldig und sagen: ›Vergänglich sind alle Dinge. Wie ist es möglich, daß, was immer geboren ward, ins Sein gekommen ist und organisiert und hinfällig ist, nicht vergehen sollte? Dieser Zustand ist unmöglich.‹«

Diese Gespräche gingen eine Zeitlang fort, und dabei spendete der Gesegnete seinen Priestern Trost. Dann wandte er sich an sie:

»Und nun, o Priester, nehme ich meinen Abschied von euch; alles, worauf das Sein beruht, ist vergänglich; vollbringt eure Erlösung mit Sorgfalt.«

Und dies war das letzte Wort des Tathagata.

»Darauf trat der Gesegnete in die erste Versenkung ein; und aus der ersten Versenkung sich erhebend, trat er in die zweite Versenkung ein; und aus der zweiten Versenkung sich erhebend, trat er in die dritte Versenkung ein; und aus der dritten Versenkung sich erhebend, trat er in die vierte Versenkung ein; und aus der vierten Versenkung sich erhebend, trat er in den Bereich der Unendlichkeit des Raumes ein; und aus dem Bereich der Unendlichkeit des Raumes sich erhebend, trat er in den Bereich der Unendlichkeit des Bewußtseins ein; und aus dem Bereich der Unendlichkeit des Bewußtseins sich erhebend, trat er in den Bereich des Nichts ein; und aus dem Bereich des Nichts sich erhebend, trat er in den Bereich ein, wo weder Wahrnehmung noch auch Nichtwahrnehmung ist; und aus dem Bereich, wo weder Wahrnehmung noch auch Nichtwahrnehmung ist, sich erhebend, gelangte er zum Aufhören der Wahrnehmung und Empfindung.

Darauf sprach der ehrwürdige Ananda zu dem ehrwürdigen Anuruddha wie folgt:

›Hochwürdiger Anuruddha, der Gesegnete ist noch nicht ins Nirwana eingegangen.‹

›Nein, Bruder Ananda, der Gesegnete ist noch nicht ins Nirwana eingegangen; er ist zum Aufhören der Wahrnehmung und Empfindung gelangt.‹

Darauf erhob sich der Gesegnete aus dem Aufhören seiner Wahrnehmung und Empfindung und trat in den Bereich ein, wo weder Wahrnehmung noch auch Nichtwahrnehmung ist; und aus dem Bereich, wo weder Wahrnehmung noch auch Nichtwahrnehmung ist, trat er in den Bereich des Nichts ein; und aus dem Bereich des Nichts sich erhebend, trat er in den Bereich der Unendlichkeit des Bewußtseins ein; und aus dem Bereich der Unendlichkeit des Bewußtseins sich erhebend, trat er in den Bereich der Unendlichkeit des Raumes ein; und aus dem Bereich der Unendlichkeit des Raumes sich erhebend, trat er in die vierte Versenkung ein; und aus der vierten Versenkung sich erhebend, trat er in die dritte Versenkung ein; und aus der dritten Versenkung sich erhebend, trat er in die zweite Versenkung ein; und aus der zweiten Versenkung sich erhebend, trat er in die erste Versenkung ein; und aus der ersten Versenkung sich erhebend, trat er in die zweite Versenkung ein; und aus der zweiten Versenkung sich erhebend, trat er in die dritte Versenkung ein; und aus der dritten Versenkung sich erhebend, trat er in die vierte Versenkung ein; und aus der vierten Versenkung sich erhebend, ging der Gesegnete sogleich ins Nirwana ein.«[43]

Viertes Kapitel

Die Auflösung

1. Das Ende des Mikrokosmos

Der mächtige Held mit den wunderbaren Kräften, der auf einem Finger den Berg Govardhan heben und sich mit dem schrecklichen Glanz des Universums erfüllen kann, ist jeder von uns: nicht das physische Selbst, das uns der Spiegel zeigt, sondern der innere König. Krishna erklärt: »Ich bin die Seele, die in der Tiefe aller Wesen weilt, ich bin der Anfang der Wesen, bin ihre Mitte und ihr Ende.«[1] Genau das ist der Sinn der Sterbegebete im Augenblick der persönlichen Auflösung, daß das Individuum nun zu seinem Urwissen von der weltschaffenden Gottheit zurückkehren möge, die sich während seines Lebens in seinem Herzen spiegelte.

»Wenn er nun in Schwäche verfällt, sei es durch Alter oder durch Krankheit, daß er in Schwäche verfällt, dann, so wie eine Mangofrucht, eine Feige, eine Beere ihren Stiel losläßt, also läßt der Geist die Glieder los und eilt wiederum, je nach seinem Eingange, je nach seinem Platze, zurück zum Leben. Gleichwie aber einem Fürsten, wenn er herangezogen kommt, die Vornehmen und die Polizeileute und die Wagenlenker und Dorfschulzen mit Speise und Trank und Wohnung aufwarten und rufen: ›Da kommt er heran, da kommt er gezogen‹, ebenso warten dem, der solches weiß, alle Elemente auf und rufen: ›Da kommt das Brahman heran, da kommt es gezogen!‹.«[2]

Dieselbe Vorstellung findet sich bereits in den Texten, die die alten Ägypter ihren Toten mit ins Grab gaben. Hier singt der tote Mensch von seiner Identität mit Gott:

Ich bin Atum, ich der allein war;
Ich bin Re bei seinem ersten Erscheinen.
Ich bin der Große Gott, der sich selbst zeugt,
Der seine Namen schuf, der Herr der Götter,
Dem keiner unter den Göttern sich nahen kann.
Ich war gestern, ich weiß das Morgen.
Das Schlachtfeld der Götter ward gemacht, als ich sprach.

Ich weiß den Namen des Großen Gottes, der darin ist.
»Preis des Re« ist sein Name.
Ich bin der große Phönix, der in Heliopolis ist.[3]

Wie beim Tod des Buddha aber hängt die Fähigkeit, durch alle Abschnitte der Emanation zurückzugehen, ab vom Charakter des Menschen zu seinen Lebzeiten. Die Mythen erzählen von einer gefährlichen, durch mancherlei Hindernisse erschwerten Reise der Seele. Die Eskimos Grönlands zählen einen kochenden Kessel, einen Beckenknochen, eine große brennende Lampe, lauernde Ungeheuer und zwei Felsen auf, die sich wie ein Zange schließen und wieder öffnen.[4] Solche Elemente kehren in Folklore und Heldensage der ganzen Welt wieder. Wir haben sie in den Kapiteln über die Abenteuerfahrt des Helden schon erörtert. Ihre prägnanteste und bedeutsamste Gestalt haben sie jedoch in den mythischen Berichten von der letzten Reise der Seele erhalten.

Ein aztekisches Gebet, das am Totenbett zu sprechen war, warnt den Hingeschiedenen vor den Gefahren des Weges zu dem skelettgestaltigen Totengott Tzontémoc, »Der mit dem fallenden Haar«: »Liebes Kind! Du hast die Mühen dieses Lebens überstanden und überlebt. Nun hat es unserem Herrn gefallen, dich hinwegzunehmen. Denn wir erfreuen uns dieser Welt nicht ewig, nur kurz; unser Leben ist, wie man sich in der Sonne wärmt. Und der Herr hat uns gesegnet, daß wir uns in diesem Dasein kennen und miteinander reden; nun aber, in diesem Augenblick, hat der Gott, der Mictlantecutli oder Aculnahuácatl oder wieder Tzontémoc heißt, und die Göttin, die wir unter dem Namen Mictecacihuatl kennen, dich hinweggetragen. Du wirst vor Seinen Sitz gebracht; denn wir alle müssen dorthin gehen; jener Ort ist für uns alle bestimmt, und er ist groß.

Wir werden von dir keine Erinnerung mehr haben. Du wirst an jenem dunkelsten Ort wohnen, wo es weder Licht noch ein Fenster gibt. Du wirst nicht zurückkehren oder von dort fortgehen; noch wirst du an Rückkehr denken oder dich damit befassen. Du wirst abwesend sein aus unserer Mitte für immer. Arm und verwaist hast du deine Kinder und Enkel hinterlassen; noch weißt du, wie sie enden werden, wie sie durch die Mühen dieses Lebens gehen werden. Und was uns angeht, so werden wir bald dorthin gehen, wo du sein wirst.«

Die Alten und Beamten richteten den Leichnam zur Bestattung her; wenn er den Regeln entsprechend eingehüllt war, gossen sie ein wenig Wasser über den Kopf des Toten und sagten zu ihm: »Dies erfreute dich, als du in der Welt lebtest.« Und sie nahmen einen kleinen Krug mit Wasser und boten ihn dar mit den Worten: »Hier ist etwas für deine Reise«; dann wurde er in eine Falte des Leichentuches gestellt. Dann hüllten sie den Toten in seine Tücher, verwahrten ihn sorgfältig und legten, eins nach dem anderen, bestimmte vorbereitete Schriftstücke vor ihm nieder: »Sieh, mit diesem wirst du zwischen den zusammenklappenden Bergen hindurchgehen können.« »Mit diesem wirst du die Straße passieren, wo die Schlange wacht.« »Dies wird die kleine grüne Eidechse Xochitónal beschwichtigen.« »Und sieh, mit diesem wirst du die acht Wüsten der erstarren machenden Kälte durchqueren können.« »Hier ist das, womit du den Wind der Obsidianmesser überleben wirst.«

Der Tote mußte einen kleinen Hund mit hellem rotem Haar mit sich nehmen. Um seinen Nacken legte man eine weiche Baumwollschnur, tötete ihn und verbrannte ihn mit dem Leichnam. Der Tote schwamm auf dem Rücken dieses kleinen Tieres, wenn er den Fluß der Unterwelt zu überqueren hatte. Und nach vier Jahren der Wanderung kam er mit ihm vor den Gott, dem er seine Schriftstücke und Gaben wies. Worauf er, zusammen mit seinem treuen Begleiter, zum »Neunten Abgrund« zugelassen wurde.[5]

Die Chinesen erzählen von einer Überquerung der Feenbrücke mit Hilfe der Jademaid und des goldenen Jünglings. Die Hindus malen sich einen Turm von Himmeln und eine in vielen Stockwerken hinabreichende Unterwelt von Höllen aus. Die Seele schwebt oder sinkt nach dem Tode zu dem Stockwerk, das ihrer Dichte entspricht, um dort den ganzen Sinn ihres vergangenen Lebens zu verarbeiten und sich zu assimilieren. Wenn sie das geleistet, ihre Lehren daraus gezogen hat, kehrt sie zur Welt zurück, um sich auf die nächste Stufe dieser Erfahrungskette vorzubereiten. So macht sie ihren Weg durch alle Ebenen des Lebensgehaltes, bis sie schließlich über die Grenzen des Welteises hinausgelangt. Dantes *Göttliche Komödie* gibt eine vollständige Übersicht über alle Stufen: das Inferno, als das Elend des an den Hochmut und die Wünsche des Fleisches gebundenen Geistes, das Purgatorio, als den Prozeß der Umwandlung fleischlicher in spirituelle Erfahrung, und das Paradies mit den Graden der spirituellen Verwirklichung.

Eine tiefe und schauervolle Vision der Reise ist die des ägyptischen Totenbuchs. Nach dem Tode wird jeder Mann und jede Frau mit Osiris identifiziert und mit dessen Namen genannt. Die Texte heben an mit Lobhymnen an Re und Osiris und gehen dann fort zum Mysterium der Entkleidung der Toten von ihren Bandagen in der Unterwelt. In dem »Kapitel, da dem Osiris N. ein Mund gegeben wird«[6], lesen

Abb. 19. Osiris als Totenrichter

wir den Satz: »Ich stieg aus dem Ei im verborgenen Land.« Er verkündet die Idee des Todes als Wiedergeburt. Dann, in dem »Kapitel vom Auftun des Mundes des Osiris N.«, betet die erwachende Seele: »Möge der Gott Ptah meinen Mund auftun, und möge der Gott meiner Stadt die Bänder verlieren, auch die Bänder, die über meinem Mund sind.« Das »Kapitel von der Verleihung von Gedächtnis an Osiris N. in der Unterwelt« und das »Kapitel von der Verleihung eines Herzens an Osiris N. in der Unterwelt« bringen den Prozeß der Wiedergeburt um zwei Stadien weiter. Dann beginnen die Kapitel von den Gefahren, die der einsame Wanderer auf seinem Wege zum Thron des fürchterlichen Richters zu bestehen hat.

Als Führer durch die Fährnisse der schwierigen Wanderung wurde das Totenbuch der Mumie mit ins Grab gegeben, und Abschnitte daraus wurden während des Begräbnisses rezitiert. Bei einem gewissen Stadium der Herrichtung der Mumie wurde das Herz des Toten aufgeschnitten und, als Symbol der Sonne, ein aus Basalt geschnittener und in Gold gefaßter Scarabäus hineingelegt, wobei gebetet wurde: »Mein Herz, meine Mutter, mein Herz, meine Mutter; mein Herz der Verwandlungen.« Dieses Gebet schreibt das »Kapitel, dem Osiris N. in der Unterwelt nicht sein Herz nehmen zu lassen« vor. Darauf, in dem »Kapitel vom Zurückschlagen des Krokodils«, lesen wir: »Zieh dich zurück, o Krokodil, das im Westen wohnt . . . Zieh dich zurück, o Krokodil, das im Süden wohnt . . . Zieh dich zurück, o Krokodil, das im Norden wohnt . . . Die geschaffenen Dinge sind in der Höhlung meiner Hand, und die noch ungeschaffenen sind in meinem Leib. Ich bin bekleidet und ganz versehen mit deinen Zauberworten, o Re, die im Himmel über mir sind und in der Erde unter mir . . .« Es folgt das »Kapitel zum Zurücktreiben der Schlangen«, »Kapitel von der Vertreibung des Asphait«. Dem letzteren Dämon ruft die Seele zu: »Weiche von mir, o du, der nagende Lippen hat.« In dem »Kapitel vom Zurücktreiben der beiden Merti-Göttinnen« verkündet die Seele ihre Absicht und schützt sich, indem sie ihren Anspruch nennt, Sohn des Vaters zu sein: ». . . Ich leuchte von dem Sektet-Boot, ich bin Horus, des Osiris Sohn, und ich bin gekommen, meinen Vater Osiris zu sehen.« Das »Kapitel vom Leben von Luft in der Unterwelt« und das »Kapitel vom Zurücktreiben der Schlange in der Unterwelt« führen die Seele durch weitere Stadien ihres Weges hindurch, und dann kommt die große Verkündigung in dem »Kapitel von der Vertreibung des Erschlagens, das in der Unterwelt geschieht«: »Mein Haar ist Nus Haar. Mein Antlitz ist das Antlitz der Sonnenscheibe. Meine Augen sind Hathors Augen. Meine Ohren sind Apuats Ohren. Meine Nase ist Khenti-khas' Nase. Meine Lippen sind Anpus Lippen. Meine Zähne sind Sergets Zähne. Mein Nacken ist der Nacken der heiligen Göttin Isis. Meine Hände sind Ba-neb-Tattus Hände. Meine Unterarme sind Neiths Unterarme, der Herrin von Sais. Mein Rückgrat ist Sutis Rückgrat. Mein Phallus ist Osiris' Phallus. Meine Lenden sind die Lenden des Herrn von Kher-aba. Mein Brustkorb ist der Brustkorb des Mächtigen des Schreckens ... Es ist kein Glied meines Körpers, das nicht Glied irgendeines Gottes wäre. Der Gott Thot schirmt meinen ganzen Körper, und ich bin Re Tag für Tag. An den Armen soll ich nicht zurückgezogen werden, und niemand soll gewalttätig nach meinen Händen greifen ...«

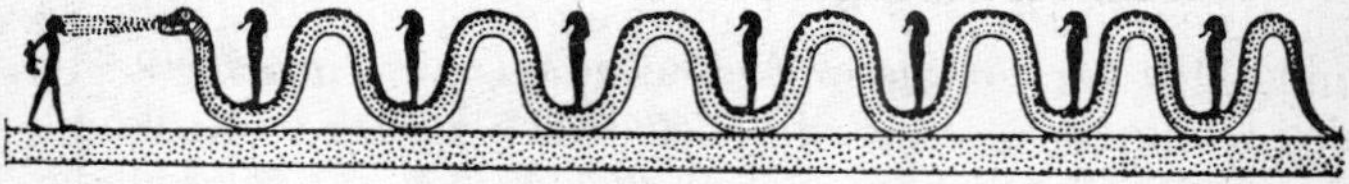

Abb. 20. Die Schlange Kheti in der Unterwelt, einen Feind des Osiris mit Feuer vernichtend

Wie in dem viel späteren Bild des Bodhisattva, in dessen Heiligenschein fünfhundert Buddhas stehen, jeder umgeben von fünfhundert Bodhisattvas, und jeder von diesen wiederum von unzähligen Gottheiten, so gelangt hier die Seele zur Fülle ihrer Gestalt und Macht, indem sie sich die Gottheiten assimiliert, die sie früher als ein von ihr Getrenntes, als ein Äußeres erfahren hatte. Sie sind Projektionen ihres wahren Seins und werden wieder in dieses zurückgenommen, sowie sie in ihren wahren Zustand zurückkehrt.

In dem »Kapitel vom Einziehen der Luft und vom Besitz der Herrschaft über das Wasser der Unterwelt« proklamiert sich die Seele als Wächter des Welteises: »Heil, du Sykomorenbaum der Göttin Nut! Gewähre mir von dem Wasser und von der Luft, die in dir wohnen. Ich umfasse den Thron, der in Hermopolis ist, und ich bewache und behüte das Ei der Großen Henne. Es wächst, ich wachse; es lebt, ich lebe; es zieht die Luft ein, ich ziehe die Luft ein, ich, der Osiris N., in Triumph.«

Abb. 21. Die Schatten des Ani und seiner Frau im Jenseits, Wasser trinkend.

Es folgt das »Kapitel, die Seele eines Menschen in der Unterwelt nicht von ihm nehmen zu lassen« und das »Kapitel vom Trinken von Wasser in der Unterwelt und vom nicht Verbranntwerden durch Feuer«, und dann kommen wir zu dem großen Höhepunkt – dem »Kapitel vom Hervortreten bei Tage in der Unterwelt«, worin die Seele und das Allsein als eines erkannt werden: »Ich bin Gestern, Heute und Morgen, und ich habe die Macht, ein zweites Mal geboren zu werden; ich bin die göttliche verborgene Seele, die die Götter erschafft, und die den Bewohnern der Unterwelt von Amentet und des Himmels Totenmahle gibt. Ich bin das Ruder des Ostens, der Besitzer zweier göttlicher Antlitze, darin seine Ruderbäume zu sehen sind. Ich bin der Herr der Menschen, die geworden sind; der Herr, der hervortritt aus der Finsternis, und dessen Existenzformen von dem Hause sind, darin die Toten sind. Heil, ihr zwei Falken, die ihr auf euren Ruheplätzen sitzt, die den Dingen lauschen, die er sagt, die den Leichenwagen zu dem verborgenen Orte leiten, die Re führen und ihm zu dem höchsten Orte des Heiligtums folgen, der in den himmlischen Höhen ist! Heil, Herr des Heiligtums, das in der Mitte der Erde steht. Er ist ich, und ich bin er, und Ptah hat seinen Himmel mit Kristall bedeckt . . .«

Darauf kann die Seele das Weltall nach Belieben durchmessen, wie es gezeigt wird in dem »Kapitel vom Heben der Füße und vom Hervortreten auf die Erde«, in dem »Kapitel vom Reisen nach Heliopolis und vom Einnehmen eines Thrones darin«, in dem »Kapitel von einem Menschen, der sich in jegliche Form verwandelt, die ihm gefällt«, in dem »Kapitel vom Eintreten in das große Haus« und in dem »Kapitel vom Gehen in die Gegenwart der göttlichen herrschenden Prinzen des Osiris«. Die Kapitel des sogenannten negativen Bekenntnisses verkünden die sittliche Reinheit des erlösten Menschen: »Ich habe keine böse Tat begangen . . . Ich habe nicht mit Gewalt geraubt . . . Ich habe keinem Menschen Gewalt widerfahren lassen . . . Ich habe keinen Diebstahl begangen . . . Ich habe keinen Mann und keine Frau erschlagen . . .« Das Buch schließt mit Lobpreisungen der Götter, und dann: das »Kapitel vom Leben nahe bei Re«, das »Kapitel vom Bewegen eines Menschen zur Rückkehr, um sein Haus auf Erden zu sehen«, das »Kapitel von der Vervollkommnung der Seele« und das »Kapitel vom Fahren im großen Sonnenboot des Re.«[7]

2. Das Ende des Makrokosmos

Wie die geschaffene Form des Individuums, so muß auch die des Universums sich auflösen:

»Wenn es bekannt wird, daß nach dem Hingang von hunderttausend Jahren der Zyklus von neuem anheben soll, wandern die Loka byuhas geheißenen Götter, Bewohner eines Himmels sinnlicher Freuden, in der Welt umher, das Haar losgebunden und im Winde fliegend, weinend und ihre Tränen mit den Händen fortwischend, und mit Kleidern, die rot sind und sehr zerzaust. Und so verkünden sie:

›Ihr Herren, nach dem Hingang von hunderttausend Jahren soll der Zyklus von neuem anheben; diese Welt wird zerstört werden; auch der mächtige Ozean wird austrocknen; und diese weite Erde und Sumeru, der Herrscher der Berge, wird verbrannt werden und zerstört – bis zur Welt des Brahman wird die Zerstörung der Welt sich ausbreiten. Deshalb, ihr Herren, pflegt die Freundschaft; pflegt Mitleid, Freude und Gleichmut; ehrt eure Mütter; ehrt eure Väter; und ehrt die Älteren unter eurer Verwandtschaft.‹

Dies heißt das Aufdröhnen des Zyklus.«[8]

Die Version der Mayas vom Weltuntergang ist dargestellt in einer Illustration auf der letzten Seite des Dresdner Kodex.[9] In diesem altertümlichen Werk werden die Planetenbahnen verzeichnet und zur Berechnung großer kosmischer Zyklen verwandt. Die Schlangenziffern – so genannt, weil in ihnen ein Schlangensymbol erscheint –, die gegen Ende des Textes auftauchen, bedeuten Weltperioden von einigen 34 000 Jahren, das sind etwa 12 500 000 Tage, und diese Perioden werden immer wieder berechnet. »Man kann annehmen, daß bei diesen anschaulich ganz unvorstellbaren Perioden die kleineren Einheiten doch ein mehr oder weniger exaktes Ergebnis umschreiben. Was bedeutet es für eine solche virtuelle Ewigkeit, ob sie ein paar Jahre länger dauert oder nicht? Schließlich, auf der letzten Seite des Manuskripts, folgt eine bildliche Darstellung der Weltzerstörung, welcher die höchsten Zahlen den Weg geebnet haben. Darauf erscheint die Regenschlange, die, quer über den Himmel gestreckt, Ströme von Wasser ausspeit. Ganze Fluten ergießen sich auch von der Sonne und dem Mond. Die alte Göttin, die mit den Tigerpranken und dem versagenden Ausdruck, die bösartige Patronin der Fluten und Wolkenbrüche, entleert die Schüssel der Himmelswasser. Auf ihrem Rock prangen als grauenvolle Todessymbole kreuzweise gepaarte Gebeine, und auf ihrem Kopf windet sich eine Schlange als Krone. Unten, mit dem gesenkten Speer, der Zerstörung bedeutet, schreitet der schwarze Gott umher, dessen schrecklicher Kopf eine zornig fauchende Eule trägt. Hier ist in der Tat die endgültige Katastrophe mit graphischer Dichte ins Bild gefaßt.«[10]

Eine der mächtigsten Darstellungen gibt die *Edda* der alten Wikinger. Odin, der oberste Gott, hat nach seinem Ende und dem seines Pantheons gefragt, und die »Seherin«, eine Personifikation der Weltmutter selbst, läßt ihn vernehmen[11]:

> Brüder kämpfen
> Und bringen sich Tod,
> Brudersöhne
> Brechen die Sippe;
> Arg ist die Welt,
> Ehbruch furchtbar,
> Nicht einer will
> Des andern schonen.

In Jotunheim, dem Land der Riesen, soll ein hellroter Hahn krähen, in Walhall der Hahn Güldenkamm, ein braunroter in der Unterwelt. Der Höllenhund Garm an der Klippenhöhle, ihrem Eingang, soll sein riesiges Maul auftun und gellend heulen, die Erde erbeben, Felsen und Bäume zersplittern, das Land überflutet werden. Die Fesseln der Ungeheuer, die zu Anfang gebändigt worden waren, sollen zerreißen: Der Fenriswolf soll losbrechen, den Unterkiefer aufgesperrt bis zur Erde, den Oberkiefer bis zum Himmel (»er würde noch weiter aufreißen, wenn Platz wäre«), Feuer speiend aus Nüstern und Augen. Die weltumspannende Schlange, der kosmische Ozean, soll sich in gigantischem Zorn erheben und mit dem Wolf das Land verwüsten, während ihr giftiger Hauch Luft und Wasser durchsetzt. Naglfar, das aus den Nägeln der Toten erbaute Schiff, soll losgemacht werden und die Riesen heranführen, ein anderes die Bewohner der Unterwelt, und von Süden sollen die Feuersöhne anrücken.

Wenn dann der Wächter der Götter ins gellende Horn stößt, werden die Kriegersöhne Odins sich zur letzten Schlacht sammeln. Aus allen Richtungen werden die Götter, Riesen, Dämonen, Zwerge und Elfen zum Schlachtfeld streben. Die Weltesche Yggdrasil wird erzittern, und nichts auf Erden und im Himmel wird sich der Furcht entziehen können.

Odin soll den Wolf angreifen, Thor die Schlange, Tyr den

Hund – das schlimmste Untier – und Freyr den Surt, den Mann des Feuers. Thor soll die Schlange zerschmettern, noch zehn Schritte tun können und dann, dem Gifthauch erlegen, tot zur Erde fallen. Odin soll vom Wolf verschlungen werden und dieser dann von Widar besiegt werden, dem es gelingt, den Fuß auf den Unterkiefer zu setzen, mit der Hand den Oberkiefer zu packen und das Maul zu zerreißen. Loki und Heimdall sollen sich gegenseitig erschlagen, und schließlich soll Surt Feuer über die Erde werfen und die Welt verbrennen.

Die Sonne verlischt,
Das Land sinkt ins Meer,
Vom Himmel stürzen
Die heitern Sterne.
Rauch und Feuer
Rasen umher;
Hohe Hitze
Steigt himmelan.
Gellend heult Garm
Vor Gnipahellir.
Es reißt die Fessel,
Es rennt der Wolf.
Vieles weiß ich,
Fernes schau ich:
Der Rater Schicksal,
Der Schlachtgötter Sturz.

»Und als er auf dem Ölberge saß, traten zu ihm seine Jünger besonders und sprachen: Sage uns, wann wird das geschehen, und welches wird das Zeichen sein deiner Zukunft und der Welt Ende?

Jesus aber antwortete und sprach zu ihnen: Sehet zu, daß euch nicht jemand verführe. Denn es werden viele kommen unter meinem Namen und sagen: Ich bin Christus; und werden viele verführen. Ihr werdet hören Kriege und Geschrei von Kriegen; sehet zu und erschrecket nicht. Das muß zum ersten alles geschehen; aber es ist noch nicht das Ende da. Denn es wird sich empören ein Volk über das andere und ein Königreich über das andere, und werden sein Pestilenz und teure Zeit und Erdbeben hin und wieder. Da wird sich allererst die Not anheben. Alsdann werden sie euch überantworten in Trübsal und werden euch töten. Und ihr müßt gehaßt werden um meines Namens willen, von allen Völkern. Dann werden sich Viele ärgern, und werden sich untereinander verraten und werden sich untereinander hassen. Und es werden sich viele falsche Propheten erheben, und werden Viele verführen. Und dieweil die Ungerechtigkeit wird überhand nehmen, wird die Liebe in Vielen erkalten. Wer aber beharret bis an das Ende, der wird selig. Und es wird geprediget werden das Evangelium vom Reich in der ganzen Welt, zu einem Zeugnis über alle Völker; und dann wird das Ende kommen.

Wenn ihr nun sehen werdet den Greuel der Verwüstung (davon gesagt ist durch den Propheten Daniel), daß er stehe an der heiligen Stätte; (wer das lieset, der merke darauf!) Alsdann fliehe auf die Berge, wer im jüdischen Lande ist. Und wer auf dem Dache ist, der steige nicht hernieder, etwas aus seinem Hause zu holen. Und wer auf dem Felde ist, der kehre nicht um, seine Kleider zu holen. Wehe aber den Schwangern und Säugerinnen zu der Zeit. Bittet aber, daß eure Flucht nicht geschehe im Winter oder am Sabbath. Denn es wird alsdann eine große Trübsal sein, als nicht gewesen ist von Anfang der Welt bisher und als auch nicht werden wird. Und wo diese Tage nicht würden verkürzet, so würde kein Mensch selig; aber um der Auserwählten willen werden die Tage verkürzet.

So alsdann jemand zu euch wird sagen: Siehe, hier ist Christus, oder da; so sollt ihr es nicht glauben. Denn es werden falsche Christi und falsche Propheten aufstehen und große Zeichen und Wunder tun, daß verführet werden in den Irrtum (wo es möglich wäre) auch die Auserwählten. Siehe, ich habe es euch zuvor gesagt. Darum, wenn sie zu euch sagen werden: Siehe, er ist in der Wüste; so gehet nicht hinaus. Siehe, er ist in der Kammer; so glaubet es nicht. Denn gleichwie der Blitz ausgehet vom Aufgang und scheinet bis zum Niedergang, also wird auch sein die Zukunft des Menschen Sohns. Wo aber ein Aas ist, da sammeln sich die Adler. Bald aber nach der Trübsal derselben Zeit werden Sonne und Mond den Schein verlieren, und die Sterne werden vom Himmel fallen, und die Kräfte der Himmel werden sich bewegen. Und alsdann wird erscheinen das Zeichen des Menschen Sohns im Himmel. Und alsdann werden heulen alle Geschlechter auf Erden und werden sehen kommen des Menschen Sohn in den Wolken des Himmels, mit großer Kraft und Herrlichkeit. Und er wird senden seine Engel mit hellen Posaunen; und sie werden sammeln seine Auserwählten von den vier Winden, von einem Ende des Himmels zu dem andern ... Von dem Tage aber und von der Stunde weiß niemand, auch die Engel nicht im Himmel, sondern allein mein Vater.«[12]

Epilog

Der Mythos und die Gesellschaft

1. Die Vieldeutigkeit der Mythen

Ein endgültiges System der Mytheninterpretation gibt es nicht und wird es nie geben. Die Mythen gleichen dem Proteus, »dem grauen untrüglichen Meergott«, dem »Sträubenden«, der »ringt zu entfliehen«.

> Denn der Zauberer wird sich in alle Dinge verwandeln,
> Was auf der Erde lebt, in Wasser und loderndes Feuer.[1]

Nur wenn der Wanderer Ernst macht mit der Anweisung: »Aber greift unerschrocken ihn an und haltet noch fester!«, nimmt der Gott seine wahre Gestalt an, um Rede zu stehen. Aber selbst der geschickteste Frager vermag dem Listigen nicht das ganze Wissen zu entlocken. Nur auf die Frage, die er stellt, erhält er Antwort, und je nach der Frage fällt diese tief oder läppisch aus.

> Wann die Mittagssonne den hohen Himmel besteiget,
> Siehe dann kommt aus der Flut der graue untrügliche Meergott,
> Unter dem Wehn des Westes, umhüllt vom schwarzen Gekräusel,
> Legt sich hin zum Schlummer in überhangende Grotten,
> Und floßfüßige Robben der lieblichen Halosydne
> Ruhen in Scharen um ihn, dem grauen Gewässer entstiegen,
> Und verbreiten umher des Meeres herbe Gerüche.[2]

Der griechische Kriegerkönig Menelaos, den eine hilfreiche Tochter des alten Meervaters zu dessen Unterschlupf geführt und darüber belehrt hatte, wie ihm die Antwort abzunötigen sei, begehrte Auskunft nur über die Schwierigkeiten, die seiner noch warteten, und über das Geschick seiner persönlichen Freunde, und der Gott gab sie ohne Murren.

Der moderne Intellekt hat die Mythen interpretiert als einen primitiv-täppischen Versuch der Naturerklärung (Frazer); als Produkt der poetischen Phantasie prähistorischer Zeitalter, verzerrt von den folgenden (Müller); als Arsenal allegorischer Unterweisungen, die das Individuum der

Gruppe gefügig machen sollen (Durkheim); als Gruppentraum, in dem die Tiefenschicht der Menschenseele ihre archetypischen Impulse ausdrückt (Jung); als das überlieferte Medium metaphysischer Einsicht (Coomaraswamy) und schließlich als Offenbarung Gottes an seine Kinder (die Kirche). In Wahrheit sind die Mythen das alles, nur zeigen sie jedem Interpreten, je nach dessen Standort, ein anderes Gesicht. Denn den Anliegen und Bedürfnissen der Individuen, Rassen und Zeitalter kommen sie so aufgeschlossen entgegen wie das Leben selbst, wenn die Frage nicht auf ihr Wesen, sondern auf ihre Funktion dringt, darauf, wie sie in der Vergangenheit der Menschheit gedient haben und wie sie es heute könnten.

2. Die Funktion von Mythos, Kultus und Meditation

Wie es faktisch ist, kann das Individuum die volle Idee des Menschen nur fragmentarisch und verzerrt darstellen. Notwendige Grenzen sind ihm gesetzt dadurch, daß es entweder männlich oder weiblich ist; nochmals ist es begrenzt durch seinen jeweiligen Lebensabschnitt: Kindheit, Jugend, Reife und Alter; und eine weitere Spezialisierung liegt in seiner Rolle als Handwerker, Händler, Diener, als Dieb, Priester, Führer, Gattin, Nonne oder Dirne. Es kann nicht alles in sich vereinigen. Die Totalität, die Fülle des Menschen, existiert nicht im isolierten Glied der Gesellschaft, sondern erst in ihrem Gesamtkörper. Das Individuum kann nicht mehr sein als dessen Organ. Seine Gruppe versieht es mit den Techniken, mit denen es das Leben meistert, mit der Sprache, in der es denkt, mit den Ideen, von denen sein Wachstum zehrt, und vor all dem schon mit den Genen, die seine körperliche Konstitution bestimmen. Wenn es sich abzulösen trachtet, gleich ob in Taten oder in Denken und Fühlen, untergräbt es seine eigene Existenz.

Die Stammeszeremonien bei der Geburt, Initiation, Hochzeit, Bestattung und Bestallung des Individuums übersetzen die Wendepunkte und Entscheidungen des Einzellebens in klassische, überpersönliche Formen. Das Selbst, das sie dem Individuum offenbaren, ist nicht einfach, diese oder jene

Person zu sein, sondern Krieger, Braut, Witwe, Priester oder Häuptling. Und alle anderen, die sich nach Rang und Funktion dem Zeremonial eingliedern, erfahren dabei wieder die alte Lehre von den archetypischen Stufen. Die ganze Gruppe erblickt sich selbst als eine unvergängliche, lebendige Einheit, deren substantielle, zeitlose Form sich erhält, während die Individuen, Generation auf Generation, hinschwinden wie anonyme Zellen in einem lebenden Leib. Die Einzelnen aber, deren Horizont sich zum Anblick des Ganzen weitet, erfahren Bereicherung und Rückhalt durch die Gruppe, und ihre eigene, wenn auch unscheinbare Rolle erscheint ihnen in ihrer Unentbehrlichkeit für das festliche Bild des Menschen – des Bildes, das sie in sich tragen, ohne es als Einzelne verwirklichen zu können.

In den Verpflichtungen gegenüber der Gruppe setzt die Lehre des Festes sich fort in den Alltag. In ihrer Befolgung bestätigt sich das Individuum, während Indifferenz, Revolte oder Exil die lebenspendende Kommunikation abschneiden. Vom Standpunkt des gesellschaftlichen Subjekts ist das einzelne, das sich losgesagt hat, schlechterdings nichts, und nur dasjenige, welches, gleich ob Mann oder Frau, mit Recht auf die Erfüllung seiner Rolle hinweisen kann – handle es sich nun um die des Priesters oder des Sklaven, der Königin oder des Freudenmädchens –, *ist* etwas im vollen Sinne des Wortes *sein.*

Initiations- und Bestallungsriten lehren also die essentielle Einheit von Individuum und Gruppe. Einen weiteren Horizont noch eröffnen die Feste, in denen der Jahreslauf kulminiert: daß so, wie das Individuum ein Organ der Gruppe ist, der Stamm, die Stadt und schließlich die ganze Menschheit nichts anderes sind als Phasen des kosmischen Riesenorganismus.

Die übliche Interpretation dieser Feste der sogenannten Primitiven, als Versuche zur Naturbeherrschung, geht fehl. Sicher ist in jeder menschlichen Handlung, und besonders in jenen magischen Praktiken, die Regenwolken erzeugen, Krankheiten heilen oder die Fluten abhalten sollen, der Wille zur Beherrschung lebendig. Was aber in allen wirklich religiösen und nicht nur finster magischen Zeremonien dominiert, ist das Motiv des Sich-Schickens ins Unabwendbare, und besonders auffallend ist es bei den Jahresfesten. Noch von keinem Zeremonial ist berichtet worden, das den Einbruch des Winters hätte verhindern wollen, sondern alle stimmen die Gruppe darauf ein, daß sie, zusammen mit der übrigen Schöpfung, die Zeit der schrecklichen Kälte über sich ergehen lassen muß. Ebensowenig sind die Frühlingsriten darauf aus, der Natur unmittelbar einen Strom von Korn, Bohnen und Früchten für die darbende Gruppe zu entlokken, sondern sie bringen den ganzen Stamm der Natur dar für die Arbeit der kommenden Jahreszeit. Gefeiert und vorgezeichnet wird immer, wie der Zyklus des Jahres mit seinen Mühen und Freuden in dem des Stammeslebens sich fortsetzt.

Dieser kontinuierliche Zusammenhang mit der Natur drückt sich noch in vielen anderen Symbolen aus, die das Leben einer mythisch orientierten Gruppe erfüllen. So führen bei den amerikanischen Jägerstämmen die meisten Clans ihre Abstammung auf halb tierische, halb menschliche Ahnen zurück, denen nicht nur die Menschen des Clans entsprungen seien, sondern auch die Tiere der Spezies, nach der er sich nennt. Die menschlichen Angehörigen des Biberclans etwa betrachten sich als Blutsverwandte der Biber, schützen sie und glauben, auch ihrerseits unter dem Schutz der klugen Waldbewohner zu stehen. Oder ein anderes Beispiel: Die Navahos in New Mexico und Arizona errichten ihre Lehmhütten, die hogans, nach dem Modell ihrer Vorstellung vom Kosmos. Der Eingang deutet nach Osten, die acht Seiten nach den Himmelsrichtungen. Jeder Pfosten und jeder Träger entspricht einem Bestandteil des großen, allumfangenden Erd- und Himmelshogan. Und da die Navahos sich die Menschenseele als Ebenbild des Kosmos vorstellen, steht die Form ihrer Behausungen für die metaphysische Harmonie von Mensch und Universum und erinnert an den verborgenen Weg zur Vollendung.

Aber es gibt noch einen anderen Weg, der dem des öffentlichen Kultes und der Verpflichtung auf die Gruppe diametral entgegengesetzt ist. Für den Standpunkt der Pflicht ist das Exil die Vernichtung, für den anderen Standpunkt aber ist es der erste Schritt der Berufung: weil jeder in sich selber das All trägt, kann es innen gesucht und gefunden werden. Die

Unterschiede des Geschlechts, Alters und Berufs sind unserem Wesen äußerlich, bloße Kostüme, die wir auf der Weltbühne für eine Zeit anlegen, die aber nicht mit der Idee des Menschen verwechselt werden dürfen. Wenn wir uns bestimmen als Amerikaner, Kinder des zwanzigsten Jahrhunderts, Abendländer, zivilisierte Christen, als tugendhaft oder sündig, dann sagen solche Kategorien nichts vom Menschsein, sondern notieren nur die Zufälligkeiten des geographischen Aufenthalts, des Geburtsdatums und des Einkommens. Was aber ist unser Kern, der Grund unseres Wesens?

Die Askese der Heiligen des Mittelalters und der indischen Yogis, die orphischen Mysterien und die alten Philosophien des Ostens und des Westens sind Techniken, die den Kern des individuellen Bewußtseins von jenen zufälligen Verkleidungen lösen sollen. Die ersten Meditationen des Adepten entfremden seinem Geist das Zufällige des Lebens und lenken ihn auf dessen Kern. »Ich bin nicht dieses, nicht jenes«, denkt er, »nicht meine Mutter oder mein Sohn, der gerade gestorben ist; nicht mein Körper, der kränkelt oder altert; nicht mein Arm, mein Auge, mein Kopf; nicht die Summe all dessen. Ich bin nicht mein Fühlen; nicht mein Denken; nicht meine Befähigung zur Intuition.« Geleitet von solchen Meditationen erreicht er die Tiefe seines Selbst und bricht schließlich durch zu unermeßlichem Erkennen. Kein Mensch kann, von solchen Übungen zurückkehrend, sich im Ernst wieder als Mr. So-und-So aus dieser oder jener Stadt der USA betrachten: Gesellschaft und Pflichten fallen ab, und Mr. So-und-So, der den Menschen in sich entdeckt hat, wird in sich gekehrt und entrückt.

Das ist ein notwendiger Schritt, aber noch nicht das Ziel. Der Zustand ist der des Narziß über der Quelle und des sinnenden Buddha unter dem Baum. Das endgültige Ziel ist nicht diese Erschauung des Wesens, sondern das Innewerden, daß man selber es *ist.* Dann ist man frei, als dieses Wesen in die Welt zu gehen. Und weiter: auch die Welt ist vom gleichen Wesen, und deshalb sind das Wesen des Selbst und das der Welt eins. Darum ist entrückte Abgeschiedenheit nicht länger notwendig. Wo immer man hingehen, was immer man tun mag – man bleibt bei sich selbst, wenn das innere Auge zur Vollkommenheit gebildet ist, die das Trennende durchdringt. Wenn also der Weg der Pflicht schließlich zur Verwirklichung des Alls im Individuum führen kann, so bringt der des Exils, des Sich-Abscheidens, das Individuum zu dem Selbst in allem.

Die Konzentration auf diesen archimedischen Punkt läßt die Frage nach Egoismus oder Altruismus verschwinden. Das Individuum hat sich in das Gesetz des Universums verloren und ist wiedererstanden in Identität mit dessen ungebrochenem, ganzem Sinn. Für es und durch es ward die Welt erschaffen. »O Mohammed«, sprach Gott, »wärest du nicht gewesen, ich hätte das Firmament nicht erschaffen.«

3. Der Heros heute

All das ist von den heutigen Perspektiven in der Tat weit entfernt. Das demokratische Ideal des sich selbst bestimmenden Individuums, die Erfindung der Dampfmaschine und des Motors, die Ausbildung der naturwissenschaftlichen Forschungsmethode haben das Leben so einschneidend verändert, daß der uralte, zeitlose Kosmos der Symbole einstürzen mußte. Nietzsches Zarathustra sprach es aus in den schicksalsschweren, von der kommenden Epoche widerhallenden Worten: »Tot sind alle Götter.«[3] Jeder kennt den Hergang. In der verschiedensten Weise ist er dargestellt worden, ein Heldenzyklus der Neuzeit, ein Märchen vom Mündigwerden der Menschheit. Wohlgezielte, mächtige Schläge trafen die Fesseln der Tradition, den Bann der Vergangenheit. Das Traumgespinst des Mythos zerfiel, der Geist erwachte zu vollem Bewußtsein, und wie ein Schmetterling aus der Puppe oder die aufgehende Sonne aus dem Schoß der mütterlichen Nacht erhob sich aus dem alten Aberglauben der moderne Mensch.

Nicht nur haben die forschenden Augen der Teleskope und Mikroskope den Göttern keinen Schlupfwinkel gelassen: auch die Gesellschaft, wie sie einst sich von den Göttern tragen ließ, existiert nicht mehr. Aus dem Substrat religiöser Gehalte, das sie einst war, wurde eine ökonomisch-politische Organisation. Deren Ideale sind nicht mehr die der hieratischen Pantomime, die auf Erden die Formen des Himmels darstellt, sondern die des diesseitigen Staates, der harten und unnachgiebigen Konkurrenz um materielle Vorherrschaft und Ressourcen. Sofern in sich geschlossene, in einem mythisch geladenen Horizont befangene Gesellschaftsgebilde sich noch erhalten haben, sind sie zu Ausbeutungsobjekten geworden, und in den fortschrittlichen stehen auch die letzten Spuren des rituellen, sittlichen und künstlerischen Erbes der Menschheit vor dem Verlöschen.

Deshalb aber ist das Problem, das sich der Menschheit heute stellt, genau entgegengesetzt dem der Menschen, die in den vergleichsweise stabilen Perioden der jetzt entlarvten mythischen Integration lebten. Lag bei ihnen aller Sinn im Kollektiv, in den großen anonymen Formen und nicht im mündigen Individuum, so ist heute das Kollektiv wie die Welt überhaupt jeden Sinnes bar, und alles ist im Individuum. Dort aber ist er ganz unbewußt: es weiß nicht, wohin es geht, es weiß nicht, wodurch es getrieben wird. Alle Verbindungsfäden zwischen den bewußten und den unbewußten Bereichen der Menschenseele sind durchschnitten: wir sind in zwei Hälften zersprungen.

Die Tat, die heute entscheidend wäre, ist nicht die gleiche wie die, die das Jahrhundert Galileis forderte. Wo damals Finsternis war, ist heute Licht, ebenso aber ist heute Finsternis, wo damals Licht war. Heute geht es darum, das verlorene Atlantis der unzerspaltenen Seele wieder ans Licht zu bringen.

Offenbar kann das weder geschehen durch einen Rückfall hinter die Errungenschaften der modernen Revolution noch durch eine bloße Abwendung von ihr. Das Problem besteht vielmehr genau darin, die moderne Welt mit einem Sinn zu versehen, der den Geist befriedigt, oder, um das gleiche Prinzip von der anderen Seite her zu formulieren, genau darin, allen Menschen, Männern wie Frauen, die Möglichkeit zu geben, durch die Lebensbedingungen in unserer Welt hindurch die volle Reife der Menschlichkeit zu erlangen. Diese Bedingungen aber haben die alten Formeln fruchtlos, irreführend, sogar gefährlich gemacht. Die Gemeinschaft von heute umfaßt den ganzen Planeten, nicht einzelne Völker, und deshalb würde das Schema nach außen projizierter

Aggression, das einst die Gruppen nach innen integrierte, heute nur noch Selbstzerfleischung bedeuten. Die Idee der Nation, mit der Flagge als Totem, bläht heute das infantile Ich eher auf, als daß sie es zergehen ließe. Ihre Pseudorituale auf den Paradeplätzen dienen den Interessen des Haltefest, des tyrannischen Drachens, nicht dem Gott, in dem der Egoismus sich auflöst; und die zahlreichen Heiligen dieses Antikultus – die Patrioten, deren Photos, flaggengeschmückt, als seine Ikone allgegenwärtig geworden sind – sind genau die Wächterfiguren, die die Schwelle der Gruppenlokalität hüten und die zu passieren das erste Problem des Abenteuers ist.

Ebensowenig können die großen Weltreligionen, wie sie heute verstanden werden – nämlich assoziiert mit partikularen Interessen, als deren Propaganda und Selbstverherrlichung –, der Anforderung genügen. (Unter dem Einfluß des Westens hat auch der Buddhismus letzthin diese Degradation erfahren.) Der universale Triumph des weltlichen Staates hat alle religiösen Organisationen in eine so endgültig zweitrangige und ohnmächtige Position gedrängt, daß der Kultus heute kaum mehr ist als ein frömmelndes Schauspiel, für das der Sonntagmorgen reserviert ist, während die übrige Woche im Zeichen der Geschäftsmoral und des nationalen Chauvinismus steht. Solch heuchlerische Bigotterie ist es nicht, wessen eine intakte Welt bedürfte. Nötig wäre vielmehr eine Verwandlung der gesamten Gesellschaftsordnung, so daß jede Handlung und jede Einzelheit des weltlichen Lebens dazu beitrüge, das belebende Bild des universellen Gottmenschen, der in uns allen wohnt und wirkt, dem Bewußtsein zu erschließen.

Das aber kann nicht Sache des Bewußtseins selber sein. Ein trächtigeres Symbol erfinden oder auch nur ankündigen kann das Bewußtsein ebensowenig, wie es die Träume der nächsten Nacht vorhersagen oder kontrollieren kann. Die ganze Entwicklung liegt auf einer anderen Ebene, ist angewiesen auf einen langen, unsere Fassung auf eine harte Probe stellenden Prozeß, der auszutragen ist nicht nur in den Tiefen der Menschenseele, sondern auch auf jenen riesigen Schlachtfeldern, in die der ganze Planet sich jüngst verwandelt hat. Wir erleben das grausige Zusammenprallen der

Symplegaden, zwischen denen die Seele hindurch muß, ohne sich auf eine der beiden Seiten stellen zu können.

Eines aber können wir wissen, daß nämlich die neuen Symbole, wenn sie auftauchen, in den verschiedenen Teilen des Globus nicht gleich sein werden, weil sie, wenn sie wirksam sein sollen, die lokalen Bedingungen der Rasse, Tradition und Lebensform in sich aufnehmen müssen. Deshalb ist es vonnöten, daß die Menschen einsehen, daß durch verschiedene Symbole die gleiche Erlösung sich offenbart. »Die Wahrheit ist eine«, heißt es in den Veden, »die Weisen nennen sie mit vielen Namen.« Es ist ein Gesang, der sich bricht in allen Färbungen des Menschheitschores. Die eine oder andere örtliche Lösung allgemein zu propagieren, ist deshalb unnötig und sogar schädlich. Der Weg zur Menschlichkeit liegt darin, in allen Abwandlungen des unerschöpflichen Menschenantlitzes die göttliche Signatur wiederzuerkennen.

Damit kommen wir zu dem letzten Wink, was die spezifische Orientierung des Helden von heute sein muß und was den Zerfall aller überlieferten religiösen Formeln letztlich verursacht. Das Gravitationszentrum, die Verkettung von Geheimnis und Gefahr hat sich in entscheidender Weise verschoben. Für die primitiven Jägervölker jener entlegensten Jahrtausende der Menschheit, da noch der Säbeltiger, das Mammut und die geringeren Erscheinungen des Tierreiches die bestimmenden Offenbarungen des Anderen, Fremden waren, Quelle zugleich der Gefahr und der Erhaltung, mußte sich das große Problem des Menschen psychologisch verknüpfen mit der Aufgabe, die Wildnis mit jenen Wesen zu teilen. So kam es zu einer unbewußten Identifizierung, die schließlich ins Bewußtsein gehoben wurde in den halb menschlichen, halb tierischen Gestalten der Totemahnen. Die Tiere wurden zu Mentoren der Humanität. Buchstäbliche Nachahmung, wie sie heute nur auf Kinderspielplätzen und im Irrenhaus noch vorkommt, verhalf zur Aufhebung des Ich und zu stabiler Organisation der Gruppe. Eine ähnliche Bindung gingen die Stämme, die sich vorwiegend pflanzlich ernährten, mit der Pflanze ein und identifizierten das Lebensritual des Pflanzens und Reifens mit dem menschlicher Zeugung, Geburt und Reifung. Schließlich aber gerieten Fauna und Flora unter menschliche Kontrolle, so daß der Bereich des Wunders und der Offenbarung sich ins Firmament verlagerte und die Menschheit die große Pantomime des heiligen Mondkönigs, des heiligen Sonnenkönigs und des hierarchischen Planetenstaates und die symbolischen Feste der weltlenkenden Sphären zelebrierte.

Heute haben all diese Mysterien ihre Kraft eingebüßt. Sie können unserer Seele kein Interesse mehr entlocken. Der Begriff eines kosmischen Gesetzes, dem alles Existierende unterworfen ist und dem auch der Mensch sich beugen muß, hat seine mythologischen Vorstadien, wie die alte Astrologie sie darstellt, nun schon lange hinter sich gelassen und wird als plane Selbstverständlichkeit in mechanischen Kategorien leichthin akzeptiert. Den Weg, den der Brennpunkt des menschlichen Staunens in seiner permanenten Verschiebung beschrieben hat, markiert die Verlagerung des Interesses der abendländischen Wissenschaft vom Firmament zur Erde – von der Astronomie im siebzehnten Jahrhundert zur Biologie im neunzehnten – und ihre Konzentration auf den Menschen selbst, die sich mit der Anthropologie und Psychologie unseres Jahrhunderts einstellte. Nicht die Tierwelt, nicht die Pflanzenwelt und nicht das Wunder der Sphären, sondern der Mensch selbst ist jetzt das zentrale Geheimnis. Er ist jene fremdartige Erscheinung, mit der die Mächte des Egoismus fertig zu werden haben, durch die das Ich ans Kreuz geschlagen werden und wieder auferstehen muß und deren Bild gemäß die Gesellschaft zu verwandeln ist. Der Mensch, verstanden aber nicht als Ich, sondern als Du: Denn von den Ideen und zeitweiligen Institutionen aller Stämme, Rassen, Kontinente, Klassen und Jahrhunderte kann keine das Maß der unerschöpflichen und wunderbar vielfältigen göttlichen Existenz sein, die das Leben in uns allen ist.

Der moderne Held, der Mensch von heute, der es auf sich nimmt, dem Ruf zu folgen und die Stätte jener Kraft zu suchen, mit der allein unser ganzes Geschick gestillt werden kann, kann und darf nicht warten darauf, daß die Gesellschaft ihren Pfuhl von Hochmut, Furcht, heuchlerischem Geiz und verstellter Feindseligkeit bereinigt. »Lebe, als ob der Tag da wäre«, heißt es bei Nietzsche. Nicht die Gesellschaft hat den schöpferischen Heros zu lenken und zu erretten, sondern er sie. Und so teilt jeder von uns das höchste Gottesgericht und trägt das Kreuz des Erlösers – nicht in den Augenblicken großer Stammessiege, sondern im Schweigen seiner einsamen Verzweiflung.

Anhang

Anmerkungen

Vorwort

1 Sigm. Freud, *Die Zukunft einer Illusion,* Gesammelte Werke (Imago Publishing Co., London 1948), XIV, S. 368.

Prolog: Der Monomythos

1 Clement Wood, *Dreams: Their Meaning and Practical Application* (Greenberg: Publisher, New York: 1931), p. 124. »Das Traummaterial in diesem Buch«, sagt der Autor auf Seite VIII, »stammt in der Hauptsache aus den tausend oder mehr Träumen, die mir allwöchentlich, in Verbindung mit meiner täglichen Spalte, die in den Zeitungen abgedruckt wird, zur Analyse vorgelegt werden. Diese Träume wurden ergänzt durch solche, die ich in meiner privaten Praxis analysiert habe.« Im Gegensatz zu den meisten Träumen, die in den einschlägigen Standardwerken zu finden sind, stammen die in dieser populären Einführung in Freud von Personen, die nicht in analytischer Behandlung sind. Sie sind bemerkenswert ingeniös.

2 Géza Róheim, *The Origin and Function of Culture* (Nervous and Mental Disease Monographs, No. 69, New York, 1943), pp. 17–25.

3 D. T. Burlingham, *Die Einfühlung des Kleinkindes in die Mutter,* Imago XXI, S. 429.

4 Géza Róheim, *War, Crime and the Covenant* (Journal of Clinical Psychopathology, Monograph Series, No. 1, Monticello, N. Y., 1945), p. 3.

5 Sigm. Freud, *Die Traumdeutung* (Gesammelte Werke, London 1942, II/III) S. 269.

6 – *Drei Abhandlungen zur Sexualtheorie,* Abhandlung III: Die Umgestaltungen der Pubertät; l. c., V, S. 109.

7 Sophokles, *Oedipus Tyrannus,* 981-983; zitiert nach Freud, l. c. II/III, 270.

Es ist gezeigt worden, daß der Vater auch als Beschützer und die Mutter dann als Versucherin erfahren werden kann. Das ist der Weg von Ödipus zu Hamlet. »O Gott, ich könnte in einer Nußschale eingesperrt sein und mich für einen König von unermeßlichem Gebiete halten, wenn nur meine bösen Träume nicht wären« (Hamlet, II, 2). »Alle Neurotiker sind entweder Ödipus oder Hamlet«, heißt es bei Freud.

Was den Fall der Tochter betrifft, der um einen Grad komplizierter ist, mag hier, zur ungefähren Orientierung, folgende Passage ausreichen: »Ich träumte in der letzten Nacht, daß mein Vater meine Mutter ins Herz stach. Sie starb. Ich wußte, daß niemand ihn für das anklagte, was er tat, obwohl ich bitterlich weinte. Der Traum schien sich zu wandeln, und er und ich schienen zusammen auf eine Reise zu gehen, und ich war sehr glücklich.« Es ist der Traum einer unverheirateten vierundzwanzigjährigen Frau (Wood, l. c., p. 130).

8 Wood, l. c., p. 92-93.

9 In Geburts- und Bestattungszeremonien erfahren natürlich die Eltern und Verwandten die Wirkung der Zeremonie. Alle Übergangsriten sollen nicht nur den Kandidaten berühren, sondern seine ganze Sippe.

10 A. van Gennep, *Les rites de passage,* Paris 1909.

11 Géza Róheim, *The Eternal Ones of the Dream* (International Universities Press, New York 1945), p. 178.

12 C. G. Jung, *Symbole der Wandlung,* Olten-Freiburg/Brsg., 1973, Band 5, S. 481 f.

13 Harold Peake und Herbert John Fleure, *The Way of the Sea* und *Merchant Venturers in Bronze* (Yale University Press, 1929 und 1931).

14 Leo Frobenius, *Das unbekannte Afrika* (Oskar Beck, München 1923) S. 10-11.

15 Ovid, *Metamorphosen,* VIII, 132 ff., und IX, 736 ff.

16 T. S. Eliot, *The Waste Land,* 340-345; zitiert nach der Übertragung von Ernst Robert Curtius in Die Neue Rundschau, 61. Jahrgang 1950, 3. Heft, S. 337.

17 Arnold J. Toynbee, *A Study of History* (Oxford University Press, 1934), Vol. VI, pp. 169-175.

18 »Formen oder Bilder kollektiver Natur, welche ungefähr auf der ganzen Erde als Konstituenten der Mythen und gleichzeitig als autochthone, individuelle Produkte unbewußten Ursprungs vorkommen« (C. G. Jung, *Psychologie und Religion,* Rascher Verlag, Zürich und Stuttgart 1963, Band 11, S. 54; vgl. außerdem C. G. Jung, *Psychologische Typen,* Zürich und Stuttgart, 1960, Band 6, S. 450; und *Theoretische Überlegungen zum Wesen des Psychischen,* Zürich und Stuttgart, 1967, Band 8, S. 229, Paragr. 397 ff.

Wie Jung hervorhebt (*Psychologie und Religion,* S. 54 f.), ist die Theorie der Archetypen keineswegs seine eigene Erfindung. Vergleiche Nietzsche: »Ich meine: wie jetzt noch der Mensch im Traume schließt, schloß die Menschheit auch im Wachen viele Jahrtausende hindurch ... Im Traum übt sich dieses uralte Stück Menschentum in uns fort ... der Traum bringt uns in ferne Zustände der menschlichen Cultur wieder zurück und giebt ein Mittel an die Hand, sie besser zu verstehen« (*Menschliches, Allzumenschliches,* I, 13).

Vergleiche Adolf Bastians Lehre von den ethnischen »Elementargedanken«, die, in ihrem primär psychischen Charakter, der dem der stoischen Logoi spermaticoi entspricht, »als seelische (oder psychische) Keimveranlagungen zu gelten hätten, aus denen das psychische Wachstum organisch hervorzusprossen hat zur Ausgestaltung des ethnischen Organismus«, und als solche die Grundlage induktiver Forschung abgeben sollten (Adolf Bastian, *Ethnische Elementargedanken in der Lehre vom Menschen,* Berlin 1895, Bd. I, S. IX).

Vergleiche Franz Boas: »Seit Waitz' gründlicher Erörterung der Frage der Einheit der Menschengattung kann kein Zweifel sein, daß die geistigen Eigentümlichkeiten des Menschen auf der ganzen Erde im wesentlichen die gleichen sind« (*The Mind of Primitive Man,* The Macmillan Company 1911, p. 104). »Bastian sah sich veranlaßt, von der überwältigenden Einheitlichkeit der Grundideen der Menschheit auf dem ganzen Erdball zu sprechen« (*ibid.,* p. 155). »Gewisse Gefüge assoziierter Ideen sind in allen Kulturtypen wiederzuerkennen« (*ibid.,* p. 228).

Vergleiche James Frazer: »Vielmehr wird die Ähnlichkeit, die sich in dieser Beziehung zwischen den Religionen des Ostens und Westens nachweisen läßt, wahrscheinlich nichts anderes sein, als was wir allgemein, wenn auch ungenau, ein zufälliges Zusammentreffen nennen; denn die Folge aus gleichen Ursachen wirkt auf die gleiche Struktur des menschlichen Geistes in den verschiedenen Ländern und unter verschiedenem Himmel auf die gleiche Weise« (Sir James George Frazer, *Der goldene Zweig (The Golden Bough),* gekürzte Ausgabe, übersetzt von Dr. Helen v. Bauer, C. L. Hirschfeld Verlag, Leipzig 1928, S. 562-563).

Vergleiche Sigm. Freud: ». . . daß ich die Symbolik im Traume von Anfang an erkannt habe. Zur völligen Würdigung ihres Umfangs und ihrer Bedeutung gelangte ich aber erst allmählich durch vermehrte Erfahrung und unter dem Einfluß der Arbeiten W. Stekels. . . Stekel fand seine Symboldeutungen auf dem Wege der Intuition, kraft eines ihm eigenen Vermögens, die Symbole unmittelbar zu verstehen . . . Die fortschreitende Erfahrung der Psychoanalyse hat uns Patienten auffinden lassen, die ein solches unmittelbares Verständnis der Traumsymbolik in überraschender Weise an den Tag legten . . . Diese Symbolik gehört nicht dem Traume zu eigen an, sondern dem unbewußten Vorstellen, speziell des Volkes, und ist in der Folklore, in den Mythen, Sagen, Redensarten, in der Spruchweisheit und in den umlaufenden Witzen eines Volkes vollständiger als im Traume aufzufinden« (*Die Traumdeutung,* Kap. VI, Abschn. E; l. c. II/III, S. 355 f.).

C. G. Jung weist darauf hin, daß er seine Bezeichnung »Archetypen« klassischen Quellen entlehnt hat, nämlich Cicero, Plinius, dem *Corpus Hermeticum,* Augustinus und anderen (*Psychologie und Religion,* S. 54 f.). Bastian vermerkt die Übereinstimmung seiner eigenen Theorie der ethnischen Elementargedanken mit dem stoischen Begriff der Logoi spermaticoi. Tatsächlich ist die Tradition der »subjektiv gewußten Formen« (im Sanskrit: *antarjñeya-rūpa*) Begleiterscheinung der mythischen Tradition selber und der Schlüssel zum Verständnis und Gebrauch mythischer Bilder.

19 »The Eternal Ones of the Dream« ist Géza Róheims Übersetzung eines Begriffs der Arandas Australiens, *altjiranga mitjina,* der die mythischen Ahnen bezeichnet, die zu der Zeit, die *altjiranga nakala* – »Ahn war« – genannt wird, auf der Erde wanderten. Das Wort *altjira* bedeutet: a) einen Traum, b) einen Ahnen, ein Wesen, das im Traum erscheint, c) eine Erzählung (nach Róheim, *The Eternal Ones of the Dream,* pp. 210-211).

20 Es muß jedoch gegen Toynbee festgehalten werden, daß er die Mythenwelt ernstlich entstellt, wenn er das Christentum als die einzige Religion empfiehlt, die diese zweite Aufgabe lehre. Alle Religionen lehren sie, und ebenso tun es alle Mythen und alle Volkstraditionen. Zu seiner Fehlkonstruktion kommt Toynbee durch eine flache und inkorrekte Interpretation der östlichen Vorstellungen von Nirwana, Buddha und Bodhisattva, die er dann, in ihrer entstellten Form, einer sehr weit ausgedeuteten Fassung der christlichen Vorstellung von der Gottesstadt kontrastiert.

21 Frederick Pierce, *Dreams and Personality* (Copyright 1931 by D. Appleton and Co., publishers), pp. 108-109.

22 Dante, *Inferno,* III, 1-3. Zitiert nach der Übersetzung von Philalethes. Es handelt sich um die Inschrift des Höllentors.

23 Vergleiche Dante, *Inferno,* XIV, 76-84:

Stillschweigend kamen wir zu einer Stätte,
Wo aus dem Wald hervor ein Bächlein sprudelt,
Des Röte mir noch jetzt die Haare sträubet.
Wie aus dem Schwefelpfuhl der Bach entströmet,
Den dann die Sünderinnen sich verteilen,
So wallte jener durch den Sand hernieder.

24 Vergleiche Dante, *Purgatorio,* XXVIII, 22-30:

Und sieh, da hinderte mein Weitergehen
Ein Bach, des kleine Wellen nach der Linken
Das Gras, das seinem Strand entsproßte, beugten.
Die Wässer all, die diesseits sind am reinsten,

Sie würden etwas doch von Mischung zeigen
Mit jenem im Vergleich, das nichts verhüllet.

25 Vergleiche bei Dante, *Inferno,* I, das Auftauchen des Vergil.

26 Vergleiche Dante, *Purgatorio,* XXVIII, 139-144:

Die da vor alten Zeiten von des goldnen
Geschlechts glücksel'gem Stand gedichtet haben,
Sie sahn auf dem Parnaß den Ort im Traum wohl.
Hier war unschuldig einst der Menschheit Wurzel;
Hier ist stets Lenz, hier jede Frucht zu finden,
Nektar ist dies, von dem sie sämtlich sprechen.

27 *Katha Upaṇishad,* 3-14. [Wenn nicht anders vermerkt, sind Zitate aus den Upanishads entnommen aus Robert Ernest Hume, *The Thirteen Principal Upanishads,* translated from the Sanskrit, Oxford University Press 1931, und nach dem Englischen übersetzt. D. Üb.]

Die Upanishads sind eine Gruppe von hinduistischen Lehrtexten über die Natur des Menschen und des Universums. Sie bilden einen späten Abschnitt in der orthodoxen Tradition der indischen Spekulation. Die ältesten Stücke sind um das achte Jahrhundert v. Chr. entstanden.

28 James Joyce, *Das Porträt des Künstlers als junger Mann.* Frankfurt/Main, 1972, Frankfurter Ausgabe Bd. 2, S. 478.

29 Aristoteles, *On the Art of Poetry* (translated by Ingram Bywater, with a Preface by Gilbert Murray, Oxford University Press 1920), pp. 14-16.

30 Robinson Jeffers, *Roan Stallion* (Horace Liveright, New York 1925), p. 20.

31 Euripides, *Die Bacchen,* 1017-1020; zitiert nach *Griechische Tragödien,* übersetzt von U. v. Wilamowitz-Möllendorff, XIII, Berlin 1923.

32 Euripides, *Die Kreter,* Fragment 475.

33 Ovid, *Metamorphosen,* XV, 165-167 und 184-185; zitiert nach der Übersetzung von Erich Rösch (Ernst Heimeran Verlag, München 1952).

34 *Bhagavad Gita* II, 18; zitiert nach der Übersetzung von Paul Deussen »Der Gesang des Heiligen« (F. A. Brockhaus, Leipzig 1911).

35 Das Wort Monomythos *(monomyth)* stammt von James Joyce, *Finnegans Wake* (Viking Press, Inc., New York 1939), p. 581.

36 Vergil, *Aeneis,* VI, 892.

37 Dies ist der bedeutendste Augenblick für den östlichen Mythos, ein Gegenstück zur Kreuzigung des Westens. Der Buddha unter dem Baum der Erleuchtung (dem Bo-Baum) und Christus an dem heiligen Pfahl (der Baum der Erlösung) sind analoge Gestalten, in

denen sich ein archetypischer Erlöser und das Weltbaummotiv, das von unvordenklichem Alter ist, darstellen. Viele andere Varianten dieses Themas werden noch im Folgenden vorkommen. Die Unbewegliche Stelle und der Kalvarienberg sind Bilder des Weltnabels oder der Weltachse (vgl. S. 44 ff.)

Die Anrufung der Erde um Zeugnis wird in der überlieferten buddhistischen Kunst so dargestellt, daß Buddha, in der klassischen Buddha-Haltung sitzend, seine rechte Hand auf dem rechten Knie liegen hat, so, daß ihre Finger leicht den Boden berühren.

38 Man muß hier wissen, daß das Buddhatum, die Erleuchtung, nicht mitgeteilt werden kann, sondern nur der Weg zur Erleuchtung. Diese Lehre von der Inkommunikabilität der Wahrheit, die jenseits der Namen und Formen liegt, ist grundlegend in den östlichen, wie auch den Platonischen, Überlieferungen. Während die Wahrheiten der Wissenschaft, als beweisbare Hypothesen, die mit beobachtbaren Fakten rational verbunden sind, kommunikabel sind, sind Ritual, Mythos und Metaphysik nur Führer zum Aussichtspunkt in eine transzendente Erleuchtung, zu der der letzte Schritt von jedem in seiner eigenen, schweigenden Erfahrung getan werden muß. Deshalb ist eins der Sanskritwörter für den Weisen *mūni,* der Schweigende. *Sākyamūni,* einer der Titel des Gautama Buddha, bedeutet »der Schweigende oder Weise *(mūni)* aus dem Sakya-Clan«. Obwohl er der Gründer einer weithin verkündeten Weltreligion ist, bleibt das innerste Herz seiner Lehre mit Notwendigkeit im Schweigen.

39 Stark gekürzt nach *Jataka,* Einleitung, I, 58-75, nach der Übersetzung von Henry Clarke Warren, *Buddhism in Translations* (Harvard Oriental Series, 3, Harvard University Press, Cambridge, Mass., 1896, pp. 56-87), und dem *Lalitavistara,* nach der Wiedergabe von Ananda K. Coomaraswamy, *Buddha and the Gospel of Buddhism* (G. P. Putnam's Sons, New York 1916), pp. 24-38.

40 2. Mos. 19: 1-3 und 31: 18.

41 Louis Ginzberg, *The Legends of the Jews* (The Jewish Publication Society of America, Philadelphia 1911), Vol. III, pp. 90-94.

42 Das Negativ dieser zyklischen Abenteuerfahrt des Helden erscheint in den Sintfluterzählungen, wo nicht der Held die Macht aufsucht, sondern diese sich gegen ihn erhebt und sich wieder besänftigt. Solche Sintflutberichte gibt es in allen Teilen der Welt. Sie bilden einen wesentlichen Bestandteil des archetypischen Mythos von der Geschichte der Welt und haben deshalb ihre Stelle im zweiten Teil dieses Buches (»Der kosmogonische Zyklus«). Der Held der Sintflutgeschichte ist ein Symbol der keimhaften Kraft des Menschen, die auch die ärgsten Fluten von Unglück und Sünde überlebt.

43 In diesem Buch geht es nicht um eine historische Erörterung dieses Umstands. Diese Aufgabe ist einem anderen, jetzt in Arbeit befindlichen Werk vorbehalten. Das vorliegende Buch ist eine vergleichende, keine genetische Studie. Seine Aufgabe besteht darin, zu demonstrieren, daß in den Mythen selbst sowie den Deutungen und Anwendungen, die sie durch die Weisen erfahren haben, wesentliche Parallelen vorliegen.

44 Nach der englischen Übersetzung von Dom Ansgar Nelson, O. S. B., in *The Soul Afire* (Pantheon Books, New York 1944), p. 303.

45 Zitiert von Epiphanius, *Haeresses,* XXVI, 3.

46 Vergleiche Seite 36 ff.

47 Diese Schlange ist die, die den Buddha während der fünften Woche nach seiner Erleuchtung beschützte. Vergleiche Seite 39.

48 Alice C. Fletcher, *The Hako: A Pawnee Ceremony* (Twenty-second Annual Report, Bureau of American Ethnology, part 2; Washington 1904), p. 243-244.

Ein Hohepriester der Pawnees sagte Miss Fletcher zur Erklärung der Gottheiten, die durch diese Zeremonie verehrt werden: »Bei der Erschaffung der Welt ergab es sich, daß es geringere Mächte geben sollte. Tirawa-atius, das mächtige Wesen, konnte sich nicht dem Menschen nähern und nicht von ihm gesehen oder gefühlt werden, deshalb wurden geringere Mächte zugelassen. Sie hatten zwischen dem Menschen und Tirawa zu vermitteln.«

49 Vgl. Ananda K. Coomaraswamy, *Symbolism of the Dome,* The Indian Historical Quarterly, Vol. XIV, No. 1 (March, 1938).

50 Johannes 6: 55.

51 *Ibid.* 10: 9.

52 *Ibid.* 6: 56.

53 Koran, 5: 108.

54 Heraklit, Fragment 102; zitiert nach Diels, *Die Fragmente der Vorsokratiker,* Berlin 1903.

55 Heraklit, Fragment 8; *ibid.*

56 William Blake, *The Marriage of Heaven and Hell,* »Proverbs of Hell«.

57 Diese Farben bezeichnen die vier Himmelsrichtungen. Edschu ist also eine Personifikation des Mittelpunkts, der axis mundi oder des Weltnabels.

58 Leo Frobenius, *Und Afrika sprach . . .* (Vita, Deutsches Verlagshaus, Berlin 1912), S. 243-245. Man vergleiche auch die verblüffend ähnliche Episode, die in der *Prosa-Edda,* »Skáldskaparmál« I, von Odin erzählt wird, oder Jahwes Befehl in Exodus, 32:27: »Gürte ein Jeglicher sein Schwert auf seine Lenden, und durchgehet hin und wieder, von einem Tor zum andern im Lager, und erwürge ein Jeglicher seinen Bruder, Freund und Nächsten.«

Erster Teil
Das Abenteuer des Heros

Erstes Kapitel: Aufbruch

1 Grimms Märchen, I. *Der Froschkönig oder der eiserne Heinrich.*

2 *Zur Psychopathologie des Alltagslebens,* Gesammelte Werke, London 1941, IV.

3 Evelyn Underhill, *Mysticism, A Study in the Nature and Development of Man's Spiritual Consciousness* (Ney York, E. P. Dutton and Co., 1911), Part II, »The Mystic Way«, Chapter II, »The Awakening of the Self«.

4 Sigm. Freud, *Vorlesungen zur Einführung in die Psychoanalyse,* Gesammelte Werke, London 1940, XI.

5 Sir Thomas Malory, *Der Tod Arthurs,* I, XIX (übertragen von Hedwig Lachmann, Insel Verlag, Leipzig o. J. Bd I, S. 50 f.). Die Verfolgung des Hirsches und der Anblick des heulenden Wildes bezeichnet hier den Anfang der Mysterien, die die Suche nach dem Heiligen Gral begleiten.

6 George A. Dorsey und Alfred L. Kroeber, *Traditions of the Arapaho* (Field Columbia Museum, Publication 81, Anthropological Series, Vol. V; Chicago 1903), p. 300. Wieder abgedruckt in Stith Thompson, *Tales of the North American Indians* (Cambridge, Mass., 1939), p. 128.

7 C. G. Jung, *Traumsymbole des Individuationsprozesses,* Olten-Freiburg/Brsg. 1966 ff., Band 12, S. 78 und 79.

8 Wilhelm Stekel, *Die Sprache des Traumes* (J. F. Bergmann, 3. Auflage, München 1927), S. 281. Stekel weist auf die Beziehung hin zwischen der roten Farbe und dem Gedanken an ausgehustetes Blut.

9 Mit Erlaubnis des Verlags wiedergegeben aus Henry Clarke Warren, *Buddhism in Translation* (Harvard Oriental Series, 3), Cambridge, Mass.: Harvard University Press, 1896, pp. 56-57.

10 In obigem Kapitel habe ich ebenso wie im Folgenden nicht versucht, das Belegmaterial erschöpfend wiederzugeben (in der Weise etwa von Frazer, in *The Golden Bough*). Ein solches Verfahren hätte meine Kapitel unmäßig aufgebläht, ohne doch die eigentliche Linie des Monomythos weiter zu erhellen. Statt dessen bringe ich deshalb in jedem Abschnitt nur einige prägnante Beispiele aus einer Anzahl weit verstreuter repräsentativer Traditionen. Im Laufe der Darstellung werden die Quellen nach und nach gewechselt, so daß der Leser mit den spezifischen Zügen der verschiedenen Stile bekannt wird. Wenn er zur letzten Seite kommt, wird er

eine große Zahl von Mythen überblickt haben. Will er sich davon überzeugen, daß alle von ihnen für jeden Abschnitt des Monomythos hätten zitiert werden können, so braucht er nur zu einer der in den Fußnoten angegebenen Quellen zu greifen und einige der vielen Sagen durchzulesen.

11 Sprüche Salomos, 1: 24-27 und 32.

12 »Geistliche Bücher zitieren gelegentlich dieses lateinische Wort, das schon mehr als eine Seele in Schrecken gesetzt hat« (Ernest Dimmet, *The Art of Thinking*; Simon and Schuster, Inc., New York 1929, pp. 203-204).

13 Francis Thompson, *The Hound of Heaven*, Anfangszeilen, zitiert nach der Übertragung von Theodor Haecker.

14 *Ibid.*, Schluß.

15 Ovid, *Metamorphosen*, I, 504-552; zitiert nach der Übersetzung von Erich Rösch, Ernst Heimeran Verlag, München 1952.

16 Siehe Seite 15.

17 C. G. Jung, *Traumsymbole des Individuationsprozesses*, Olten–Freiburg/Brsg. 1972, Band 12, S. 72.

18 Die Schlange (im Mythos ein Symbol der irdischen Wasser) entspricht genau Daphnes Vater, dem Fluß Peneus.

19 Grimms Märchen, 50. *Dornröschen.*

20 *Die Erzählungen aus den Tausendundein Nächten*, aus dem Arabischen übertragen von Enno Littmann, eingeleitet von Hugo von Hofmannsthal (Insel-Verlag, Leipzig 1934) Bd. I, S. 207.

21 Genesis, 19:26.

22 Nach Werner Zirus, *Ahasverus, der Ewige Jude* (Stoff- und Motivgeschichte der deutschen Literatur 6, Berlin und Leipzig 1930), S. 1.

23 Siehe Seite 60.

24 Vgl. Otto Rank, *Art and Artist* (Alfred A. Knopf Inc., New York 1943), p. 40-41: »Wenn wir den neurotischen mit dem produktiven Typus vergleichen, so wird es deutlich, daß der erstere unter einer außerordentlichen Hemmung seines Trieblebens leidet . . . Beide unterscheiden sich vom durchschnittlichen Typus, der sich so akzeptiert, wie er ist, grundsätzlich durch ihre Tendenz, ihren Willen darauf zu verwenden, sich selbst umzuformen. Es besteht jedoch der Unterschied zwischen ihnen, daß der Neurotiker in dieser willentlichen Wiedererschaffung seines Ich nicht über die destruktiven Vorarbeiten hinausgeht und deshalb unfähig ist, den ganzen schöpferischen Prozeß von seiner eigenen Person abzulösen und in einen Bereich abstrakter Ideen zu übertragen. Auch der produktive Künstler beginnt . . . mit der Wiedererschaffung seiner selbst, die in einem ideologisch konstruierten Ich resultiert; dieses Ich ist dann in einer Lage, die es ihm ermöglicht, die schöpferische

Willenskraft von seiner eigenen Person auf eine ideologische Darstellung dieser Person zu übertragen und so zu objektivieren. Allerdings ist zuzugeben, daß dieser Prozeß in gewissem Maße auf das Innere des Individuums selbst beschränkt bleibt, und das nicht nur in seinen konstruktiven, sondern auch in seinen destruktiven Momenten. Das erklärt, warum kaum eine produktive Arbeit ohne Gefährdung durch Krisen von ›neurotischer‹ Natur vollbracht wird.«

25 Zitate aus: *Die Erzählungen aus den Tausendundein Nächten,* aus dem Arabischen übertragen von Enno Littmann, eingeleitet von Hugo von Hofmannsthal (Insel-Verlag, Leipzig 1924, Bd. II), S. 377-387 und 395-396. Eine durchgesehene Neuauflage erscheint 1953 unter dem Titel *Tausend und eine Nacht.*

26 Bruno Gutmann, *Volksbuch der Wadschagga* (Leipzig 1914), S. 144.

27 Washington Matthews, *Navaho Legends* (Memoirs of the American Folklore Society, Vol. V, New York 1897), p. 109. Pollen ist bei den Indianern im Südwesten Nordamerikas ein Symbol spiritueller Energie. Bei allen Zeremonien wird er in großen Mengen gebraucht, sowohl um Schaden abzuwehren als auch um den symbolischen Lebenspfad zu markieren. (Eine Erörterung der Symbole des Heldenabenteuers bei den Navahos ist zu finden in Jeff King, Maud Oakes und Joseph Campbell, *Where the Two Came to their Father, A Navaho War Ceremonial,* The Bollingen Series I: Pantheon Books, New York 1943, pp. 53-84).

28 Dante, *Paradiso* XXXIII, 12-21; zitiert nach der Übersetzung von Philalethes.

29 Zitiert nach Oswald Spengler, *Der Untergang des Abendlandes,* (München 1920), I, 198. Spengler fügt hinzu: »Er selbst als empirische Person hätte vielleicht bei Marengo fallen können. Was er *bedeutete,* wäre dann in anderer Gestalt verwirklicht worden.« Der Held, der in diesem Sinne und in solchem Grade entpersönlicht ist, verkörpert die Dynamik des Kulturprozesses, solange die Periode seiner geschichtlichen Berufung währt. »Hier waltet *nur* ein Schicksal, und Zufall heißt lediglich das, was dem Einzelnen im Bilde auch seelisch nicht mehr verständlich ist. Von diesem letzten Standpunkte aus löst sich endlich beides in eine erhabene Einheit auf . . .« (l. c., 195 f.). Das entspricht Thomas Carlyles Vorstellung des Heldenkönigs als ›Ableman‹ (*On Heroes, Hero-Worship and The Heroic in History,* Lecture IV).

30 In der hellenistischen Epoche verschmolzen Hermes und Thot zum Hermes Trismegistus (Hermes der dreimal Größte), der als Schützer und Lehrer aller Künste, besonders der Alchemie, angesehen wurde. Die »hermetisch« verschlossene Retorte, die die mysti-

schen Metalle aufnahm, wurde als ein der gewöhnlichen Welt in gewisser Weise enthobener Bereich angesehen, als Stätte potenzierter Kräfte, vergleichbar dem Bereich des Mythischen. In ihr vollzogen sich mit den Metallen wunderliche Metamorphosen und Verwandlungen, symbolisch für die Verwandlungen der Seele unter der Macht der Übernatur, Hermes war der Meister der alten Initiationsmysterien, und stellte jene Niederkunft göttlicher Weisheit in die Welt dar, die auch die Inkarnation göttlicher Heilande versinnbildlicht (vgl. dazu Seite 333-339). (Siehe C. G. Jung, *Psychologie und Alchemie*, Olten–Freiburg/Brsg., 1972, Band 12; ferner C. G. Jung, *Die Erlösungsvorstellungen in der Alchemie*, Olten–Freiburg/Brsg. 1972, Band 12.

31 Für die Fusion des Widerstreitenden im Unbewußten gibt folgender Traum ein lebendiges Beispiel: »Ich gehe in eine Dirnengasse und gehe zu einem Mädel hinein. Wie ich hineinkomme, verwandelt sie sich in einen Mann, der halbausgezogen auf dem Sofa liegt. Er sagt: Es wird dich doch nicht genieren oder: es geniert Sie doch nicht (daß ich jetzt ein Mann bin)? Der Mann sah ältlich aus, mit einem weißen Backenbart. Erinnerte mich an einen guten Freund des Papas, den Oberförster N.« (Wilhelm Stekel, *Die Sprache des Traumes,* J. F. Bergmann, Wiesbaden 1911, S. 70-71). W. Stekel bemerkt dazu: »Alle Träume sind bisexuell angelegt. Wo die Bisexualität nicht zu finden ist, steckt sie in den latenten Traumgedanken« (S. 71).

32 Zisternen, Quellen usw. sind Symbole für das Unbewußte. Vergleiche die Erzählung vom Froschkönig, Seite 55 f.

33 Vergleiche damit den Frosch des Märchens. Im heidnischen Arabien waren die Jinn (im Singular: masc. Jinni; fem. Jinniyah) Dämonen, die in der Wüste und Wildnis geisterten. Bedeckt von Haaren und mißgestaltig, oder gestaltet als Tiere, Schlangen oder Strauße, waren sie ungefeiten Menschen sehr gefährlich. Mohammed erkannte die Existenz dieser heidnischen Geister an (Koran, 37:158) und gliederte sie in die mohammedanische Vorstellungswelt ein, die drei geschaffene Intelligenzen unter Allah kennt: Engel, geformt aus Licht, Jinn, geformt aus schwerelosem Feuer, und Menschen, geformt aus dem Staub der Erde. Die mohammedanischen Jinn haben die Macht, nach ihrem Belieben jede Gestalt anzunehmen, aber nicht dichter als die Materie von Feuer und Rauch, und können dadurch sich Sterblichen sichtbar machen. Es gibt drei Arten von Jinn: fliegende, gehende und tauchende. Man glaubt, daß viele den rechten Glauben angenommen hätten, und diese betrachtet man als gut, die anderen als böse. Sie hausen und wirken eng zusammen mit den gefallenen Engeln, deren Haupt Iblîs (»der Verfluchte«) ist.

34 Die Ifritah (im Singular: Ifrit) sind mächtige Jinn. Die Mârids sind eine besonders mächtige und gefährliche Klasse der Jinn.

35 *Die Erzählungen aus den Tausendundein Nächten,* l. c., Bd. II, S. 389-399.

36 Vergleiche die Schlange im Traum Seite 66.

37 Leonhard S. Schultze, *Aus Namaland und Kalahari,* Jena 1907, S. 392.

38 *Ibid.* pp. 404 und 448.

39 David Clement Scott, *A Cyclopaedic Dictionary of the Mang'anja Language spoken in Britisch Central Africa,* (Edinburgh 1892,) p. 97.

Man vergleiche dazu den folgenden Traum eines zwölfjährigen Jungen: »Eines Nachts träumte ich von einem Fuß. Mir schien, als läge er auf dem Boden, und weil ich mit einem solchen Ding nicht rechnete, fiel ich darüber. Er schien die gleiche Gestalt zu haben wie mein eigener Fuß. Plötzlich sprang der Fuß hoch und fing an, hinter mir herzulaufen; mir schien, als spränge ich geradeaus durchs Fenster und lief um den Hof herum heraus auf die Straße, so schnell meine Beine mich tragen wollten. Mir schien, als liefe ich nach Woolwich, und dann wachte ich auf. Ich habe von diesem Fuß vielleicht siebenmal geträumt.« Der Junge hatte kurz zuvor die Nachricht erhalten, daß sein Vater, ein Matrose, auf See einen Unfall gehabt hatte, bei dem er den Knöchel gebrochen hatte. (C. W. Kimmins, *Children's Dreams, An Unexplored Land,* George Allen and Unwin Ltd., London 1937, p. 107). Freud schreibt: »der Fuß ist ein uraltes sexuelles Symbol schon im Mythos.« (Sigm. Freud, *Drei Abhandlungen zur Sexualtheorie,* Gesammelte Werke, London 1946, V, 54.) Hierzu sei an die Bedeutung des Namens Oedipus, »der mit geschwollenem Fuß«, erinnert.

40 Vergleiche V. J. Mansikka, in Hastings *Encyclopaedia of Religion and Ethics,* Vol. IV, p. 628, Artikel »Demons and Spirits (Slavic)«. Die Reihe von Artikeln über »Demons and Spirits« in diesem Band (behandelt werden dort die afrikanischen, ozeanischen, assyro-babylonischen, buddhistischen, keltischen, chinesischen, christlichen, koptischen, ägyptischen, griechischen, hebräischen, indianischen, jainistischen, japanischen, jüdischen, islamischen, persischen, römischen, slawischen, germanischen, tibetanischen Spielarten), ist von zuständigen Autoritäten verfaßt und eine unübertreffliche Einführung in den Stoff.

41 *Ibid.,* p. 629. Vergleiche auch die Loreley. Mansikkas Darstellung stützt sich auf das umfassende Werk von Hanus Máchal, *Nákres slovanského bájeslovi (Prag 1891),* von dem eine verkürzte englische Fassung aufgenommen ist in Hanus Máchal, *Slavic Mythology* (The Mythology of All Races, Vol. III, Boston 1918).

42 In alexandrinischen Zeiten wurde Pan gleichgesetzt mit Min, dem ithyphallischen Gott Ägyptens, der unter anderem der Wächter der Wüstenstraßen war.

43 Vergleiche Dionysos, das große Gegenstück des Pan in Thrazien.

44 Wilhelm Stekel, *Fortschritte und Technik der Traumdeutung* (Verlag für Medizin, Weidmann und Cie., Wien-Leipzig-Bern 1935), S. 37.

Stekel zufolge ist der Wächter Symbol für »Bewußtsein oder, wenn man will, die Summe aller Moral und Hemmungen, die sich im Bewußtsein befindet«. Stekel fügt hinzu: »Freud würde den Wächter als das ›Über-Ich‹ bezeichnen. Er ist aber nur ein ›Zwischen-Ich‹. Das Bewußtsein verhindert das Durchbrechen feindlicher Wünsche und unmoralischer Handlungen. In diesem Sinn sind meistens Wachmänner, Polizeibeamte, Gendarmen im Traum zu deuten« (S. 37-38).

45 A. R. Radcliffe-Brown, *The Andaman Islanders* (2nd edition, Cambridge University Press, 1933), pp. 175-177.

46 Eine amphibisch lebende Seeschlange, gezeichnet mit Bändern von heller und dunkler Farbe, die immer mehr oder minder gefürchtet wird, wenn sie auftaucht.

47 R. H. Codrington, *The Melanesians, their Anthropology and Folklore* (Oxford University Press, 1891), p. 189.

48 *Jataka* 1:1. Gekürzte Wiedergabe nach der Übersetzung in: Eugene Watson Burlingame, *Buddhist Parables* (Yale University Press 1922), p. 32-34.

49 Es ist darauf hingewiesen worden, daß dieses Abenteuer des Prinzen Fünf Waffen das früheste unter den bekannten Beispielen der berühmten und weitverbreiteten Folklore um das Teerkind ist (Vgl. Aurelio M. Espinosa, »Notes on the Origin and History of the Tar-Baby Story«, *Journal of American Folklore,* 43, 1930, pp. 129-209; »A New Classification of the Fundamental Elements of the Tar-Baby Story on the Basis of Two Hundred and Sixty-Seven Versions«, *ibid.,* 56, 1943, pp. 31-37; und Ananda K. Coomaraswamy, »A Note on the Stickfast Motif«, *Ibid.,* 57, 1944, pp. 128-131.)

50 Der Donnerkeil *(vajra)*, eins der Hauptsymbole der buddhistischen Ikonographie, bedeutet die spirituelle Macht des Buddhatums, die unvergängliche Erleuchtung, die die scheinhaften Wirklichkeiten der Welt zerstört. Der absolute oder Adi-Buddha erscheint in den tibetanischen Darstellungen als Vajra-Dhara (tibetanisch: *Dorje-Chang*), »Träger des Karfunkelkeils«.

In den Götterdarstellungen, die aus den alten mesopotamischen Reichen der Sumerer und Akkader, der Babylonier und Assyrer überliefert sind, ist der Donnerkeil, von der gleichen Form wie der

Vajra, eins der Hauptembleme (vgl. Tafel XXI); von dort übernahmen die Griechen ihn in die Vorstellung des Zeus.
Außerdem wissen wir, daß bei den primitiven Völkern die Krieger von ihren Waffen als Donnerkeilen sprechen. *Sicut in coelo et in terra*: der initiierte Krieger ist ein Vollstrecker göttlichen Willens; seine Unterweisung umfaßt außer manuellen auch spirituelle Fertigkeiten. Magie, die übernatürliche Macht des Donnerkeils, verleiht ebenso wie physische Kraft und chemisches Gift seinen Hieben die tödliche Energie. Der vollendet Tüchtige würde gar keine reale Waffe mehr brauchen: die Macht seines Zauberwortes würde genügen.
Die Parabel des Prinzen Fünf Waffen illustriert dieses Thema. Außerdem aber zeigt sie, daß einer, der sich auf sein bloß empirisches Sein verläßt und damit auftrumpft, schon verloren ist. »Wir haben hier das Bild eines Helden«, schreibt Coomaraswamy, »der sich in eine ästhetische Erfahrung verstricken kann [die fünf Stellen, an denen Prinz Fünf Waffen angeklebt war, sind die fünf Sinne], der aber fähig ist, durch seine innere moralische Überlegenheit, sich selber und sogar andere zu befreien« (*Journal of American Folklore,* 57, 1944, p. 129).

51 *Jataka* 55:1. Mit leichten Kürzungen übernommen aus der Übersetzung von Eugene Watson Burlingame, *op. cit.,* p. 41-44.

52 Nikolaus von Cues, *De visione Dei,* 9, 11. Zitiert nach der Übersetzung von E. Bohnenstädt, Verlag Felix Meiner, Leipzig 1942, S. 82.

53 Ovid, *Metamorphosen,* VII, 62 und XV, 338.

54 Siehe Seite 73 f.

55 Longfellow, *The Song of Hiawatha,* VIII. Die Abenteuer, die Longfellow dem Irokesenhäuptling Hiawatha zuschreibt, gehören in Wahrheit in die Erzählungen um Manabozho, einen Helden der Algonquinkultur. Hiawatha war eine geschichtliche Persönlichkeit und lebte im sechzehnten Jahrhundert. Vgl. Anm. 1 zu S. 285 (hier S. 422).

56 Nach Leo Frobenius, *Das Zeitalter des Sonnengottes,* (Berlin 1904), S. 85.

57 Henry Callaway, *Nursery Tales and Traditions of the Zulus* (London, 1868), p. 331.

58 Ananda K. Coomaraswamy, Akimcanna: *Self-Naughting,* (New Indian Antiquary III, Bombay 1940), p. 6, Fußnote 14. Er zitiert und erörtert dort Thomas von Aquin, *Summa Theologica I,* 63, 3.

59 Der Sarkophag ist ebenso wie der Korb ein Gegenstück zum Bauch des Walfisches. Man vergleiche die Erzählung von der Aussetzung des Moses.

60 Frazer, *Der goldene Zweig,* S. 508-509, mit einigen Auslassungen.

61 Duarte Barbosa, *A Description of the Coasts of East Africa and Malabar in the Beginning of the Sixteenth Century* (Hakluyt Society, London, 1866), p. 172. Zitiert bei Frazer, *Der goldene Zweig,* S. 404.

Es handelt sich um das Opfer, das König Minos verweigerte, als er Poseidon den Stier vorenthielt. Wie Frazer gezeigt hat, war rituelle Tötung des Königs im Altertum allgemein gebräuchlich. »In Südindien endete das Leben des Königs, wie wir gesehen haben, mit dem Kreisen des Planeten Jupiter um die Sonne. In Griechenland dagegen scheint das Leben des Königs nach acht Jahren jedesmal in Ungewißheit geschwebt zu haben . . . Ohne voreilig zu urteilen, dürfen wir wohl annehmen, daß die sieben Jünglinge und Jungfrauen, welche die Athener alle acht Jahre dem Minos als Tribut senden mußten, irgendwie mit der Erneuerung der Königsmacht auf einen weiteren Zeitraum von acht Jahren zusammenhing« (Frazer, *Der goldene Zweig,* S. 409). Das Stieropfer, das von König Minos verlangt wurde, schloß ein, daß er der herrschenden Tradition gemäß nach Ablauf seiner acht Jahre sich selbst opfern würde. Es scheint, daß er statt dessen die athenischen Jünglinge und Jungfrauen als Substitut angeboten habe. Auf diese Weise vielleicht wurde aus dem göttlichen Minos das Ungeheuer Minotaurus, aus dem selbstvergessenen König der Tyrann Talos, aus dem hieratischen Staat, in dem jeder Mensch seine Rolle zelebriert, der Krämerstaat, in dem jeder auf den eigenen Vorteil aus ist. Anscheinend sind solche Substitutionspraktiken in der antiken Welt zu Ende der großen Periode der frühen hieratischen Staaten, während des dritten und zweiten Jahrtausends v. Chr., allgemein geworden.

Zweites Kapitel: Initiation

1 Apuleius, *Der goldene Esel.*

2 Knud Leem, *Beskrivelse over Finmarkens Lapper,* (Kopenhagen 1767), pp. 475-478. Eine englische Übersetzung ist zu finden in John Pinkerton, *A General Collection of the Best and Most Interesting Voyages and Travels in All Parts of the World,* London 1808, Vol. I, pp. 477-478.

3 Es kann passieren, daß es den Frauen nicht gelingt, den Aufenthalt des Schamanen in der anderen Welt zu erraten; in diesem Fall ist es möglich, daß sein Geist nicht zu seinem Körper zurückfindet. Oder der ebenfalls umherschweifende Geist eines feindlichen Schamanen kann ihn in einen Kampf verwickeln oder vom Wege locken. Viele Schamanen sollen so nicht zurückgekehrt sein. (E. J. Jessen, *Afhandling om de Norske Finners og Lappers Hedenske Religion,*

p. 31. Dieses Buch ist dem zitierten von Leem als Anhang mit eigener Paginierung beigefügt.)

4 Uno Harva, *Die religiösen Vorstellungen der altaischen Völker,* (»Folklore Fellows Communications«, No. 125, Helsinki 1938), p. 558.

5 Géza Róheim, *The Origin and Function of Culture,* (Nervous and Mental Disease Monographs, No. 69), pp. 38-39.

6 *Ibid.,* p. 38.

7 *Ibid.,* p. 51.

8 Underhill, l. c., Part II, Chapter III. Vgl. Anm. 3 zu S. 57 (hier S. 386).

9 Wilhelm Stekel, *Fortschritte und Technik der Traumdeutung,* S. 124.

10 *Swedenborgs Drömmar,* 1774, »Jemte andra hans anteckningar efter original-handskrifter meddelade af G. E. Klemming« (Stockholm 1859; zitiert bei Ignaz Ježower, *Das Buch der Träume* (Ernst Rowohlt Verlag, Berlin 1928), p. 97. Swedenborgs eigener Kommentar zu dem Traum lautet: »Solche Drachen, die sich nicht eher als Drachen zeigen, bis man ihre Flügel sieht, bedeuten falsche Liebe. Ich schrieb jetzt gerade darüber« (Ježower, S. 490).

11 Ježower, S. 166.

12 Plutarch, *Themistokles,* 26; zitiert bei Ježower, S. 19.

13 Stekel, *Fortschritte und Technik der Traumdeutung,* S. 150.

14 *Ibid.,* S. 153.

15 *Ibid.,* S. 45.

16 *Ibid.,* S. 208.

17 *Ibid.,* S. 216.

18 *Ibid.,* S. 244.

19 *Ibid.,* S. 159.

20 *Ibid.,* S. 21.

21 Stekel, *Die Sprache des Traumes,* S. 162. Stekel schreibt dazu: »Natürlich heißt hier ›tot sein‹ – ›leben‹. Sie fängt zu leben an und der Offizier ›lebt‹ mit ihr. Sie sterben zusammen. Das wirft ein grelles Licht auf die beliebte Phantasie des Doppelselbstmordes.«

Ferner sollte hier das naheliegende, allgemein mythologische Bild der Schwertbrücke (die Rasiermesserschneide, siehe S. 28) bemerkt werden, in der Erzählung von der Rettung der Königin Guinevere vom Schlosse des Königs Tod durch Lancelot (vgl. Heinrich Zimmer, *The King and the Corpse,* The Bollingen Series XI, Pantheon Books 1948, pp. 171-172, ferner D. L. Coomaraswamy, *The Perilous Bridge of Welfare,* Harvard Journal of Asiatic Studies, 8).

22 Stekel, *Die Sprache des Traumes,* S. 229.

23 *Ibid.,* S. 228.

24 »Diese Problematik ist neu«, schreibt C. G. Jung, »denn alle Zeiten vor uns glaubten noch an Götter in irgendeiner Form. Es bedurfte schon einer beispiellosen Verarmung an Symbolik, um die Götter als psychische Faktoren, nämlich als Archetypen des Unbewußten wiederzuentdecken . . . Der Himmel ist uns physikalischer Weltraum geworden, und das göttliche Empyreum eine schöne Erinnerung, wie es einstmals war. Unser ›Herz aber glüht‹, und geheime Unruhe benagt die Wurzeln unseres Seins.« (C. G. Jung, *Über die Archetypen des kollektiven Unbewußten,* Olten und Freiburg/Brsg., 1976, Band 9/1, S. 32 f.

25 Koran, 2: 210; zitiert nach der Übersetzung von Max Henning, Reclam, Leipzig 1901, S. 64.

26 S. N. Kramer, *Sumerian Mythology* (American Philosophical Society Memoirs, Vol. XXI, Philadelphia 1944) p. 86-93. Die sumerische Mythologie ist für das Abendland von besonderer Bedeutung, da sich aus ihr die babylonischen, assyrischen, phönizischen und biblischen Überlieferungen speisen, deren letzte wiederum in die mohammedanische und christliche einging, und sie außerdem auf die Religionen der heidnischen Kelten, Griechen, Römer, Slawen und Germanen großen Einfluß hatte.

27 Oder, wie James Joyce es ausdrückt: »Equals of opposites, evolved by a onesame power of nature or of spirit, as the sole condition and means of its himandher manifestation and polarised for reunion by the symphysis of their antipathies« (*Finnegans Wake,* p. 92).

28 Jeremiah Curtin, *Myths and Folk-Lore of Ireland,* (Little, Brown and Company, Boston, 1890), pp. 101-106.

29 Siehe Seite 66 f.

30 Ovid, *Metamorphosen,* III, 138-252; Zitate nach Übersetzung von Erich Rösch, l. c.

31 Nach J. C. Flügel, *The Psycho-Analytic Study of the Family* (The International Psycho-Analytical Library, No. 3, 4th Edition, The Hogarth Press, London 1931), Chapter XII-XIII.

Dort heißt es, p. 145, note 2: »Es gibt eine sehr allgemeine Verbindung zwischen dem Begriff des Geistes oder der Seele und der Idee des Vaters oder der Männlichkeit auf der einen Seite und zwischen dem Begriff des Körpers oder der Materie (materia – das, was der Mutter gehört) und der Idee der Mutter oder dem weiblichen Prinzip auf der anderen. Die Unterdrückung der Emotionen und Gefühle, die sich auf die Mutter beziehen in unserem jüdisch-christlichen Monotheismus, hat vermöge dieser Verbindung eine Tendenz erzeugt, gegenüber dem menschlichen Körper, der Erde und dem ganzen materiellen Universum eine Haltung von Mißtrauen, Verachtung, Widerwillen oder Feindseligkeit anzunehmen, zusammen mit der entsprechenden Tendenz, die spirituellen Elemente im Bild des Menschen und des Weltganzen übermäßig zu betonen und zu feiern. Es ist wohl sehr wahrscheinlich, daß ein guter Teil der betont mehr idealistischen Strömungen in der Philosophie sich einer Sublimierung dieser Reaktion gegen die Mutter verdankt, während dogmatischere und engere Formen des Materialismus vielleicht ein Wiederkommen der unterdrückten Gefühle, die ursprünglich mit der Mutter verbunden waren, auf ihre Weise darstellen.«

32 Die heiligen Schriften des Hinduismus (Shastras) unterteilen sich in vier Klassen: 1. Shruti, die als direkte göttliche Offenbarung gelten und die vier Veden (alte Psalmbücher) sowie gewisse Upanishads (alte Philosopheme) einschließen; 2. Smriti, welche die überlieferten Lehren der orthodoxen Weisen, kanonische Vorschriften für häusliche Zeremonien sowie einige weltliche und religiöse Gesetzbücher umfassen; 3. Purana, die eigentlich mythischen und epischen Werke der Hindus, die sich mit kosmogonischen, theologischen, astronomischen und physikalischen Lehren befassen; 4. Tantra, die gottesdienstliche Techniken und Riten beschreiben und solche, die der Erlangung überirdischer Kraft dienen. Unter den Tantras findet sich eine Gruppe von besonders wichtigen Schriften, den Agamas, von denen angenommen wird, daß sie einer direkten Offenbarung des Allgottes Shiva und der Göttin Parvati zu verdanken sind, und die deshalb »Das fünfte Veda« heißen. Auf diesen beruht eine mystische Tradition, die im engeren Sinne Tantra heißt und einen allenthalben nachweisbaren Einfluß auf die späteren Formen der hinduistischen und buddhistischen Vorstellungswelt ausgeübt hat. Durch den mittelalterlichen Buddhismus wurden die tantrischen Symbole aus Indien nach Tibet, China und Japan getragen.

Die Beschreibung des Juweleneilands im Folgenden beruht auf Sir John Woodroffe, *Shakti and Shakta,* (London und Madras 1929), p. 39, und Heinrich Zimmer, *Mythen und Symbole in indischer Kunst und Kultur* (Rascher Verlag, Zürich, 1951), S. 219-240. Eine bildliche Darstellung der geheimnisvollen Insel ist in dem letzteren Buch, Abb. 66, zu finden.

33 *The Gospel of Sri Ramakrishna,* englische Übersetzung mit Einführung von Swami Nikhilananda, (New York 1942), p. 9.

34 *Ibid.,* pp. 21-22.

35 Standish H. O'Grady, *Silva Gadelica* (Williams and Norgate, London 1892), Vol. II, pp. 370-372; Varianten finden sich in Chaucers *Canterbury Tales,* »The Tale of the Wyf of Bathe«, in Gowers *Tale of Florent,* in dem Gedicht *The Weddynge of Sir Gawen and Dame Ragnell* aus der Mitte des fünfzehnten Jahrhunderts und in der Ballade *The Marriage of Sir Gawaine* aus dem siebzehnten. Vgl.

W. F. Bryan und Germaine Dempster, *Sources and Analogues of Chaucer's Canterbury Tales,* Chicago 1941.

36 Guido Guinicelli di Magnano (1230-75?); zitiert nach Hans Feist und Leonello Vincenti, *Frühe italienische Dichtung* (München 1922), S. 69.

37 Aus der Vesper des Festes Mariä Himmelfahrt (15. August).

38 *Hamlet,* I, 2. Übersetzung von A. W. v. Schlegel.

39 Sophokles, *Oedipus Coloneus,* 1626-28. »Sophoclis Fabulae«, ed. A. C. Pearson, Oxford 1924.

40 Shankacharya, *Vivekachudamani,* 396 und 414, nach der englischen Übersetzung von Swami Madhavananda, (Mayavati 1932).

41 Jacobus de Voragine, *Legenda aurea LXXVI.* »Von Sanct Petronella«; zitiert nach der Übersetzung von Richard Benz, Jena 1917, Bd. I, p. 513-514. (Vergleiche die Sage von Daphne, Seite 65 f.) Die spätere Kirche, der die Vorstellung widerstrebte, daß der heilige Petrus ein Kind gezeugt habe, spricht von Petronella als seiner Bedienerin.

42 Jacobus de Voragine, *Legenda aurea CXVII.* »Von Sanct Bernhard«; l. c., Bd. II, p. 37-38.

43 Gustave Flaubert, *La tentation de Saint Antoine* (La reine de Saba).

44 Cotton Mather, *Wonders of the Invisible World* (Boston 1693) p. 63.

45 Jonathan Edwards, *Sinners in the Hands of an Angry God* (Boston 1742).

46 Tafel IX. Die Symbolik dieser beredten Darstellung ist ausführlich erörtert worden in Ananda K. Coomaraswamy, *The Dance of Shiva* (New York 1917), pp. 56-66, und in Heinrich Zimmer, *Mythen und Symbole in indischer Kunst und Kultur* (Rascher Verlag, Zürich 1951) S. 168-195. Zusammengefaßt: Die ausgestreckte Rechte hält die Trommel, deren Schlag der der Zeit ist, des ersten Prinzips der Schöpfung; die ausgestreckte Linke hält die Flamme, welche die Flamme der Zerstörung der Schöpfung ist; die zweite Rechte zeigt die Geste des »Fürchtet euch nicht«, während die zweite Linke, die auf den erhobenen linken Fuß weist, sich in der Haltung befindet, die »Elefant« bedeutet (der Elefant ist der »Brecher des Weges durch den Dschungel der Welt«, das heißt, der göttliche Führer); der rechte Fuß ist auf den Rücken eines Zwerges gesetzt, des Dämons »Nicht-Wissen«, was den Übergang der Seelen von Gott in die Materie darstellt, während der linke, erhoben, die Loslösung der Seele bezeichnet: es ist der Fuß, auf den die Hand mit der Elefantengeste zeigt, den Grund der Versicherung »Fürchtet euch nicht« aufweisend. Der Kopf des Gottes ist ausgeglichen, heiter und still inmitten der Dynamik von Schöpfung und Zerstörung, die durch die wiegenden Arme und den

Rhythmus der langsam stampfenden rechten Ferse dargestellt ist. Das bedeutet, daß in der Mitte alles sich in Ruhe befindet. Shivas rechter Ohrring ist der eines Mannes, sein linker der einer Frau; denn der Gott schließt die Gegensatzpaare in sich ein und ist über sie hinaus. Sein Gesichtsausdruck ist weder freudig noch schmerzlich erregt, sondern ist der des unbewegten Bewegers, jenseits – aber auch in – der Qual und Seligkeit der Welt. Die wild flatternden Locken bedeuten das lange ungekämmte Haar des indischen Yogi, das nun im Tanz des Lebens fliegt; denn die in den Freuden und Leiden des Lebens erfahrene Gegenwart und die, die in der zurückgezogenen Meditation aufgeht, sind nur zwei Aspekte desselben allumfassenden, ungespaltenen, seligen Seins und Bewußtseins. Shivas Arm- und Beinspangen und seine Brahmanenschnur (eine Baumwollschnur, die von den drei obersten indischen Kasten, den sogenannten Doppeltgeborenen, getragen wird; ein Symbol der zweiten Geburt der Doppeltgeborenen, wobei die Schnur selbst die Schwelle oder Sonnenpforte bedeutet, so daß der Doppeltgeborene zugleich in Zeit und Ewigkeit wohnt) sind lebende Schlangen, was bedeutet, daß er seine Schönheit der Schlangenkraft verdankt, der geheimnisvollen Schöpferkraft Gottes, welche die Formal- und Materialursache seiner eigenen Selbstmanifestation im Universum mit all seinen Wesen ist. In Shivas Haar sieht man als Todessymbol einen Schädel, Stirnschmuck des Herrn der Zerstörung, ebenso aber einen zunehmenden Mond als Symbol von Geburt und Wachstum, mit dem er die Welt segnet. Weiter befindet sich in seinem Haar eine Daturablüte, eine Pflanze, aus der ein Rauschgift gewonnen wird (man denke an den Wein des Dionysos und der Messe). Ein kleines Bild der Göttin Ganges ist in seinen Locken verborgen, denn er ist es, der mit seinem Kopf den Anprall des vom Himmel herabstürzenden göttlichen Ganges auffängt, um die leben- und erlösungspendenden Wasser dann, zur körperlichen und geistlichen Erfrischung der Menschheit, sanft auf die Erde fließen zu lassen. Die Tanzstellung des Gottes kann als die symbolische Silbe AUM gelesen werden, welche kabbalistisch die vier Stufen des Bewußtseins und die ihnen zugehörigen Erfahrungsbereiche darstellt (A ist das Wachbewußtsein, U das Traumbewußtsein, M traumloser Schlaf, das Schweigen um die heilige Silbe das unoffene Transzendente. Eine Erörterung dieser Silbe findet sich auf Seite 259 und Fußnote 16 (hier S. 418)). Der Gott ist so im Andächtigen und draußen.

Eine solche Figur demonstriert die Funktion und den Wert eines geschnitzten Bildes und zeigt, warum in einer Bilderreligion lange Predigten überflüssig sind. Es ist dem Gläubigen möglich, sich in tiefem Schweigen und zu seiner guten Zeit der Bedeutung des göttlichen Bildes zu überlassen. Außerdem trägt er die gleichen Arm- und Beinspangen wie der Gott, und sie bedeuten das gleiche wie bei diesem. Sie sind nicht Schlangen, sondern aus Gold, dem Metall, das nicht rostet, und bedeuten so Unsterblichkeit; das heißt, Unsterblichkeit ist die geheimnisvolle Schöpferkraft Gottes, die die Schönheit des Körpers ausmacht.

Viele andere Einzelheiten des Alltags und der örtlichen Sitten werden auf ähnliche Weise in den Einzelheiten der anthropomorphen Bilder widergespiegelt, gedeutet und zu höherer Gültigkeit erhoben. So wird das Lebensganze in eine Basis der Meditation verwandelt: man lebt immer inmitten einer schweigenden Predigt.

47 Oder Zwischenich. Siehe Seite 83 Fußnote 44 (hier S. 391).

48 Vergleiche die vielen Schwellen, die Inanna zu überqueren hatte. Seite 104 f.

49 Vier symbolische Farben, die die Himmelsrichtungen darstellen und im Kult und in der Bilderwelt der Navahos eine große Rolle spielen. Es sind Weiß, Blau, Gelb und Schwarz, entsprechend Osten, Süden, Westen und Norden. Ihnen entspricht das Rot Weiß, Grün und Schwarz auf der Kappe des listigen Gottes Edschu aus Afrika (vgl. Seite 48 f.). Das Haus des Vaters bedeutet, ebenso wie der Vater selbst, die Mitte.

Die Zwillingshelden werden mit den Symbolen der vier Himmelsrichtungen geprüft, um festzustellen, ob sie an den Fehlern und Mängeln eines dieser Viertel teilhaben.

50 Matthews, l. c., pp. 110-113.

51 Ovid, *Metamorphosen,* II, 1-328; Zitate nach der Übersetzung von Erich Rösch, Ernst Heimeran Verlag, München 1952.

52 Kimmins, l. c., p. 22.

53 Wood, l. c., pp. 218-219.

54 Siehe Seite 19.

55 W. Lloyd Warner, *A Black Civilization,* (Harper and Brothers, New York und London 1937), pp. 260-285.

56 »Der Vater, d. h. der Beschneidende, ist derjenige, der das Kind von der Mutter trennt«, schreibt Róheim. »Was dem Knaben weggeschnitten wird, ist in Wirklichkeit die Mutter . . . Die Eichel in der Vorhaut ist das Kind in der Mutter.« (Géza Róheim, *The Eternal Ones of the Dream,* pp. 72-73.)

Es ist nicht uninteressant zu bemerken, daß sich der Beschneidungsritus bis heute gerade in der jüdischen und mohammedanischen Religion erhalten hat, den Religionen also, in denen die offiziell-monotheistische Mythologie das Element des Weiblichen aufs skrupulöseste beseitigt hat. So heißt es im Koran: »Siehe, Allah vergibt es nicht, daß ihm Götter zur Seite gesetzt werden . . . Siehe, sie rufen außer ihm Weiber an, ja, sie rufen einen rebellischen Satan an!« (4:116-117; zitiert nach der Übersetzung von Max Henning, Reclam, Leipzig 1901, S. 116 f.)

57 Sir Baldwin Spencer und F. J. Gillen, *The Arunta* (Macmillan and Co., London 1927), Vol. I, pp. 201-203.

58 Róheim, *The Eternal Ones of the Dream,* pp. 49 ff.

59 *Ibid.,* p. 75.

60 *Ibid.,* p. 227, wo zitiert wird nach R. und C. Berndt, *A Preliminary Report of Field Work in the Ooldea Region, Western South Australia,* Oceania XII, 1942, p. 323.

61 Róheim, *The Eternal Ones of the Dream,* pp. 227-228, wo zitiert wird nach D. Bates, *The Passing of the Aborigines,* 1939, pp. 41-43.

62 Róheim, *The Eternal Ones of the Dream,* p. 231.

63 R. H. Mathews, *The Walloonggura Ceremony,* Queensland Geographical Journal, N. S., XV (1899-1900), p. 70; zitiert bei Róheim, *The Eternal Ones of the Dream,* p. 232.

64 Es wird von einem Fall berichtet, wo zwei der Knaben im unpassenden Augenblick aufschauten. »Da traten die alten Männer auf sie zu, jeder ein Steinmesser in der Hand. Sich über die zwei Knaben beugend, öffneten sie bei jedem einige Adern. Das Blut floß, und die anderen Männer erhoben den Todesschrei. Die Knaben waren leblos. Die alten *wirreenuns* (Medizinmänner) tauchten ihre Steinmesser in das Blut und berührten damit die Lippen aller Anwesenden ... Die Leichname der Boorahopfer wurden gekocht. Jeder Mann, der fünf Boorahs mitgemacht hatte, aß ein Stück von dem Fleisch; keine anderen durften zuschauen, als dies geschah.« (K. Langloh Parker, *The Euahlayi Tribe,* 1905, pp. 72-73; zitiert bei Róheim, *The Eternal Ones of the Dream,* p. 232.)

65 Eine erstaunliche Übereinstimmung eines in Melanesien fortbestehenden Symbolsystems mit dem ägyptisch-babylonischen und trojanisch-kretischen Labyrinthkomplex des zweiten Jahrtausends v. Chr. wird aufgewiesen in John Layard, *Stone Men of Malekula* (Chatto and Windus, London 1942). W. F. J. Knight hat in *Cumaean Gates* (Oxford 1936) die offenbare Beziehung der »Reise der Seele in die Unterwelt« von Malekula mit dem klassischen Abstieg des Aeneas und dem babylonischen des Gilgamesch erörtert, W. J. Perry glaubt, in *The Children of the Sun* (E. P. Dutton and Co., New York 1923), Belege für diese von den Ägyptern und Sumerern über den ozeanischen Bereich bis nach Nordamerika sich erstreckende Kulturkontinuität identifizieren zu können. Viele Gelehrte haben auf die engen Beziehungen zwischen den griechisch-klassischen und den primitiven australischen Initiationsriten hingewiesen, darunter besonders Jane Harrison,

Themis, A Study of the Social Origins of Greek Religion (2nd revised edition, Cambridge University Press 1927).

Es ist noch ungewiß, auf welchen Wegen und zu welchen Zeiten das Mythen- und Kulturgut der verschiedenen archaischen Zivilisationen sich bis in die entferntesten Winkel der Erde ausgebreitet haben mag. Fest steht jedoch, daß nur wenige, wenn überhaupt welche, von den sogenannten primitiven Kulturen, die unsere Ethnologen untersucht haben, autarke Bildungen darstellen. Vielmehr sind sie durch lokale Anpassung, provinzielle Degeneration und uralte Versteinerung von Sitten entstanden, die in ganz anderen Ländern oft unter viel komplizierteren Umständen und von ganz anderen Rassen entwickelt wurden.

66 Euripides, *Die Bakchen,* 526-527; zitiert nach: *Griechische Tragödien,* übersetzt von Ulrich von Wilamowitz-Moellendorff, XIII, Berlin 1923, S. 70.

67 Aeschylus, Frg. 75 (Nauck); zitiert von Jane Harrison (*Themis,* p. 61) in einer Erörterung des Stierdarstellers in klassischen und australischen Initiationsriten. Eine Einführung in das Thema gibt Andrew Lang, *Custom and Myth* (2nd revised edition, Longmans, Green, and Co., London 1885), pp. 29-44.

68 All dies wird ausführlich beschrieben und erörtert in Sir James Frazer, *Der goldene Zweig.*

69 Hebräer, 9:13-14.

70 Le P. A. Capus des Pères-Blancs, *Contes, Chants et Proverbes des Basumbwa dans l'Afrique Orientale,* Zeitschrift für afrikanische und ozeanische Sprachen, Vol. III (Berlin 1897), pp. 363-364.

71 Koran, 10:32

72 Siehe S. 72 f.

73 Vergleiche Seite 48 f. Die Basumbwas (Erzählung von dem großen Häuptling Tod) und die Wadschaggas (Erzählung von Kjasimba) sind ostafrikanische Völker, die Yorubas (Erzählung von Edschu) wohnen in der britischen Kolonie Nigeria an der Westküste.

74 Koran, 6:59 u. 60.

75 Lukas, 2:7.

76 Ovid, *Metamorphosen,* VIII, 618-724.

77 Koran, 2:115.

78 Katha Upanishad, 3:12.

79 Hiob 40:2-9.

80 Hiob 42:5-6.

81 Hiob 42:16-17.

82 Leon Stein, »Hassidic Music«, *The Chicago Jewish Forum,* Vol. II, No. 1, Fall 1943, p. 16. Nach dem Englischen übersetzt.

83 Der Hinayana-Buddhismus, wie er in Ceylon, Burma und Siam sich erhalten hat, verehrt den Buddha als menschlichen Helden, als

den höchsten Heiligen und Weisen. Der Mahayana-Buddhismus des Nordens dagegen betrachtet den Erleuchteten als einen Weltheiland, eine Verkörperung des kosmischen Prinzips der Erleuchtung.

Ein Bodhisattva ist ein Wesen auf der Schwelle des Buddhatums, Hinayana zufolge ein Adept, der in seiner nächsten Inkarnation ein Buddha sein wird, Mahayana zufolge, die folgenden Abschnitte werden das zeigen – ein Weltheiland, der sich von anderen dadurch unterscheidet, daß er insbesondere das kosmische Prinzip des Mitleids darstellt. Das Sanskritwort *bodhisattva* bedeutet »Der, dessen Sein oder Wesen die Erleuchtung ist«.

Der Mahayana-Buddhismus hat ein Pantheon von zahlreichen Bodhisattvas und zahlreichen Buddhas, vergangenen und noch zu erwartenden, entwickelt. Sie alle spiegeln und offenbaren Kräfte des transzendenten einen und einzigen Adi-Buddha (»Urbuddha«), der als höchste erfaßbare Quelle und letzte Grenze allen Seins in der Leere des Nichtseins schwebt wie eine wunderbare Blase. Vgl. Anm. 50 zu S. 90 (hier S. 391 f.).

84 *Prajna-Paramita-Hridaya Sutra;* »Sacred Books of the East«, Bd. XLIX, Teil II, p. 148, ebenso p. 154.

85 *Vajracchedika* (»Der Diamantschneider«), 17; l. c., p. 134.

86 *Amitayur-Dhyana Sutra,* 19; l. c., p. 182-183.

87 *Yang,* das lichte, männliche, aktive Prinzip, und *Yin,* das dunkle, weibliche, passive, wirken zusammen und begründen in dieser Wechselwirkung die gesamte Welt der Formen (»die zehntausend Dinge«). Beide gehen von *Tao* aus und lassen gemeinsam *Tao* offenbar werden, die Quelle und das Gesetz des Seins. *Tao* heißt eigentlich »Weg« oder »Straße«. *Tao* ist der Weg oder die Bahn der Natur, das Schicksal, die kosmische Ordnung, das manifestierte Absolute. *Tao* heißt deshalb auch »Wahrheit« und »rechtes Verhalten«. Das Zeichen für *Tao* als Einheit von *Yang* und *Yin* ist ☯ *Tao* begründet den Kosmos und wohnt in jedem geschaffenen Ding.

88 »Den Männern bin ich Hermes; den Frauen erscheine ich als Aphrodite: ich trage die Abzeichen beider Eltern« (*Anthologia Graeca ad Fidem Codices,* Bd. II).

»Ein Teil von ihm ist von seinem Vater, alles andere hat er von seiner Mutter« (Martial, *Epigramme,* 4, 174).

Ovids Bericht über Hermaphroditos erscheint in den *Metamorphosen,* IV, 288 ff. Zahlreiche klassische Darstellungen des Hermaphroditos sind uns erhalten geblieben. Vgl. Hugh Hampton Young, *Genital Abnormalities, Hermaphroditism, and Related Adrenal Diseases* (Williams and Wilkins, Baltimore 1937), Kapitel I, »Hermaphroditism in Literature and Art«.

89 *Symposion.*
90 Genesis, 1:27.
91 *Midrash,* Genesiskommentar, Rabbah 8:1.
92 Siehe Seite 91.
93 Siehe Seite 270 f.
94 Man vergleiche James Joyce: »... nur daß in der Ökonomie des Himmels ... es nichts von Heiraten mehr gibt, weil der verklärte Mann, ein androgyner Engel, sich selber Weib dort ist.« James Joyce, *Ulysses.* Übersetzt von Hans Wollschläger. Frankfurt/Main, 1975, Frankfurter Ausgabe, Bd. 3,1, S. 298.
95 Sophokles, *Oedipus Tyrannus.* Ebenso Ovid, *Metamorphosen,* III, 342 ff., 511 und 516. Andere Beispiele für Hermaphrodite als Priester, Gott oder Seher finden sich bei Herodot 4, 67 (Rawlinson edition, Bd. III, S. 46-47); Theophrastus, *Characteres,* 16, 10-11; J. Pinkerton, *Voyage and Travels,* Kapitel 8, p. 427; *A New Account of the East Indies* von Alexander Hamilton. Alle genannten Stellen sind angeführt in dem zitierten Werk von Young, pp. 2 und 9.
96 Vgl. Zimmer, *Mythen und Symbole in indischer Kunst und Kultur,* Abb. 70.
97 Vgl. Tafel X.
98 Vgl. B. Spencer und F. J. Gillen, *Native Tribes of Central Australia* (London 1899) p. 263; Róheim, *The Eternal Ones of the Dream,* pp. 164-165. Die Subinzision erzeugt künstlich eine Hypospadias, wie sie bei einer bestimmten Art der Hermaphrodisie zu finden ist. (Vgl. das Bild des Hermaphroditen Marie Angé bei Young, p. 20).
99 Róheim, *The Eternal Ones of the Dream,* p. 94.
100 *Ibid.,* pp. 218-219.
101 Vergleiche die folgende Schilderung des Bodhisattva Dharmakara: »Aus seinem Munde strömt ein süßer und mehr als himmlischer Duft von Sandelholz. Aus allen Poren seiner Haare drang Lotosduft, und er war freundlich zu jedermann, edel und schön. Die beste, lichteste Farbe war ihm in Fülle verliehen. Wie sein Körper geschmückt war mit allen Zeichen und Malen des Guten, so erhoben sich aus seinem Haar und seinen Handflächen allerlei zierliche Ornamente, in Gestalt von Blumen jeder Art, Weihrauch, Wohlgerüchen, Spezereien, Schirmen, Fahnen und Bannern und in Gestalt von Musik aus allen erdenklichen Instrumenten. Auch erschienen, strömend aus seiner Hand, Speisen und Getränke jeder Art, feste und weiche Nahrung, Zuckerwerk und Freuden und Genüsse jeder Art« (*The Larger Sukhavati-Vyuha,* 10; »Sacred Books of the East«, Bd. XLIX, Teil II, pp. 26-27).
102 Róheim, *War, Crime, and the Covenant,* p. 57.
103 *Ibid.,* pp. 48-68.

104 1. Samuel, 17:26.

105 Koran, 4:105. Das »Volk« sind die Ungläubigen.

106 Es wird ja nie in dieser Welt
Durch Feinschaft Feindschaft abgestellt;
Durch Nichtfeindsein hört Feindschaft auf,
Das ist seit je der Dinge Lauf.

(Aus dem buddhistischen *Dhammapada,* 1:5. Zitiert nach der Übersetzung von R. Otto Franke, *Dhamma-Worte* (Eugen Diederichs, Jena 1923, S. 29.)

107 Lukas, 6:27-36. Damit vergleiche man den folgenden Brief eines Christen:

Im Jahre des Herrn 1682

Dem ehrwürdigen und geliebten Mr. John Higginson:
Es ist jetzt ein Schiff auf See, genannt *Welcome,* das 100 oder mehr von den verderblichen Ketzern, die man Quäker nennt, an Bord hat, mit W. Penn, der der Oberlump ist, an der Spitze. Der Höchste Gerichtshof hat deshalb dem Meister Malachi Huscott von der Brigg Porpoise feierlichen Befehl erteilt, genannter *Welcome* möglichst nahe bei Cap Cod geschickt den Weg zu verlegen und genannten Penn mitsamt seiner gottlosen Anhängerschaft gefangenzunehmen, auf daß der Herr verherrlicht werde und nicht verspottet auf dem Boden dieses neuen Landes durch den Götzendienst dieser Menschen. Großer Ertrag wird zu ziehen sein aus dem Verkauf der ganzen Bande nach Barbados, wo Sklaven in Rum und Zucker gut bezahlt werden. So werden wir nicht nur dem Herrn einen großen Dienst erweisen, sondern auch seinem Statthalter und Volk großen Nutzen schaffen.

Im Herzen Christi der Deine COOTON MATHER

(Abgedruckt bei Professor Robert Phillips, *American Government and Its Problems,* Houghton Mifflin Company, 1941, und bei Dr. Karl Menninger, *Love Against Hate,* Harcourt, Brace and Company, 1942, p. 211.)

108 Matthäus, 22:37-40, Markus, 12:28-34, Lukas, 10:25-37. Weiterhin wird von Jesus berichtet, daß er seinen Aposteln aufgetragen habe, »lehret alle Völker« (Matth. 28:19), nicht aber, zu verfolgen und zu plündern oder die zu »überliefern«, die nicht hören wollen. »Siehe, ich sende euch wie Schafe mitten unter die Wölfe; darum seid klug wie die Schlangen und ohne Falsch wie die Tauben« (Matth. 10:16).

109 Dr. Karl Menninger hat in dem soeben zitierten Buch (p. 195-196) darauf hingewiesen, daß jüdische Rabbis, protestantische Geistliche und katholische Priester zwar hin und wieder dazu zu bringen sind, ihre theoretischen Differenzen auf einer breiten Basis auszugleichen, sich aber hoffnungslos scheiden, sobald sie an die Formu-

lierung der Regeln und Vorschriften gehen, die zum ewigen Leben verhelfen sollen. »Bis zu diesem Punkt ist das Programm unfehlbar«, schreibt Dr. Menninger, »aber wenn niemand mit völliger Gewißheit sagen kann, welches die Regeln und Vorschriften sind, wird alles zur Absurdität.« Die richtige Antwort ist wohl die von Ramakrishna: »Gott hat verschiedene Religionen gemacht, um verschiedenen Menschen, Zeitaltern und Ländern gerecht zu werden. Alle Doktrinen sind nur Pfade, eine wie die andere; ein Pfad aber ist nimmer Gott selbst. In Wahrheit kann man auf jedem der Pfade zu Gott gelangen, wenn man ihm mit unbedingter Hingabe folgt ... Man kann einen überzuckerten Kuchen von vorne oder von der Seite anbeißen, sein Geschmack wird immer süß sein« (*The Gospel of Sri Ramakrishna,* New York 1941, p. 559).

110 Matthäus, 7:1.

111 »Und die Priester samt ihren Haufen sind wie die Ströter, so da lauern auf die Leute, und würgen auf dem Wege, der gen Sichem geht; ... Sie vertrösten den König durch ihre Bosheit und die Fürsten durch ihre Lügen« (Hosea, 6:9, 7:3).

112 Ich vermeide es, den Islam zu erwähnen, und zwar deshalb, weil auch er die Lehre in der Form heiligen Krieges verkündet und dadurch verdunkelt. Es ist sicher wahr, daß viele Moslems nicht weniger als viele Christen gewußt haben, daß das eigentliche Schlachtfeld nicht geographischer, sondern psychologischer Natur ist (vgl. Rumi, *Mathnawi,* 2. 2525: »Was ist ›Enthaupten‹? Abtötung des fleischlichen Willens im heiligen Krieg.«); aber die populäre und die orthodoxe Fassung beider Lehren, der mohammedanischen wie der christlichen, ist so streitbar, daß es schon eines sehr feinhörigen Lesens bedürfte, um das Walten der Liebe in ihnen ausfindig zu machen.

113 »Der Hymnus von den Letzten Ratschlägen des Großen Heiligen und Bodhisattva Milarepa« (etwa 1051-1135 n. Chr.) aus dem *Jetsün-Kahbum* oder Biographischer Bericht über Jetsün-Milarepa, nach der englischen Fassung des Lama Kazi Dawa-Samdup, hrsg. von W. Y. Evans-Wentz, *Tibet's Great Yogi Milarepa* (Oxford University Press, 1928), p. 285.

114 »Der Hymnus von den Yogi-Ratschlägen des Milarepa«, *ibid.,* p. 273. »Die Nichtigkeit von Allen Dingen« (Sanskrit: *śunyatā,* »Leere«) bezieht sich einerseits auf die Trughaftigkeit der Erscheinungswelt, andererseits auf die Unangemessenheit der Übertragung solcher Qualitäten, wie wir sie von der Erfahrung der Erscheinungswelt her kennen, auf das Unzerstörbare.

In dem Himmlischen Strahlen der Leere
Existiert nicht der Schatten von Ding oder Begriff,

Doch jedes Objekt der Erkenntnis durchdringt Sie;
Zollt Ehrfurcht der Unwandelbaren Leere.

(»Hymnus des Milarepa zum Lobe seines Lehrers« *ibid.,* p. 137.)

115 *Avalokita* (Sanskrit) = niederschauend, zugleich aber auch: gesehen, erblickt; *iśvara* = Herr; daher bedeutet der Name beides, »Der in Mitleid niederschauende Herr« und »Der Herr, der im Innern erblickt wird« (a und i verschmelzen im Sanskrit zu e, daher *Avalokiteśvara*). Vgl. W. Y. Evans-Wentz, *Tibetan Yoga and Secret Doctrine* (Oxford University Press 1935), p. 233.

116 Die gleiche Idee findet häufig in den Upanishads Ausdruck; etwa »Dieses Selbst gibt sich jenem Selbst, jenes Selbst gibt sich diesem Selbst. So gewinnt jedes das andere. In dieser Form gewinnt es jene Welt, in jener Form gewinnt es diese Welt« (*Aitareya Aranyaka,* 2. 3. 7). Sie ist auch den islamischen Mystikern bekannt: »Dreißig Jahre war der transzendente Gott mein Spiegel, nun bin ich mein eigener Spiegel; das heißt, daß ich nicht mehr bin, was ich war, der transzendente Gott ist sein eigener Spiegel. Ich sage, daß ich mein eigener Spiegel bin; denn es ist Gott, der mit meiner Zunge spricht, und ich bin vergangen« (Bayazid, zitiert in: *The Legacy of Islam,* T. W. Arnold und A. Guillaume, editors, Oxford Press 1931, p. 216).

117 »Ich kam hervor aus der Bayazidheit wie eine Schlange aus ihrer Haut. Dann schaute ich. Ich sah, daß Liebender, Geliebter und Liebe eins sind, denn in der Welt der Einheit kann alles eins sein« (Bayazid, l. c.).

118 Hosea, 6:1-3.

119 *Brihadaranyaka Upanishad,* 1. 4. 3. Siehe Seite 271.

120 »Das Verb *nirva* (Sanskrit) bedeutet wörtlich ›auslöschen‹, nicht transitiv, sondern wie ein Feuer aufhört, sich zu nähren . . . Ohne Nahrung ist das Feuer des Lebens befriedet, d. h. erloschen, wenn der Geist zurückgeschraubt ist, erlangt man den ›Frieden Nirvanas‹, ›Despiration in Gott‹ . . . Es ist dadurch, daß wir aufhören, unserem Feuer Nahrung zu geben, daß der Friede erlangt wird, von dem eine andere Überlieferung richtig sagt, daß ›er das Verstehen übersteigt‹.« (Ananda K. Coomaraswamy, *Hinduism and Buddhism,* The Philosophical Library, New York, p. 63). Das Wort Despiration ist eine buchstäbliche Latinisierung des Sanskritworts *nirvāna*; *nir* = aus, weg, ab, weg von; *vāna* = geblasen, gehaucht; *nirvāna* = ausgeblasen, ausgegangen, erloschen.

121 Sigm. Freud, *Jenseits des Lustprinzips*, Gesammelte Werke, London 1940, XIII.

122 *Vajracchedika,* 32; »Sacred Books of the East«, *op. cit.,* p. 144.

123 The smaller *Prajna-Paramita-Hridaya-Sutra, ibid.,* p. 153.

124 Nagarjuna, *Madhyamika Shastra.*

»Was unsterblich ist und was sterblich ist, ist harmonisch gemischt, denn sie sind nicht eins, noch sind sie getrennt« (Ashvaghosha). »Diese Anschauung«, schreibt Coomaraswamy, »ist mit dramatischer Gewalt ausgedrückt in dem Aphorismus: *Yas klésas so bodhi, yas samsāras* tat nirvā*nam*: Das, was Sünde ist, ist ebenso Weisheit, die Verkettung des Werdens ist ebenso Nirwana« (Ananda K. Coomaraswamy, *Buddha and the Gospel of Buddhism,* G. P. Putnam's Sons, New York 1916, p. 245).

125 *Bhagavad Gita,* VI, 29-31; zitiert nach der Übersetzung von Deussen, »Der Gesang des Heiligen«.
Die Stelle bezeichnet die vollkommene Erfüllung dessen, was Evelyn Underhill »Das Ziel des mystischen Weges: das wahre vereinigte Leben: der Zustand göttlicher Fruchtbarkeit: Vergöttlichung« genannt hat *(op. cit., passim).* Underhill macht jedoch, ebenso wie Toynbee (vgl. Anm. 20 zu S. 27 (hier S. 382)) den geläufigen Fehler, zu glauben, daß dieses Ideal dem Christentum eigentümlich sei. »Man darf ruhig sagen: Das europäische Urteil wurde bisher durch den Drang nach Selbstbehauptung verfälscht« (Alfred Salmony, *Die Rassenfrage in der Indienforschung,* Sozialistische Monatshefte, Berlin, Jahrgang 1926, S. 534).

126 Coomaraswamy, *Hinduism and Buddhism,* p. 74.

127 Analog der Paradiesesmauer; vgl. Seite 91 und Seite 148. Wir sind jetzt ins Innere gelangt. Hsi Wang Mu ist der weibliche Aspekt des Herrn, der im Garten wandelt und den Menschen nach seinem Bilde schuf als Mann und Weib (Genesis, 1:27).

128 Nach E. T. C. Werner, *A Dictionary of Chinese Mythology* (Shanghai 1932), p. 163.

129 Vgl. Okakura Kakuzo, *Das Buch vom Tee;* Daisetz Teitaro Susuki, *Essays in Zen Buddhism* (London 1927); Lafcadio Hearn, *Japan* (New York 1904).

130 Morris Edward Opler, *Myths and Tales of the Jicarilla Apache Indians* (Memoirs of the American Folklore Society, Vol. XXXI, 1938), p. 110.

131 Vergleiche Anm. 87 zu S. 147 (hier S. 402).

132 Ähnlich wird die Hindugöttin Kali (vgl. Seite 111) dargestellt, wie sie auf der hingestreckten Gestalt ihres Gatten, des Gottes Shiva, steht. Sie schwingt das Schwert des Todes, das geistliche Disziplin bedeutet. Der bluttriefende Menschenkopf gibt dem Gläubigen zu verstehen, daß der, der um ihretwillen sein Leben verliert, es gewinnen wird. Die Gesten des »Fürchtet euch nicht« und des Segnens besagen, daß sie ihre Kinder beschützt, daß die Gegensatzpaare des allgegenwärtigen Streites nicht sind, was sie scheinen, und daß für den, der seine Mitte in der Ewigkeit hat, die Phantasmagorie der zeitlichen Güter und Übel nur ein Reflex des

Geistes ist – so wie die Göttin selbst, obwohl sie scheinbar den Gott zertrampelt, in Wirklichkeit sein seliger Traum ist.

Unter der Göttin vom Juweleneiland (vgl. Seite 110) erscheinen zwei Aspekte des Gottes: der eine, das Gesicht nach oben, in Vereinigung mit ihr, ist der schöpferische, sich an der Welt freuende Aspekt; der andere, abgewandte aber ist der *deus absconditus,* das göttliche Wesen in und durch sich selbst, jenseits der Ereignisse und des Wechsels, unhandelnd, schlafend, leer, jenseits sogar noch des Wunders des zweigeschlechtlichen Mysteriums. (Vgl. Zimmer, *Mythen und Symbole in indischer Kunst und Kultur.*)

133 Vgl. die Trommel der Schöpfung in der Hand des tanzenden Shiva, Anm. 46 zu S. 126 (hier S. 397 f.).

134 »Und das Wort ist Fleisch geworden«; aus dem Prolog des Johannesevangeliums, ein Wort, das die Empfängnis Jesu im Schoße Mariä feiert.

135 Im gegenwärtigen Kapitel ist folgendes gleichgesetzt worden:

Die Leere	Die Welt
Ewigkeit	Zeit
Nirwana	Samsara
Wahrheit	Schein
Erleuchtung	Mitleid
Der Gott	Die Göttin
Der Feind	Der Freund
Tod	Geburt
Der Donnerkeil	Die Glocke
Das Kleinod	Der Lotos
Subjekt	Objekt
Yab	Yum
Yang	Yin

Tao
Höchster Buddha
Bodhisattva
Jivan Mukta
Das fleischgewordene Wort

Vergleiche den *Kaushitaki Upanishad,* 1:4, wo der Held, der die Brahma-Welt erreicht hat, beschrieben wird wie folgt: »gleichwie einer, auf einem Wagen schnell fahrend, auf die Wagenräder hinabblickt, so blickt er hinab auf Tag und Nacht, so auf gute und böse Werke und auf alle Gegensätze; er aber, frei von guten und bösen Werken, als Brahmanwisser, geht zu dem Brahman ein.« (Zitiert nach P. Deussen, *Sechzig Upanishad's des Veda,* Leipzig 1897, S. 26.)

136 Curtin, *op. cit.,* pp. 106-107.

137 Vgl. Melanie Klein, *The Psychoanalysis of Children,* The International Psycho-Analytical Library, No. 27 (1937).

138 Róheim, *War, Crime, and the Covenant,* pp. 137-138.

139 Róheim, *The Origin and Function of Culture,* p. 50.

140 *Ibid.,* pp. 48-50.

141 *Ibid.,* p. 50. Man vergleiche die Unverletzlichkeit des sibirischen Schamanen (Seite 98-100), der mit den bloßen Händen Kohlen aus dem Feuer nimmt und seine Beine mit einer Axt schlägt.

142 Vergleiche Frazers Erörterung der »äußeren Seele«, *op. cit.,* S. 969 f.

143 *Ibid.,* S. 975.

144 Pierce, *Dreams and Personality* (D. Appleton and Co.), p. 298.

145 »The Descent of the Sun«, in F. W. Bain, *A Digit of the Moon* (G. P. Putnam's Sons, New York 1910), pp. 213-325.

146 Róheim, *The Eternal Ones of the Dream,* p. 237. Der genannte Talisman ist der sogenannte tjurunga oder churinga des Totemahnen des jungen Mannes. Bei seiner Beschneidung erhielt der Jüngling einen anderen tjurunga, der seinen mütterlichen Totemahnen darstellt. Davor noch, bei seiner Geburt, wurde ein schützender tjurunga zu ihm in die Wiege gelegt. Das Schwirrholz ist eine Art des tjurunga. »Der tjurunga«, schreibt Róheim, »ist ein materielles Double, und gewisse übernatürliche Wesen, die der australische Glaube mit dem tjurunga in enge Verbindung bringt, sind unsichtbare Doubles der Eingeborenen . . . Wie der tjurunga werden diese Wesen die *arpuna mborka* (anderer Körper) der realen menschlichen Wesen genannt, die sie beschützen.« (*Ibid.,* p. 98).

147 Jesaias, 66:10-12.

148 Ginzberg, *op. cit.,* Vol. I, pp. 20, 26-30. Man vergleiche die ausführlichen Bemerkungen über das messianische Mahl bei Ginzberg, Vol. V, pp. 43-46.

149 Dante, »Paradiso«, II, 1-9. Zitiert nach der Übersetzung von Philalethes.

150 In der psychoanalytischen Literatur werden die Symbole auf ihre Ursprünge im Traum zurückverfolgt, ihre verborgene Bedeutung für das Unbewußte wird analysiert und ebenso ihre seelische Wirkung; unbeachtet bleibt jedoch die Tatsache, daß große Lehrer der Vergangenheit sie bewußt als Metaphern eingesetzt haben, wobei stillschweigend vorausgesetzt wird, daß diese Lehrer – mit Ausnahme natürlich einer Reihe von Griechen und Römern – Neurotiker waren, die ihre Phantasien unkritisch als Offenbarungen hinnahmen. Im gleichen Geiste werden die Einsichten der Psychoanalyse von vielen Laien als Produkte der »schmutzigen Phantasie« Freuds angesehen.

151 Brahma, Vishnu und Shiva bilden, als Schöpfer, Erhalter und Zerstörer, die drei Manifestationen der einen Substanz, eine Trinität der hinduistischen Religion. Nach dem siebten Jahrhundert v. Chr. nahm Brahma an Bedeutung ab und wurde zur bloßen Schöpferkraft Vishnus. So ist der Hinduismus heute in zwei Lager gespalten, deren eines hauptsächlich den Schöpfer und Erhalter Vishnu verehrt, und deren anderes den Weltzerstörer Shiva, der die Seele mit dem Ewigen vereinigt. Im letzten aber sind diese beiden Aspekte eins. Im gegenwärtigen Mythos ist es durch ihr Zusammenwirken, daß das Lebenselixier gewonnen wird.

152 *Ramayana I,* 45; *Mahabharata I,* 18; *Matsya Purana* 249-251; und viele andere Texte. Vgl. H. Zimmer, *Mythen und Symbole in indischer Kunst und Kultur.*

153 Marco Pallis, *Peaks and Lamas* (Cassel and Co., London, 4th edition 1946), p. 324.

154 *Shri-Chakra-Sambhara Tantra,* aus dem Tibetanischen ins Englische übersetzt von Lama Kazi Dawa-Samdup, Hrsg. Sir John Woodroffe (Pseudonym Arthur Avalon), Vol. VII von »Tantric Texts« (London 1919), p. 41. »Sollten sich wegen der Göttlichkeit dieser sichtbar gemachten Gottheiten Zweifel erheben«, so fährt der Text fort, »so sollte man sagen: ›Diese Göttin ist nur die Erinnerung des Körpers‹, und sich darauf besinnen, daß die Gottheiten den Pfad bilden.« (l. c.). Über Tantra wurde einiges gesagt in der Anm. 32 zu S. 110 (hier S. 396) und Seite 163 f. (tantrischer Buddhismus).

155 Vergleiche etwa C. G. Jung, *Über die Archetypen des kollektiven Unbewußten,* Olten-Freiburg/Brsg., 1976, Band 9/1, S. 11 ff.
»Es gibt vielleicht nicht wenige«, schreibt J. C. Flügel, »die noch an der Vorstellung eines quasi anthropomorphen Vatergottes als einer Realität außerhalb des Geistes festhalten, obwohl sich doch der rein geistige Ursprung eines solchen Gottes herausgestellt hat« (*The Psychoanalytic Study of the Family,* p. 236).

156 Dante, »Paradiso«, XXXIII, 82 ff.

157 Vergleiche Seite 164.

158 J. F. Stimson, *The Legends of Maui and Tahaki* (Bernice P. Bishop Museum Bulletin, No. 127, Honolulu 1934), pp. 19-21.

159 Nach Bruno Meißner, *Ein altbabylonisches Fragment des Gilgamosepos* (Mitteilungen der Vorderasiatischen Gesellschaft, 7. Jahrgang, Wolf Peiser Verlag, Berlin 1902, S. 9). Die zitierte Passage fehlt in der assyrischen Redaktion des Textes und erscheint in einem viel früheren babylonischen Fragment. Man hat oft bemerkt, der Rat der weisen Frau sei hedonistisch, aber es ist zu beachten, daß es sich hier um eine Art Initiationsprüfung handelt, nicht um die Moralphilosophie der alten Babylonier – so wie in

Indien, Jahrhunderte später, ein Schüler, der einen Weisen nach dem Geheimnis des unsterblichen Lebens fragt, zunächst mit einer Beschreibung der Freuden des irdischen abgewiesen wird (vgl. *Katha Upanishad,* 1:21, 23-25) und nur, wenn er sich beharrlich zeigt, zu der nächsten Stufe der Einweihung zugelassen wird.

160 Vergleiche die Parallelen in dem auf Seite 27 f. wiedergegebenen Traum.

161 Obwohl der Held gewarnt worden war, diese Wasser zu berühren, kann er nun ohne Gefahr in sie eintauchen, gefeit durch die Kraft, die er bei seinem Besuch bei dem alten Herrn und der Herrin der ewigen Insel erlangt hatte. Utnapischtim oder Noah, der Held der Sintflut, ist eine archetpyische Vaterfigur, und seine Insel, der Weltnabel, nimmt die Insel der Seligen vorweg, wie die Griechen und Römer sie kannten.

162 Die obige Zusammenfassung basiert auf P. Jensen, *Assyrisch-babylonische Mythen und Epen* (Keilinschriftliche Bibliothek, Bd. VI, I. Teil, Reuther und Reichard, Berlin 1900), S. 116-273. Die zitierten Verse erscheinen auf den Seiten 223, 251 und 253. Jensens Übertragung ist eine genau an die Zeilen sich haltende Übersetzung des hauptsächlich erhaltenen Textes, einer assyrischen Version aus der Bibliothek des Königs Assurbanipal (668-626 v. Chr.). Fragmente der viel älteren babylonischen Version (siehe oben, Seite 172) und des noch älteren sumerischen Originals, aus dem dritten Jahrtausend, sind ebenfalls aufgefunden und entziffert worden.

163 Ko Hung (bekannt auch als Pao Pu Tzu), *Nei P'ien,* Kap. VII. Die Übersetzung ist zitiert nach Obed Simon Johnson, *A Study of Chinese Alchemy,* Shanghai 1928, p. 63.
Ko Hung entwickelte eine Anzahl weiterer interessanter Rezepte, darunter eines, das einen »leichten und üppigen Körper« verleihen sollte, ein anderes, das zur Erlangung der Fähigkeit dienen sollte, auf Wasser zu wandeln. Für eine Erörterung der Stellung Ko Hungs in der chinesischen Philosophie vergleiche man Alfred Forke, *Ko Hung, der Philosoph und Alchimist,* Archiv für Geschichte der Philosophie, XLI, 1-2, Berlin 1932, S. 115 bis 126.

164 Herbert A. Giles, *A Chinese Biographical Dictionary* (London und Shanghai 1898), p. 372.

165 Ein tantrischer Aphorismus.

166 Lao-tse, *Tao Teh King,* 16. Zitiert nach der Übersetzung von Richard Wilhelm (Eugen Diederichs, Jena, 1921), S. 18. Jedoch steht bei Wilhelm für Tao: Der SINN.

167 Dante, »Paradiso«, XXXIII, 49-57. Zitiert nach der Übersetzung von Philalethes.

168 *Kena Upanishad* 1:3 (Zitiert nach Deussen, *Sechzig Upanishad's des Veda,* Leipzig 1897, S. 205).

169 *Edda* »Rúnatál«, 2 (Zitiert nach der Übersetzung von Felix Genzmer, Eugen Diederichs, Jena 1920, Bd. II, p. 170).

170 *Jataka,* Einleitung, I, 75. Aus: Henry Clarke Warren, *Buddhism in Translations,* Harvard Oriental Series 3, Harvard University Press, Cambridge, Mass., 1896, pp. 82-83.

Drittes Kapitel: Rückkehr

1 Dieses Detail rationalisiert die Wiedergeburt durch den hermaphroditischen Vater in der Initiation.

2 *Vishnu Purana,* 23; *Bhagavata Purana,* 10:51; *Harivansha,* 114. Die obige Zusammenfassung basiert auf der Darstellung in Heinrich Zimmer, *Maya, der indische Mythos* (Stuttgart–Berlin 1936).

3 »Taliesin«, zitiert nach: *Kymrische Dichtungen,* deutsch von Adolf Knoblauch, (Insel-Bücherei Nr. 299, Insel-Verlag, Leipzig o. J.), S. 3-5.

Es ist möglich, daß Taliesin, der »Erste der Barden des Westens« genannt, eine historische Persönlichkeit des sechsten Jahrhunderts n. Chr. war und ein Zeitgenosse des Häuptlings, der in der späteren Sage zu König Artus wurde. Die Geschichte dieses Barden und seine Gedichte sind durch ein Manuskript des dreizehnten Jahrhunderts überliefert, »Das Buch von Taliesin«, welches eins der »Vier alten Bücher von Wales« ist. Ein *mabinog* ist im Walisischen ein Bardenschüler. Der Ausdruck *mabinogi,* »Unterweisung«, bezeichnet das überlieferte Material von Mythen, Legenden, Gedichten usf., das dem *mabinog* gelehrt wurde und das er auswendig zu lernen hatte. *Mabinogion,* der Plural von *mabinogi,* war der Name, den Lady Charlotte Guest ihrer Übersetzung von elf Sagen aus den »Alten Büchern« (1838-49) gab.

Die walisische Bardendichtung leitet sich ebenso wie die irische und schottische von einem sehr alten und reichen Mythenschatz der heidnischen Kelten ab. Diese Mythen wurden von den christlichen Missionaren und Chronisten des fünften Jahrhunderts und der folgenden, die die alten Geschichten aufzeichneten und mit der Bibel zu koordinieren trachteten, umgeformt und wiederbelebt. Im zehnten Jahrhundert, einer Blütezeit literarischer Produktion, hauptsächlich in Irland, wurde diese Überlieferung zu einer bestimmenden geistigen Macht. Keltische Barden gingen an die Höfe des christlichen Europa, und keltische Motive wurden von den heidnischen Skalden Skandinaviens aufgenommen. Ein großer Teil der europäischen Märchen und ebenso der Kern der Artussagen läßt sich auf diese erste große schöpferische Periode der abendländischen Heldendichtung zurückverfolgen. (Vgl. Gertrude Schoepperle, *Tristan and Isolt, A Study of the Sources of Romance,* London und Frankfurt a. M. 1913.)

4 Uno Harva, l. c., pp. 543-544.

5 John White, *The Ancient History of the Maori, his Mythology and Traditions* (Wellington 1886-89), Vol. II, pp. 167-171.

6 Grimms Märchen, No. 79, *Die Wassernixe.*

7 C. G. Jung, *Über die Archetypen des kollektiven Unbewußten,* Eranos-Jahrbuch 1934, Rhein-Verlag, Zürich 1935, S. 187-188.

8 Vergleiche Apollonios von Rhodos, *Argonautika.* Die Flucht ist in Buch IV enthalten.

9 Ko-ji-ki, »Berichte von alten Ereignissen« (712 n. Chr.); nach der Übersetzung von C. H. Chamberlain, *Transactions of The Asiatic Society of Japan,* Vol. X, Supplement (Yokohama 1882), pp. 24-28.

10 *Jaimuniya Upanishad Brahmana,* 3. 28. 5.

11 In vielen Mythen wird der Held aus seinem Gefängnis befreit, indem Vögel den Walfischbauch von der Seite aufhacken.

12 Leo Frobenius, *Das Zeitalter des Sonnengottes,* Berlin 1904, S. 85-87.

13 *Ko-ji-ki;* nach Chamberlain, op. cit., pp. 52-59.

14 Shinto, »Weg der Götter«, die einheimische Tradition der Japaner, im Unterschied zu dem von außen eingeführten Butsudo, »Weg des Buddha«, ist die Verehrung der Hüter von Leben und Sitte (lokalen Dämonen, Ahnengeistern, Helden, der lebenden Eltern, des Gottkaisers und der lebenden Kinder), im Gegensatz zu den Kräften, die zur Erlösung vom Lebenszyklus verhelfen, den Buddhas und Bodhisattvas. Die Verehrung besteht in der Hauptsache in Exerzitien zur Erlangung und Pflege der Herzensreinheit: »Was ist Reinigung? Es ist nicht nur die Waschung des Körpers mit heiligem Wasser, sondern die Befolgung des rechten und sittlichen Weges« (Tomobe-no-Yasutaka, *Shinto-Shoden-Kuju*). »Was der Gottheit gefällt, ist Tugend und Ernst, nicht die Zahl der materiellen Opfer« *(Shinto-Gobusho).*

Amaterasu, die Urahne des kaiserlichen Hauses, ist die oberste Gottheit des sehr zahlreichen Pantheons des japanischen Volkes, gleichzeitig aber selber nur die höchste Manifestation des ungesehenen, transzendenten und doch immanenten Allgottes: »Die achthundert Myriaden von Göttern sind nur verschiedene Manifestationen einer einzigen Gottheit, Kunitokotachi-no-Kami, das ewig stehende göttliche Sein der Erde, die große Einheit aller Dinge im All, das Ursein von Himmel und Erde, ewig existierend vom Anfang bis zum Ende der Welt« (Izawa-Nagahide, *Shinto-*

Ameno-Nuboko-no-Ki). »Welche Gottheit verehrt Amaterasu in Enthaltsamkeit auf der Ebene des hohen Himmels? Sie verehrt ihr eigenes Selbst innen als eine Gottheit, indem sie versucht, göttliche Tugend in ihrer eigenen Person zu pflegen, durch innere Reinheit und in deren Folge Einswerden mit der Gottheit« (Ichijo-Kaneyoshi, *Nihonshoki-Sanso*).

Da die Gottheit in allen Dingen west, sind alle Dinge als göttlich anzusehen, von den Töpfen und Pfannen in der Küche bis zum Mikado: das ist Shinto, der »Weg der Götter«. Der Mikado steht auf der höchsten Rangstufe und genießt daher die höchste Ehrerbietung, aber nicht eine solche, die grundsätzlich von der verschieden wäre, die allen Dingen erwiesen wird. »Die Ehrfurcht gebietende Gottheit tut sich selbst dar, auch in dem einzelnen Blatt oder einem zarten Grashalm.« (Urabe-no-Kanekuni.) Die Bedeutung der Ehrerbietung im Shinto ist die, diese Gottheit in allen Dingen zu ehren, die der Reinheit ist die, ihre Manifestation in der eigenen Person zu erhalten, nach dem erhabenen Vorbild der göttlichen Selbstverehrung der Göttin Amaterasu. »Mit dem ungesehenen Gott, der alle geheimen Dinge im Schweigen sieht, verbindet sich ernst das Herz des Menschen von der Erde unten« (aus einem Gedicht des Kaisers Meiji). – Alle angeführten Zitate sind entnommen aus Genchi Kato, *What is Shinto?* (Maruzen Company Ltd., Tokio 1935). Man vergleiche ferner Lafcadio Hearn, *Japan, An Interpretation* (Grosset and Dunlap, New York 1904).

15 Vergleiche die Worte des christlichen Credo: »Abgestiegen zur Hölle, am dritten Tage wieder auferstanden von den Toten.«

16 Enlil war der sumerische Luftgott, Nanna der Mondgott, Enki der Wassergott und Gott der Weisheit. Zu der Zeit, als unser Dokument verfaßt wurde, im dritten Jahrtausend v. Chr., war Enlil die oberste Gottheit des sumerischen Pantheons. Er war leicht zu erzürnen, der Sender der Flut, und Nanna war einer von seinen Söhnen. In den Mythen von dem gütigen Gott Enki erscheint dieser stets in der Rolle des Helfers; er ist der Schützer und Ratgeber sowohl des Gilgamesch als auch des Helden der Sintflut, Atarhasis-Utnapischtim-Noah. Das Motiv des Gegensatzes von Enki und Enlil setzt sich im klassischen Mythos fort in dem der Gegenspieler Poseidon und Zeus, bzw. Neptun und Jupiter.

17 Kramer, *op. cit.*, pp. 87 und 95. Der Schluß des Gedichtes, dieses wertvollen Dokuments von den Quellen der Mythen und Symbole unserer Zivilisation, ist für immer verloren.

18 Matthäus, 26:51, Markus, 14:47, Johannes, 18:10.

19 *Mandukya Upanishad,* 5.

20 Washington Irving, *Skizzenbuch,* »Rip van Winkle«, übersetzt von Karl Theodor Gaedertz, Reclam, Leipzig 1878, pp. 68-72

21 Die Fenians waren die Männer von Finn MacCool, lauter Riesen. Oisin, der Sohn von Finn MacCool, war einer von ihnen. Aber ihre Zeit war schon um, und die Bewohner des Landes waren nicht mehr die Riesen von einst. Solche Legenden von urtümlichen Riesen sind allerorts in den Volksüberlieferungen anzutreffen; man vergleiche etwa den auf Seite 181-183 wiedergegebenen Mythos vom König Mutschukunda. Zu denken wäre auch an die übermenschliche Lebensspanne der jüdischen Patriarchen: Adam lebte 930 Jahre, Seth 912, Enos 905 usw. (Genesis 5).

22 Curtin, l. c., pp. 332-333.

23 Sir James Frazer, *Der goldene Zweig,* p. 682.

24 *Ibid.,* p. 864.

25 Dargestellt und zitiert nach: *Die Erzählungen aus den Tausendundein Nächten,* aus dem Arabischen von Enno Littmann (Insel-Verlag, Leipzig 1924), Bd. II, S. 400-433.

26 »Er wußte aber nicht, was er redete; denn sie waren bestürzt« (Markus, 9:6).

27 Matthäus, 17:1-9.

28 Ein gewisses Element erleichternder Komik kommt in den Bericht durch den von Petrus so schnell gefaßten und – während er noch die Erscheinung vor Augen hatte – angekündigten Plan, das Unwägbare in ein steinernes Denkmal zu bannen. Nur sechs Tage vorher hatte Jesus zu ihm gesagt: »Du bist Petrus, und auf diesen Felsen will ich bauen meine Gemeinde«, und dann, einen Augenblick darauf: »denn du meinest nicht was göttlich, sondern was menschlich ist« (Matthäus, 16:18 und 23).

29 *Bhagavad Gita,* XI, 4-18; zitiert nach der Übersetzung von Paul Deussen, »Der Gesang des Heiligen« (F. A. Brockhaus, Leipzig 1911).

30 *Ibid.,* I, 45–46 und II, 9.

31 Götter des Windes, des Todes, des Feuers und des Sternenhimmels.

32 »Herr der Geschöpfe«, Personifikation des Urwesens.

33 *Ibid.,* XI, 24-50.

34 »Om! Die Morgenröte, wahrlich, ist des Opferrosses Haupt, die Sonne sein Auge, der Wind sein Odem, sein Rachen das allverbreitete Feuer, das Jahr ist der Leib des Opferrosses. Der Himmel ist sein Rücken, der Luftraum seine Bauchhöhle, die Erde seines Bauches Wölbung; die Pole sind seine Seiten, die Zwischenpole seine Rippen, die Jahreszeiten seine Glieder, die Monate und Halbmonate seine Gelenke, Tage und Nächte seine Füße, die Gestirne seine Gebeine, das Gewölk sein Fleisch. Das Futter, das es verdaut, sind die Sandwüsten, die Flüsse seine Adern, Leber und Lungen die Gebirge, die Kräuter und Bäume seine Haare; die

aufgehende Sonne ist sein Vorderteil, die niedergehende sein Hinterteil. Was es bleckt, das ist Blitz, was es schauert, ist Donner, was es wässert, Regen; seine Stimme ist Rede.« (*Brihadaranyaka Upanishad,* 1. 1. 1., zitiert nach Deussen, I. *Sechzig Upanishad's des Veda,* p. 382).

Der Weltbaum ist ein bekanntes mythologisches Bild, so die Weltesche Yggdrasil der *Edda.* Das Mantis spielt in der Mythologie der Buschmänner Südafrikas eine große Rolle. Vgl. auch Tafel XVI.

»... der urbildliche Körper des Leben, ein geschnäbelter fleischfressender Trieb, von sich selbst getragen auf sturmweiten Schwingen: aber die Augen waren bluttriefende Öffnungen; die Augen waren ausgehackt; dunkles Blut rann von den zerstörten Augenhöhlen auf den Haken des Schnabels und regnete auf die weiten Räume von leerem Himmel. Dennoch setzte sich das große Leben fort; dennoch war das große Leben schön und verschlang seinen Hunger als Speise.« (Robinson Jeffers, *Cawdor,* p. 116; deutsche Prosaübersetzung.)

35 Der Jainismus ist eine schismatische Hindureligion, die die Autorität der Veden ablehnt und in ihrer Vorstellungswelt bemerkenswerte archaische Züge aufweist.

36 *Summa contra Gentiles,* V. 3.

37 *Kena Upanishad* 2:11, zitiert nach Deussen, l. c.

38 *Bhagavad Gita,* XI, 53 und 55; zitiert nach der Übersetzung von Paul Deussen, »Der Gesang des Heiligen« (F. A. Brockhaus, Leipzig 1911).

39 Matthäus, 16:25.

40 Shankaracharya, *Vivekachudamani,* 542 und 555.

41 *Bhagavad Gita* II, 22-24; zitiert nach der Übersetzung von Paul Deussen, »Der Gesang des Heiligen« (F. A. Brockhaus, Leipzig 1911).

42 *Ibid.* III, 19 und III, 30.

43 »Taliesin«, zitiert nach *Kymrische Dichtungen,* deutsch von Adolf Knoblauch, S. 5-19.

44 Ovid, *Metamorphosen,* XV, 252-255; zitiert nach der Übersetzung von Erich Rösch.

45 Grimms Märchen, *Dornröschen,* Schluß.

Viertes Kapitel: Die Schlüssel

1 Für eine Erörterung dieser Erscheinung vergleiche man meinen Kommentar zu der Pantheon Books-Ausgabe *Grimm's Fairy Tales* (New York, 1944), pp. 846-856.

2 Obige Darstellung der Rückkehr Jasons, von einer Vase der etruskischen Sammlung des Vatikans, illustriert eine Lesart der Legen-

de, die in keinem literarischen Dokument existiert. Vergleiche den Kommentar im Abbildungsverzeichnis.

3 Karsamstag ist der Tag zwischen Christi Tod und Auferstehung, der Tag, an dem er im Bauch der Hölle verweilt, der Augenblick der Erneuerung des Zeitalters. Man vergleiche das oben erörterte Motiv des Feuerbohrers.

4 Nach: *Das vollständige Römische Meßbuch,* hrsg. von Mönchen der Erzabtei Beuron, (Herder, Freiburg im Breisgau 1939), S. 439-444.

5 In Indien wird die Macht *(shakti)* eines Gottes in weiblicher Form personifiziert und als seine Begleiterin dargestellt. Ähnlich wird im Taufritual die Gnade versinnlicht.

6 Johannes, 3:3-5.

Zweiter Teil
Der kosmogonische Zyklus

Erstes Kapitel: Emanationen

1 Vergleiche C. G. Jung, *Über die Energetik der Seele,* (Rascher-Verlag, Zürich–Stuttgart 1967), Kap. I.

2 Vergleiche Kant, *Kritik der reinen Vernunft.*

3 Im Sanskrit *māyā-śakti.*

4 Jenseits der Kategorien und deshalb durch keinen der beiden Gegensätze, die »Abgrund« und »Sein« genannt werden, ganz erfaßt. Solche Namen sind nur Schlüssel zur Transzendenz.

5 Dieses Bewußtsein von der Zweitrangigkeit der Persönlichkeit jedweder angebeteten Gottheit zeichnet die meisten Überlieferungen der Welt aus (als Beispiel vergleiche man Anm. 154 zu S. 174 (hier S. 410). Christentum, Islam und die jüdische Religion jedoch lehren die Endgültigkeit der göttlichen Person und machen es so ihren Gläubigen vergleichsweise schwer, über die Grenzen ihrer anthropomorphen Gottheit hinauszugehen. Das Resultat war eine allgemeine Schwächung der Symbole auf der einen Seite und eine fanatische Bigotterie, wie sie nirgendwo sonst in der Religionsgeschichte angetroffen wird, auf der anderen. Für eine Erörterung des möglichen Ursprungs dieser Verirrung vergleiche man Sigm. Freud, *Moses, sein Volk und die monotheistische Religion,* Gesammelte Werke, London, 1950, Bd. XVI, S. 156-246.

6 Lukas, 17:21.

7 Vergleiche Seite 186.

8 Vergleiche Seite 90-91.

9 Vergleiche Seite 91.

10 Vergleiche Seite 46.

11 Fernando de Alva Ixlilxochitl, *Historia de la Nación Chichimeca* (1608), Capitulo I (veröffentlicht in Lord Kingsborough, *Antiquities of Mexico,* London 1830-1848 Vol. IX, p. 205, außerdem in Alfredo Chavero, *Obras Históricas de Alva Ixtlilxochitl,* Mexico 1891-1892, Vol. II, pp. 21-22).

12 Hastings *Encyclopaedia of Religion and Ethics,* Vol. V, p. 375.

13 Vergleiche Mrs. Sinclair Stevenson, *The Heart of Jainism* (Oxford University Press, 1915), pp. 272-278.

14 Ein göttliches Jahr ist gleich 360 menschlichen. Vergleiche Seite 214.

15 *Mandukya Upanishad,* 3-6.

16 *Mandukya Upanishad,* 8-12. Zitiert nach Deussen, l. c., p. 579. Da im Sanskrit a und u zu o verschmelzen, wird die heilige Silbe »om« ausgesprochen und geschrieben. Vergleiche das Gebet auf Seite 145 und Anm. 34 zu S. 226 (hier S. 415).

17 *Mandukya Upanishad,* 7; zitiert nach Deussen, l. c., p. 579.

18 *Ha idra zuta, Zohar* III, 288 a. Vergleiche Seite 174.
Der *Zohar* (*zōhar,* »Licht«, »Glanz«) ist eine Sammlung von esoterischen jüdischen Schriften, die um 1305 von einem gelehrten spanischen Juden, Moses de Leon, der Welt übergeben wurden. Es hieß, daß das Material aus heiligen Urtexten stamme, die auf die Lehren des Simeon ben Yohai, eines galiläischen Rabbi aus dem 2. Jahrhundert n. Chr., zurückgingen. Von den Römern mit dem Tod bedroht, habe Simeon sich zwölf Jahre lang in einer Höhle verborgen gehalten. Zehn Jahrhunderte später seien dort seine Schriften gefunden worden, und diese seien die Quellen des *Zohar.* Simeons Lehren wiederum sollen dem *hokmah nistarah,* oder der geheimen Weisheit des Moses, entstammen, einem Korpus esoterischer Lehren, der zuerst von Moses in Ägypten, dem Land seiner Geburt, studiert wurde, dann von ihm während der vierzig Jahre in der Wüste, wo er besondere Instruktionen von einem Engel erhielt, überdacht und schließlich den ersten vier Büchern des Pentateuch kryptisch eingefügt wurde, aus denen sie durch rechte Beherrschung und Anwendung der mystischen Zahlenwerte des hebräischen Alphabets wieder entziffert werden könnten. Dieses Korpus und die Techniken zu seiner Wiederentdeckung und Benutzung bilden die Kabbala.
Es heißt, daß die Lehren der Kabbala (*qabbālāh,* empfangene oder überlieferte Lehre) zuerst von Gott selbst einer besonderen Gruppe von Engeln im Paradies anvertraut wurden. Als der Mensch aus dem Garten vertrieben worden war, sollen einige dieser Engel die Lehren dem Adam mitgeteilt haben, um ihm

damit wieder zurück zum Glück zu verhelfen. Von Adam ging die Lehre zu Noah, von Noah zu Abraham. Abraham ließ sich einiges davon entschlüpfen, als er in Ägypten war, und dies sei der Grund, warum diese sublimen Weisheiten in entstellter Form in den Mythen und Philosophien der Heiden anzutreffen seien. Moses studierte sie zuerst mit ägyptischen Priestern, aber durch die Instruktionen des Engels wurde die echte Tradition in ihm erneuert.

19 *Ha idra rabba qadisha,* xi, 212-14 und 233; zitiert nach der Übersetzung von S. L. Mac-Gregor Mathers, *The Kabbalah Unveiled* (London: Kegan Paul, Trench, Trübner and Company, Ltd., 1887), pp. 134-135 und 137.

20 *Summa contra Gentiles,* I, 1.

21 Siehe Seite 31-35.

22 Johannes C. Anderson, *Maori Life in Ao-tea* (Christchurch [New Zealand], ohne Datum [1907?]), p. 127.

23 In den heiligen Schriften des Mahayana-Buddhismus werden achtzehn Leeren oder Grade der Leere aufgezählt und beschrieben, die von dem Yogi und von der Seele, wenn sie im Tod ins Jenseits hinübertritt, erfahren werden. Vergleiche Evans-Wentz, *Tibetan Yoga and Secret Doctrine,* pp. 206 und 239 f.

24 Siehe dazu *The Vedantasara of Sadananda,* übersetzt mit Einleitung, Sanskrit-Text und Kommentaren von Swami Nikhilananda (Mayavati, 1931).

25 Als die fünf Elemente gelten im chinesischen System Erde, Feuer, Wasser, Holz und Gold.

26 *Chinesische Volksmärchen,* übersetzt von Richard Wilhelm (Eugen Diederichs, Jena 1921), S. 29-30.

27 Übersetzt nach Rev. Richard Taylor, *Te ika a Maui, or New Zealand and its Inhabitants,* London 1855, S. 14-15.

28 Es handelt sich um einen kleinen Kreis unter dem Hauptteil der Abb. 13. Vergleiche auch die Darstellung des chinesischen Tao in der Anm. 87, S. 402.

29 Kenneth P. Emory, *The Tuamotuan Creation Charts by Paiore,* Journal of the Polynesian Society, Vol. 48, No. 1, March 1939, pp. 1-29.

30 *Ibid.,* p. 12.

31 *Chandogya Upanishad,* 3. 19. 1-3; zitiert nach Deussen, *Sechzig Upanishad's des Veda,* Leipzig 1897, S. 116.

32 A. S. Eddington, *The Nature of the Physical World,* Copyright 1928 by The Macmillan Company, p. 83.

33 »Die Entropie nimmt immer zu.« (Vgl. Eddington, l. c., S. 63 ff.).

34 Ta'aroa entspricht im Dialekt von Tahiti Tangaroa. Vergleiche Tafel XX.

35 Kenneth P. Emory, *The Tahitian Account of Creation by Mare,*

Journal of the Polynesian Society, Vol. 47, No. 2 (June 1938), p. 53-54.

36 E. A. Wallis Budge, *The Gods of the Egyptians,* London 1904. Vol. I, pp. 282-292.

37 *Kalika Purana* I.

38 *Brihadaranyaka Upanishad,* 1. 4. 1-5; zitiert nach Deussen, l. c., S. 392 ff. Man vergleiche auch das folkloristische Motiv der Verwandlung bei der Flucht (Seite 184 ff.). Ebenso *Kyprien,* 8, wo »Nemesis floh und nicht wollte sich in Liebe mischen mit Zeus dem Vater« und die Gestalten von Fischen und Tieren annimmt.

39 *Mundaka Upanishad,* 2. 2. 5; zitiert nach Deussen, l. c., S. 553.

40 *Zohar,* i, 91 b. Zitiert bei C. G. Ginsburg, *The Kabbalah, its Doctrines, Development, and Literature* (London 1920), p. 116.

41 *Taittiriya Upanishad,* 3. 10. 5. Zitiert nach Deussen, l. c., S. 239.

42 Die Mythen des amerikanischen Südwestens beschreiben ein solches Auftauchen ganz detailliert, ebenso die Schöpfungsgeschichten der algerischen Kabylen. Vergleiche Morris Edward Opler, *Myths and Tales of the Jicarilla Apache Indians* (Memoirs of the American Folklore Society, No. 31, 1938), und Leo Frobenius and Douglas C. Fox, *African Genesis* (New York, 1927), pp. 49-50.

43 George Grey, *Polynesian Mythology and Ancient Traditional History of the New Zealand Race, as furnished by their Priests and Chiefs* (London, 1855), pp. 1-3.

44 *Theogonie,* 116 ff. In der griechischen Version grollt die Mutter nicht, sondern sorgt selbst für die Sichel.

45 Vgl. die Polarität von Mahora-nui-a-rangi und Maku bei den Maoris, Seite 250.

46 S. N. Kramer, l. c., pp. 40 f.

47 *Ginnungarap,* die Leere, der Abgrund des Chaos, in den am Ende des Zyklus, der Götterdämmerung, alles versinkt und aus dem nach einer zeitlosen Periode der Inkubation alles wieder erscheint.

48 Nach der *Jüngeren Edda,* »Gylfaginning«, IV-VII. Das Gedicht ist zitiert nach der Übertragung von Gustav Neckel und Felix Niedner, Eugen Diederichs, Jena 1925, S. 56. Vergleiche auch die *Ältere Edda,* Völuspa.

Die *Ältere Edda* ist eine Sammlung von 34 alten norwegischen Gedichten, die die heidnischen Götter und Helden der Germanen behandeln. Die Gedichte wurden von einer Reihe von Dichtersängern, den Skalden, während der Periode von 900 bis 1050 n. Chr. in verschiedenen Teilen der Welt der Wikinger, eines zumindest auch in Grönland, zusammengesetzt. Allem Anschein nach wurde die Sammlung in Island in ihrer heutigen Form abgeschlossen.

Die *Jüngere Edda* ist ein Handbuch für junge Dichter. Es wurde in Island von dem christlichen Dichtmeister und Häuptling Snorri

Sturluson (1178-1241) verfaßt. Es faßt die heidnischen Mythen der Germanen und die Regeln der skaldischen Rhetorik zusammen.
Die Mythenwelt dieser Texte weist eine frühe, bäurische Schicht auf (gekennzeichnet durch den Donnerer Thor), eine spätere aristokratische (mit Wotan-Odin) und einen dritten, eindeutig phallischen Komplex (Nyorth, Freya und Frey). Bardische Einflüsse aus Irland vermischen sich mit klassischen und orientalischen Themen in dieser tief grüblerischen und doch grotesk humorgeladenen Symbolwelt.

49 »Das Weltschöpfungsepos«, Tafel IV. Nach: *In den Tagen des Tamuz, altbabylonische Mythen,* Verlag R. Piper und Co, 1950.

50 Siehe Dante, »Paradiso«, XXX-XXXII. Die Rose ward der Menschheit durch das Kreuz erschlossen.

51 Genesis, 3:7.

52 Eine grobe Unterscheidung ist möglich zwischen den Mythen der wirklich primitiven Fischer-, Jäger-, Wurzel- und Beerensammlervölker und denen der Zivilisationen, die im Gefolge der Entwicklung von Ackerbau, Milchwirtschaft und Viehhaltung entstanden, etwa 6000 v. Chr. Das meiste von dem, was wir primitiv nennen, ist jedoch kolonialer Natur, das heißt durchgesickert von irgendeinem Hochkulturzentrum und den Bedürfnissen einer einfacheren Gruppe adaptiert. Wenn ich die unentwickelten oder verkommenen Überlieferungen »Volksmythen« nenne, so um den irreführenden Ausdruck »primitiv« zu vermeiden. Mein Ausdruck ist den Zwecken der vorliegenden vergleichenden Studie der elementaren und allgemeinen Formen angemessen, würde aber einer streng historischen Analyse wohl nicht genügen.

53 George Bird Grinnell, *Blackfoot Lodge Tales* (New York: Charles Scribner's Sons, 1892, 1916), pp. 137-138.

54 J. S. Polack, *Manners and Customs of the New Zealanders* (London, 1840), Vol. I, p. 17. Eine solche Erzählung als kosmogonischen Mythos zu verstehen, wäre ebenso verfehlt wie das Trinitätsdogma durch einen Abschnitt des Kindermärchens *Marienkind* (Grimm, Nr. 3) zu illustrieren.

55 Harva, l. c., S. 109.

56 Harva, l. c., S. 109.

57 P. J. Meier, *Mythen und Erzählungen der Küstenbewohner der Gazelle-Halbinsel (Neu-Pommern),* Anthropos-Bibliothek, Bd. I, Heft 1, Münster i. W. 1909, S. 15-16.

58 *Ibid.,* S. 59-61.

59 »Das Universum benimmt sich im ganzen nicht so, als ob es unter wirksamer persönlicher Aufsicht und Kontrolle stünde. Wenn ich manche Hymnen, Predigten und Gebete höre, die einfach voraus-

setzen oder mit naiver Einfalt annehmen, daß dieser weite, ungerührte Kosmos mit all den ungeheuerlichen Unfällen, die in ihm passieren, ein genau geplanter und persönlich gelenkter Ablauf ist, erinnere ich mich der vernünftigeren Hypothese eines ostafrikanischen Stammes, von dem ein Beobachter berichtet: ›Sie sagen, daß, obwohl Gott gut ist und für jeden Gutes wünscht, er leider einen schwachsinnigen Bruder hat, der immer in das hineinpfuscht, was er tut.‹ Das hat zum mindesten eine gewisse Anwendbarkeit auf die Fakten. Gottes schwachsinniger Bruder könnte einige der widerwärtigen und verrückten Tragödien des Lebens erklären, welche die Idee eines allmächtigen Individuums von unendlicher Güte gegenüber jeder Seele wohl kaum erklärt.« (Harry Emerson Fosdick, *As I See Religion,* New York: Harper and Brothers, publisher, 1932, p. 53-54.)

60 Harva, l. c., pp. 114-115; er zitiert dazu W. Radloff, *Proben der Volksliteratur der türkischen Stämme Süd-Sibiriens* (St. Petersburg 1866-70), Vol. I, p. 285. Abgelöst von den kosmogonischen Ideen, wurde der negative Aspekt der demiurgischen Macht, der clownische Teufel, zu einer Lieblingsgestalt der zur Unterhaltung erzählten Geschichten. Ein lebendiges Beispiel ist der Coyote der amerikanischen Ebenen. Reineke Fuch ist eine europäische Version dieser Figur.

Zweites Kapitel: Die Geburt von der Jungfrau

1 Die *Kalewala* (»Das Land der Helden«) ist in ihrer gegenwärtigen Form das Werk von Elias Lönnrot (1802-1884), einem Landarzt, der sich mit finnischer Philologie befaßte. Als er ein beträchtliches Korpus von Volksdichtung um die Sagenhelden Wäinämöinen, Ilmarinen, Lemminkainen und Kullervo gesammelt hatte, brachte er sie in zusammenhängende Folge und faßte sie in eine einheitliche Versform (1835, 1849). Das Werk kommt auf einige 23 000 Zeilen.

Eine deutsche Übersetzung der *Kalewala* kam Henry Wadsworth Longfellow vor Augen, der daraufhin den Plan zu seinem *Song of Hiawatha* faßte und dessen Metrum bestimmte.

Die folgenden Zitate sind der deutschen Übertragung von Anton Schiefner, Georg Müller Verlag, München 1914, entnommen.

2 I, 127-136.

3 Das heißt im zehnten Sommer nach dem Zerbrechen des Enteneies.

4 I, 255-280.

5 I, 287-328.

6 I, 329-344.

7 Dieses Horn und Öl spielen in der Folklore von Südrhodesien eine beachtliche Rolle. Das Ngona-Horn ist ein wundertätiges Werkzeug, begabt mit der Kraft, Feuer und Blitz zu erzeugen, die Lebenden zu schwängern und die Toten zu erwecken.

8 Dieser Satz wird oft wiederholt, in einem melodramatischen, zeremoniellen Ton.

9 Leo Frobenius und Douglas C. Fox, *African Genesis,* (New York 1937), pp. 215-220. Vergleiche Tafel XVIII.
Zimbabwe heißt ungefähr »der Königshof«. Die riesigen prähistorischen Ruinen bei Fort Victoria werden »der große Zimbabwe« genannt, kleine Steinruinen, wie es sie überall in Südrhodesien gibt, »kleiner Zimbabwe«. [Anmerkung von Frobenius und Fox.]

10 Der »hakata«, den Mwuetsis Kinder befragten. Siehe Seite 292.

11 *Pseudo-Matthäus,* Kap IX.

12 Kingsborough, l. c., Vol. VIII, pp. 263-264.

13 Kalidasa, *Kumarasambhavam* (»Die Geburt des Kriegsgottes Kumara«).

14 E. E. V. Collocott, *Tales and Poems of Tonga* (Bernice P. Bishop Museum Bulletin No. 46, Honolulu 1928), pp. 32-33.

Drittes Kapitel: Die Verwandlungen des Heros

1 Giles, l. c., pp. 233-234; Rev. J. MacGowan, *The Imperial History of China* (Shanghai 1906), pp. 4-5; Friedrich Hirth, *The Ancient History of China* (Columbia University Press, 1908), pp. 8-9.

2 Giles, l. c., p. 656; MacGowan, l. c., pp. 5-6; Hirth, l. c., pp. 10-12.

3 Giles, l. c., p. 338; MacGowan, l. c., pp. 6-8; Edouard Chavannes, *Les mémoires historiques de Se-ma Ts'ien* (Paris 1895-1905), Vol. I, pp. 25-36. Vergleiche außerdem John C. Ferguson, *Chinese Mythology* (»The Mythology of All Races«, Vol. VIII, Boston 1928), pp. 27-28, 29-31.

4 Diese Formel ist selbstverständlich nicht genau die der verbreiteten christlichen Lehre, wo, obwohl doch von Jesus der Ausspruch berichtet wird, »das Königreich Gottes ist in euch», die Kirchen daran festhalten, daß, weil der Mensch nur »nach dem Bilde« Gottes geschaffen sei, die Unterscheidung zwischen der Seele und ihrem Schöpfer absolut sei, und so als ultima ratio die dualistische Unterscheidung zwischen der »ewigen Seele« des Menschen und der Gottheit übrigbehalten. Sie ermutigt nicht dazu, über dieses Gegensatzpaar hinauszugehen, sondern verfemt das als »Pantheismus«, der manchmal mit dem Scheiterhaufen geahndet wurde. Dennoch sind die Gebete und Aufzeichnungen der christlichen Mystiker übervoll von ekstatischen Beschreibungen der einigenden, seelenerschütternden Erfahrung (vergleiche Seite 44), wäh-

rend Dantes Vision am Schluß der *Göttlichen Komödie* ganz gewiß über das orthodoxe, dualistische, konkretistische Dogma von der Endgültigkeit der Personen in der Trinität hinausgeht. Wo dieses Dogma nicht überwunden wird, wird der Mythos des Gehens zum Vater wörtlich genommen, als Beschreibung des letzten Zieles des Menschen.

Was das Problem der Nachfolge Jesu als eines menschlichen Vorbilds im Gegensatz zur Meditation auf ihn als Gott angeht, so kann die Geschichte der christlichen Einstellung dazu ungefähr wie folgt umrissen werden: 1. eine Periode, in der man Jesus, als dem Meister, im buchstäblichen Sinne, durch Abkehr von der Welt, nachzufolgen bestrebt war (Urchristentum); 2. eine Periode der Meditation auf den gekreuzigten Christus als die Gottheit im Herzen, bei Auffassung des Lebens in der Welt als Dienst an diesem Gott (frühes und mittelalterliches Christentum); 3. Abschaffung der meisten Meditationsübungen, während man sein Leben in der Welt weiterhin als Diener oder Werkzeug des unsichtbar gewordenen Gottes führte (protestantisches Christentum); 4. der Versuch, Jesus als vorbildhaften Menschen zu interpretieren, aber ohne sein asketisches Leben zu übernehmen (liberales Christentum). Vergleiche Anm. 83 zu S. 145 (hier S. 401-402).

5 Diese drei Legenden erscheinen in der hervorragenden psychologischen Studie *The Myth of the Birth of the Hero* von Dr. Otto Rank (Nervous and Mental Disease Monographs, New York 1910), eine Variante der dritten in den *Gesta Romanorum,* LXXXI.

6 Tatsächlich war Karl der Große bartlos und kahlköpfig.

7 Erschöpfend diskutiert wird der Sagenkreis um Karl den Großen bei Joseph Bédier, *Les légendes épiques* (3. Auflage, Paris 1926).

8 Louis Ginzberg, *The Legends of the Jews* (The Jewish Publication Society of America, Philadelphia 1911), Vol. III, pp. 90-94.

9 George Bird Grinnell, *Blackfoot Lodge Tales,* (Charles Scribner's Sons, New York 1892 und 1916), pp. 31-32.

10 Elsie Clews Parsons, *Tewa Tales* (Memoirs of the American Folklore Society, XIX, 1926) p. 193.

11 Der Sinn seines Rates, der den westlichen Leser seltsam anmuten mag, ist, daß der Pfad der Frömmigkeit *(bhakti mārga)* mit Dingen beginnen muß, die der Gläubige kennt und liebt, nicht also mit abseitigen, unsinnlichen Begriffen. Da die Gottheit in allem wohnt, wird sie sich durch jedwedes Objekt offenbaren, das tief genug betrachtet wird. Außerdem ist es die Gottheit im Gläubigen selbst, die es diesem möglich macht, die Gottheit in der äußeren Welt zu entdecken. Das Mysterium wird versinnlicht in Krishnas doppelter Präsenz während der Anbetung.

12 Nach Sister Nivedita und Ananda K. Coomaraswamy, *Myths of the Hindus and Buddhists* (Henry Holt and Company, New York 1914), pp. 221-232.

13 Parsons, l. c., p. 193.

14 Die Sagenzyklen des mittelalterlichen Irland umfassen: 1. *den mythologischen Zyklus,* der die Besiedlung der Insel durch vorgeschichtliche Völker beschreibt, ihre Kämpfe und insbesondere die Taten eines Tuatha De Danaan, Kinder der großen Mutter Dana, benannten Göttergeschlechts; 2. *die Annalen der Milesier,* halbhistorische Chroniken von dem zuletzt kommenden Volk, den Söhnen des Miles, die die keltischen Dynastien gründeten, die sich bis zur Ankunft der Anglonormannen unter Heinrich II. im 11. Jahrhundert erhielten; 3. *dem Ulsterzyklus der Ritter vom roten Zweig,* der vor allem die Taten Cuchulinns am Hofe seines Onkels Conchobar behandelt und die Entwicklung der Artusüberlieferung in Wales, der Bretagne und England stark beeinflußte, wobei der Hof des Conchobar zum Vorbild des Königs Artus wurde und die Taten des Cuchulinn zum Vorbild für die des Sir Gawain, Artus' Neffen (Gawain wiederum gab die Vorlage für viele Abenteuer, die später Lancelot, Parsival und Galahad zugeschrieben wurden); 4. *den Zyklus der Fianna,* einer Schar von Kriegern, die von Finn MacCool angeführt wurde (vgl. Anm. 21 zu S. 214 (hier S. 415); die bedeutendste Sage dieses Zyklus ist die von dem Liebesdreieck Finn, Grianni, seiner Braut, und Diarmaid, seinem Neffen, aus dem sich viele Episoden in der berühmten Erzählung von Tristan und Isolde erhalten haben; 5. *Legenden der irischen Heiligen.*
Die »kleinen Leute« der Volksmärchen des christlichen Irland sind die reduzierten heidnischen Gottheiten, die früheren Tuatha De Danaan.

15 Die altirische Heldensage »Táin bó Cúalnge«, nach dem *Buch von Leinster* herausgegeben von Ernst Windisch (Wh. Stokes und E. Windisch, *Irische Texte,* Extraband zu Serie I bis IV), S. Hirzel, Leipzig 1905, S. 106-117.

15a Nämlich die Temperatur des Wassers.

16 »Táin bó Cúalnge«, l. c., S. 130-169.

17 *Ibid.,* S. 168-171.

17a Eine Anschwellung, ähnlich der Zornader.

18 *Ibid.,* S. 368-377.

19 Uno Holmberg (Uno Harva), *Der Baum des Lebens* (Annales Academiae Scientiarium Fennicae, Ser. B., Tom. XVI, No. 3, Helsinki 1923), pp. 57-59.

20 *Kalewala,* III, 295-300.

21 Ich halte hier die Unterscheidung zwischen dem früheren, halb dem Tierreich angehörenden, titanischen Heros, dem Städtegrün-

der und Kulturspender, und dem späteren, ganz menschlichen Typus fest (vgl. Seite 300-304). Die Taten des letzteren schließen oft die Tötung der ersteren ein, der Pythons und Minotauren, die die Segenspender der Vergangenheit waren. (Ein ausgewachsener Gott wird sofort zum lebenvernichtenden Dämon. Die Form muß zerbrochen und die Energien freigesetzt werden.) Nicht selten werden Taten, die an sich den früheren Phasen des Zyklus angehören, dem menschlichen Helden zugeschrieben oder die früheren Helden humanisiert und in spätere Zeiten versetzt. Die allgemeine Formel jedoch wird durch solche Mischformen und Abwandlungen nicht getroffen.

22 Clark Wissler und D. C. Duvall, *Mythology of the Blackfeet Indians* (Anthropological papers of the American Museum of Natural History, Vol. II, Part I, New York 1909), pp. 55-57. Zitiert bei Thompson, l. c., pp. 111-113.

23 Jacobus de Voragine, *Legenda aurea* CIV. »Von Sanct Martha«; l. c., Bd. I, pp. 670–671.

24 Ein Angehöriger der mit der Zubereitung und Anwendung der heiligen Spezereien betrauten Priesterklasse.

25 Oberpriester, regierend als Statthalter des Gottes.

26 Ein hübsches und lehrreiches Beispiel für das klägliche Versagen eines großen Helden ist in den Runos IV-VIII des *Kalewala* zu finden, wo Wäinämöinens Werbungen, zuerst um Aino, dann um »Nordlands wunderschöne Jungfrau«, fehlschlagen. Für den gegenwärtigen Zusammenhang ist diese Erzählung viel zu umfangreich.

27 »Emers Werbung« ausgezogen aus der englischen Übersetzung von Kuno Meyer in Eleanor Hull, *The Cuchullin Saga in Irish Literature,* London 1898, pp. 57-84.

28 Parsons, l. c., p. 194.

29 Firdausi, *Shah-Nameh* (zitiert nach Ernst Bertram, *Persische Spruchgedichte,* Insel-Verlag), S. 56-58.

Die persische Mythologie wurzelt in dem gemeinsamen indoeuropäischen System, das aus den Steppen um den Aralsee und das Kaspische Meer nach Indien und Iran ebenso wie nach Europa getragen wurde. Die Hauptgottheiten der frühesten heiligen Schriften der Perser (Avesta) stehen in der engsten Beziehung zu denen der frühesten indischen Texte (Veden: vgl. Anm. 32 zu Seite 110 [hier S. 396]). In der neuen Umgebung jedoch kamen die beiden Zweige unter sehr unterschiedliche Einflüsse; die vedische Tradition unterwarf sich nach und nach indisch-dravidischen Kräften, die persische sumerisch-babylonischen.

Früh im ersten Jahrtausend v. Chr. wurde der persische Glaube von dem Propheten Zarathustra (Zoroaster) reorganisiert, wobei ein strenger Dualismus von einem guten und einem bösen Prinzip, Licht und Finsternis, Engeln und Teufeln, maßgebend war. Diese Reformation übte einen tiefen Einfluß aus nicht nur auf den persischen Glauben, sondern auch auf den hebräischen und dadurch, Jahrhunderte später, das Christentum. Sie bedeutet eine radikale Abkehr von der häufigeren Interpretation der Mythen, daß Gut und Böse Wirkungen sind, die von einer einzigen, alle Polarität übersteigenden und in sich versöhnenden Quelle ausgehen.

Im Jahre 642 n. Chr. wurde Persien von den fanatischen Anhängern Mohammeds überrannt, und wer sich nicht bekehrte, verfiel dem Schwert. Ein kleiner Rest fand Zuflucht in Indien und hat sich dort in den Parsen (»Persern«) von Bombay bis auf den heutigen Tag erhalten. Nach einer Periode von etwa drei Jahrhunderten jedoch kam eine mohammedanisch-persische Restaurationsbewegung in der Literatur auf. Deren große Namen sind Firdausi (940-1020?), Omar Khayyam (?-1123?), Nizami (1140-1203), Jalal ad-Din Rumi (1207-1273), Saadi (1184?-1291), Hafis (?-1389?) und Jami (1414-1492). Firdausis *Shah Nameh* (»Epos der Könige«) ist ein Lehrgedicht, das in erzählenden Versen von wuchtiger Einfachheit die Geschichte des alten Persien bis zur mohammedanischen Eroberung darstellt.

30 Opler, l. c., pp. 133-134.

31 Nach Nivedita und Coomaraswamy, l. c., pp. 236-237.

32 Coomaraswamy, *Hinduism and Buddhism,* pp. 6-7.

33 Matthäus 10: 34-37.

34 *Bhagavad Gita* II, 18; zitiert nach der Übersetzung von Paul Deussen, »Der Gesang des Heiligen« (F. A. Brockhaus, Leipzig 1911).

35 Antiphone der Nonnen bei der Konsekration zu Bräuten Christi; *Pontificale Romanum,* Antwerpen 1765, p. 154-156.

36 Ginzberg, l. c., Vol. I, pp. 305-306.

37 Wilhelm Stekel, *Die Sprache des Traumes,* Traum Nr. 365, S. 292. Der Tod erscheint hier, nach Stekels Deutung, in vier Symbolen: als der blinde Geiger, der Schielende, das alte Weib und der junge Bauer (der Bauer ist der Säer und Schnitter).

38 Bernardino de Sahagún, *Historia General de las Cosas de Nueva España* (Mexico 1829), Lib. III, Cap. XII-XIV (gekürzt). Das Buch wurde wieder veröffentlicht von Pedro Robredo, (Mexico 1938), Vol. I, pp. 278-282.

39 Thomas A. Joyce, *Mexican Archaeology* (London 1914), p. 46.

40 »Taín bó Regamna« mit deutscher Übersetzung herausgegeben von Wh. Stokes und E. Windisch, *Irische Texte,* zweite Serie, 2. Heft, (Verlag von S. Hirzel, Leipzig 1887), S. 241-254.

41 Parsons, l. c., pp. 194-195.
42 *Tathāgata:* »angelangt oder seiend in *(gata)* einen solchen Zustand *(tathā)*«: das heißt ein Erleuchteter, ein Buddha.
43 Nach Henry Clarke Warren, *Buddhism in Translations.* Man vergleiche die Stufen der kosmischen Emanation, Seite 261-262.

Viertes Kapitel: Die Auflösung

1 *Bhagavad Gita,* 10:20, zitiert nach Deussen »Der Gesang des Heiligen«.
2 *Brihadaranyaka Upanishad,* 4. 3. 36-37; nach Deussen *Sechzig Upanishad's,* S. 473 f.
3 James Henry Breasted, *Development of Religion and Thought in Egypt,* (Charles Scribner's Sons, New York 1912), p. 275. Vergleiche »Taliesin«, Seite 232 f.
4 Franz Boas, *Race, Language, and Culture* (New York 1940), p. 514. Vergleiche Seite 98-100.
5 Sahagún, l. c., Lib. I, Apéndice, Cap. I; ed. Robredo, Vol I, pp. 284-286.
Weiße Hunde und schwarze können nicht durch den Fluß schwimmen, weil der weiße sagen würde: »Ich habe mich gewaschen!« und der schwarze: »Ich habe mich beschmutzt!« Nur die hellroten können zum Totenufer gelangen.
6 Bei N. wird der Name des Verstorbenen eingesetzt, etwa Osiris Aufankh, Osiris Ani.
7 Nach der Übersetzung von E. A. W. Budge, *The Book of the Dead, The Papyrus of Ani, Scribe and Treasurer of the Temples of Egypt, about B. C. 1450,* New York 1913.
8 Henry Clarke Warren, *Buddhism in Translations,* pp. 38-39.
9 Sylvanus G. Morley, *An Introduction to the Study of the Maya Hieroglyphics* (57th Bulletin, Bureau of American Ethnology; Washington 1915), Tafel 3.
10 *Ibid.* p. 32.
11 Zitate und Darstellung nach der Übersetzung von Felix Genzmer, Jena 1920, Bd. II, S. 40-42.
12 Matthäus, 24:3-36.

Epilog: Der Mythos und die Gesellschaft

1 *Odyssee,* IV, 417-418; zitiert nach J. H. Voß.
2 *Odyssee,* IV, 400-406.
3 Nietzsche, *Also sprach Zarathustra* (Alfred Kröner Verlag, Leipzig 1910, Bd. VI), S. 115.

Illustrationen im Text

1. *Silene und Mänaden.* 18
Von einer schwarzfigurigen Amphore, ca. 450-500 v. Chr., gefunden in einem Grab bei Gela in Sizilien. (*Monumenti Antichi,* pubblicati per cura della Reale Accademia dei Lincei, Vol. XVII, Mailand 1907, Tafel XXXVII.)

2. *Minotauromachie.* 30
Von einem rotfigurigen attischen Krater 5. Jhdt. v. Chr. Theseus tötet den Minotaurus mit einem kurzen Schwert. Während in den Vasenmalereien diese Version vorwiegt, gebraucht er in der schriftlichen Überlieferung die bloßen Hände. (*Collection des vases grecs de M. le Comte de Lamberg,* expliqueé et publieé par Alexandre de la Borde, Paris 1813, Tafel XXX.)

3. *Osiris in Gestalt eines Stieres trägt einen Gläubigen in die Unterwelt.* 59
Von einem ägyptischen Sarkophag im Britischen Museum. (E. A. Wallis Budge, *Osiris and the Egyptian Resurrection,* Philip Lee Warner, London und G. P. Putnam's Sons, New York 1911, Vol. I, p. 13.)

4. *Odysseus und die Sirenen.* 84
Von einem weißen attischen Lekythos, 5. Jhdt. v. Chr., jetzt im Nationalmuseum Athen. (Eugénie Sellers, »Three Attic Lekythoi from Eretria«, *Journal of Hellenic Studies,* Vol. XIII, 1892, Tafel I.)

5. *Die Reise durch die Nachtsee: Joseph in der Zisterne; Grablegung Christi; Jonas und der Wal.* 96
Biblia Pauperum, deutsche Ausgabe 1471, mit Vordeutungen des Alten Testaments auf die Lebensgeschichte Jesu. Vgl. die Abbildungen 8 und 11. (Ausgabe der Weimarer Gesellschaft der Bibliophilen, 1906.)

6. *Isis in Gestalt eines Falken begegnet Osiris in der Unterwelt.* 116
Der Augenblick der Empfängnis des Horus, der dann bei der Auferstehung seines Vaters eine wichtige Rolle spielt (vgl. Abb. 10). Von einer Reihe von Basreliefs an den Mauern des Osiristempels zu Dendera, welche die in dieser Stadt jährlich zu Ehren des Gottes gefeierten Mysterien darstellen. (E. A. Wallis Budge, l. c., Vol. II, p. 28.)

7. *Isis reicht der Seele Brot und Wasser.* 170
(E. A. Wallis Budge, l. c., Vol. II, p. 134.)

8. *Der Sieg über das Ungeheuer: David und Goliath; Höllenfahrt; Samson und der Löwe.* 176
(Quelle wie Abb. 5.)

9a. *Eine Gorgone verfolgt Perseus, der mit dem Haupt der Medusa entflieht.* 196
Mit einem Krummschwert, das Hermes ihm gegeben hatte, näherte sich Perseus den drei Gorgonen, als sie schliefen, schlug das Haupt der Medusa ab, steckte es in seine Tasche und entfloh auf seinen Flügelschuhen. Nach der schriftlichen Überlieferung kann der Held, dank einer Tarnkappe, unerkannt entkommen. Hier dagegen sieht man eine der beiden überlebenden Schwestern der Medusa bei der Verfolgung. Von einer rotfigurigen Amphora aus dem 5. Jhdt., jetzt im Münchener Antiquarium. (Adolf Furtwängler, Friedrich Hauser und Karl Reichhold, *Griechische Vasenmalerei,* F. Bruckmann, München 1904-1932, Tafel 134.)

9b. *Perseus flieht, in der Tasche das Haupt der Medusa.* 197
Diese Figur und die obengenannte befinden sich auf entgegengesetzten Seiten der gleichen Amphore. (Vgl. Furtwängler, Hauser und Reichhold, l. c., Serie III, Text, p. 77, Abb. 39.)

10. *Die Auferstehung des Osiris.* 202
Der Gott erhebt sich aus dem Ei, und Isis (der Falke von Abb. 6) schützt ihn mit dem Flügel. Horus, der Sohn, der bei jener heiligen Hochzeit empfangen ward, hält den Ankh, das Zeichen des Lebens, vor das Antlitz seines Vaters. Von einem Basrelief zu Philae. (E. A. Wallis Budge, l. c., Vol. II, p. 58.)

11. *Das Wiedererscheinen des Helden: Samson mit den Tempeltoren; der auferstandene Christus; Jonas.* 211
(Quelle wie Abb. 5.)

12. *Die Rückkehr Jasons.* 240
Eine Vorstellung von Jasons Abenteuer, die in der literarischen Überlieferung nicht vorkommt. »Der Vasenmaler scheint eine sonderbar gespenstische Erinnerung gehabt zu haben, daß der Drachentöter von der Drachensaat kommt. Aus seinem Rachen wird er wiedergeboren.« (Jane Harrison, *Themis, A Study of the Social Origins of Greek Religion,* Cambridge University Press, second edition, 1927, p. 435) Das Goldene Vlies hängt am Baum, und Athene, die Schutzgöttin der Helden, ist mit ihrer Eule anwesend. Man beachte das Gorgonenhaupt auf ihrem Panzer (vgl. Tafel XXII). (Von einer Vase der etruskischen Sammlung des Vatikan, nach einem Photo von D. Anderson, Rom.)

13. *Schöpfungsdarstellung von Tuamotu: Unten: das Weltei, oben: die Menschen erscheinen und formen die Welt.* 266
(Kenneth P. Emory, »The Tuamotuan Creation Charts by Paiore«, *Journal of the Polynesian Society,* Vol. 48, No. 1, p. 3.)

14. *Die Trennung von Himmel und Erde.* 275
Eine häufige Darstellung auf ägyptischen Sarkophagen und Papyri. Der Gott Shu-Heka trennt Nut und Seb. Dies ist der Augenblick der Erschaffung der Welt. (W. Max Müller, *Egyptian Mythology,* The Mythology of All Races, Vol. XII, Marshall Jones Company, Boston, 1918, p. 44.)

15. *Khnemu bildet Pharaos Sohn auf der Töpferscheibe, und Thot markiert seine Lebensspanne.* 281
Aus einem Papyrus der ptolemäischen Periode. (E. A. Wallis Budge, *The Gods of the Egyptians,* Methuen and Co., London 1904, Vol. II, p. 50.)

16. *Nut, der Himmel, gebiert die Sonne; ihre Strahlen fallen am Horizont auf Hathor (Liebe und Leben).* 286
Die Kugel am Mund der Göttin bedeutet die Sonne am Abend, da sie verschlungen und wiedergeboren wird. (E. A. Wallis Budge, l. c., Vol. I, p. 101.)

17. *Felszeichnung aus der Steinzeit (Algier).* 320
Von einer prähistorischen Siedlung in der Nähe von Tiout. Das katzenähnliche Tier zwischen dem Jäger und dem Strauß ist vielleicht eine Art abgerichteter Jagdpanther, und das gehörnte Tier links hinten, mit der Mutter des Jägers, ein gezähmtes Tier auf der Weide. (Leo Frobenius und Hugo Obermaier, *Hádschra Máktuba,* Kurt Wolff, München 1925, Vol. II, Tafel 78.)

18. *König Ten (Ägypten, erste Dynastie, um 3200 v. Chr.) zerschmettert einem Kriegsgefangenen den Kopf.* 325
Von einer bei Abydos gefundenen Elfenbeinplakette. »Unmittelbar hinter dem Gefangenen ist eine Standarte mit der Figur eines Schakals darauf, der einen Gott, entweder Anubis oder Apuat, darstellt. So ist es klar, daß das Opfer durch den König einem Gott dargebracht wird.« (E. A. Wallis Budge, *Osiris and the Egyptian Resurrection,* Vol. I, p. 197, die zitierte Zeile p. 207.)

19. *Osiris als Totenrichter.* 353
Hinter dem Gott stehen die Göttinnen Isis und Nephthys. Vor ihm befindet sich ein Lotos oder eine Lilie, die seine Enkelkinder trägt, die

vier Söhne des Horus. Unter oder neben ihm ist ein See von heiligem Wasser, die göttliche Quelle des Nils auf Erden (seine Urquelle ist im Himmel). In seiner Linken hält der Gott den Flegel oder die Peitsche, in der Rechten den Haken. Das Sims oben trägt als Ornament eine Reihe von achtundzwanzig heiligen Uräen, von denen jeder eine Sonnenscheibe trägt. – Aus dem Papyrus von Hunefer. (E. A. Wallis Budge, *Osiris and the Egyptian Resurrection,* Vol. I, p. 20.)

20. *Die Schlange Kheti in der Unterwelt, einen Feind des Osiris mit Feuer vernichtend.* 355
Die Arme des Opfers sind hinter ihm zusammengebunden. Sieben Götter präsidieren. Ausschnitt aus einer Szene, die den Teil der Unterwelt darstellt, den das Sonnenboot in der achten Stunde der Nacht durchquert. – Aus dem sogenannten »Book of Pylons«. (E. A. Wallis Budge, *The Gods of the Egyptians,* Vol. I, p. 193.)

21. *Die Schatten des Ani und seiner Frau im Jenseits, Wasser trinkend.* 356
Aus dem Papyrus des Ani. (E. A. Wallis Budge, *Osiris and the Egyptian Resurrection,* Vol. II, p. 130.)

Verzeichnis der Tafeln

I. *Das Ungeheuer Tamer (sumerisch).* 51
Muscheleinlegearbeit, vielleicht von der Verzierung einer Harfe, aus einem Königsgrab zu Ur, um 3200 v. Chr. Die mittlere Figur ist wahrscheinlich Gilgamesch. (The University Museum, Philadelphia.)

II. *Das gefangene Einhorn (Frankreich).* 52
Ausschnitt aus einem vermutlich für Franz I. von Frankreich hergestellten Wandteppich, um 1514. (The Metropolitan Museum of Art, The Cloisters Collection, Gift of John D. Rockefeller, jr., 1937.)

III. *Die Göttermutter (Nigeria).* 85
Oduadua, mit dem Knaben Ogun, dem Gott des Krieges und des Eisens, auf dem Knie. Der Hund ist dem Ogun heilig. Ein Diener, von menschlicher Gestalt, schlägt die Trommel. Bemaltes Holz, Lagos, Nigeria, Stamm der Egba-Yoruba. (Horniman Museum, London. Photo aus Michael E. Sadler, *Arts of West Africa,* International Institute of African Languages and Cultures, Oxford Press, Humphrey Milford, London 1935.)

IV. *Gottheit im Kriegskleid (Bali).* 86
Der Heilige, Krishna, in seiner furchterregenden Gestalt. (Vgl. S. 222–227). Mehrfarbig bemalte Holzskulptur. (Photo aus C. M. Pleyte, *Indonesian Art,* Martinus Nijhoff, Den Haag 1901.)

V. *Die Göttin Sekhmet (Ägypten).* 117
Dioritstatue aus der Reichsperiode, Karnak. (The Metropolitan Museum of Art, Gift of Henry Walters, 1915.)

VI. *Medusa (Rom).* 118
Marmorrelief, aus dem Palazzo Rondanini in Rom, Datierung ungewiß (Staatliche Antikensammlung und Glyptothek München, Photo aus H. Brunn und F. Bruckmann, *Denkmäler griechischer und römischer Sculptur,* Verlagsanstalt für Kunst und Wissenschaft, München 1888-1932.)

VII. *Der Zauberer (Steinzeitliche Höhlenmalerei, französische Pyrenäen).* 133
Die früheste bekannte Darstellung eines Medizinmannes, um 10 000 v. Chr. Felszeichnung, mit schwarzer Farbe ausgefüllt, 29,5 Zoll hoch, beherrscht eine Reihe von mehreren hundert in den Fels geritzten Tierdarstellungen. In der Höhle von Aurignac, bekannt als die »Trois Frères«, Ariège, Frankreich. (Nach einem Photo des Entdeckers, Graf Bégouen.)

VIII. *Der Weltvater Viracocha, weinend (Argentinien).* 134
Bei Andalgalá, Catamarca, im nordwestlichen Argentinien gefundene Plakette, mit Wahrscheinlichkeit identifiziert als Darstellung der Gottheit Viracocha, die einer Vor-Inkakultur angehört. Über dem Kopf die Sonnenscheibe mit Strahlen, in den Händen Donnerkeile, aus den Augen fließen Tränen. Die Geschöpfe auf den Schultern sind vielleicht Imaymana und Tacapu, die beiden tiergestaltigen Söhne und Boten des Viracocha. (Photo aus den *Proceedings of the International Congress of Americanists,* Vol. XII, Paris 1902.)

IX. *Der tanzende Shiva (Südindien).* 149
Vgl. die Erörterung Seite 397 f., Anmerkung 46. Bronze, 10.-12. Jhdt. n. Chr. (Madras Museum, Photo aus Auguste Rodin, Ananda Coomaraswamy, E. B. Havell, Victor Goloubew, *Sculptures Civaïtes de l'Inde,* Ars Asiatica III, G. van Oest et Cie., Brüssel und Paris 1921.)

X. *Zweigeschlechtliche Ahnenfigur (Sudan).* 150
Holzschnitzerei aus der Gegend von Bandiagara, französischer Sudan. (Sammlung Laura Harden, New York. Photo von Walker Evans, mit freundlicher Erlaubnis des Museum of Modern Art, New York.)

XI. *Bodhisattva (China).* 165
Kwan Yin. Bemaltes Holz, späte Sung-Dynastie (960-1279 n. Chr.). (The Metropolitan Museum of Art, Fletcher Fund, 1928.)

XII. *Bodhisattva (Tibet).* 166
Die als Ushnīshasitātapatrā bekannte Bodhisattva, umgeben von Buddhas und Bodhisattvas; sie selbst hat hundertundsiebzehn Köpfe, die ihren Einfluß in den verschiedenen Seinssphären symbolisieren. Die linke Hand hält den Weltschirm *(axis mundi),* die rechte das Rad des Gesetzes. Unter den zahlreichen gesegneten Füßen der Bodhisattva stehen die Menschen der Erde, die um Erleuchtung gebetet haben, während unter den Füßen der drei »wilden« Kräfte, unten im Bild, die liegen, die noch von Lust, Haß und Wahn gequält werden. Die Sonne und der Mond in den oberen Bildecken symbolisieren das Wunder der Vermählung oder der Identität von Zeit und Ewigkeit, Nirvana und Welt (vgl. Seite 158 f.) Die Lamas oben in der Mitte bedeuten die orthodoxe Linie der tibetanischen Meister der Lehre, die dieses religiöse Fahnenbild symbolisch darstellt. (The American Museum of Natural History, New York.)

XIII. *Der Zweig des unsterblichen Lebens (Assyrien).* 183
Ein geflügeltes Wesen, das einen Granatapfelzweig darbietet. Alabasterwandplatte aus dem Palast des Ashur-nasir-apal II. (885-860

v. Chr.), Königs von Assyrien, in Kalhu, dem heutigen Nimrud. (The Metropolitan Museum of Art, gift of John D. Rockefeller, jr., 1931.)

XIV. *Bodhisattva (Kambodscha).* 184
Bruchstück aus den Ruinen von Angkor. 12. Jhdt. n. Chr. Die Buddhafigur, die das Haupt krönt, ist ein charakteristisches Abzeichen des Bodhisattva (vgl. die Tafeln XI und XII; bei der letzteren sitzt die Buddhafigur über der Pyramide von Köpfen). (*Musée Guimet,* Paris. Photo Musées Nationaux de France.)

XV. *Die Rückkehr.* 233
Marmorrelief, aufgefunden 1887 auf einem Grundstück, das früher zur Villa Ludovisi gehörte. Vielleicht eine frühklassische griechische Arbeit. (Museo delle Terme, Rom. Photo aus *Antike Denkmäler,* herausgegeben vom Kaiserlich Deutschen Archaeologischen Institut, Georg Reimer, Berlin 1908, Vol. II.)

XVI. *Die kosmische Löwengöttin, die Sonne haltend (Nordindien).* 234
Von einem aus einem Blatt bestehenden Manuskript aus dem 17. oder 18. Jhdt., Delhi. (The Pierpont Morgan Library, New York.)

XVII. *Der Lebensbrunnen (Flandrisch).* 251
Mittelstück eines Triptychons von Jean Bellegambe (von Douai), um 1520. Die helfende weibliche Gestalt zur Rechten, mit dem kleinen Schiff auf dem Haupt, ist die Hoffnung, die entsprechende Gestalt zur Linken die Liebe. (Palais des Beaux-Arts, Lille.)

XVIII. *Der Mondkönig und sein Volk (Südrhodesien).* 252
Vorgeschichtliche Felsmalerei bei Diana Vow Farm, Rusapi District, Südrhodesien, vielleicht in Verbindung zu bringen mit der Legende von dem Mondmann Mwuetsi (vgl. Seite 289-293). Die erhobene rechte Hand der großen, sich zurücklehnenden Gestalt hält ein Horn. Vom Entdecker, Leo Frobenius, schätzungsweise um 1500 v. Chr. angesetzt. (Frobenius-Institut, Frankfurt a. M.)

XIX. *Die Göttermutter (Mexiko).* 269
Ixciuna, eine Gottheit gebärend. Halbedelsteinstatuette, Scapolith, 7,5 Zoll hoch. (Photo, nach Hamy, American Museum of Natural History, New York.)

XX. *Tangaroa, Götter und Menschen hervorbringend (Rurutu-Insel).* 270

Polynesische Holzschnitzerei von den Tubuai-Inseln im südlichen Pazifik. (Britisches Museum.)

XXI. *Chaosungeheuer und Sonnengott (Assyrien).* 315
Alabasterwandplatte aus dem Palast des Ashur-nasir-apal II. (885-860 v. Chr.), Königs von Assyrien, zu Kalhu, dem heutigen Nimrud. Der Gott ist vielleicht die nationale Gottheit Assur, in der Rolle, die früher, bei den Babyloniern, Marduk innehatte und noch früher Enlil, ein sumerischer Sturmgott. (Photo nach einem Stich in Austen Henry Layard, *Monuments of Niniveh, Second Series,* J. Murray, London 1853. Die Originalplatte, jetzt im Britischen Museum, ist so beschädigt, daß die Formen auf einer Photographie kaum zu erkennen sind. Der Stil ist der gleiche wie bei Tafel XIII.)

XXII. *Der junge Maisgott (Honduras).* 316
Bruchstücke, Kalkstein, aus der alten Mayastadt Copan. (The American Museum of Natural History, New York.)

XXIII. *Der Mondwagen (Kambodscha).* 335
Relief aus Angkor Vat. 12. Jhdt. n. Chr. (Photo aus *Angkor,* éditions »Tel«, Paris 1935.)

XXIV. *Der Herbst (Alaska).* 336
Eskimo-Tanzmaske, bemaltes Holz. Aus dem Gebiet des Kuskokwimflusses im südwestlichen Alaska. (The Museum of the American Indian. Heye Foundation. New York.)

Index

Abraham 235, 308 ff., 326
Abraham, Karl 247
Actaeon 109 f., 112, 114
Adam 148, 272, 279, 338, 418
Adi-Buddha 391, 402
Adonis 139
Aeëtes 195
Aeneas 36, 40, 400
Aeschylus 401
Afrika 151; Zentral- 13, 80; Ost- 72 f., 140 f., 215 (Uganda); Nord- 320, 420; Süd- 80 f., 92, 416; West- 48
Agade 305, 326
Agamas, Hindu-Texte 396
Ägypten 22, 59, 75, 94, 116, 170, 202, 206, 239, 267, 268, 275, 281, 286, 325, 350, 353 f., 391
Ahasver 230
Akkader 391
Alchemie 389, 411
Algier 420
Alkestis 199
Alter Mann, Demiurg der Schwarzfuß-Indianer 279 ff.
Amaterasu 203 f., 206
Ambrosia 170
Amor fati 33, 115
Ananda 346 ff.
Anderson Joh. C. 419
Androgyne Götter 147 f., 156, 163 f.
Ani 356, 428
Annunaki 105
Anthropologie 374
Antonius, Versuchung des heiligen 123
Apachen-Indianer 62, 333, 420
Aphrodite 206, 402
Apokryphen 44, 295
Apollo 61 f., 82
Apollonios von Rhodos 413
Apuleius 393
Arapaho-Indianer 59 f., 115
Archäologie und Mythologie 14
Archetypen (Jung) 26 ff., 135, 395
Ardhanarisha 151
Ares 83
Ariadne 29, 31, 74
Aristoteles 32
Arizona, Navahos von 368
Arjuna 223, 226
Ärlik 99, 284
Arnold, T. W. 406
Artus, König 58, 412, 425
Arunta, australischer Stamm 136 f.
Ashvaghosha 407
Asketentum 339
Astarte 206
Astrologie 374
Astronomie 374
Attis 45, 94
Auferstehung 414, 417
Augustinus, heiliger 154, 382
AUM, heilige Silbe im Sanskrit 259, 260, 398
Australien 135 ff., 151 f., 168, 403, 409
Avalokiteshvara, Mahayana Bodhisattva 145 ff., 149, 155 ff., 163 f.
Avesta 426
Awonawilona 147
Azteken 170, 254, 296, 343, 351 f.

Babylon 275, 289, 391, 395, 400, 410, 427
Bacchus 182
Bain, F. W. 409
Balarama 337
Barbosa, Duarte 392, 393
Bastian, Adolf 381

Basumbwa 48, 140, 401
Bates, D. 400
Baucis und Philemon 141
Baum 226, 383, 416 (Weltbaum; (buddhistischer Baum des Lebens); 45, 205 (als Weltachse); 321, 341 (Lebensbaum der Jakuten); 205 (Weihnachtsbaum)
Bayazid 406
Beatrice 74, 76
Bédier, Joseph 424
ben Yohai, Simeon 418
Benz, Richard 397
Bernardus, heiliger 123 f.
Berndt, R. u. C. 400
Bertram, Ernst 426
Beschneidung 135 f., 163, 400
Bhagavad Gita 222, 381, 383, 407, 415, 427, 428
Bibel 13, 28, 40, 48, 139, 140, 141, 148, 153, 154, 221 f., 241 f., 242, 249, 250, 272, 285, 301, 361, 387, 395, 401, 404, 406, 414, 415, 416, 426, 428
Biologie 266, 374
Blake, William 48, 385
Blut 47, 95 f., 137 f., 139, 151, 170, 386
Blutklumpenjunge (Kut-o-yis) 309, 322 ff.
Bo-Baum 37, 38, 157
Boas, Franz 381, 428
Bodhidharma 160, 402
Bodhisattva 155, 159 ff., 160, 340, 355, 381, 403
Bohnenstädt E. 392
Boobies von Fernando Po 14
Boorah, australischer Ritus 400
Borabu, Horn der Fenians 214
Brahma 39, 172, 223, 408, 410
Brahmanenschnur 398
Breasted, James Henry 428
Brunhild 66, 67, 107
Bryan, W. F. 111, 397
Buddha 36, 37, 40, 41, 43, 45, 57 f., 61 f., 85 f., 126, 142, 146, 154, 174, 186 f., 188, 249, 296, 305, 311, 346 f., 351, 369, 408
Buddhismus 26, 84 f., 90, 146 f., 155 f., 174, 267, 355, 372, 381, 384, 396, 404, 413, 419
Budge, E., A. 420, 428
Budûr, Prinzessin 68, 78, 217 ff.
Burjaten, Stamm v. Irkutsk 193
Burlingame, A. Watson 391, 392
Burlingham, D. T. 379, 392
Burma 401
Buschmänner in Süd-Afrika 416
Butsudo 413
Bywater, Ingram 32, 383

Callaway, Henry 392
Capus des Pères-Blancs 401
Caridwen 191 f., 235
Carlyle, Thomas 388
Ceylon 401
Chamberlain, C. H. 413
Chandragupta 305
Charon 98
Chaucer 397
Chavannes, Edouard 423
Chavero, Alfredo 418
China 14, 57, 145 f., 147, 160 f., 180 f., 240, 263, 301 f.
Christentum 45, 47, 48, 74, 75, 91, 123 f., 137, 139, 141, 144, 153 ff., 164, 174, 182, 242, 249 f., 250, 294, 337, 395, 412, 414, 423, 426, 427
Cicero 254, 381
Coatlicue 296
Codrington, R. H. 391
Collocott, E. E. V. 423
Conchobar 314, 326
Coomaraswamy, Ananda 94, 366, 384, 385, 391, 392, 406, 424, 427
Corpus hermeticum 381

Coyote, clownischer Teufel 422
Cuchulinn 313 ff., 344 f., 326
Cupido 97, 115
Curtin, Jeremiah 395, 408, 415
Curtius, E. R. 380
Cybele 82, 94

Daedalus 21, 30, 31
Dahnasch 77, 217
Dante 28, 65, 66, 68, 74, 75, 171, 172, 175, 185, 249, 353, 388, 397, 409, 410, 411, 421, 424
Daphne 65, 66, 68, 74, 397
David und Goliath 176
de Alva Ixtlilxochitl, Fernando 418
de Leon, Moses 418
Delphin 283
Delphische Orakel 82
Demokratisches Ideal der Gegenwart 370
Dempster, Germaine 397
Destrudo 80, 158
Deussen, Paul 383, 407, 408, 412, 416, 418, 419, 427
Devatas 195
de Voragine, Jacobus 397
Dhammapada 404
Diana 109 f.
Dimmet, Ernst 387
Dionysos 32, 139, 391, 398
Donnerkeil (vajra) 90, 141, 142, 164 f., 174 f., 205, 391
Dornröschen 67, 107, 387, 416
Dorsey, George A. 386
Drachen 126, 161, 209, 322, 328 f.
Dravidischer Einfluß auf Hinduismus 426
Dresdner Kodex 358
Drudenzauber 213
Dschemschid 331, 332
Durkheim, Emile 366
Duvall, D. C. 426

Edda 275 ff., 359, 385, 412, 416
Eddington, A. S. 419
Eden, Garten 57, 279
Edschu 48, 49, 141
Edwards, Jonathan 124 f., 145
Eiland der Juwelen 110, 396
Einhorn 161, 303
El, hebräischer Sonnengott 142
Elefant 296
Elfin 230
Eliot, T. S. 380
Emory, Kenneth 419
Enki, sumerischer Wassergott 207, 414
Enlil, sumerischer Luftgott 206, 275, 414
Eochaid 112
Epiphanius 385
Erato 82
Ereshkigal 104 ff., 206
Erin 106, 164
Erleuchtung im Buddhismus 37, 383
Erneuerungs-Riten 139
Eros 148
Eskimo 13, 92, 98, 200, 238, 351
Espinosa, Aurelio M. 391
Euahlayi 400
Euripides 383, 401
Europa 22
Eurydike 199
Eva 57, 148
Evans-Wentz, W. Y. 405, 419
Ewigkeit, buddhistischer Symbolismus 163

Familie 395
Faunus 82
Faust 74, 75
Fenians 214, 425
Fenriswolf 359
Fergus 113
Ferguson, John G. 423
Feuerbohrer (Eskimo-Legende) 92, 201, 238

Feuerraub 36, 175 f., 254
Finn MacCool 92, 213, 415, 425
Finnische Elemente 267, 288, 422
Firdausi 426, 427
Flaccus, Graf 121
Flagge 154, 372
Flaubert, Gustave 397
Fleisch als christliches Symbol 47, 120 ff.
Fletcher, Alice 385
Fleure, Herbert John 380
Florida 180
Flucht des Helden 190, 238
Flügel, I. C. 395, 410
Forke, Alfred 411
Fosdick, H. Emerson 422
Fox, Douglas C. 420
Franke, R. Otto 404
Frazer, Sir James G. 168, 216, 365, 386, 392, 401, 409, 415
Freud, Sigmund, Vorwort 16, 21, 56, 57, 66, 158, 247, 341, 386, 390, 391, 406, 409, 417
Freya 421
Frobenius, Leo 392, 413, 420, 423
Froschkönig 55 f., 115 f., 389
Fu-Hsi 301
Fuß, als Symbol 216, 390

Gaedertz, K. Th. 414
Gaia 274
Galahad 425
Garm, Höllenhund 360 f.
Ganges, Hindu-Göttin 398
Gautama Sakyamuni 36, 40, 42, 45, 61
Gawain 396, 425
Gennep, A. van 380
Genzmer, Felix 412, 428
Germanische Elemente 185, 204, 205, 217, 275, 359 ff.
Getto-Lyrik 145
Ghajûr 71, 77
Giles Herbert, A. 411, 423
Gilgamesch 177 ff., 400, 414
Gillen, F. J. 400, 403
Ginnungarap 420
Ginsburg, C. G. 420
Ginzberg, Louis 384, 409, 424, 427
Gnostik 147, 169
Goethe 74, 75
Gold 399
Goldenes Vlies 36, 58, 195, 240
Gower, John 396
Gral, heiliger 386
Gregor, Papst 305, 341
Grey, George 420
Griechische Elemente 32, 48, 58, 65 f., 75, 82, 83, 91, 94, 128, 139 f., 141, 148, 170, 174, 175, 182, 188, 195, 199, 240, 254, 274, 310, 365, 368, 370, 381, 382, 392, 393, 395, 398, 402, 411, 414
Griechisch-orthodoxe Kirche 115
Grimms Märchen 57, 67, 238, 386, 416, 421
Grinnell, George B. 421, 424
Grönland 351, 420
Große Vaterschlange 19, 135, 151, 156
Guest, Charlotte 412
Guillaume, A. 406
Guinevere, Königin 394
Guinicelli di Magnano, Guido 397
Guion Bach 191, 230 f.
Gutmann, Bruno 388
Guyddno in der Taliesin-Sage 231

Haecker, Theodor 382
Hafis 427
Haifisch 283
Hai-uri, Fabelgestalt der Hottentotten 80
Hakata, heiliger Würfel 292
Hako, Zeremonial der Pawnees 45 f.

Halb-Mensch 80
Haltefest 322, 326, 328, 338
Hamilton, Alexander 403
Hamlet 120, 229, 379, 397
Han Hsiang 57
Harivansha, Hindu-Text 412
Harrison, Jane 401
Harva, Uno 283, 284, 394, 413
Hasting 418
Hearn, Lafcadio 407, 414
Hebbel, Friedrich 101
Hebräische Elemente 39 f., 142, 170, 260, 262, 271, 333, 385, 399, 415
Heiliger Geist 75, 242
Helfer des Helden 72 f.
Henning, Max 395, 400
Herakles 22, 93, 310, 324
Heraklit 48, 385
Hermaphroditos 148, 403
Hermes 75, 148, 387
Herodes 333
Herodot 408
Hesiod 274
Hesione 93
Hiawatha 392
Hinduismus 26, 45, 111, 126 f., 142, 149, 160, 162, 185, 210, 222 f., 242, 249, 260, 261, 268 f., 285, 295, 311 f., 334, 337, 350, 352, 383, 396, 397, 414, 415, 418
Hiob 48, 143
Hirth, Friedrich 423
Hofmannsthal, Hugo v. 387
Homerische Epen 249
Hottentotten, Oger der 80
Hound of Heaven 195, 387
Hsi Wang Mu 161, 407
Huang Ti 41, 42, 302, 305, 331
Hull, Eleanor 426
Hume, Robert, E. 383

Iblis 389
Ifrit, Ifritah 217 f., 390
Ilat 204
Inanna 103 ff., 206, 399
Indianer, nordamerikanische 98, 133, 162, 204, 407, 422; Algonquin 392; Apachen 62, 333, 420; Arapaho 59 f., 115; Schwarzfüße 279 f., 309, 322 f., 424; Irokesen 392; Navahos 73 f., 94, 127 f., 142, 368, 388; Pawnees 45 f., Pueblos 309 f., 313 f., 330; Sioux 249; Zunis 147; mittelamerikanische Mayas 358; südamerikanische, Kolumbien 294; Peru 142 f.
Indien 84 f., 95, 111, 254 f., 261, 305, 410, 416, 426, 427
Indra 311
Initiation 18 ff., 97 ff., 132 ff., 139, 156 f., 170, 339, 401, 410
Insel der Seligen 411
Introversion 68
Inzest 305, 339
Irische Elemente 106 f., 112 f., 164, 170, 213, 214, 313, 327, 420, 425
Irokesen 392
Irving, Washington 414
Ischtar 178, 206, 305, 326
Isis 116, 170
Islam 46, 385, 389, 395, 399, 405, 406, 417, 427
Izanagi 197
Izawa-Nagahide 197

Jack-the-Giant-Killer 324
Jahwe 142, 385
Jainismus 255, 416
Jalal ad-Din Rumi 427
Jami 427
Japan 145, 160, 161 f., 170, 181, 183, 197, 267
Jason 36, 91, 195 f., 240
Jataka 384, 391, 392, 412

Jeffers, Robinson 383, 416
Jensen, P. 411
Jessen, E. J. 393
Jesus Christus 43, 45, 64, 126, 221 f., 228, 241 f., 249, 250, 303, 311, 339, 360, 383, 404, 408, 417, 423
Jezower, Ignaz 394
Jicarilla-Apachen 333
Jinn, Dämonen 217, 389
Jivan mukla 160, 408
Johannes-Evangelium 221, 385, 408
Johnson, O. S. 411
Jokaste 16
Jotunheim 359
Joyce, James 383, 395, 403
Joyce Thomas A. 427
Jude, Ewiger 228
Jüdische Elemente 144, 148, 250 f., 260, 262, 271, 404
Jung, C. G. 14, 21, 26, 62, 66, 195, 247, 366, 382, 386, 387, 389, 395, 410, 417
Jupiter 115, 141, 414

Kabbala 148, 250, 260, 262, 271
Kabylen 420
Kakuzo, Okakura 407
Kalewala 425, 426
Kali 45, 111, 407
Kalidasa 423
Kalvarienberg 384
Kama-Mara 37, 157 f.
Kamar-ez-Zâman 68 ff., 76 ff., 212 ff.
Kamtschadalen 282
Kannibalismus 137, 400
Kanthaka 36
Kans, Onkel Krishnas 334 ff., 337
Kant 417
Karenina, Anna 31
Karl der Große 306, 343
Karnevalspiele 139, 205
Karsamstags-Liturgie 241 f.
Kashyapa 172
Kastration 66, 95, 108, 137, 274 f.
Katharsis 32, 34
Kato, Genchi 414
Kazi Dawa-Samdup 410
Keltische Elemente 191, 213, 313, 395, 412, 425
Kimmins, C. W. 390
King, Jeff 388
Kingsborough, Lord 418, 423
Kirgisen 282
Kjasimba 72, 141, 401
Klebhaar, Hindufabel 88 ff.
Klein, Melanie 409
»Kleine Leute« der irischen Legende 425
Knight, W. F. J. 400
Knoblauch, Adolf 412, 416
Ko Hung 180, 181, 411
Ko-ji-ki 413
Kolumbus 79, 162
Konfirmation 139
Konfuzianismus 160, 240
Königsopfer, Südindien 95
Koran 47, 70, 78, 141, 142, 152, 385, 399
Kosmogonischer Zyklus 45, 259
Kottung 180
Kramer, S. M. 395, 414, 420
Kreta 21, 22, 29
Kreuz, als Symbol 185, 205, 253, 279, 341, 383
Krishna 189, 223, 228, 255, 311 ff., 334 ff., 337, 350
Kroeber, Alfred L., 386
Kronos 92, 274
Kumara, Hindugott 423
Kut-o-yis 322
Kwannon 147
Kwan Yin 147
Kyprien 420

Labyrinth 21, 29
Lachmann, Hedwig 386
Laios 16
Lalitavistara 384
Lancelot 394
Lang, Andrew 401
Lao-tse 13, 411
Lappen 98 f.
Lan Ts'ai-ho 161
Layard, John 400
Lebenselixier 172 ff.
Leem, Knud 393
Leviathan 170
Libido 81, 158, 249
Liebe, christliche 153
Lingam 162, 242
Littmann, Enno 387
Logoi spermaticoi 380, 381
Longfellow, H. W. 392, 422
Lorbeer 64 ff.
Lorelei 390
Lots Weib 67
Lotus 140 f., 145, 164
Lykaion, Orakel von 82

Mabinogion 412
MacGowan, J. 423
MacGregor Mathers, S. L. 419
Máchal, Hanus 84
Madhavananda, Swami 397
Mae, Seeschlange (Neue Hebriden) 84
Mahabharata 410
Mahavira 256 f.
Mahayana-Buddhismus 402, 419
Mahu-ika 175, 177
Maimûna, Dämonin 76
Makroprosopos 260, 248
Malory, Sir Thomas 386
Manabozho 392
Manichäer 169
Mani-dvipa 110
Manos 393
Mansikka, V. J. 390
Mantis 226
Maori 193 f., 264, 268, 273, 282
Maori, rhodesischer Gott 289 ff.
Mara 38, 158, 337
Märchen 75, 161, 217
Marduk 276, 329
Maria 16, 74, 116, 141, 297, 397
Mârids, Dämonen 390
Marienkind, Märchen vom 421
Mars 83
Martha, Legende von der heiligen 324, 426
Martial 402
Masturbation 268
Mather, Collon 397, 404
Mathews, R. H. 400
Mathews, Washington 388, 399
Matsya Purana 410
Maugham, W. Somerset 217
Maui 92, 175 ff., 310
Maya-Indianer 358
Medea 195
Meditation, Yoga-, 369 f.
Medizinmann 14, 18, 99, 100, 168
Medusa 196, 197
Meier, P. J. 421
Meiji, Kaiser 414
Meißner, Bruno 410
Mekka 47
Melanesien 83, 151, 249, 282, 400
Menelaos 365
Menninger, Karl 404
Mephistopheles 75
Merkur 141
Mesopotamien 177, 391
Meßbuch, römisch-katholisches 417
Mexiko 215
Meyer, Kuno 426
Midas, König 182
Midrash, Genesis-Kommentar 403
Mikado, Ahnen des 205, 413
Mikroprosopos 260
Milarepa 154, 155

Milch 320
Milesier, Annalen der 425
Min, ägyptischer Gott 391
Minos 21, 29, 64 f.
Minotaurus 21, 23, 25, 29, 64, 239, 393
Mithra 139
Moderner Mensch 14, 31 f., 152 ff., 369
Mohamed 43, 389, 427
Mond 173
Mond-Mann 289 ff., 300
Monomythus 13 f., 36, 42, 188, 237 ff., 383
Montezuma 215
Morgon-Kara 192
Morley, Sylvanus 422
Moses 39, 40, 331, 384, 392
Müller, Max 365
Murngin, australischer Stamm 19, 135
Murray, Gilbert 32
Muschelweib, Märchen vom 297 ff., 331
Mutschukunda 188, 200, 415
Mutter 15, 16, 20, 74, 107, 110, 111 ff., 120, 151, 156, 285, 358, 399
Mysterienspiel 32
Mystik 57, 100, 406, 413
Mythologie 13 f., 237 ff., 259, 365 ff.

Nabel, Welt-, 44 f., 82, 93, 319, 384
Nachtsee-Reise 96
Nagarjuna 406
Nanna 414
Napoleon 75
Nationalismus 153 ff., 372
Navaho-Indianer 73, 94, 127 f., 142, 368, 388, 399
Nicodemus 240
Nil 206
Nimrod 308, 333, 347
Nirvana 39, 147 f., 152 ff., 163 ff., 347, 382
Neckel, Gustav 420
Nelson, Dom Ansgar 385
Nemesis 420
Neminatha, jainistischer Erlöser 255
Neptun 414
Neti, sumerischer Mythos 104
Neu-Mexiko 368
Neue Hebriden, Banks Islands 83
neurotischer und produktiver Typ (Rank) 387
Ngona-Horn und -Öl 290
Niall, irischer Prinz 113
Niedner, Felix 420
Nietzsche, Friedrich 221, 329, 374, 370, 380, 428
Nikhilananda, Swami 396, 419
Nikolaus von Cues 91, 392
Nivedita, Schwester 424, 427
Nizani 427
Noah 411, 414, 418
Nonnen, Konsekration der 427
Nordisch 420
Nut, ägyptischer Gott 286
Nyorth 420

Oakes, Mand 388
Odin 185, 359 f., 385, 420
Odyssee 238, 428
Odysseus 36, 63
Oedipus 14, 16, 108, 120, 137, 144, 339, 341, 390
O'Grady, Standish 396
Oisin, irischer Heros 213
Olymp 170, 239, 250
OM (mani padme hum) 145, 164, 260, 415
Omar Khayyam 427
Opferroß 415
Opler, M. Edward 407, 420, 427
Orpheus und Eurydike 199

Orphik 235
Osiris 59, 94, 116, 139, 202, 354, 357
Osterkerze 242
Ostiak von Sibirien 14
Ovid 217, 235, 297, 380, 383, 387, 392, 395, 399, 401, 402, 403, 416

Padmanatha, jainistischer Heiland 255
Paiore, polynesischer Häuptling 265
Pallis, Marco 410
Pan 20, 82, 391
Pandora, Büchse der 29
Papa, Maori-Göttin 262, 273, 274
Paradies 91, 148, 169, 215, 407
Paravati 295
Parker, K. Langloh 400
Parsen 427
Parshvanatha, Prophet der Jains 255
Parsival 425
Parson, Elsie Clews 424, 425, 426, 427
Parvati, Hindu-Göttin 295, 396
Pasiphaë 21 f.
Pawnees-Indianer 45, 46
Peake, Harold 380
peist, irisches Ungeheuer 92
Peneus, Flußgott im Daphne-Mythos 65, 66, 67
Penn, William 404
Perry, Commodore 162
Perry, W. J. 162, 400
Perseus 196, 197
Persische Elemente 170, 215, 331 ff., 427
Perú, prähistorische Gottheit 141
Petronella, Legende von der heiligen 121
Petrus, heiliger 121, 209, 221
Pferd 215, 226
Pfirsichfest, chinesisches 161
Phaëton 128 ff.
Philaletes 382, 388, 409, 411
Philemon und Baucis 141
Phillips, Robert 404
Phoebus Apollo 128 ff.
Phönizien 395
Phrygien 97
Physik, moderne, und das kosmische Ei 267
Pierce, Frederick 382, 409
Pinkerton, John 393, 403
Plato 148, 258, 272
Plinius 381
Plutarch 82, 394
Pollack, J. S. 421
Pollensegen, Navaho-Symbol 74, 91, 388
Polynesien 92, 170, 175 f., 310
Ponce de Leon, Juan 180
Pontificale Romanum 427
Poseidon 22, 63, 93, 414
Prinz von der einsamen Insel 106 f., 114, 164
Prinz Fünf Waffen 84 f., 253
Prometheus 36, 40, 41, 175
Proteus 365
Psyche, Mythos von 115
Psychoanalyse 14 f., 25, 57, 58, 66, 68, 101 ff., 119, 126, 158, 247 ff., 374, 386, 395, 409, 427
Psychologie 14, 247 ff.
Pueblo-Indianer 309 f., 313, 330, 345
Purana 215, 396, 410, 412
Puritanisches Christentum von Neu-England 123, 124, 145, 331, 404

Quadratur des Kreises 46
Quäker 404
Quetzalcoatl 343
Quilicare, indische Provinz 95

Rabe, Held der Eskimo-Legende 92, 200 f.
Radcliffe-Brown, A. R. 391
Radloff, W. 422
Ramakrishna, Sri 111, 405
Ramayana, Hindu-Schrift 410
Rangi-potiki 262, 273
Rank, Otto 247, 387, 424
Re, ägyptischer Gott 353 ff.
Reineke Fuchs 422
Religionen in der modernen Welt 152 ff., 368
Rhodesien, Wahungwe Makoni-Stamm 289
Rip van Winkle 210, 217
Rishabhanatha 255, 256
rites de passage 23, 29, 36
Róheim, Géza 99, 247, 379, 380, 381, 394, 399, 400, 403, 409
Römische Elemente 36, 40, 75, 83, 97, 108 f., 110, 114, 115, 141, 206, 234, 254, 297, 380, 390, 395, 411
Römisch-katholische Kirche 48, 75, 116, 121, 126, 164, 175, 241, 274, 340, 341, 342, 366, 369, 380, 404, 426, 427
Rose, Himmels- 182, 279
Rösch, Erich 383, 387, 395, 399
Rotkäppchen 42, 204
Rumi 405
Russische Elemente 80

Saadi 427
Sahagún, Bernadino 427, 428
Sakyamuni, Titel Buddhas 36, 61
Salmony, Alfred 407
Salomon 387
Samkhya, indische Philosophen 263
Samson 176, 211
Sargon von Agade, König 305, 326
Satyr 82
Schamane 249, 409
Scherimân, aus Tausendundeine Nacht 68 f., 78
Schiefner, Anton 422
Schlange 66, 292 f., 301, 306, 343, 355, 358, 390, 397
Schlegel, A. W. 397
Schoepperle, Gertrude 413
Schopenhauer 272
Schultze, Leonhard S. 390
Schwarzfuß-Indianer 279, 309, 322 f., 424
Schweigen im Buddhismus 384
Schwelle, im Abenteuer des Heros 79, 208, 237
Schwirrholz im Beschneidungsritual der Aruntas 136, 409
Scott, David Clement 390
Seneca 254
Set 94
Shakespeare 120
Shakti 151, 417
Shankaracharya 121, 397, 416
Shastras, Schriften des Hinduismus 396
Shaw, Bernard 180
Shen Mung, chinesischer Kaiser 301
Shimenawa, im Shintoismus 205, 206, 210
Shinto, japanisch »Weg der Götter«, 205, 413
Shiva 151, 162, 163, 172, 295, 337, 398
Shu-Heka, ägyptischer Gott 274
Siam (Hinayana-Buddhismus) 401
Sibirien 98, 100, 204, 409
Siegfried 310
Simeon der Jüngere, heilige 44
Sinilau, polynesischer Held 297
Sintflut 411
Sioux-Indianer 249
Sirenen 84
Sirius, Hundsstern 206
Sonne, als Symbol oder personifi-

ziert 46, 73, 127, 128 f., 141, 142, 204, 205, 295, 310
Sophocles 379, 397, 463
Spencer, Baldwin 400, 403
Spengler, Oswald 388
Spiegel im japanischen Mythos 204, 205
Spinnenfrau, indianischer Mythos 73, 91, 126, 127
Stein, Leon 401
Stekel, W. 247, 381, 389, 391, 394
Stevenson, Mrs. Sinclair 418
Stimson, J. F. 410
Stoizismus 254, 380
Stokes, W. 425, 427
Sturluson, Snorri 420
Subinzision 151
Sujata in buddhistischer Legende 39
Sumerer 163 ff., 206 ff., 275, 289, 326, 333, 391
Susuki, Daisetz-Teitaro 407
Sutra 402, 406
Swedenborg, Emanuel 101, 394
Sylvanus 82
Symbole, Funktion der 42, 227, 368 f.
Symplegaden (Felsen) 373

Ta'aroa, Demiurg 268
Tabu 216
T'ai Yuam 147
Taliesin, Walisische Legende von 231 f., 412
Talos 23, 393
Tammuz 139
Tangaroa, polynesischer Gott 267
Tantras, Hindu-Texte 110, 410
Taoismus 28, 161, 402, 408, 411
Tarascon, Legende von 325
Tataren 284
Taufritual 241 f.
Tausendundeine Nacht 387, 388, 390
Taylor, Richard 419
Teerkind 391
Teezeremonien, japanische 161 f.
Teufel (Clowns-Gott) 282, 283, 284, 422
Tezcatlipoca, aztekischer Held 42, 343 f.
Themistokles 101, 394
Theophrastus 403
Theseus 25, 63
Thomas von Aquin 13, 227, 263, 340, 392
Thompson, Francis 387
Thompson, Stith 386, 426
Thor 359, 421
Thot 75, 281, 355, 388
Tiamat, babylonisches Urgeschöpf 276 f., 329
Tibet, Mahayana Buddhismus von 145, 163, 391, 405, 410
Tirawa, Pawnee-Gottheit 46
Tiresias 148
Titanen-Heros 426
tjurunga 409
Tod, personifiziert 139, 206 f., 281, 339
Tokugawa-Periode, in Japan 162
Tolstoi 31
Tonga-Inseln, Volkslegenden der 297 ff., 304, 331
Totenbuch, ägyptisches 354
Toynbee, Arnold J. 24, 27, 380, 407
Tragödie und Mythos 31 ff.
Träume 15 f., 17 f., 18, 20 f., 60, 66, 83, 100, 135, 247, 386, 387, 389, 390, 391
Tristan und Isolde 425
Trommel 98, 193, 397, 408
Tuamoto, Schöpfungsdarstellung von 266
Tuatha De Danaan, irische Götter 170, 425

Tubber Tintye, Herrin von 106, 107, 164
Tyrann 23, 329, 393
Tzontémok, aztekischer Gott 351

Uganda, Ostafrika 215
Ulsterzyklus in der irischen Mythologie 425
Underhill, Evelyn 386, 394, 407
Upanishads 28, 141, 157, 380, 388, 396, 401, 406, 411, 413, 418, 419, 420, 428
Uranus 274
Urban II 154
USA 14, 20, 368, 369
Utnapischtin 178, 411, 414

Vajra-Dhara, tibetanischer Buddha 392
Vajracchedika, buddhistischer Text 402, 406
van Gennep A. 380
Vater 14, 16, 65 f., 73 f., 119, 126, 129 ff., 154, 157 f., 285, 338
Vedas 373, 396, 416, 426
Venus 97, 289
Vergil 75, 383
Verklärung Christi 221
Vincente, Leonello 397
Viracocha, peruanische Gottheit 142, 220, 230
Vishnu 172 f., 223, 410
Voß, I. H. 428

Wadschagga, ostafrikanischer Stamm 72, 141, 401
Wahungwe Makoni, südostafrikanischer Stamm 289
Wäinämöinen 289, 321, 426
Waitz 381
Walhall 170, 359
Walisische Elemente 191, 230 ff.
Warner, W. Lloyd 384, 399
Warren, Henry Clark 386, 428
Wassergroßvater im russischen Folklore 81
Wasserkrugknabe, Pueblolegende 113 f., 309 f., 330, 345
Wassernixe (Grimm) 194
Weihnachtslerche 139, 401
Weißer Jüngling, Heldensage der Jakuten 319 f.
Weltei 267 f., 285, 287, 354, 356
Weltnabel (Omphalos) 82, 93, 319
Werner E. T. C. 407
White, John 413
Wilamowitz-Möllendorf, U. v. 383
»Wilde Frauen« im russischen Märchen 80
Wilhelm, Richard 411, 419
Windisch, E. 425, 427
Wissler, Clark 426
Wood, Clement 379
Woodroffe, John 396, 410
Wotan (Odin) 45, 67, 170, 185, 228, 359, 385, 421

Yab-Yun, buddhistische Prinzipien 163
Yang und Yin, Prinzipien des Taoismus 147, 408
Yggdrasil 170, 359, 416
Yin 147
Ymir 276
Yoga 68, 160, 195, 295, 311, 369, 405, 419
Yoruba, Nigeria 23, 48
Yurlunggur 135
Young, Hugh Hampton 402, 403

Zarathustra (Zoroaster) 249, 426, 370 f.
Zehn Gebote 39
Zeitrad 256
Zen-Buddhismus 407
Zerberus 36, 98
Zeus 22, 33, 92, 139, 174, 312, 392, 414, 420

Zimbabwe, südafrikanische Ruinen 423
Zimmer, Heinrich 396, 397, 403, 408, 410, 412
Zirus, Werner 387
Zohar 418, 420
Zulus, Afrika 92, 392
Zwergvölker 83, 256

Von den im Text zitierten Originalausgaben sind folgende Titel deutsch erschienen:

Blake, William, The Marriage of Heaven and Hell/Die Vermählung von Himmel und Hölle. In engl. u. dt. Sprache. München 1975

Boas, Franz, The Mind of Primitive Man. Dt.: Das Geschöpf des sechsten Tages. Dt. v. Eva Heilmann und Gerdt Kutscher. Berlin 1955

Dimnet, Ernest, The Art of Thinking. Dt.: Die Kunst des Denkens. Neu hrsg. v. Karl Holzamer. Dt. von Clotilde T. Schweiger. Frankfurt/Main 1952

Edwards, Jonathan, Sinners in the Hands of an Angry God. Dt.: Die Sünder in den Händen eines zornigen Gottes. Dt. v. Ernst Rueger. Langenthal/Schweiz [um 1960]

Eddington, A. S., The Nature of the Physical World. Dt.: Das Weltbild der Physik und ein Versuch seiner philosophischen Deutung. Aus d. Engl. übers. v. Marie Freifrau Rausch v. Traubenberg und H. Diesselhorst. Braunschweig 1931

Evans-Wentz, W. Y., Tibet's Great Yogi Milarepa. Dt.: Milarepa, Tibets großer Yogi. Aus d. Engl. dt. bearb. u. übers. v. Ursula von Mangoldt. Weilheim ^{3}1971

–, Tibetan Yoga and Secret Doctrine. Dt.: Yoga und Geheimlehre Tibets. Dt. bearb. u. übers. von Ursula von Mangoldt. München–Planegg 1937 [vielm. 1951]

Flaubert, Gustave, La tentation de Saint Antoine. Dt.: Die Versuchung des heiligen Antonius. Aus d. Frz. übers. v. Barbara u. Robert Picht. Nachwort v. Michel Foucault. Mit 20 Bild-Dokumenten. Frankfurt/Main 1966

Frazer, James George, The Golden Bough. Dt.: Der goldene Zweig. Eine Studie über Magie und Religion. Gekürzte Ausgabe. Dt. v. Helen von Bauer. Köln 1968

Hearn, Lafoadio, Japan. An attempt in interpretation. Dt.: Japan. Ein Deutungsversuch. Übers. aus d. Engl. von Berta Franzos. Frankfurt/Main 1912

Klein, Melanie, The Psychoanalysis of Children. Dt.: Das Seelenleben des Kleinkinds und andere Beiträge zur Psychoanalyse. Hrsg. v. Hans A. Thorner. Stuttgart 1962

Rank, Otto, The Myth of the Birth of the Hero. Dt.: Der Mythos von der Geburt des Helden. Versuch einer psychologischen Mythendeutung. Leipzig/Wien 1909

Thompson, Francis, The Hound of Heaven. Dt.: Der Jagdhund des Himmels. Übertr. u. eingel. v. Elisabeth Kawa. Berlin ^{3}1952

Toynbee, Arnold J., A Study of History. Dt.: Der Gang der Weltgeschichte. Aufstieg und Verfall der Kulturen. Übers. v. Jürgen von Kempski. 3. erw. Auflage Stuttgart 1952
Underhill, Evelyn, Mysticism. A Study in the Nature and Development of Man's Spiritual Consciousness. Dt.: Mystik: eine Studie über die Natur und Entwicklung des religiösen Bewußtseins im Menschen. Aus d. Engl. übertr. v. Helene Meyer Franck u. Heinrich Meyer-Benfey. Mit e. Geleitwort v. Friedrich Heiler. Bietigheim 1974
Woodroffe, Sir John, Shakti and Shakta. Dt.: Shakti und Shākta. Lehre und Ritual der Tantra Shāstras. Autorisierte Übers. aus d. Engl. v. Ursula von Mangoldt. Weilheim 1962
Zimmer, Heinrich, The King and the Corpse. Dt.: Der König mit dem Leichnam und andere Mythen, Märchen und Sagen aus keltischen und östlichen Kulturbereichen. Darstellung und Deutung in: Heinrich Zimmer, Gesammelte Werke, Bd. 4, Zürich–Stuttgart 1961

Religion und östliche Weisheit in den suhrkamp taschenbüchern

Conze, Edward: Buddhistisches Denken. Drei Phasen buddhistischer Philosophie in Indien. Aus dem Englischen übersetzt von Ursula Richter. Mit einem Nachwort von Herbert Elbrecht. st 1772

– Eine kurze Geschichte des Buddhismus. Übersetzt, herausgegeben und mit einem Nachwort versehen von Friedrich Wilhelm. st 1297

Eliade, Mircea: Kosmos und Geschichte. Der Mythos der ewigen Wiederkehr. Ins Deutsche übertragen von Günther Spaltmann. st 1273

– Yoga. Unsterblichkeit und Freiheit. st 1127

Die Mitte der Welt. Aufsätze zu Mircea Eliade. Herausgegeben von Hans Peter Duerr. st 981

Fromm, Erich / Daisetz Teitaro Suzuki / Richard de Martino: Zen-Buddhismus und Psychoanalyse. Die Übersetzung besorgte Marion Steipe. st 37

Jonas, Hans: Der Gottesbegriff nach Auschwitz. Eine jüdische Stimme. st 1516

Kenkō, Yoshida: Betrachtungen aus der Stille. Das Tsurezuregusa. Aus dem Japanischen übertragen, erläutert und mit einem Nachwort versehen von Oscar Benl. st 1227

Koch, Werner: Der Prozeß Jesu. Versuch eines Tatsachenberichts. Mit einem Vorwort von Josef Blinzler. st 1362

Korff, Wilhelm: Kernenergie und Moraltheologie. Der Beitrag der theologischen Ethik zur Frage allgemeiner Kriterien ethischer Entscheidunsprozesse. st 597

Krishna, Gopi / Carl Friedrich von Weizsäcker: Die biologische Basis der religiösen Erfahrung. st 1557

Pagels, Elaine: Versuchung durch Erkenntnis. Die gnostischen Evangelien. Aus dem Amerikanischen von Angelika Schweikhart. st 1456

Rousselle, Erwin: Lau-Dsis Weg durch Seele, Geschichte und Welt. Herausgegeben und mit einem Nachwort versehen von Walter Haug. st 1392

Spiegelberg, Frederic: Die lebenden Weltreligionen. Aus dem Amerikanischen von Dora Fischer-Barmicol. st 1305

Waley, Arthur: Lebensweisheit im Alten China. Aus dem Englischen von Franziska Meister-Weidner. st 217

Wasson, R. Gordon / Albert Hofmann / Carl A. P. Ruck: Der Weg nach Eleusis. Das Geheimnis der Mysterien. Aus dem Amerikanischen übertragen von Adrian Linder. st 1758

Watts, Alan: Der Lauf des Wassers. Eine Einführung in den Taoismus. Unter Mitarbeit von Al Chung-liang Huang. Aus dem Amerikanischen von Susanne Schaup. st 878

264/1/8.90

Religion und östliche Weisheit
in den suhrkamp taschenbüchern

Watts, Alan: Vom Geist des Zen. Aus dem Amerikanischen von Julius Schwabe. st 1288

Wilhelm, Hellmut: Die Wandlung. Acht Essays zum I Ging. Mit einem Nachwort von Wolfgang Bauer. st 1146

Zimmer, Heinrich: Kunstform und Yoga im indischen Kultbild. Herausgegeben von Friedrich Wilhelm. st 1433

– Yoga und Buddhismus. Indische Sphären. Mit zwölf Tafeln. Durchgesehen von Stefan Zimmer. st 1734

Zu dir hin. Über mystische Lebenserfahrung. Von Meister Eckhart bis Paul Celan. Herausgegeben von Wolfgang Böhme. st 1765

264/2/8.90

suhrkamp taschenbücher
Eine Auswahl

Abish: Wie deutsch ist es. st 1135
Achternbusch: Die Alexanderschlacht. st 1232
– Die Atlantikschwimmer. st 1233
– Das Haus am Nil. st 1394
– Wind. st 1395
Adorno: Erziehung zur Mündigkeit. st 11
Aitmatow: Dshamilja. st 1579
– Der weiße Dampfer. st 51
Alain: Die Pflicht, glücklich zu sein. st 859
Allende: Das Geisterhaus. st 1676
– Von Liebe und Schatten. st 1735
Anders: Erzählungen. st 432
Arendt: Die verborgene Tradition. st 303
The Best of H. C. Artmann. st 275
Augustin: Eastend. st 1176
Ba Jin: Die Familie. st 1147
Bachmann: Malina. st 641
Bahlow: Deutsches Namenlexikon. st 65
Ball: Hermann Hesse. st 385
Ball-Hennings: Briefe an Hermann Hesse. st 1142
Ballard: Billennium. PhB 96. st 896
– Die Dürre. PhB 116. st 975
– Hallo Amerika! PhB 95. st 895
– Der tote Astronaut. PhB 107. st 940
Barnet: Das Lied der Rahel. st 966
Barthelme: Moondeluxe. st 1503
Barthes: Fragmente einer Sprache der Liebe. st 1586
Baur: Überleben. st 1098
Becker, Jürgen: Gedichte. st 690
Becker, Jurek: Aller Welt Freund. st 1151
– Bronsteins Kinder. st 1517
– Jakob der Lügner. st 774
– Schlaflose Tage. st 626
Beckett: Der Ausgestoßene. L'Expulsé. The Expelled. st 1006
– Endspiel. st 171
– Glückliche Tage. st 248
– Malone stirbt. st 407
– Mercier und Camier. st 943
– Molloy. st 229
– Warten auf Godot. st 1
– Watt. st 46
Behrens: Die weiße Frau. st 655
Beig: Hermine. st 1303
– Hochzeitslose. st 1163
– Rabenkrächzen. st 911
Benjamin: Angelus Novus. st 1512
Deutsche Menschen. Eine Folge von Briefen. st 970
– Illuminationen. st 345
Benjamin / Scholem: Briefwechsel 1933-1940. st 1211
Berkéwicz: Adam. st 1664
– Josef stirbt. st 1125
Bernhard: Alte Meister. st 1553
– Amras. st 1506
– Beton. st 1488
– Die Billigesser. st 1489
– Holzfällen. st 1523
– Ja. st 1507
– Korrektur. st 1533
– Der Stimmenimitator. st 1473
– Stücke 1. st 1524
– Stücke 2. st 1534
– Stücke 3. st 1544

265/1/8.90

suhrkamp taschenbücher
Eine Auswahl

Bernhard: Stücke 4. st 1554
– Ungenach. st 1543
– Der Untergeher. st 1497
– Verstörung. st 1480
– Watten. st 1498
Bioy Casares: Morels Erfindung. PhB 106. st 939
– Der Traum der Helden. st 1185
Blackwood: Die gefiederte Seele. PhB 229. st 1620
– Der Tanz in den Tod. PhB 83. st 848
Blatter: Kein schöner Land. st 1250
– Die Schneefalle. st 1170
– Wassermann. st 1597
Bohrer: Ein bißchen Lust am Untergang. st 745
Brasch: Der schöne 27. September. st 903
Braun, V.: Gedichte. st 499
– Hinze-Kunze-Roman. st 1538
Bertolt Brechts Dreigroschenbuch. st 87
Brecht: Gedichte. st 251
– Gedichte für Städtebewohner. st 640
– Gedichte über d. Liebe. st 1001
– Geschichten vom Herrn Keuner. st 16
Brecht-Liederbuch. st 1216
Brentano, B.: Berliner Novellen. st 568
Broch: Die Verzauberung. st 350
– Die Schuldlosen. st 209
– Massenwahntheorie. st 502
Brod: Der Prager Kreis. st 547
Buch: Die Hochzeit von Port-au-Prince. st 1260
– Karibische Kaltluft. st 1140
Cabrera Infante: Drei traurige Tiger. st 1714
Cain: Serenade in Mexiko. st 1164
Campbell: Der Heros in tausend Gestalten. st 424
Carossa: Der Arzt Gion. st 821
– Ungleiche Welten. st 521
Carpentier: Explosion in der Kathedrale. st 370
– Die Harfe und der Schatten. st 1024
Carroll: Schlaf in den Flammen. PhB 252. st 1742
Celan: Gesammelte Werke in fünf Bänden. st 1331/1332
Christo: Der Reichstag. st 960
Cioran: Syllogismen der Bitterkeit. st 607
Clarín: Die Präsidentin. st 1390
Cortázar: Alle lieben Glenda. st 1576
– Bestiarium. st 543
– Rayuela. st 1462
Dorst: Merlin oder Das wüste Land. st 1076
Duerr: Sedna oder die Liebe zum Leben. st 1710
Duras: Heiße Küste. st 1581
– Hiroshima mon amour. st 112
– Der Lastwagen. st 1349
– Der Liebhaber. st !629
– Ein ruhiges Leben. st 1210
Eich: Fünfzehn Hörspiele. st 120
Eliade: Bei den Zigeunerinnen. st 615
– Kosmos und Geschichte. st 1273
– Yoga. st 1127
Eliot: Werke. 4 Bde.

265/2/8.90

suhrkamp taschenbücher
Eine Auswahl

Enzensberger: Ach Europa! st 1690
– Gedichte. st 1360
– Der kurze Sommer der Anarchie. st 395
– Politische Brosamen. st 1132
Fanon: Schwarze Haut, weiße Masken. st 1186
Federspiel: Böses. st 1729
– Die Liebe ist eine Himmelsmacht. st 1529
– Massaker im Mond. st 1286
– Paratuga kehrt zurück. st 843
Feldenkrais: Bewußtheit durch Bewegung. st 429
– Die Entdeckung des Selbstverständlichen. st 1440
Fleißer: Abenteuer aus dem Englischen Garten. st 925
– Ein Pfund Orangen. st 991
– Eine Zierde für den Verein. st 294
Franke: Der Atem der Sonne. PhB 174. st 1265
– Endzeit. PhB 150. st 1153
– Keine Spur von Leben. PhB 62. st 741
– Tod eines Unsterblichen. PhB 69. st 772
– Zone Null. PhB 35. st 585
Freund: Drei Tage mit James Joyce. st 929
Frisch: Gesammelte Werke in zeitlicher Folge. 7 Bde. st 1401-1407
– Andorra. st 277
– Herr Biedermann und die Brandstifter. Rip van Winkle. st 599
– Homo faber. st 354
– Mein Name sei Gantenbein. st 286
– Der Mensch erscheint im Holozän. st 734
– Montauk. st 700
– Stiller. st 105
Fromm, Erich / Daisetz Teitaro Suzuki / Richard de Martino: Zen-Buddhismus und Psychoanalyse. st 37
Fühmann: 22 Tage oder Die Hälfte des Lebens. st 463
– Bagatelle, rundum positiv. st 426
Fuentes: Nichts als das Leben. st 343
Gabeira: Die Guerilleros sind müde. st 737
Gandhi: Mein Leben. st 953
García Lorca: Dichtung vom Cante Jondo. st 1007
– Das Publikum. Komödie ohne Titel. st 1207
Gauland: Gemeine und Lords. st 1650
Genzmer: Manhattan Bridge. st 1396
Ginzburg: Caro Michele. st 853
– Mein Familien-Lexikon. st 912
Goetz: Irre. st 1224
Goytisolo: Johann ohne Land. st 1541
– Rückforderung des Conde don Julián. st 1278
Gulyga: Immanuel Kant. st 1093
Handke: Die Abwesenheit. st 1713
– Die Angst des Tormanns beim Elfmeter. st 27
– Der Chinese des Schmerzes. st 1339

265/3/8.90

suhrkamp taschenbücher
Eine Auswahl

Handke: Das Ende des Flanierens. st 679
– Kindergeschichte. st 1071
– Langsame Heimkehr. st 1069
– Die Lehre der Sainte-Victoire. st 1070
– Die linkshändige Frau. st 560
– Die Stunde der wahren Empfindung. st 452
– Über die Dörfer. st 1072
– Wunschloses Unglück. st 146
Hart Nibbrig: Spiegelschrift. st 1464
Hesse: Gesammelte Werke. 12 Bde. st 1600
– Berthold. st 1198
– Casanovas Bekehrung und Pater Matthias. st 1196
– Demian. st 206
– Gertrud. st 890
– Das Glasperlenspiel. st 79
– Innen und Außen. st 413
– Karl Eugen Eiselein. st 1192
– Klein und Wagner. st 116
– Kleine Freuden. st 360
– Klingsors letzter Sommer. st 1195
– Knulp. st 1571
– Die Kunst des Müßiggangs. st 100
– Kurgast. st 383
– Ladidel. st 1200
– Der Lateinschüler. st 1193
– Legenden. st 909
– Die Morgenlandfahrt. st 750
– Narziß und Goldmund. st 274
– Die Nürnberger Reise. st 227
– Peter Camenzind. st 161
– Robert Aghion. st 1379
– Roßhalde. st 312
– Schön ist die Jugend. st 1380
– Siddhartha. st 182
– Der Steppenwolf. st 175
– Unterm Rad. st 52
– Der vierte Lebenslauf Josef Knechts. st 1261
– Walter Kömpff. st 1199
– Der Weltverbesserer und Doktor Knölges Ende. st 1197
– Der Zyklon. st 1377
Hildesheimer: Das Ende der Fiktionen. st 1539
– Marbot. st 1009
– Mitteilungen an Max über den Stand der Dinge. st 1276
– Die Theaterstücke. st 1655
Hohl: Die Notizen. st 1000
Horváth: Gesammelte Werke. 15 Bde. st 1051-1065
– Don Juan kommt aus dem Krieg. st 1059
– Geschichten aus dem Wiener Wald. st 1054
– Glaube Liebe Hoffnung. st 1056
– Italienische Nacht. st 1053
– Ein Kind unserer Zeit. st 1064
– Jugend ohne Gott. st 1063
Hrabal: Erzählungen, Moritaten und Legenden. st 804
– Harlekins Millionen. st 1615
– Ich habe den englischen König bedient. st 1754
– Das Städtchen am Wasser. st 1613-1615
Hürlimann: Die Tessinerin. st 985
Hughes: Ein Sturmwind auf Jamaika. st 980
Im Jahrhundert der Frau. st 1011

265/4/8.90

suhrkamp taschenbücher
Eine Auswahl

265/5/8.90

suhrkamp taschenbücher
Eine Auswahl

265/6/8.90

suhrkamp taschenbücher
Eine Auswahl

Morshäuser: Blende. st 1585
– Nervöse Leser. st 1715
Moser: Gottesvergiftung. st 533
– Grammatik der Gefühle. st 897
– Kompaß der Seele. st 1340
– Lehrjahre auf der Couch. st 352
– Stufen der Nähe. st 978
Muschg: Albissers Grund. st 334
– Baiyun oder die Freundschaftsgesellschaft. st 902
– Entfernte Bekannte. st 510
– Fremdkörper. st 964
– Gegenzauber. st 665
– Im Sommer des Hasen. st 263
– Das Licht und der Schlüssel. st 1560
Museum der modernen Poesie. st 476
Neruda: Liebesbriefe an Albertina Rosa. st 829
Nizon: Canto. st 319
Nossack: Aus den Akten der Kanzlei Seiner Exzellenz … st 1468
– Begegnung im Vorraum. st 1177
– Bereitschaftsdienst. st 1460
Onetti: Das kurze Leben. st 661
– So traurig wie sie. st 1601
Oz: Im Lande Israel. st 1066
– Mein Michael. st 1589
– Der perfekte Frieden. st 1747
Paz: Essays. 2 Bde. st 1036
Pedretti: Harmloses, bitte. st 558
– Die Zertrümmerung von dem Kind Karl. st 1156
Ernst Penzoldts schönste Erzählungen. st 216
Percy: Der Idiot des Südens. st 1531
– Lancelot. st 1391
Phantastische Begegnungen. PhB 250. st 1741
Platschek: Über die Dummheit in der Malerei. st 1139
Plenzdorf: Gutenachtgeschichte. st 958
– Legende vom Glück ohne Ende. st 722
– Die neuen Leiden des jungen W. st 300
Poniatowska: Stark ist das Schweigen. st 1438
Proust: Auf der Suche nach der verlorenen Zeit. 10 Bde.
– Briefe zum Leben. st 464
Puig: Der Kuß der Spinnenfrau. st 869
– Der schönste Tango der Welt. st 474
– Verraten von Rita Hayworth. st 344
Ribeiro: Maíra. st 809
Rochefort: Frühling für Anfänger. st 532
– Eine Rose für Morrison. st 575
– Die Welt ist wie zwei Pferde. st 1244
– Zum Glück gehts dem Sommer entgegen. st 523
Rodoreda: Auf der Plaça del Diamant. st 977
– Der zerbrochene Spiegel. st 1494
Rolfs: Rost im Chrom. st 1648
Russell: Eroberung des Glücks. st 389

265/7/8.90

265/8/8.90

265/9/8.90